重庆师范大学文学院"精是"文库

国家社科基金优秀结项成果（证书号：20194708）

重庆市社会科学规划"英才计划"项目 (2021YC031)

重庆师范大学校级重大培育项目 (2019XPY02)

重庆师范大学校级出版基金项目资助 (2019XZZ04)

何易展 著

历史的记忆

巴文化的多维考察

Memory of History

A Multi-Dimensional Survey of
Ba Culture

人民出版社

序　一

何易展教授新著《历史的记忆：巴文化的多维考察》即将付梓，征序于我。我对巴文化素无研究，本不当置喙，但何易展教授羽檄频下，盛情难却，且我为湖南常德人，说不定就是巴人后裔，因此对这一话题很感兴趣，故匆匆拜读书稿，寥书数语，以充鼓吹。

首先，我认为本书选题极有价值。"巴人、巴国、巴文化"的存在，是中国古代历史文化中的一个重要事实。殷墟出土的甲骨文中已有武丁时期妇好伐巴方的记载；东晋常璩《华阳国志·巴志》载：昔"（周）武王既克殷，以其宗姬（封）于巴，爵之以子"；战国时秦惠文王后元九年（前316年）灭巴国，筑巴郡城。秦始皇统一天下后，巴郡为天下36郡之一；汉魏六朝期间，巴郡一直存在。直到唐武德元年（618年）改巴郡为渝州，作为邦国和行政区域的"巴国、巴郡"不再使用，"巴"的概念逐渐虚化，只是作为一种地域文化符号延续下来。早期"巴人、巴国、巴文化"的图景，遂慢慢隐入历史的尘烟，成为一颗闪烁在中国古代历史长河中耀眼而遥远的星星。其实，在中国古代文化发展的早期，在中华大地上，特别是在四方比较偏远的地区，存在着大量像"巴人、巴国、巴文化"这样的文化支系，著名考古学家苏秉琦称之为"满天星斗"。后来"百川归海"，都融汇到中国文化的浩大洪流之中。以往，限于种种条件，人们知今而不知古。而今，人们掌握的文献越来越丰富，考古不断有新的发现，研究观念和方法也日趋进步，为还原中国文化发展早期的历史场景提供了可能。这种追根溯源的研究，有助于更全面地把握中国文化的丰富来源和脉络，更准确地辨析中国文化的复杂构成和基本特质，更深刻地认识中华民族多元一体形成的历史规律，同时也有助于不同区域的人们加强对地域文化的认同，更加爱乡爱国，挖掘地方文化资源，促进经济文化的发展。

其次，本书的研究方法合理。相对来讲，在中国文化早期发展过程中，"巴人、巴国、巴文化"是比较重要的一支。《华阳国志·巴志》载周秦之世，巴国疆域"东至鱼复，西至僰道，北接汉中，南极黔涪"，大体包括今天的湖南、湖北、陕南、四川、重庆、云南、贵州等部分地域，范围非常辽阔。同时，因为种种原因，"巴人、巴国、巴文化"又是中国文化早期发展的各支系中被遗忘程度比较严重的一支。现存文献中关于"巴人、巴国、巴文化"的记载，只是一些零星的片段。有关的考古遗址之间，暂难建立起明确清晰的链条。凭这些有限的信息，要拼接出早期巴文化的图景，非常困难。这也决定了，单独运用某个学科的理论和方法，很难实现复原早期巴文化图景的目标。因此，本书综合运用了文献学（包括文字学、音韵学、训诂学、目录学、版本学、校勘学）、考古学、历史学、人类学、民俗学等学科的理论和方法，尤其注重文献资料与考古发现之间、文献资料和考古发现与古代文化的当代活态遗存之间的关联。这种研究思路和方法无疑是合理的。19世纪中期到20世纪30年代，考古学家们在土耳其西北部恰纳卡莱省的希沙利克发掘出特洛伊古城遗址，与公元前9世纪古希腊诗人荷马的史诗《伊利亚特》所描写的内容相对照，证实了公元前12世纪前后发生的特洛伊战争的真实性。1861年，英国考古学家亚历山大·康宁汉在今印度比哈尔邦省会巴特那东南90公里处发现一片佛教遗址，与玄奘《大唐西域记》卷九的有关记载对照，确认那就是佛教圣地那烂陀寺遗址。近年来四川广汉三星堆遗址发掘的青铜人面具，也可与《楚辞·大招》和《华阳国志·蜀志》关于

"纵目人"的记载相印证。相信随着考古不断有新发现，人们对文献的解读也日趋细密，我们对早期巴文化的真实面目将会获得越来越清晰的认识。

最后，本书作者对巴文化研究的若干重要问题提出了自己的见解，对促进巴文化研究的进一步深入具有重要意义。如作者认为，将"巴"看成当代意义上的一个"民族"，将巴文化仅看作历史上的"巴子国"的文化，都是以今人的概念套古代的历史，是不合理的。"巴"应该是一个较广泛的文化圈层和地域概念，古代所称的"巴人"，正如我们今天称"四川人"的概念一样。我认为这一说法应该是符合事实的，因为原始先民居处及相互交往的情形，散漫流动，可能远比我们所想象的复杂。作者的这一观点为巴文化研究提供了重要思路。

神奇的巴文化，就像孕育了它的穿越群山永恒流淌、荡气回肠的长江，既无比幽深，又宛然眼前。这是一个充满诱惑力的学术研究领域，还存在大量未解之谜。希望何易展教授持之以恒，锲而不舍，在这一领域取得更为丰硕的成果。

廖可斌

2022 年 12 月 5 日于北京大学中国古文献研究中心

在中国文化多元一体的发展格局和结构中，古代以今川东、重庆、鄂西为中心，北达陕南，南及黔中和湘西地区的一大片连续性地域，被称为巴地。在巴地广袤的空间范围内繁衍居息活跃着众多人群或族群，尽管他们可能有着不同的渊源或来源，但从最广泛的意义上说，他们都被认为是巴人，或巴人中的某支，他们的文化也都被认为是巴文化，或巴文化的某支或某类型。

历代文献对巴地所发生的各种史事有着详略不同的记载，包括事件、人物、生计、族群等，是学术界进行研究的宝贵资料，有着不可或缺的重要价值。不过，由于古文献的有关记载既不完整，也不系统，而且其间的抵牾之处亦复不少，仅仅根据文献记载对巴的历史和文化作全面深入研究，显然是难以实现的。

大抵说来，学术界运用近代科学方法对巴的历史文化作深入系统的研究，是20世纪40年代以后的事，而"巴文化"名称的提出并对之进行专门研究，则是20世纪80年代以来的事。

从20世纪40年代巴蜀文化概念的提出到80年代，学术界对古代巴蜀历史和文化的研究，往往是一并进行的。尽管有的学者在讨论巴蜀文化时对巴与蜀的历史文化进行了区分，在巴的地域、族属、生计、列国关系以至巴的含义等多方面进行了广泛研究，取得了丰硕的成果，但还没有提出巴文化的概念及其内涵并进行深入研究。

巴文化的概念首先来源于考古学。20 世纪 80 年代中期以后，考古学家在川东鄂西的发掘中，一般依其发现地名称之为"某文化""某类型"或"某遗存"，或有论著把当地考古发现的新石器时代文化称为"早期巴文化"，这是一个考古学概念。90 年代初，重庆的考古学家提出了"巴渝文化"概念，基本上是以考古学为中心旁及历史学和其他学科的复合概念，这个概念不仅仅是指新石器时代川东鄂西的考古学文化，还包含历史时期川东鄂西的历史文化，因而可以理解为一个地域文化概念。与此相对应的是，"巴文化"的概念也在此前后被学术界提出。自此以后，以巴文化或巴渝文化为题的论著不断出现。经过多年的探讨，如今，巴文化作为一个地域文化的概念已基本上成为学术界的共识。

作为一个地域文化，巴文化的包容面是非常广泛的，巴文化研究所涉的学科也是多方面的，考古学、历史学、人类学和民族学、文学、美学、艺术学等，都是巴文化研究的基础学科。因此，对巴文化的研究，理应从多学科、多维度的广视域深入开展。何易展教授的《历史的记忆：巴文化的多维考察》就是这样一部运用文化人类学的理论和方法、站在广视域的高度对巴文化进行深入研究的成果。

何易展教授多年从事巴文化研究，他的研究涉及历史学、考古学、民族学和文学等领域，在若干方面取得了新成果，本书即是他多年研究成果的结晶。通观本书各篇，有几个特点。首先是视域宽广，涉猎多层面问题；其次是善于从源流角度提出问题并进行深入考察；再次是论点新颖，考证缜密，不乏创见，堪称巴文化研究的一部力作。

较之其他地域文化，巴文化研究的难点是显而易见的。别的不说，仅就巴的含义、巴人的来源、巴文化的来源、巴国文化与巴地文化的关系，以及文明的起源与形成等问题来看，学术界的意见就有很大分歧，而此类问题恰恰是巴文化研究中带有根本性的一些问题，需要发掘新的资料，进行长期不懈地深入研究，以期获得共识。

何易展教授的新作即将面世，相信本书的出版，将进一步推进巴文化研究的深入开展。

段 渝

2023 年 2 月于成都

历史的记忆
巴文化的多维考察

绪　论

地域文化研究是一个永不衰落的历史文化研究命题，何以称其"永不衰落"呢？因为从哲学层面来看，人类的存在总是一个时空的存在，人们不能脱离时间和空间。人类的空间最直接的表现就是地域的存在，因此无论是国别文化，还是所谓区域文化，都可以视为依附于自然地理等空间范畴的延伸，因而总之以"地域文化"不为无当。然地域"空间"的存在又以"时间"的存在为依循，如《尚书》载帝尧命羲、和，"历象日月星辰，敬授人时"①，实则"仰则观象于天，俯则观法于地"②，从而成四时，化行人事。因此，空间与时间又是相辅而倚存的。由此来审度地域文化，其可谓承载着丰富的历史记忆，不仅于政治、学术关系极大，于人类思想史及文明进程亦相契合。所谓视一丘而知泰岱，故往往取

---

①　孙星衍著，陈抗、盛冬铃点校：《尚书今古文注疏》，中华书局 1986 年版，第 12 页。

②　王弼注，孔颖达疏：《周易正义》卷八，北京大学出版社 2000 年版，第 350 页。

一域而能通东西，此诚会通之能也。然文化之所取径，又必不离于人性的彰现。

一、历史的记忆与故乡情结

我们对古代地域文化的研究，可以说是对历史记忆的揭陈，而在历史沉淀的记忆中，往往最动人和持久存在的莫过于人类的情性和命运共感。巴文化与其他地域文化一样，存在其特有的时空范围和文化延展特性。地域文化的存在与自然地理，以及特定的政治、历史，甚至这一地域所生存的族群的普遍性情和认知都是极相关系的。因此，地域文化研究恐怕不唯要突出它的地域文化特色，而且更应该重视其文化的共性：人类本有的精神情结。

随着全球对气候和自然环境的关注，在全世界范围内愈来愈提倡"生态关注"。如果认为这种"生态意识"只是当下全球和国内环境使然，恐怕这并不合于历史和人类文化的本然状况。

"生态关注"不仅是当下的行为，更是历史伴随的人类共襄之举。"生态关注"与人类本身的命运相关，也与人类自身所创造的文化息息相关。要理解其意义与存在的久远，须回溯到文化寻根的命题。而文化寻根就是追寻人类文化活动的根本动因，当然除开对生命的延续这种自然的人性追求外，那就莫过于生命中对"家园"的情结，这在文学中就表现为"故乡情结"。对亲情的眷恋，对故土的依依不舍，其外化于形乃变而为一种绵长的乡愁乡思的情感张力，而内敛于质的却是人类共同追求的一种性灵的安适。观中国文学之传统，"故乡情结"乃终始贯之的永恒主题。《诗经》之《河广》《采薇》《东山》等篇，无不充盈此情。唐宋以来诗赋辞章更不绝其端绪，唐代李白《静夜思》："举头望明月，低头思故乡。"高适《除夜作》："故乡今夜思千里，霜鬓明朝又一年。"宋李觏《乡思》："人言落日是天涯，望极天涯不见家。已恨碧山相阻隔，碧山还被暮云遮。"明袁凯《京师得家书》："江水三千里，家书十五行。行行无别语，只道早还乡。"乡愁乡思情结在现代诗歌与其他各体文学作品中依旧被极力张肆，如余光中的《乡愁》等就至为有名。

在文学"故乡情结"的背后，又隐含着对自然、人文要素的依恋。要回溯人类生命内在的动因，就势必将故乡情结、地域文化和生态关注纳入我们的视野，如果做一番理性的考察，或许就会发现文化与自然地理有着多么密切的内在联系。文化的寻根，不仅是表象式地对"故乡情结"的追溯和诗性的书写，它同样蕴蓄在人类对复杂和多维层次的"天人"关系的探究和不断思考中。"故乡情结"与"生态关注"都只是这种哲学探求中的一个维度。人类对"天人之际"的哲学探索，从人类的文化心理来看，依然无非是寻求性灵的最终安适。

"故乡情结"是文化寻根中"天人"关系溯源的一个重要节点。它既启发我们对"天人"关系的思考，也带动我们在处理"天人"关系中趋近于这种"现实"的结果。

"故乡情结"与"生态关注"在"天人"哲学关系中处于一种什么样的维度呢？这实际上在中国古代《易》等典籍中就已经得到深刻的揭示，《周易》八卦正是对自然天象的关注，其每一种卦都代表着一种自然现象。这已足见古代先人对其所生活的自然地理的重视和关注。而《周易》在解释这些卦爻辞时，又密切地将人与自然的关系纳入其思考和解释的中心场域。按《周易》中的天、地、人三才的关系来看，三者之间建立起了一种严密而持久永恒的三维空间，自然生态又是处于极其重要的维度的。从万物的立场和视野来看，这种维度的建立又是公平和可持续的，它舍弃了人类的某种贪婪，它暗寓了"物我同化"的归趣。当然"故乡情结"与"生态关注"便是"人"对"天""地"的关注，这种关注看似是对环境的关注，实际上还是应回溯到对自身的关注。但这种关注内蕴了一种人性和谐的理念。司马迁对古代哲学可谓有着深刻的认知，他提出的"究天人之际"正是包蕴了这种三维的思致逻辑和空间，"天人"关系的哲学层面可以说已经内涵了"天"与"天"的关系，既包含了一切宇宙之天，也内涵了自然地理。如果考虑到司马迁又作为天文学家的身份来看，我们就会发觉他的这种逻辑和思维是多么深邃。

无论是我们对自身所生存的浩瀚宇宙的探索和思考，还是对故乡那一山一水、一叶一草的依恋，它们都可以归因于人类文化中所表征的某种程度的"故乡情结"，那种山水依恋，那种诗性情怀，正是对自身生活熟知熟悉的人文地理环境或区域的深情留恋。这种留恋由于生附于文化的本根，又是人类寻求性灵安适的内在需求，其源极早。单从文化或文学的理路来看，文化的缘起与地域地理的密切关系，可以说已经决定了文学或文化母题中"故乡情结"生发的必然。

中国自然地理分野与中国文化形态具有密切关系，它潜在地影响着地域文化的形态、分布和特征。中国自然地理属西北高、东南低，北方多辽阔沙漠，西南多茂林峻嶂，四围有天然的屏障，这对中国大陆文化观念的形成都是有潜在影响的。而地势上的三级阶梯分布和季节性气候影响，形成了中国辽阔土地上以农业与游牧相辅依存的特点①。无论是中国古代神话中"三皇"以来的制州分野传说，还是长江、黄河流域的文明遗迹实证，它们都从文化学的角度印证了人类在自然进化的过程中对自然地理的紧密依存。

自然地理对文化和民风民俗的影响，极早就被学人所关注，从《尚书·禹贡》《周礼·职方氏》《山海经》等，到清代顾炎武的《天下郡国利病书》、魏源的《海国图志》等，都可谓深谙地理与文化间的重要关系。春秋时的管仲就认为"齐水躁而复，故民贪而勇；楚水溺而清，其民轻果好贼；越水浊而重，其民疾妒；秦水泔而滞，其民贪戾；晋水滞而杂，其民好诈；宋水劲而清，其民简易。"②非常直接地论述了自然地理与民风民性的关系。而且中国古代大多数神话，无论是始祖神话、创世神话，还是洪水神话和英雄神话，多与自然地理有着密切关系。因此有学者认为三皇始居的神话就不仅反映了部族的迁移和发展，也反映了"古代原始氏族部落占山划地以求生存的性质。"③

文化与制度同样有着密切的关系，正如《礼记·王制》篇云：

---

① 许结：《新编中国文化史》，江苏教育出版社 2007 年版，第 2—3 页。

② 马总：《意林》卷一载《管子》十八卷语，清嘉庆十年虞山张氏照旷阁刻学津讨原本。

③ 许结：《新编中国文化史》，第 2 页。

"广谷大川异制，民生其间者异俗。"其旨在强调地域差异下的王教礼制对教化人伦、移风易俗的作用。即便随着国家的高度统一、文化交流的益愈频繁，虽然地域色彩渐趋淡漠，但地域文化却始终不可泯灭。这一方面体现在独具历史内涵的地域文化风貌中，如汉代的西域文化、唐代的岭南文化、南宋的闽浙文化。文学艺术的各种流派、群体，宗教的宗派律系，学术的家数等，也是地域文化潜在的映射，如文学中《诗经》与《楚辞》所代表的南北文化双璧，就极多地体现了南北地域文化的风貌和差异。另一方面这种对地域的依恋被隐性地附于乡土之思和乡土文学的题材之中。就以今天的乡土文学和民族文学创作来看，它们似乎都有一种或淡或浓的"故乡情结"，也许并不一定是有意地抒写他们的乡愁乡思，而是在对人生、对自然也即对"天人"关系的理解中选择了最为熟知的境地与人物，来例证和谐合他们的情思。从这种意义上讲，我们所说的"故乡情结"又不完全同于狭隘的私家旧居之地的"故乡"，而是指所熟悉所依恋的"乡土"，那块能够依附文化本根的土壤。因此，古之诗人有以四海为家者，有以九州为乡者。李白《客中行》谓："但使主人能醉客，不知何处是他乡。"苏轼《定风波》词即谓："此心安处是吾乡"。

显然，如果以此立场来审视我们的乡土文学和那些以乡愁乡思为题材的文学作品，我们自然从这种文化寻根中可以溯源至人类自始而终的对"天人"关系的不断探索与认知的路径。无论是莫言的《红高粱》、张承志的《北方的河》、阿来的《尘埃落定》等，还是壮族作家潘俊英的《魂系宁兴》四部曲、蒙古族作家郭雪波的《狼孩》、土家族作家孙健忠的《五台山传奇》等，他们都是对乡土的依恋、咀嚼和认知。潘俊英在其小说中认为"故乡情结是妈妈做的香喷喷的炒米粉，是童年时被子里阳光的味道，是生命中那条虽色彩平淡却时不时滋润心田的河。"[①]也许故乡就是最熟悉的天人关系的认知，是任何一

①　转引自黄桂秋：《故乡情结与文学梦圆》，《中国少数民族文学学会第八届代表大会暨2015年学术研讨会论文集》，第302页。

种最熟悉真切的人、事、物、地的表现，因此在诗人的笔下"故乡往往被理想化为诗境家园"①，换句话说，故乡就是我们理想和记忆中共同的精神故乡。

"生态关注"是"故乡情结"的本质动因，"故乡情结"在文学作品中表现出对"生态关注"的一种文学抒怀，将二者诗意化联系在一起的正是二者追求一致的"性灵安适"。

要寻求"故乡情结"的本源性问题，可谓一种哲学的循环求索。"故乡情结"本在于对"天人"关系中人类所身处之地的物事的留恋，似乎"天人关系"哲学的思境才是这种情结的归处或本源所在。然而细想，人类何以有此种留恋？何以要对"天人"关系进行探讨和无穷无尽地揭橥呢？这还要回到哲学的循环追问。

"故乡情结"是在寻求"诗境家园"和安适的"精神故乡"，它与"生态关注"一样，是对自身所处生境的观照。这种观照同样像故乡情结一样可以由某一具象的地域延张到一地、一乡、一国、一星球，乃至于一种宇宙之极的思存状态。我们环睹周遭的世界，我们偃息其中，吮风吸气，同体而化。我们在精神的故乡中似游似息，仿佛觉得在追寻自我最终的性灵安适，而实际上亦正如此。这种安适也许就是人类一直追求的最理想的生态，一种使自然、政治、人文等多种生态和谐的愿景。

《庄子》谓："物我同化""万物齐一"。他的"坐化"与"心斋"可以说就是涉及性灵安适的最理想愿景。如果要将其与"生态关注"和"天人"关系的生命哲学联系起来，那么我们认识庄子"物化"的理论可以得到更精微的诠解。"物我同化"，换而言之，可以视为天人关系的和谐共融，天、地、人只有达到齐一并同，无滞无碍，才能行乎地，顺乎天。以宇宙之大而观之，以秋毫之末而视之，以物而观人，以外而观内，人与我何其异乎外物哉？似皆为尘壤之一物一灵

---

① 冯艳冰：《以故乡的名义》，覃瑞强主编：《重返故乡》前言，广西人民出版社 2011 年版，第 2 页。

罢了，故庄子以为"天下莫大于秋毫之末"①。如此，不但可以顺理成章地解释庄子"化物"的动因，也可进一步理解庄学对"生态关注"和对生命的本质认知。

今天的比较文学研究，除了对作品的语词、方法、思想等问题的比较外，还有对文化生成环境或者说自然生态的比较，但这种比较不是要从中缕出社会规律，或解析决定人类生活最主要而深层的动因，而往往托之于历史因原探究，或者总是力图从中得出或证明后者对前者的某些借鉴。如有学者将蒙古族作家郭雪波的《狼孩》与美国作家杰克·伦敦的《野性的呼唤》做比较研究，认为"前者在自然生态危机、精神生态危机，以及救赎之路的探寻等生态思想方面借鉴了后者的创作经验"②，从创作的影响因素来看，这类结论并非完全不正确。但从比较的结果来看，所谓启发式的影响恐怕只是给观众的表象，更深层的却应是在于二者对文化的寻根探索。由此两部小说中思维构式的相似性或许就根源于中西文化的共同人性，而不是在于范式的结构启发。《狼孩》与《野性的呼唤》，"一个是北疆小说，一个是沙漠文学，险恶的自然环境下蕴含着两位作家对所处时代生态问题的深层思考。"③ 这种深层思考，或许就有文化寻根的驱策。

有时我们会奇怪，为什么往往不相交际的文化圈层中的作家或者说不相往来的人物，他们的作品、他们的行为甚或他们的故事，有时会如此巧妙地相似？如彝语长诗《斯惹与则普》的故事与大多数民族流传的故事或者故事情节都何其相似？据杰觉伊泓先生的考证，其诗歌作者吉赫丁古并不通汉语等，④ 那么何以如此之巧合呢？这类

---

① 郭庆藩撰，王孝鱼点校：《庄子集释》卷一下，中华书局 1961 年版，第 79 页。

② 丁燕：《当代蒙古族生态小说的他国借鉴与创新——以〈狼孩〉与〈野性的呼唤〉为例》，《中国少数民族文学学会第八届代表大会暨 2015 年学术研讨会论文集》，第 148 页。

③ 丁燕：《当代蒙古族生态小说的他国借鉴与创新——以〈狼孩〉与〈野性的呼唤〉为例》，第 149 页。

④ 此为杰觉伊泓在 2015 年中国少数民族文学学会学术年会上的发言所提及，然其论文只提供了提纲，其后发表《彝文长诗〈斯惹与则普〉人物形象分析》全文并未提及。马海五达《当代彝族母语诗歌翻译简论——以中国彝族北部方言母语诗歌翻译为例》中提到吉赫丁古，然称"他们既能用彝文自如地书写表达，还具备良好的汉语创作能力。"（《民族翻译》2017 年第 1 期）

现象在中外文学史中并不鲜见，我想也许除其作者的经历、认知、阅读来源可能与外界某种类似的媒介源有着联系外，更内在的便是他们对世界的共性认知。这种认知不仅仅是基于一切人性相同的基础，而且还在于文化寻根中对"天人"关系的本质认知和同构的感性表达。

因此，除开简单的启发与借鉴层面的认知外，恐怕从文化根源上进行哲学溯求，更有利于我们获取自身的性灵安适。中西方那些无论是文学、哲学还是其他学科领域中的现象、流派、群体、风格、信仰、宗教等的异同之微，除开历史的陈说之外，似乎可以寻求新的诠释。如果一切都能够以历史的原因作为理据和托词，那么何以某些现象、某些人类行为总是要反复地在人类社会的历史中上演呢？

"故乡情结"与"生态关注"并不是今日才出现的时髦现象，细翻古今中外典籍，它们可以说以各种形态呈现在我们面前。为什么它们会一直存在呢？这不仅可以证明文化与环境不可磨泯的深层关系，似乎还印证着人类对性灵安适永不放弃的追求。

也许，人类的"故乡情结"与"生态关注"，其文化本根就在于"自然和谐"（天人关系）的永恒心理诉求，它是生态关注下人类性灵安适的理想化境，也是文学表现中理想的"故乡"之境。

二、地域文化研究的视野

如果从上述理性的历史视角来看待我们的地域文化研究，也许巴文化研究能够真正摆脱巴蜀文化、巴渝文化乃至巴楚文化的固有窠臼。"巴"的概念是极其丰富和复杂的，从自然地域的视阈来看，"巴"是指特有山地自然环境与生存生态；从民族或人种学的视角来看，"巴"又是有着悠久历史文化的一支民系，但它的内涵和包容性是极其复杂的。而由于巴文化地域性和民族性等表现形态的丰富性和复杂性，加之文献著录技巧和历史文献对历史本真反映的天生缺陷，这自然也带来所谓学术的争执，这实与人们在理解这些文献时的角度和视野及综合判断能力极相关联。但我想巴文化研究向度和视野，莫过于多维的和全球化视域下的比较性研究。

由于地域的差异，文化又必然呈现多样性特征。这又使文化研究有着去同质化研究的可能。某一具体的地域文化研究与其他地域文化研究同样存在比较性空间和场域，这种比较的结果既可能造成同质化现象，但也存在去同质化的无限生机。文化研究中的去同质化实际上是文化现象研究中的具化和特征性研究，并不是说这种文化与其它地域文化存在多么大的本质差别，唯一的差别只是我们在某些文化表现性征方面所研究的深度和具体程度及揭示现象所依据的具体事物的不同。

巴文化研究有着复杂的坎坷经历和多舛的命运，巴文化与蜀文化、渝文化及楚文化都有着密切的关系，但当它们结合在一起时，又往往被研究者忽视。它们的结合往往只被视为一种语音上的词缀结构，似乎并没有对学者的研究空间给予多么深广的开拓。

或许正是基于巴文化研究的长期落寞，目前在川东达州、巴中、重庆等地相继成立了巴文化研究院或巴文化研究中心。在位于川东巴文化影响腹心地区的四川文理学院筹建了巴文化研究院这样一个专门的研究机构。重庆国学院也拟筹建巴文化研究院和巴渝文化专业委员会等。当然作为地域文化研究，并不是某一两全学者的职业和学术担当所能完成的，一些地方政府往往大倡提升地方文化软实力，增强文化自信。但这种实力从何而来？自信从何而增？显然学者要有自觉的文化使命和学术担当，政府、文化部门也要在物力、人力、财力等方面给予推助。这恐怕才能不辱盛世之业。特别是近几年在考古学成果的不断丰硕下，在南方巴地又相继建立了许多以各地域地名或人名为特征的各类考古博物馆、陈列馆或研究机构。在举国都开始逐渐认识到传统的新价值的时代，巴文化研究院或研究中心的建立，确实可以说有得天时、地利、人和之助益。但地域文化研究能不能像中国传统文化中的儒学、道学或经学类的研究一样，成为一种"时尚"的主流研究呢？如果从今天全球化视野带给我们的民族多样性和文化多样性思考，则地域文化正是构成传统文化的重要基础和要素。

今天这类地方文化研究和学术研讨恐怕并不在少数，但是其影响似乎并不曾有任何增长。"中国文学"和"中国文化"是不是一种地域文学和地域文化呢？如果从全球视野来看，这同样可以算是一种地域文学和地域文化研究，因此任何国度的文化研究都是一种地域文化研究。离开空间的时间是无意义和并不完美的，时空结合才使得研究更精妙。我想中国人研究西方文学或西方文化，恐怕真正的学者并不是出于崇拜，而只不过将时空结合的研究方法在空间维度上加长罢了。在这种加长研究中，我们同样运用比较的视野和方法，因为这种比较会使我们总结、归纳和借鉴，从而使自我获得新知并不断创新。在新时代下，对传统文化的学习同样是对于时间跨度上的加长比较，这种比较也会让我们在传统中创新，在创新中传承。

由此我们对巴文化研究的意义就并非只是等闲地追忆一些陈旧的历史记忆，展示一些古旧的器物。巴文化作为含容多样地域文化形态的更大一级地理层次的地域文化，它在统融南方各族文化与中原文化及传统文化中都有着非凡的意义。我记得在几次地方性的学术会议中，有几位重庆大学的学者朋友都呼吁要倡导"巴学"，我知道他们的用意旨在擎树这面学术的大纛，以与"蜀学"相标竞。然吾以为"蜀学"如果脱离"蜀文化"或"巴蜀文化"的含育，其生命力并不久长。"蜀学"不过是重在系统地对专门的学问研究，确实有一种理致化、精细化的倾向和思路。而且在人文社科领域，某种学科或某门学问要成为"学"，则必有某一绵长的时间陶炼与累积。但反过来则似乎暗寓了"学"与当下的界漠。"巴文化"显然内涵更广，它可以包容旧学与新知，因此"巴文化"研究不止于学理、学问的研究，还包括深入与巴地民众生活息息相关的一切研究。故而今天相关的文化产业研究，皆可视为"巴文化"研究的范畴。当然，所谓的"巴学"并不是要舍弃"巴文化"而独立存在，它应是在巴文化研究的过程中逐渐提炼出来的一种理致精深的哲学学问。像"国学"一样，那些传统的、经典的人类知识、记忆和情感才能成为其学问范畴。

因此，巴文化研究是一项历时性任务，也是一项系统工程，"巴文化"概念具有极其广泛的内涵，它包括巴地经济、政治、军事、文化、教育、科技等一切人文领域。作为地域范畴的"巴"地，主要涉及《华阳国志》所载之川渝鄂湘黔等省（"东至鱼复，西至僰道，北接汉中，南及黔涪"），由此可见，巴文化影响在历史上具有广阔的地域空间和受众范围。从巴蜀文化、巴楚文化、巴渝文化等研究中所含涉的"巴"文化研究因素，足以见出巴文化与其他文化因子和形态的共存性与重要性。尽管中国传统文化以中原儒家文化为其主流，但各地域所呈现的亚文化圈却应是共同构建了中国传统文化繁荣的重要基因。

巴文化与儒家文化、蜀文化、渝文化、楚文化、吴文化等都有密切的关系，在《史记》《汉书》《后汉书》等典籍中就曾多次以"巴蜀""巴渝（俞）""巴楚"并举，足见各族群文化之间的相互影响和巴文化在这些文化群落之间的重要地位，而且在中国的地理行政版图上，历有巴中、巴南、巴东、巴西等地域名称，按《史记》《汉书》《华阳国志》等所载，近年出土的宣汉罗家坝遗址、渠县城坝遗址、阆中彭城遗址、兰家坝遗址，以及陕南、鄂西、湘西、渝及黔北等地巴文化遗址群落分布来看，虽然其中心可能在今川东北至重庆一带，但巴文化的辐射范围却极广。

巴文化研究不仅是要充分发挥和揭橥西南山地的区域优势，更重要的是重塑西南文化辉煌。中央和国家领导人在许多重要场合都大力倡导复兴和弘扬中华优秀传统文化，并将"文化强国战略"写入十八大报告中，在领导与制度层面都进一步促进和保障了对中国传统历史文化的研究，这无疑也为巴文化研究提供了前所未有的历史机遇。文化的研究更是文化和民族的精神传承。

本书由于笔者学力所限，仅将近两年所撰之论文布公，于巴文化与考古、巴文化与文学、巴文化与产业研究或有涉猎，以期不没于公职而为众所不齿焉。

（本章主要观点发表在《从"故乡情结"到"生态关注"——人类安适性灵的文学表达》，《中国社会科学报》2016年4月18日文学版）

第一章

巴文化研究的意义与向度

"巴"是具有极其强烈的地域性和民族性内涵特征的，它是有着悠久历史文化的一支民系，其表现形态也有着丰富性和复杂性。巴文化的研究向度必须着眼于多维度和全球化视域下的新视野观照。在经济全球化趋势下，文化必然向全球推广与普及，而对带有民族性或区域性特色的巴文化进行研究，在推动文化强国战略与中国传统文化的全球化战略中更具有重要意义。

巴文化与儒家文化、蜀文化、渝文化、楚文化、吴文化等都有密切的关系，在《史记》《汉书》《后汉书》等典籍中就曾以"巴蜀""巴渝（俞）"或"巴楚"并举①，足见各族群或地域文化间之相互影响。巴文化是中华文化的重要组成部分，在文化强国的时代大背景下，作为区域文化的巴文化研究也理应在文化强国建设中发挥积极而重要的作用。巴文化研究必将逐渐成为

① 《史记》卷六十九载"秦有举巴蜀，并汉中之心"。《汉书》卷八十九载"岁时祭祀不绝，至今巴蜀好文雅，文翁之化也"。《后汉书》卷一"公孙述称王巴蜀"，其下注"蜀有巴郡，故总言之"。

地域文化研究与文化多元化研究实例中的重镇，因而巴文化研究对中华优秀传统文化、民族文化以及人文精神的传承具有重要意义。

一、巴文化研究的历史与现实意义

巴文化研究是一项历时性任务，故"巴文化"实际上也是一个比较广义的概念，可谓包轹古今，既有地域文化的根因，也有民族文化的情缘。巴文化是巴地各族人民包括巴国王族所共同创造的物质文化、精神文化及其社会结构的总和。因而"巴文化"是一种广义的"文化"，可以说含涉巴人或巴地经济、政治、军事、文化、教育、科技等人文领域，而一般意义之巴人或巴族是指中国古代西南及中南地区的一种族群，然巴人之后裔不断传承和弘扬其文化与文化精神，故"巴文化"之研究又绝非仅止于古昔。至于地域范畴之古"巴"地，主要涉今四川东部秦巴山区及其腹地，大体包括四川达州及重庆全境、北接汉水、东南至鄂西清江流域。春秋战国之际向西发展，在民族迁徙中，巴文化得以沿途传播，并与其他族群进行文化交流，其染翰习薰之地可谓实及于陕南、鄂西、四川、重庆、贵州、云南之大部分地区。

由此可见，巴文化影响在历史上具有广阔的地域空间和受众范围，这从巴蜀文化、巴楚文化、巴渝文化等研究中所含涉的"巴"文化研究因素，足可以见出巴文化与其他文化因子和形态的共存性与重要性。尽管中国传统文化以中原儒家文化为其主流，但各地域所呈现的亚文化圈却共同构建了中国传统文化的繁荣。因而巴文化与中国传统文化也必然有着极深的联系。从历史衍进的角度而论，巴地先民是构建中华民族的源头之一，这可以从考古学家在古巴地所发现的中国南方古猿，包括"巫山人""建始人""长阳人"等原始古人类遗骸或遗迹得到证明。可以推测，这些古人类与古代巴人先祖都有着密切的关系。当然巴地这些早期先民遗迹的存在对人类的"非洲起源论"可以说是极具有挑战意义的。巴文化在历史上应是一个重要的地域性文化和族群文化，这种族群文化的样态可能表现为一种泛族群和众多的支庶性小族群的共存。按人类学与考古学界的"文化圈"理论，巴文化应是居于西南山地文化圈中的核心文化形态。周武王时，巴人就建立了雄居西南的诸姬姓子国，其中可能包括古巴子国，其疆域可能远较《华阳国志·巴志》所载的"东至鱼复，西至僰道，北接汉中，南及黔涪"①的巴郡要广得多。在地理方域上，巴文化与汉文化、楚文化、蜀文化可能存在着交叉与融合。在时空的延伸中，巴文化逐渐与诸族属群落文化相互融合而形成一个包含多层次、多维度的区域文化形态。正是如此，才使巴文化在历史的迷幔中成为最为复杂深邃的区域文化，因而巴文化研究对于廓清、还原和重构民族文化融合进程的认知是至关重要的，这对我们认识中原传统文化与巴文化之间的关系及其价值同样是具有重要意义的。

如果从文献的依据来看，从远古至夏商时期巴地一直就有人类居住，而且居住在这一片土地上的巴人较早地创造了自己的文字。在巴人居地所出土的青铜器中，如戈、矛、铤、编钟等器物上刻有许多类似于文字的符号，学者或称为"巴文字"，而且也曾出土了考古学认为的廪君时代遗址中的一些陶印章。如在距今 5000 余年前的大溪文化三峡宜昌杨家湾遗址中就发现了 60 余个原始文字刻画符号②，这些符号被认为比甲骨文、金文都要早得多，一些学者由此推测认为，巴人先民于此期已进入文字初创阶段③。巴地先民不但开创了富庶的地域文化形态，也较早对这一地域文化样态进行表述或总结。在殷代甲骨文中便出现有"巴"字，其形为"𢀖"，虽然学界仍对这一甲骨文字形存在进一步探讨和研究，但其释作"巴"已渐为学界定论。《甲骨文编》（附录上）即注此字为"巴"④。中国社会科学院考古研究所曹定云先生对此字释"巴"也作有专门的补释⑤。由此在这一地域圈层之内的其人、其

---

① 常璩：《华阳国志》卷一，齐鲁书社 2000 年版，第 2 页。

② 邓辉：《土家族区域的考古文化》，中央民族大学出版社 1999 年版，第 53 页。

③ 徐中舒：《论巴蜀文化》，四川人民出版社 2019 年版，第 43—48 页。

④ 中国科学院考古研究所编：《甲骨文编》（附录上），中华书局 1965 年版，第 791 页。

⑤ 曹定云：《甲骨文"巴"字补释——兼论"巴"字的原始意义及相关问题》，《殷都学刊》2011 年第 1 期。

国、其物，皆成为"巴人""巴国""巴地"之属称。今天一般学者都认为巴文化研究始于20世纪三四十年代，实际上并不准确，这只能说是近人的研究。对巴文化的研究可以溯及先秦。如果不算《史记》对西南夷史地人物的记载及其所参详的先秦简籍，至少《后汉书》和《华阳国志》等文献便可算是对巴文化较详细的研究著作。从现存文献来看，在周秦汉的文献中已多有对巴国、巴人或巴地、巴物的记载，如《尸子》谓"驸马其为荆王使于巴"①，《荀子》卷十一则载秦国"北与胡、貉为邻，西有巴、戎"②，而《华阳国志·巴志》载："（禹）会诸侯于会稽，执玉帛者万国，巴蜀往焉。"③《山海经·海内南经》载："夏后启之臣曰孟涂，是司神于巴，人请讼于孟涂之所，其衣有血者乃执之，是请生，居山上；在丹山西。丹山在丹阳南，丹阳居属也。"④这些文献既是时人对巴文化的研究，也成为后人研究巴文化的参据文献。那么，这些文献中所直言的"巴"又有着怎样的内涵与外延呢？这也正是我们今天所要考量和探究的。但可以肯定的一点，从这些历史文献中已可见巴族及巴文化在民族统一与融合中曾作出巨大贡献。《华阳国志·巴志》载："周武王伐纣，实得巴蜀之师，著乎《尚书》。巴师勇锐，歌舞以凌殷人，（殷人）倒戈，故世称之曰'武王伐纣，前歌后舞'也。武王既克殷，以其宗姬于巴，爵之以子。古者，远国虽大，爵不过子，故吴、楚及巴皆曰子。"⑤《尚书》《春秋左传》《春秋公羊经传解诂》《史记》《汉书》《后汉书》《汉纪》《后汉纪》《战国策注》《东观汉记》《吕氏春秋》《管子》《韩非子》《盐铁论》《新书》《说苑》《计然万物录》《论衡》《楚辞》等经、史、子、集诸书都有对"巴"的记载，然其中史叙语境和逻辑却有待梳理和辨证。

鉴于巴人在民族交流与融合中的重要作用和地位，对巴地各族及

---

① 李守奎、李轶：《尸子译注》，黑龙江人民出版社2003年版，第130页。

② 王先谦：《荀子集解》卷十一，中华书局1988年版，第301页。

③ 常璩：《华阳国志》卷一，《二十五别史》本，第2页。

④ 袁珂校注：《山海经校注》，上海古籍出版社1980年版，第277页。

⑤ 常璩：《华阳国志》卷一，《二十五别史》本，第2页。

其文化进行研究就成为新时代为建设美好生活的重要担当与历史任务，这自然也凸显了在新时代背景下巴文化研究在区域文化研究中的紧迫性与现实意义。从今天重庆、四川等传统的古巴地的经济政治地位来看，其正处于"一带一路"的前沿地区，对中西文化的交流都有着非凡的意义。扩大这些地区区域文化的内涵和活力，提升其区域文化容受力，从而达到纳故受新，也正是巴文化在南方这块土地上所呈现出来的历史经验与示范意义。因而巴文化在传统巴文化区域的文化建设和研究中的新意义可以说突出地表现在以下几个方面：一是巴文化由于历史的悠久性和族群文化的共存性，使其具有极强的延展空间，也使巴文化具有极强的包容力和文化整合功能；二是巴文化广泛的地域性和特殊的山地文化特征，又使其在历史上呈现出极强的文化辐射作用，表现出区域文化的凝聚力和向心力；三是从历史来看巴文化在历代都经历着传统与现代的文化转型，这喻示着巴文化具有持久的生命活力。这也正是新时代背景下这些区域文化所必然具有的现代品质。

（一）国际视野与时代需求

从文化建设的全局意义来看，巴文化研究不但可以推动区域文化研究的融合和深度开展，在战略意义上也能进一步奠定传统巴文化区域的区位文化优势，推动该地域内区域文化多元化发展趋势和文化强区强国战略的践行实施。在经济全球化趋势下，坚守文化的多样化具有重要而深远的意义。文化多样化可以说是人类的共同遗产，联合国教科文组织的文件即称"文化多样化是人类长期健康可持续发展的前提"[①]，因而对中国传统文化的研究与对中国各地域各族群亚文化圈的研究同样重要。从这些研究中我们或许可以窥见民族持久繁荣的动力与根因，为中华民族的振兴提供新的助力。在政治、经济等领域的全球化趋势下，文化虽渐显趋同之势，然此种趋同之势必定是以人类

---

① 范俊军编译：《联合国教科文组织关于保护语言与文化多样性文件汇编》，民族出版社2006年版。

的共性为基础的，那就是由人类某些共同的人性所决定的，但文化问题又具有特殊性与复杂性，它与民族、地域等有诸多的联系，因而文化又具有多样化特征，其不同形态的文化具有不同的价值，此亦得到历史的反复证明。而开放性和全球化发展趋势与文化的多样化并不相悖，全球化趋势势必促成文化向全球的普及与推动，却借此反映了世界各民族文化多元发展的趋向。因而，文化发展的民族化特征不可能也不应消融于全球化浪潮中而被一种普适的世界文化所取代①。

（二）民族振兴与文化传承

文化的多元化发展趋势也必然带动区域文化研究的进一步发展，巴文化研究不但有利于推动文化强国战略的实施，也有利于多元文化发展中对优秀民族文化的传承与复兴，甚至也有利于世界民族的和谐共存。从小处讲，巴文化研究的开展与深入不但有利于了解地域文化的特色与特质，推动民族文化之间的互融和借鉴，并且能够以地域文化研究为引领，促进区域文化、经济、教育、旅游等产业发展，从而带动新的经济增长点。从全球化的眼光来看，巴文化研究正是尊重文化多样性发展的实例，池田大作与杜维明在其《对话的文明——池田大作与杜维明对谈集》中就指出，尊重文化的多样性是争取世界和平与繁荣的前提条件。当然这种思维无疑肯定了文化发展的共存化特征，它表明人类历史由众多的文明形态在不断碰撞和交互作用下发展演变而成。因而从此种意义上讲，巴文化研究乃是发掘和弘扬优秀传统文化，同样有利于推动汉文化的整体研究，促进优秀传统文化和新文化的交融与建构②，以学术为纽带，增进不同民族文化、不同地域文化、不同时代文化之间的理解与沟通，促进中华民族文化的繁荣与复兴，也带动世界民族文化的和谐共存。

---

① 温宪元：《文化多样化发展的重要特征——兼论客家文化研究的三个向度》，《广东社会科学》2013 年第 5 期。

② 孟兆怀：《繁荣学术 以文化人——论巴文化研究院成立暨其对南方民族文化的传播》，《四川文理学院学报》2015 年第 3 期。

（三）危机边缘的历史担当

尽管巴文化研究具有上述重要意义，但就巴文化研究的现实来看，却面临着逐渐边缘化的危机。此种危机是巴文化研究的重要推动力，也使巴文化研究具有更重要的现实意义。巴文化研究的边缘化危机首先表现在巴文化研究的范畴从杂合到独立，再趋各本其域。其次，研究的难度、研究形态的局限导致边缘化危机的加剧。诸种危机也是当下必须力倡巴文化研究之目的与意义之所驱。川、鄂、渝等地纷纷兴起的巴蜀文化、巴楚文化和巴渝文化研究等，似乎都与巴文化研究相关，但实际其重心各侧重于本地蜀文化、楚文化和渝文化，而"巴文化"研究渐有被边缘化的趋势。虽对巴文化的涉猎与记载可以远溯夏商周之世，但近代对巴文化的研究却是与"巴蜀文化"研究相伴并生的，历时已逾80年。当然对"巴蜀文化"研究范畴的提出可能有囿于当时行政区域的背景，也可能有历史上因二地紧邻多以"巴蜀"并举之故。《吕氏春秋》记吴王阖闾"西伐至于巴、蜀，北迫齐、晋，令行中国。"[1]《汉书》中不下60余处以"巴蜀"并举[2]。自20世纪70年代，随着鄂西与三峡等地发掘的丰富文物资料呈现出巴文化与蜀文化遗存的一些差异，使得历史学、考古学、民族学研究等逐渐将"巴文化"从"巴蜀文化"的旧概念中分离出来。就目前研究的状况而言，或依旧有囿于"巴"为族群或地域之争。正如段渝先生所说："不论在先秦巴史、巴文化还是巴蜀文化、巴楚文化的研究中，学术界首先面临着一大难题，那就是如何解决巴与巴文化的内涵问题，如何界定巴文化的时空位置、表现形态和族属问题。长期以来，学者们由于从不同视角、不同时空关系上去理解巴与巴文化，所以歧见纷出，聚讼难平，

---

① 陈奇猷校释：《吕氏春秋新校释》卷八，上海古籍出版社2002年版，第446页。

② 参见班固：《汉书》，中华书局1962年版，卷一、六、十四、二十四、二十七、二十八、二十九、三十一、三十九、四十、四十三、五十七、五十八、六十二、七十三、七十七、八十七、八十九、九十一、九十五等。

至今在许多基本问题上仍远未达成共识。"① 由于上述诸原因，加上考古文献等还有待进一步发掘，从而使巴文化的问题变得愈益错综复杂。有学者甚至认为巴文化问题已经成为先秦史上最复杂、最难解决的问题之一②。这无疑为研究队伍、研究成果造成巨大的畏途。当然最复杂、最难解决的问题也可能是最有研究意义的问题，因而四川文理学院成立的巴文化研究院在此背景下致力于巴文化研究的开展，其意义之重要自是不言而喻的。当然，其后达州市、巴中市等地也成立了独立的巴文化研究院，四川省和重庆市都成立了巴文化研究会，重庆国学院也成立了巴文化研究院，重庆师范大学亦张其帜，创建了重庆师范大学巴文化研究中心。这些学术机构纷然应运而生，既表现出其对文化研究的热切，也体现了在文化传承中勇锐的历史担当。

二、巴文化研究的向度

"巴"与"巴文化"有着极其复杂的内涵，由于其民族性与地域性的交织、民族迁徙与融合等，巴文化至少可以说应包含巴国文化和巴地文化两种组成或层次。历史上多次战乱与民族迁徙导致古巴国南移或西迁，于是巴文化与原有土著文化或后来移入文化相共生而互融，使其从地域和形态上得以充分整合。因此，我们对巴文化的理解与研究似乎也不应囿于单一文化和地域范畴，而应主要着眼于以下三个向度。

（一）拓展巴文化研究的新视野

在世界文化多样化发展的趋势下重塑巴文化研究的新视野。这是巴文化研究面临的首要选择和最重要的理论思维向度。

随着资本经济的全球扩张，世界各民族文化在全球范围内也发生了更为广泛的交流、碰撞与融合，这可以以今日英语世界在全球的语

① 段渝：《先秦巴文化与巴楚文化的形成》，《华中师范大学学报》2004 年第 6 期。

② 段渝：《先秦巴文化与巴楚文化的形成》，《华中师范大学学报》2004 年第 6 期。

言文化渗透为极好的例证。当然伴随着新技术新媒体的参与，也带动全球文化的演变，文化"同质化"①的风险与危机也随之增大，但由历史与人性的共同特质（或者说对自由等的本能性追求）所决定，文化的民族性与区域性特征又必然消减文化"同质化"的可能，即不可能会出现一种世界性的独立形态的普适文化，反过来却会推动变革同质化趋势、弘扬文化多样化传统的热潮。因此在此种背景下文化多样化的兴起与发展，也为巴文化研究提供了新的视野和维度。

要摆脱近年来巴文化研究中的种种纠葛与矛盾，必须把握注重古今、注重形态、注重联系的原则。首先，对巴文化研究必然涉及对巴文化历史的了解，其中自然涉及对巴人、巴国、巴地等历史形态的调查与研究，而此种研究必须建立在对古代文献的复原与再释基础上，这个过程又必须以唯物主义及历史性与理性批评相结合的眼界来审度，既要依托"前见"，又要超脱"前见"；既要立足古史文明，又要拓宇巴文化的当下发展。唯有如此，才能以历史的、辩证的、联系的观点来思考综汇巴文化研究中的种种难题。其次，巴文化研究要注重巴文化的民族性与区域性等本质表现形态，既要注重物质的呈现，也要注重精神的呈现，即物质与非物质的两种表现形态，而且要厘清巴文化研究中的一些纠纷，还要注意巴人和巴地两种形态的重叠与整合。段渝先生就认为"巴"这一名称包有地、人、族、国、文化等多层次的复杂内涵，是一个复合性概念②。因而巴文化研究势必带来巴文化的民族性和地域性探究与争论的问题，而此种形态的关系与整合也必将成为研究的重点和难点。再者，由于巴文化研究的范围或途径可能涉及历史考古、文献文学、田野调查与走访等，而其所涉及学科又几乎无所不包，故而注重联系可以说既是研究的方法，也是研究需

---

① 温宪元在《文化多样化发展的重要特征——兼论客家文化研究的三个向度》一文中从经济学概念引入"同质化"，但实际上却流于"趋同化"的含义，因而提出"变革同质化也是文化多样化发展的一个特征。"笔者此处"同质化"实为一种同形化趋势，而非本质的同化，下文乃用"同形化"与其相别。

② 段渝：《政治结构与文化模式：巴蜀古代文明研究》，学林出版社 1999 年版，第 54 页。

持行的一种思维方式。孔子谓"礼失而求诸野"[1]，这其中就阐明了对文化的印证与考索，既需要对考古文献进行研究，更需要对民俗文化进行研究。如果这只是联系的方法层次，我们对巴文化与中原传统文化、巴蜀文化、巴楚文化、巴渝文化甚至与吴地等之间的关系考索则是研究的重要内容之一，也是其联系方式的思维指引。

（二）肩负历史与人文精神传承

巴文化作为西南地域文化最重要的一支，有着极强的包容性和融通性。然而正是这种特性，又使它在西南区域文化研究中特别是在巴蜀文化、巴渝文化、巴楚文化等研究中处于夹缝生存的尴尬境地。巴文化研究不仅是系列关系史的研究和考证，更要在区域化与边缘化危机竞逐中肩负起地域历史与人文精神传承的重任，它们是中国传统历史文化与人文精神的重要组成部分。这也是巴文化研究的重要向度之一，它将巴文化历史与当代价值紧密结合，发肤切肌，承旧开新。

随着考古学的大量文献发掘，巴文化研究在 20 世纪 70 年代逐渐从"巴蜀文化"研究的领域中独立出来，但就其考古地域和研究区域来说，主要为川东（包括重庆大部分）、鄂西与陕南地区，在今四川达州或邻近地区先后发掘了大量夏商周时期的巴文化遗址，如宣汉罗家坝遗址、渠县城坝遗址、阆中彭城遗址和兰家坝遗址、重庆云阳李家坝遗址、万县中坝子遗址等。而且据《汉书》颜师古注[2] 及南北朝范晔《后汉书》卷八十六《南蛮西南夷列传》[3]以及《华阳国志》等所载[4]，达州市可谓地

---

[1]　班固：《汉书》卷二二，中华书局 1962 年版，第 1074 页。

[2]　班固：《汉书》卷三十，第 1746 页。

[3]　范晔：《后汉书》卷八十六，中华书局 1965 年版，第 2842—2843 页。

[4]　班固：《汉书》卷二十二颜师古注："巴，巴人也。俞，俞人也。当高祖初为汉王，得巴俞人，并矫捷善斗，与之定三秦灭楚，因存其武乐也。巴俞之乐由此始也。巴即之巴州，俞即今之渝州，各其本地。"（第 1074 页）《后汉书》载："至高祖为汉王，发夷人还伐三秦，秦地既定，乃遣还巴中，复其渠帅罗、朴、督、鄂、度、夕、龚七姓，不输租赋。余户乃岁入賨钱，口四十。世号为板楯蛮夷。阆中有渝水，其人多居水左右。天性劲勇，初为汉前锋，数陷陈。俗喜歌舞，高祖观之，曰：'此武王伐纣之歌也。'乃命乐人习之，所谓'巴渝舞'也。遂世世服从。"（第 2842—2843 页）

处巴文化研究的重要核心区，其辖区内的巴文化遗址群落亟须进一步探明发掘。然而从行政区划来看，达州远离成都这一政治经济中心，而又处于重庆发展框架之外，从其区域辐射影响而言，二者对达州的优势带动也止于强弩之末。这种行政地域上的边缘化危机或许在一定程度上甚至影响学术的边缘化。然而，结合巴文化的民族性与地域性特征，从巴文化研究的历史与现实状况来看，巴文化研究在当前新经济时代具有更大的发挥空间。四川文理学院巴文化研究院的建立不仅拥有独特的区域优势，更有打破区域与学术边缘化危机的重大意义，而且自命于在不断加强巴文化资源整合与肩负历史与人文精神传承中负艰任远。

要打破边缘化危机，既要兼顾巴文化民族性与地域性的统一，也要了解其能远播文明不被阻断而能与中原传统文化和各民族文化之间共存的、开放包容的"和合"之姿和人文精神。打破边缘化危机的内在机理似有追求文化的"同质化"含义，但这种同质应是一种文化本质的相通，或者说人文精神的相通。如果以此而论文化全球化的结果也必然是以"同质"（人文精神与人性共通）为追求目的，而这种本质的追求却非以一形一态之表现，故而强调文化的民族性与地域性并非是"去同质化"，而应是"去同形化"。因而打破边缘化危机内含着寻求文化本质联系的必要性，也蕴含着弘扬与传承民族文化精神的重要性。以西方美学在中国的发展为例，王国维、梁启超辈引入西方近代美学，他们正是以一种开放与包容的学术视野为中国美学注入新的活力，而此后一些论者或有不明中国古典美学特有的叙述与表达方式，或者说体验形态，往往漠视中国美学的民族性与地域性特征，于是盛嚣中国古典美学的有无与中国美学的生存危机。然而无论所谓中国美学的西方化，还是西方美学的中国化，等它们浮现出其中一些共同的本质特征时，必然又带来美学的世界化。这同样在中国的儒、释、道教和国外的宗教、信仰、文化的历史形态或发展中找到印证。各民族文化之间有着诸多的差异，也必然有着一些共性存在。当然我反对一般意义上的世界文化的"普适化"，因为一般学者的"普适化"① 概念是一种形态上的普适化，而非本质上的共性的普适化。世界上各民族的人类尽管有民系、种族、语言、地域等差异，但却都应有人类的共性，因而文化也应有着内在的共性。这种共性极大地体现在人文精神。正如人无具人的共性何其为人呢？无人文精神又何其为精神层面或社会性之人类呢？从这种意义上讲，巴文化研究重要的向度之一便是弘扬与传承巴文化涵育的人文精神和传统。

（三）推进巴文化产业创新发展

在新经济与文化创意时代推进巴文化产业创新和发展，更是推动文化研究与文化致用性作用的重要举措。"学术"并不是束之高阁、无补于世的旧章陈典，它是一种经久的历史文化思想和理解传承这些历史文化思想的门径和途路。因此"学术"的致用性一方面是思想的，另一方面更是"世俗"的。这种"世俗"的表现就是文化的产业化所体现的当代实用价值。

在经济全球化过程中，文化的全球化战略也愈益重要，这也成为推行文化强国战略的世界大背景。而文化产业创新则几乎成为文化强国战略的重要举措，2008 年联合国贸易发展会议定义"文化创意"为："包括想象力在内，一种产生原创概念的能力，以及能用新的方式诠释世界，并用文字、声音与图像加以表达"②。实际上它为我们的民族文化或区域文化研究的应用化与产业化方向指明了道路。在文化产业创新中，区域文化研究具有独特的优势与作用，因为民族文化和区域文化更具有特色和原创性，在表现形态上有"去同形化"因素，这种文化既是民族的也是世界的。巴文化由于其特殊的山地地理位置和民族性特征，涉及的巴人或巴地文学、音乐、绘画、书法、雕塑、舞蹈、建筑、器物、民俗等极其丰富。这些东西的发掘、整理、再现与再诠释，都能使文化产业创意与经济极好地契合，从而带动地方文

---

① 温宪元：《文化多样化发展的重要特征——兼论客家文化研究的三个向度》。

② 刘晞平：《文化创意产业人才的培育策略》，《人民论坛》2010 年第 35 期。

化艺术普及、教育繁荣振兴与旅游经济开发。

当然在推动文化产业创新发展中，必然离不开相关学术研究机构和平台。巴文化研究目前尚存在诸多复杂的问题，如对巴文化中涉及民俗、文学、艺术等或非物质形态的文化考古还有待深入拓展，对巴文化各时期遗址、墓葬、器物的发掘与整理工作也有待进一步开展。只有在这些研究工作的基础上尽量真实丰富地还原巴文化形态，才有可能为巴文化产业乃至中国传统文化产业的创新发展提供更多的契机和可能，否则即便一些趋于产业化的举措都只能是一种意向性的或初期阶段的文化浅示。同时唯有利用科研机构与公司商业化运作相结合的方式，创造巴文化特色文化品牌，将传统民族文化及区域文化发展与多媒体技术、软件开发、信息咨询、创意设计、图书出版、影视娱乐、文化旅游等结合起来，才有更大的发挥空间与活力。

因而在这种历史使命与现实催发中应运而生的四川文理学院巴文化研究院从建院伊始，就树立了明确的学术宗旨：推崇严谨朴实，力黜虚诞浮华的学风；向往学思并进，主张多方取径，博资广会，避免固执偏狭；既倡导并实践以文献学为基础的综合研究，也希望带有文化大视野的理论建构；既希望有学术的洞见与睿思，也希望有服务方域、振兴经济之实策与践举。我将这作为本研究院之学术宗旨，既藉此志之，亦为此书首章发端警策之义。其后我虽迁调重庆师范大学，然依旧不忘初心，仍依托重庆国学院设巴文化研究院，以期能继复此志。

第二章
"一带一路"视野下的秦巴文化产业开发

"一带一路"的内涵极其丰富,其广义可指中国目前的海上丝绸之路和 21 世纪陆上丝绸之路战略。从长远利益和目的来看,其旨在积极发展与沿线国家的经济合作伙伴关系,与沿线各国进行文化交流,共创世界繁荣与文明。从现实利益来看,这又与国内破解中等收入瓶颈问题、全面深入地推动全国扶贫攻坚战略的落实密切攸关。从历史的视野来看,"一带一路"与中国古代文明有着密切的关系。它在狭义的历史性指陈上就指南北丝绸之路和海上丝绸之路。而这几条交通贸易大通道构成了中国传统文化传播与复兴的大动脉,在古今历史中都起着重要的作用。今天"一带一路"倡议的提出,对于我们应对全球战略格局的变化具有划时代意义,也是实现中华民族伟大复兴的时代契机。"一带一路"的振兴,不仅仅是经济的振兴,也会带动中国文化传播与复兴,而在历史中就曾地处南北丝绸之路重要节点的秦巴地区,可以说在今天的"一带一路"倡议中依旧具有极其重大的地缘战略意义,它对推动相关省市扶贫攻坚战略的落实具有重要的现实意义。如何把握这一契机，全面推进四川省等相关省市的扶贫攻坚战略的落实，正是围绕"一带一路"倡议所应思考的重要问题。

2013年9月和10月，习近平主席在出访中亚和东南亚期间，分别提出了建设"丝绸之路经济带"和"21世纪海上丝绸之路"（简称"一带一路"）的倡议。"一带一路"的建设，其目的在于连通亚欧非大陆和附近海洋，加强沿线各国的合作关系。这种合作可以带动沿线各国的经济发展，在互相投资和消费的同时促进各国的就业，有利于解决可持续发展的问题。"一带一路"带来的不仅是经济的发展，还有文化的交流与文明的共同成长。在经济与文化的双重带动下，让各国人民相互了解、相互信任，共享和谐、安宁、富裕的生活。

而"丝绸之路"的提出是基于中国古代传统交通史，但又有着现实的意义和高瞻的视域。就中国而言，丝绸之路经济带包括了中国大部省、自治区和直辖市。而中国西南地区是传统丝绸之路的重要腹心区域，"一带一路"倡议的提出对于重整包括重庆、四川、甘肃、云南、贵州等西部开发和构建内陆城市开放型经济高地，都具有前所未有的战略意义。

"一带一路"倡议是建立在文化与经济同步发展基础之上的，它对于全面推动扶贫攻坚战略具有重要的推助和启示意义。"扶贫"不等于简单的经济扶贫，而是要充分利用文化与经济协同发展的双手段和双目的，"扶贫攻坚"要抓好重点和难点。

四川省的扶贫攻坚开发重点正是东部和西部地区，这两个地区也是古代丝路沿线的重要地区，西有茶马古道，东有米仓道、荔枝道。这些都是古代丝路的重要组成网络，对于古代文明的繁荣具有重要的作用和历史意义。如何发挥这些古代丝路的现代作用与意义，可以说在习近平主席的"一带一路"倡议中已有极好的表述。当然"一带一路"倡议不仅在于振兴中国国内经济、文化的发展，同时有利于带动亚太经济圈和欧洲经济圈的联合，促进世界经济的发展。这也是对中国古代丝绸之路的进一步丰富和完善。要推动这一倡议的实施，除开国际环境外，国内的内驱发展也至关重要。而秦巴山区作为国内几个重要的内驱发展的战略布局点，其经济、文化的全面发展对于推动"一带一路"建设有着重要的作用和意义。

一、秦巴地区的"丝路"战略地位

就陕南、四川东部、渝东北地区而言，秦巴山区成为这些省市扶贫攻坚的重点区域，这一地区也是革命老区，无论是从全局性的扶贫攻坚开发还是"一带一路"倡议的实施而言都具有不可忽视的战略意义。习近平总书记在参加十二届全国人大三次会议江西代表团审议时指出："要着力推动老区特别是原中央苏区加快发展，决不能让老区群众在全面建成小康社会进程中掉队，立下愚公志、打好攻坚战，让老区人民同全国人民共享全面建成小康社会成果。"[1] 老区的振兴发展事关社会发展全局，国务院随后又出台了《川陕革命老区振兴发展规划》，这可以说对秦巴山区发展的战略意义给予了肯定。就"一带一路"的内驱动力而言，从地缘意义来看，秦巴山区具有独特而重要的地位，它曾是中国古代丝绸之路重要节点布局的核心区域，联通了西安与秦岭以南广大地区的商贸、政治和文化往来。

秦巴地区位于四川、重庆、陕西、甘肃、湖北、河南六省市交界处，具体来说，包括今天的陕西汉中、安康、商洛，湖北的襄樊、十堰、荆门、随州，四川的达州、巴中，甘肃的陇南地区，重庆万州及河南南阳等地。秦岭、大巴山横亘其中，汉江亦发源于此区，自西向东于武汉注入长江。此区拥有丰富的自然植被资源和完善的生态环境。在中国历史上，这一地区具有重要的战略意义和经济地位。在商周时期，秦巴地区就成为兵家必争之地，甲骨文载商王之妃妇好伐巴方，在商代就已凸显了这一区域的重要战略性地位，至周初助武王伐

---

[1] 《习近平张德江俞正声王岐山分别参加全国两会一些团组审议讨论》，《人民日报》2015年3月7日。

纣的主要兵源和后备粮食供给也主要来自这一地区。汉初刘邦兴汉亦多有秦巴地区赉民之助，并派樊哙等屯兵于秦巴山区，秦巴地区成为汉代重要的大后方，在汉代版图上它就作为关中的重要核心经济文化区域。在黄河至长江之间的秦岭、大巴山之间设置五关，以主商贸交通及军事往来。周汉以来，秦巴山区便开凿有贯通南北的古蜀道，包括褒斜道、米仓道、荔枝道等，穿越秦岭、大巴山，成为联通中国南北的经济、政治和文化大动脉。至近代革命，秦巴地区依旧成为中国革命的根据地，为中国近代革命的胜利提供了巨大的人才和物资等支援。但是，由于秦巴地区以山地为主，现代交通极不发达，自民国以后，其经济发展渐趋落后。而如何振兴秦巴地区的经济文化，重新实现其历史地缘政治地位，带动中国西部开发和全面发展，正是我们面临的重大文化课题。

秦巴地区亦具有悠久的历史文化，大量传说和考古发掘证明这一区域为中国人文始祖活动的重要核心区域。从《山海经》《水经注》等记载来看，传说中的女娲、伏羲、神农、禹、舜等都曾生活在这片区域。如传说中抟土造人的女娲就居于这一区域，宋人王象之《舆地纪胜》卷一百九十八"女娲山"条记载："《皇朝郡县志》：在平利县东，有祠曰女娲圣后。左史云：帝女娲氏继包羲而有天下，风姓，是为女皇元年辛未。"[1] 元人罗泌《路史》记载："炮娲氏乃立，号曰女皇氏，治于中皇山之原，所谓女娲山也。"其注谓"山在金之平利，上有女娲庙，与伏羲山接。"[2] 今天，平利县被称为"女娲故里"。平利东邻湖北竹溪，南接重庆市城口，西连陕西岚皋县，其地亦在秦巴山区。《说文》云："虞舜居姚虚，因以为姓。"[3]"姚虚"或作"姚墟"。明代《兴安州志》记载"汉江之北过中渡一里，舜曾居住，一名

① 王象之：《舆地纪胜》卷一八九，《续修四库全书》第585册，第452页上。

② 罗泌：《路史》卷十一后纪二，《景印文渊阁四库全书》第383册，商务印书馆1986年版，第83页下。

③ 段玉裁：《说文解字注》卷十二下，上海古籍出版社1981年版，第612页下。

姚墟"①。《禹贡》记载大禹"嶓冢导漾，东流为汉"②。《舆地纪胜》和《路史》中的女娲便是上古传说中"抟土作人"的人类始祖。三皇五帝之一的舜，关于他的出生地及活动范围有多种说法，但或许从另一个侧面反映了当时秦巴山区是交通南北的重要途径，这些历史伟人或神话人物正是通过此一地区在南北大地都留下了足迹。按《说文》《兴安州志》等的记载，舜曾在秦巴地区的汉江流域生活过，这自然也合乎情理。而且按《禹贡》的记载，舜的继承者禹在汉江流域亦留下了重要足迹。女娲、舜和禹虽然都是传说中的传奇人物，但从另一个方面也说明了秦巴地区自古便与人类文化、文明紧密相连，而且在古代文明的发展进程中具有重要的作用和意义。

从"一带一路"视野来看，这一地域恰好处在中国最大的两条河流长江与黄河之间，成为沟通南北的分界线和重要毗连区。从人类文明沿江沿河的迁徙路径来看，它也是重要的经济文化区域，这一地区有着重要而古老的文化圈层活动。

从考古学成果来看，秦巴地区在旧石器时代就已有人类居住。1986年，考古工作者在长江三峡北岸的巫山县大庙乡龙坪村龙骨坡发掘出一颗人类门齿和一段较为完整的人类下颌骨，及百余件哺乳动物化石和三件石器。经专家测定，距今约有200万年。1970年，考古工作者在十堰郧县城北30公里的梅铺杜家沟发现了猿人居住过的猿人洞，洞内发掘有猿人牙齿和人工打击的砾石石核。1976年，在郧西县神雾岭白龙洞又有类似发现。经测定，郧县人生活的年代距今约100万年左右。1978年，考古工作者在南阳市南召县云阳镇西北的杏花山，发掘了一枚猿人牙齿化石和20多种古脊椎动物化石。经鉴定，距今约为50万年。随着考古工作的进展，在秦巴地区又发现多处新石器时代的人类活动遗址及文化遗址，比如汉中西乡李家村、万州巫山大溪、安康柳家河遗址等。在遗址的出土文物中不仅有陶器

---

① 转引自陈勇：《古代秦巴地区的历史沿革与经济开发》，《上海大学学报》2004年第1期。

② 孙星衍：《尚书今古文注疏》卷三，第193页。

制品，还发现了稻类作物的稻壳等。在四川宣汉境内的罗家坝遗址也出土了新石器时代的器物和战国时代的精美青铜器。

殷周之际，庸、濮、賨、蜑等各部族巴人生活在秦巴山区。巴人不但参加了武王灭商的战争，也参与了汉王朝的建立。此在《尚书·牧誓》及《史记》《汉书》中都有明证。在对外战争和联盟战争中，秦巴山区的土著传统文化得以广泛传播。巴人不但勇猛强悍，而且擅长歌舞，其文化形态与传统非常丰富，这从今天南方考古及部分古籍文献可以得到证明，在武王伐纣中巴人就以巴渝舞的表演而称名一时。《华阳国志·巴志》载巴人歌舞曰："周武王伐纣，实得巴蜀之师，著乎《尚书》。巴师勇锐，歌舞以凌殷人。殷人倒戈，故世称之曰'武王伐纣，前歌后舞也'。"[1] 此不但足以证明巴人的勇锐，也说明秦巴山区传统文化在彼时已得以广泛传播。在汉代，巴渝舞又被武帝纳入汉代宫廷的典乐系统，正式成为国家音乐礼制文化的一部分。当然，在周秦时期，秦巴地区的文化已与周秦文化相融合，史载周公、王子朝及孔子奔巴楚之地，王子朝将档案、文献典籍甚至乐工带到南方秦巴地区。这些都促进了南北文化的进一步交流与融合，从政治的长远意义来看，为秦汉的国家统一带来了积极影响。

从历史来看，秦巴地区在周秦汉、魏晋、唐及两宋、元、明和近代，都处于极其重要的战略地位，对南北统一和沿黄河、长江经济带及丝路发展等都有着极其重要的作用和意义。从商周至明清可以说历代都多在此地置兵设关，明代川东保宁府就属川北分巡道，清代则在保宁府设川北兵备道和川北镇总兵署。清顺治年间，四川临时省治设在阆中十余年，四川总督、巡抚、监察御史均驻节阆中。由此可见川东所处的秦巴地区至清代依然存在这种政治、军事重要地位。

唯有以史为鉴，真正明白秦巴山区在中国传统文化和民族复兴中的重要历史意义和作用，我们才能真正从全局意义出发深入推动秦巴山区扶贫攻坚的开发，这也更有助于我们推进 21 世纪新丝绸之路倡

---

[1]　常璩著，任乃强校注：《华阳国志校补图注》，上海古籍出版社 1987 年版，第 4 页。

议的实现。

当然，在这一伟大战略的实现过程中，文化引领起着重要的作用。从国际环境和因素来看，"一带一路"倡议的提出同样存在潜在的地缘风险和挑战。为阻止新兴大国崛起，这一战略构想可能遭到美国的战略反制，甚至也可能遭遇一些周边区域大国的战略制衡[1]，当然任何跨界的行为都可能带来宗教和民族等问题的羁绊。而最有助于这些问题的解决并且能够在一定程度上弱化这些矛盾的，当然莫过于文化间的相互交流传播。从国内因素来看，文化也是凝聚向心力、充分发挥文化的区域张力、带动区域经济全面发展所必不可少的重要因素。从历史的经验来看，从来没有脱离文化的单一经济政策可以长久地推行并能现其功效者。而且从"文化"广义的外延来看，它已经包括了经济的重要因素。因此，秦巴地区的扶贫攻坚既是经济的扶贫攻坚更是文化的扶贫攻坚之役。

二、秦巴地区自然资源与产业开发

从秦巴地区的历史发展演变轨迹来看，我们必须将秦巴地区的扶贫攻坚确定为以文化扶贫和经济扶贫并重的双重战略目标。当然，"文化扶贫"并不意味着这一地区的文化落后，或者说这一地区缺乏文化的因素。"经济扶贫"也并不代表这一地区缺乏经济发展的因素和条件。相反，所谓"扶贫"是首先有相关条件才能"扶"，这种"扶"是一种帮助和指导。从前面的叙述中，我们已经可以看出，秦巴山区具有重要的历史文化积淀，文化要素极为丰富；而且该地区的自然经济条件和资源也极为富足，只是尚未得到合理开发与利用。因此，从全局和现实条件来看，秦巴山区的扶贫攻坚必须将产业开发放在优先发展的战略地位。

---

① 杜德斌、马亚华：《"一带一路"：中华民族复兴的地缘大战略》，《地理研究》2015 年第 6 期。

从产业开发的资源条件来看，秦巴地区的自然历史资源丰富。这一地区气候温和，而且雨量丰沛、森林密布、河流纵横、物产丰饶，自然生态条件极为优越，在远古就成为人类理想的居住之地。朱琳关于秦巴山区北部地理气候的分析认为："全区受季风气候影响，具有亚热带和暖温带的气候特征，是我国亚热带的北缘地带，在陕西境内，秦岭段是秦岭山系的骨干，一般海拔 1500—3000 米，大巴山一般为 1500—2000 米，这种两山夹一川的地势结构，形成秦巴山区多层次的垂直气候和过渡性的气候特征，因而决定了秦巴山区种植业的南北过渡型特点，即适生种类多，产品南北兼有，但无论是亚热带作物或暖温带作物，本区均处在边缘线上。"[1] 而秦巴山区的南部、东部和西部地区，植物种植特征更为丰富。从历史来看，汉以后就渐渐形成了特色植物种植和水稻、小麦等多种农业种植区域。特别是中草药种植历史久、产量稳，药性质量较高。这在秦巴地区的各种方志中皆有记载，如《宣汉县志》载宣汉县境内"民国时期中药材收购总量每年约值银币 8000 元左右。厚朴、天麻、麝香、大黄、麦冬、半夏、白芷等畅销省内外，厚朴、杜仲、黄柏种植历史悠久。"[2] 在 20 世纪80 年代初期中药资源普查中，该县境内的药用植物达 990 多种，而商品药材达 258 种，野生植物药 171 种，家种植物药 47 种，动物药39 种，矿物药 1 种（滑石）。民国《重修宣汉县志》亦称其境内"药材尤多，至数十百种"。

秦巴山区各种资源极为丰富，其立体气候明显，雨量充沛，土壤有机质含量高，是全国最大的天然硒资源区，有"天然基因库"和"天然药库"之称，矿产资源也极为丰富[3]。雍正《四川通志》于保宁

---

① 　朱琳：《秦巴山区农业气候资源垂直分层及农业合理化布局》，《自然资源学报》1994 年第 4 期。

② 　四川省宣汉县志编纂委员会编：《宣汉县志》，西南财经大学出版社 1994 年版，第 848页。

③ 　参见《川陕革命老区振兴发展规划》报告。国家发展改革委员会同重庆市、四川省、陕西省和有关部门共同研究编制了《川陕革命老区振兴发展规划》，经国务院审定，2016 年 8 月 3 日，国家发展改革委正式印发实施《川陕革命老区振兴发展规划》。

府下载此地产金、铁、绫绢、布、梁米、盐、茶、黄蜡、石蜜、席、橙、纸、马策、鲩鱼、葛粉、花油、姜鞭、木竹、巴戟、附子、天雄、天白药、龙头竹、婆罗树、当归、麝香、降香、乳香、天门冬、芎䓖、攒丝、丝、楮纸、乌头、黄连、竹根酒注、桃笙等[①]。显然川东多地都盛产中药材，而且这些地方的动植物及矿产、森林资源都比较丰富。保宁府即四川省东北部，南宋端宗景炎元年（元世祖至元十三年，1276 年）置保宁府。保宁府下辖剑州、巴州、阆中、南部、苍溪、广元、昭化、梓潼（属剑州）、通江（属巴州）、南江（属巴州）二州八县。清世宗雍正五年（1727 年），梓潼划入绵州。这一区域正是秦巴山区的西部及西南部区域，与今天的《川陕革命老区振兴发展规划》中四川东部的 5 市 37 县区多有重合。

当然，由于秦巴山区特殊的历史地理位置，历史上从来就不乏对该地区的开发。如《华阳国志》及《唐会要》等记载了该地区的农业生产条件和生产情况等，《华阳国志·巴志》谓巴地"土植五谷，牲具六畜"，"川崖惟平，其稼多黍"，"野惟阜丘，彼稷多有"[②]。又记载安汉与临江"各有桑麻丹漆，布帛鱼池，盐铁足相供给"[③]。唐代之时，此地区"山谷贫人，随土交易，布帛既少，食物随时，市盐者或一斤麻，或一两丝，或蜡或漆，或鱼或鸡，琐细丛杂，皆因所便。"[④]明清时期此地区得到了比以前较大规模的开发，鲁西奇、董勤在论及秦巴地区的农业生产时说："明清时期秦巴山区的开发大致有两个高潮：一是在明中后期，主要集中在秦巴山区东部的襄阳、郧阳、南阳地区及荆州西部山区；二是在清中期，特别是乾隆至道光间，鄂西北、豫西南、陕南、川北山区均得到全面深入的开发。到嘉庆、道光年间，秦巴山地的丛山密林中，到处都有客民的足迹，崇山峻岭，无不开辟垦殖。同治《房县志》卷 4《赋役》云：'房居万山中，林木阴

---

① 黄廷桂：《(雍正) 四川通志》卷三八之六，《景印文渊阁四库全书》第 561 册，第 245 页上。

② 任乃强校注：《华阳国志校补图注》，第 5 页。

③ 任乃强校注：《华阳国志校补图注》，第 20 页。

④ 王溥：《唐会要》，中华书局 1955 年版，第 1017 页。

森，刚卤交错。自国初以来，日渐开垦，小民择高陵大阜，凡可树艺处，几至无地不毛。'……至迟到道光中期，秦巴山区已经得到普遍的开发。"①

显然，秦巴山区的自然资源和开发历史为经济产业开发创造了可行性条件和便利。也正是基于此，国家及地方才站在长远发展的战略高度，着手推进《川陕革命老区振兴发展规划》。本地从历史发展及自然条件来看，产业发展应以特色农产品和植物深加工为主，茶叶、蚕桑、中药材、干果等种植加工要形成产业链和特色优势。而且该地区地形复杂，气候多样，河谷交纵，山地景观蔚为可观，其旅游资源亦十分丰富。旅游产业开发和文化副产品的开发都是本地区产业开发的重要内容。当然，要保障这些产业开发的可持续性和健康发展，必须首先保障和完善交通基础设施建设，同时又不能破坏这一地区独有的生态环境，特别是水资源和生物的多样性分布。要充分保障天然林地、湿地和森林覆盖率，不能竭泽而渔。产业开发必须建立在人与自然生态和谐发展的"天人合一"基础之上。这在一定程度上也要求我们在经济产业开发中必须辅以适度的文化推进，这种文化推进工作从现实意义来讲，就是文化产业的开发与传播。

三、秦巴山区历史人文资源与产业开发

文化产业开发不仅会带来难以估量的经济效益，同时也会推动文化的传播。文化产业开发是传统文化与当代文化结合的契合之所，也是弘扬优秀传统文化的试验场。从商周至近代的本地区历史记载来看，这一地域历史人文资源极其丰富，为当前文化产业的开发创造了巨大的潜在空间。

新中国成立后国家在这一地区布局了大量重工业基地，但由于特

---

① 鲁西奇、董勤：《南方山区经济开发的历史进程与空间展布》，《中国历史地理论丛》2010年第4辑。

殊的山地地形等自然原因，布局分散，较难形成连片集中的工业集群基地。不过，新中国成立后在这一区域重点开发的三线国防建设，突出体现了这一区域的战略重要性。中国早期人类就在这一区域从事生产和生活，商周以来的历代历史记载也多次印证了这一地域的地缘战略重要性和人文活动的频繁。目前，国家已将秦巴山区、川陕革命老区经济文化振兴发展作为重要战略。为适应国际国内新形势之需要，真正实现"繁荣学术，以文化人"的目的，四川文理学院成立了巴文化研究院、秦巴文化产业研究院、四川革命老区发展研究中心等机构，积极谋求秦巴地区经济文化发展路径和策略。

就秦巴山区西部的川东片区而言，其境内就保存有大量的古巴文化遗址，这些历史人文资源对本地区文化产业的开发具有重要意义。在20世纪80年代针对川东渠江流域开展的第二次全国文物普查中，仅当时达县地区（包括现在的达州市、巴中市和广安市一部分）调查登记的重点文物点就有3140余处。新石器时代晚期至夏商周的遗址和采集点就有80多处，包括通江擂鼓寨、凤凰包、禹王宫、大梁上、沙泥坪、风箱崖、橡子坡，巴中月亮岩，南江阳八台、断渠，宣汉罗家坝、栽田坝，渠县城坝、清河坝，万源荆竹坝、魏家坝、黄泥嘴、严家坝，达县锣锅塘、陈家岭，通川区万家碥等重要的古文化遗址，这些遗址主要集中在渠江上游的大巴山区[1]。宣汉罗家坝遗址和渠县城坝遗址已分别被纳入国家十二五和十三五大遗址保护规划。罗家坝遗址位于四川省达州市宣汉县普光镇进化村，地处秦文化、楚文化、巴文化和蜀文化的交界处，距今有3000—4700年的历史。遗址出土的众多文物证明了川东地区曾是巴人活动的核心地区，为世人了解巴人的生活习俗、了解巴文化提供了直接的实物证据。罗家坝遗址出土的许多器物，亦都是稀世珍品。罗家坝遗址曾被认为是20世纪末发现的面积最大的古代巴人中心文化遗址，并同广汉三星堆、成都金沙遗址一样，改写了长江上游人类的文明史。罗家坝文化遗址和成都金

---

[1]　参见马幸辛：《川东北考古与巴文化研究》，西南交通大学出版社2011年版，第7—8页。

沙遗址、成都商业街古蜀大型船棺独木棺葬遗址一起被称为"继三星堆遗址之后古巴蜀文化的三颗璀璨明珠"。这些古文化遗址对于我们了解当时的历史人文状况，研究当时经济社会发展水平以及陶器、青铜器及铁器工艺等，都具有重要学术价值；同时对除开旅游景点规划设置外，其中所涉及的图饰、纹饰等对于当前文化产业开发中的工艺产品设计与开发同样具有重要的启迪意义。

当然，文化旅游产业的开发必须建立在拥有文化资源的基础上。特别是古文化遗址，对于文化旅游产业来说，既存在开发与利用，同时也存在合理保护的问题。秦巴山区有大量的巴文化遗址，如何保护这些遗址也面临着许多挑战。在"一带一路"的大背景下，如何将这一地区含蕴的悠久传统文化转化为现代教育的要素和内容，也成为我们文化研究者必须解决的重要课题。如渠县所保存的汉阙遗址，在国内有着重要影响，全国仅存 29 处汉阙，渠县就有 6 处 7 尊，这 6 处汉阙分布在土溪镇和岩峰镇，因此渠县被命名为"中国汉阙之乡"。最著名的冯焕阙和沈府君阙早在 1961 年就被列为全国重点文物保护单位。汉阙有石质"汉书"之称，是我国古代建筑的"活化石"。汉阙由阙基、阙身、枋子层、介石、斗拱层、屋顶 6 个部分组成，是一座完整的石质仿木结构建筑。阙基为整块石料凿成，平面呈矩形。阙基之上矗立着用砂石做成的阙身，楼部由 4 层大石块叠就，其建造风格稳重朴素，雕刻简练精致，造型生动优雅、独具一格，充分显示了汉代高超的建筑艺术技巧。这些对于我们研究中国古代建筑、民俗、历史等都有重要作用和意义，同时对我们当下的经济、农业生态产业研究也有着重要的关联性启发。如阙式建筑、台式建筑及南方的干栏式建筑是中国传统建筑艺术中的主要形式，而在中国古代这些建筑艺术亦出现多种形式的融合，今天在民居设计和城市规划中如何巧妙运用这些传统建筑艺术特色，彰显民族传统文化因素具有非常重要的意义。而且这些传统文化元素中除开艺术美学的因素外，同样含有极为科学合理的自然和谐因素。这对我们今天倡导对环境开发要谨守绿色、生态、和谐发展理念具有重要的现实利用价值，对我们的建筑产业开发与文化融合的可持续性发展具有积极的指导作用。

秦巴地区的历史人文资源中，特别是在历史传统中形成的独具特色的民俗风情对本地文化旅游和文化产业开发也具有重要的推动作用。如秦巴地区所传承的传统文化艺术，包括音乐、舞蹈、绘画及杂艺表演等，对中国传统文化的繁荣具有重要意义，同时大多数文化遗产项目近几年申请加遗，逐渐被纳入世界非物质文化遗产名录。这些项目的申遗，一方面有助于区域文化的传播，另一方面也有助于相关文化产业的开发和利用。

秦巴地区文化产业的开发有着比较悠久的历史。在汉代班固、张衡等的《两都赋》《二京赋》等作品中就有大量汉代娱乐产业的描写，而这些娱乐、歌舞、技艺、杂玩、器物来自各个地方，但来自南方秦巴地区的尤多，其中就有"鱼龙曼舞"的巴渝舞和上刀山下火海的杂技表演。这些民俗在秦巴地区依旧有部分得以保存，有部分在世变中不断加以改造。如川东民间的《薅草锣鼓》《翻山铰子》《金钱棍》以及传统傩戏等表演，深受人民喜爱，部分被列入国家非物质文化遗产保护名录。然目前尚存在曲目、表演形式、产业形态等众多有待进一步深度开发的问题。当然秦巴地区各种竹编、漆器、木器、刺绣等各类工艺更是不可胜数。我们如何发现传统、呈现精粹，对于深化文化旅游产业开发，推动文化产业链的精度和深度建构，以及实现扶贫攻坚的双目标任务，具有极其重要的意义。

当前的文化产业研究和开发必须以史为鉴，这有助于增强我们当前所打造和开发的文化产品的文化底蕴和历史厚重感。因此文化产品的开发在一定意义上同样肩负着历史与人文精神传承。如在古代文学中，《诗经》被视为北方文学的代表，而《楚辞》则被视为南方文学的典范。但事实上，《诗经》中同样保存了大量反映巴楚之地的文学作品，如《诗经》中的"二南"大部分就反映秦巴山区汉江流域一带的民众生活情状。而且无独有偶，《诗》古本也在南方较早传播，今天发现的"清华简""上博简""安大简"等考古材料，其中都有涉及《诗》的材料，但这些简策都是在南方传播并被发现的。而且可以说辞赋这种文体极早就在秦巴地区传播，它与颂祖、祀神的祭祀活动有密切关系，据东汉王逸考证，屈原《九歌》等创作就与南方的民间祭祀活动密切相关。汉代宫廷的"采诗夜诵"活动实际上就是以诗赋吟诵而举行的夜祭活动①，汉代班固《两都赋序》称赋"或以抒下情而通风谕，或以宣上德而尽忠孝"②，这明显可以看出赋的实用功能性。赋的实用功能性不仅表现在"褒德颂祖"，也展现在赋具有事类和资料性质的特征上，因此赋在一定程度上甚至具有史笔的特征。这使赋这种文本充盈着大量的文化因素，它对于我们研究古代文化具有不可忽视的重要作用和意义。司马相如《上林赋》所描绘的上林苑，地处西安西，地接太白山麓，正是秦岭所在，亦属于秦巴山区的范围。《上林赋》中所描写的宫殿苑林，不但对游观的视角予以展现，而且对汉代盛世文化气象也极尽铺写。文本所反映的文化产业现象明显对我们今天的文化产业开发具有十分重要的启发意义，甚至《上林赋》文本传播也对后来文化及文化产业活动产生了重要影响。如唐宋至明清产生了大量《上林赋图》卷的艺术作品，这使文学与绘画艺术相结合，其画卷大多规仿上林苑建筑规制，并于画卷中题诗题赋。如世传魏晋时即有戴安道《南都赋图》，西晋卫协有《上林苑图》，南宋赵伯驹亦绘《上林图》，明仇英摹写《上林图》，并附文徵明楷书《上林赋》于卷本。此外，历代尚有《胡笳十八拍图》《汴桥会盟图》《赤壁赋图》《离骚图》《江山图》《溪山晚照图》《岳阳楼图》等③。这些作品甚至被历代文人珍视收藏，这在绘画艺术中形成了一种独特的文化气象，在一定程度上丰富了文化产业开发并带动了文物市场的运作。

秦巴地区有着悠久的文化传统和淳朴浓厚的民俗民风，在"一带一路"的战略下，如何发展秦巴地区、让世人了解秦巴地区的文化和

---

① 参见李大明：《〈九歌〉夜祭考》，《文史》第 30 辑。

② 萧统编，李善注：《文选》，上海古籍出版社 1986 年版，第 3 页。

③ 参见陈继儒：《妮古录》卷二，明宝颜堂秘籍本；卞永誉：《式古堂书画汇考》，《景印文渊阁四库全书》本；王思豪、许结：《圣域的图写：从〈上林赋〉到〈上林图〉》，《复旦学报》2015年第 5 期。

历史、真正实现该地区的扶贫攻坚工作的落实，是摆在我们面前的迫切任务。综上，我们可以从三个方面对传统巴文化区域做好传承创新工作，实现传统与现代的承续。

首先，我们要保护好现有自然文化资源，做到合理、协调和可持续性发展。国家《十三五规划纲要》明确强调了要"全面推进创新发展、协调发展、绿色发展、开放发展、共享发展"的理念。只有真正做到"天人"和谐共处，才能实现社会的永久和平和繁荣发展。因此在扶贫攻坚中必须坚持经济与文化的同步发展，从观念形态上解决人们对天人关系的认识问题。唯有如此，才能真正做到在产业开发中不以牺牲自然为代价、不以破坏生态为手段。因此在产业开发中应建立严格的检测评审机制，这有利于我们在产业开发中做到生态检测预评审、效果预估等，而不是亡羊补牢的事后诸葛。虽然一般讲人类的过度开发会引发自然的惩罚，即天命有戒，但单靠自然的规律效应，其作用往往呈现明显的滞后性，也会使事件呈现出灾难性，故社会事件必须重在对人的自我规范，这在人类的产业性开发活动中更是如此。古人早已深有告诫："不过以天命别作一件符瑞休征之应耳，却不知天视自我民视，天听自我民听，所谓天人合一之理。夫民之新与天命之新非二事也。"[1]这显然不仅包含一般的德义哲学，更包纳了丰富的自然哲学之理。

其次，落实扶贫攻坚工作，推动秦巴地区产业开发，必须以中央及省、市各级政府为主导，既要积极发挥市场主体性作用，也要发挥高校人才和智库作用。在高校和科研院所建立相关研究机构、创意产业研究和孵化平台，政府不但在主导意识上有所作为，更要在资金、项目规划和能源、交通配置上进行优化和合理布局，培养相关人才队伍，激发创造活力。

最后，要充分发挥秦巴地区历史及自然资源的特色和优势。在经济发展潜力方面，着眼于将山、林、草、牧业有机结合，注重环境保

---

① 金履祥：《大学疏义》，《景印文渊阁四库全书》第 202 册，第 12 页。

护和生态平衡，形成可持续性发展机制。既要注重农田水利基本建设，也要适度退耕还林，农田水利建设必须遵循自然规律，做到科学、生态、环保。根据地理特征，推广农业新技术，培育新品种，开展特色植物和水果、药材等种植和深加工，研创品牌，引进电商和互联网商业模式。在文化资源开发方面，不断研究和发掘优秀传统文化成分，打造文化旅游精品及特色，深度弘扬优秀传统文化。秦巴文化是中华五千年文明的重要组成部分，在历史上的丝路发展中具有重要的作用和意义，也会给世界文明带来许多活跃的因素。在今天的"一带一路"倡议中，秦巴文化传播同样面临着巨大的战略机遇。从"一带一路"的战略视野来审视秦巴地区的扶贫攻坚工作，必将为其注入更大的动力。

第三章
文化人类学视野下的早期巴文化探赜

目前巴文化研究面临许多亟待解决的问题，如关于"巴"的早期历史状况和文化形成，至今没有清晰的面貌，《山海经》《汉书》及《华阳国志》等文献中所载亦难厘清各时期之全貌。而巴文化研究首先要解决巴文化是什么、与其他族群文化的关系、其特征形成及原因等问题。对这些问题的解释必须立足考古学成果，结合文化人类学的视野，才可能达到合理而科学的系统阐释。

巴文化一般被认为是巴国王族和巴地各族共同创造的全部物质文化、精神文化及其社会结构的总和。巴人或巴族是中国古代西南及中南地区的一个族群，从甲骨文字中"巴"的字形来看，它的命名同中国文化中对"狄、戎、夷、蛮、苗"等的命名一样，既具其地域与族群性特征，也揭示了其族属生活的方式和形态，这从今天的文化人类学者对中西方人类学的研究中可以不断得到印证。另据《汉书》《后汉书》《华阳国志》等所载，周秦之世，其疆域"东至鱼复，西至僰道，北接汉中，南及黔涪"①。"巴"的地域范围大体包括今天的湖南、湖北、陕南、四川、重庆、云南、贵州等部分地域，而川东达州、巴中、重庆等地正在其辖境之腹心。

一、"巴"与巴文化的形成

殷代甲骨文中已有"巴"字，其形为"𝔖"，《甲骨文编》（附录上）即注此字为"巴"②。从"巴"的字形来看，"巴"在甲骨文中最初是指人还是地呢？如果以后人所谓居巴山之地，名巴郡、巴州之所，而故巴人焉，则"巴山"之名又何以缘起呢？"巴"的命名方式可能与古代对其他族属的命名有着一定共性：依据当时此族属的生活形态、方式，特别有可能是其劳动方式而名之。如前文提到的对夷、蛮、苗、狄、戎等的命名就遵循这种共同规则，因而这种命名方式也必然遵循语言学和文字起源的共同规则。由此可见，"巴"与当时人（族群）的生活和生产形式相关。有些学者认为早期甲骨文 （巴）像一个沉静的孕妇 （身）搭着双手 一动不动，因而推测其造字本义可能指沉静的孕妇坐着一动不动。晚期甲骨文 将早期甲骨文的孕妇形象 简化成"人"形。有的甲骨文 将"人"和"爪"连写，以致难辨"人"形 和"手"形 。显然早期造字之初，该字都与"手"有关，即可能与劳动方式有关，因而也可能指人在河边从事淘洗、捕鱼、抓虫、驱兽，这也合于南方地理情状。另一方面，也可能表现人跪着攀爬的情状，这与南方山险地峭之状相合，攀爬许多山时就需手脚并用，或者半跪式攀援。今天的"爬"字就是将"爪"和"巴"字结合，强调用手。《说文解字》中将"巴"字作"虫"解③，恐怕一方面是由于南方的地理情形，巴人所居之地多虫兽，这也合于"巴"的甲骨文字形像人淘洗、捕鱼、抓虫、驱兽的情状。另一方面

---

① 常璩：《华阳国志》，第 2 页。
② 中国科学院考古研究所编：《甲骨文编》（附录上），第 791 页。
③ 许慎著，段玉裁注：《说文解字注》，第 741 页。

乃在"巴"字经过籀文等演变后，一些特征丢失了。而且从现存的甲骨文"巴"字，无论如何找不出"虫"的象形。籀文𢀳在早期甲骨文字形基础上省略了手形，或者被认为突出了孕妇鼓腹的形象，实际上也可以视为人跪坐的一种简化形式。另一方面，由于这种简化的形式极似"蛇"的形状，故后来被解释为"虫"之意，又衍而为蛇，再结合食象蛇的传说，就被衍为巴或指蛇，进而出现巴的一支有蛇的图腾或蛇巴一支之说。但篆文巴、𢀳也由甲骨文𢀳变形而来，"手"形彻底消失，但"人"形𢀳若隐若现。隶书巴将篆文𢀳短横改成短竖。故将"巴"解释为虫或大蛇皆为附会之说。至于南方之民有崇蛇、虎或鱼凫的图腾都是出于地理之因，也极有可能。但"巴"字作为巴文化研究中的重要文献，这种衍变的证明还非止于字源字形，从词源学的角度来看，"巴"在《说文解字》或《现代汉语词典》中的解释都可以与"巴"产生的原初情状联系起来。有人认为"巴"本义作动词，指沉静的孕妇一动不动地坐着，后来转化为副词、形容词、名词等。首先是对本义的理解恐怕不一定准确。其次是"巴"所反映的劳动和生活情景，正体现了抓捕、攀爬、跪坐等特征，其中手脚并用，跪、攀、抓等将后来词义中的"静、牢、紧、贴"等义可以说都隐含在其间了。如下举"巴"的词义：①

①副词：一动不动地、安静地。《现代汉语词典》将其解为"盼望"。例：巴望、巴不得等。

②形容词：一动不动的、牢牢的。《现代汉语词典》认为其用在形容词后，表示程度深。例：干巴巴、眼巴巴。

③动词：紧缩、粘连、连接。例：巴结、结巴、眨巴、前不巴村后不着店。

④名词：粘结的硬块、硬团。例：巴掌、锅巴、泥巴、盐巴、尾巴、下巴、嘴巴。

① 中国社会科学院语言研究所词典编辑室编：《现代汉语词典》，商务印书馆 2002 年版，第 16—17 页。

又见明李实《蜀语》云："干肉及饼曰巴。牛肉曰牛干巴，荞饼曰荞巴，盐块曰盐巴，土块曰土巴之类。"

⑤形容词：老实沉默的、内向安静的。例：老实巴交、下里巴人。

显然①②都内含了"紧、牢"之义，无论是"盼望""巴望"，还是"干巴巴"，都不过是显示一种静而持续的状态。所以前两义与③的关系实极为密切，④⑤虽似有变衍，然亦无本质的差别。《现代汉语词典》中还有一例表示"张开"之义，其例如"巴着眼瞧"，"天气干燥，桌子都巴缝儿啦"等，形似与"紧"相反，实还是含"紧"之义。由此可见，本义应与以上诸义中内含的本质特征爬、抓的动作所带来的"紧、牢"有密切关系，这恐怕与早期巴人在茂林峭壁、溪涧绝壑之间攀爬、捕狩渔猎的情形是相关的。根据今天巴地出土的早期陶网坠、陶纺轮以及一些扁平、尖刃的骨器，考古学者判定为农耕、狩猎、捕鱼和缝织的工具，因而可以说明该地区"远古的居民过的是以渔猎和农耕为主的定居生活"[①]。自古巴山蜀水，巴人善于攀援，勇于与虎狼搏斗，稍有不慎，即可能坠入绝崖而亡。由此"巴"与紧缩、贴身等衍生义就极相关，在此地域上生活和劳作的人就以其情态而概称巴人，其地亦名之巴，故有巴山、巴河等。后来流放或迁居、定国于此者皆概以"巴"，故西周初年的古巴子国，虽属姬姓，但以其居地之民的生活情状而概名以"巴国"。这恐怕是"巴"字诞创的历史情状。

由此在这一特定地理范围和有着特殊劳作和生活方式的群属参与下，形成了独特的地方性文化：巴文化。巴文化的形成历史是极为悠久的，可能与南方古人猿的活动也有着密切的关系。今天考古发现的"巫山人""建始人""长阳人"等原始古人类，可能是生活在这一广大的西南山地区域的早期土著巴人。《山海经·海内经》称"西南有巴国。太皞生咸鸟，咸鸟生乘厘，乘厘生后照，后照是始为巴人。"[②]

---

① 马幸辛：《试论罗家坝遗存》，《四川文物》2002 年第 5 期。

② 袁珂校注：《山海经校译》，上海古籍出版社 1985 年版，第 298 页。

后照不过是泛信史时代的人物，"巴"由族群的生活情状表述进而衍指其人，如"下里巴人"，并未失群体性特征，因而"巴人"不可能是一个具象的特定人物，而应是一个部族或以部族酋长概指其属。无论是信史时代，还是泛信史时代，部落群属之间由于物资和生存环境的扩张等引发的战争等原因，就已经存在群属交流和迁徙，这与动物界的现象完全一样，从而形成各自的部族文化和大文化范畴。

从现存的文献记载来看，"巴"作为地域性族群的意义是非常明显的，也是较早的，《山海经·海内南经》就称"夏后启之臣曰孟涂，是司神于巴，人请讼于孟涂之所。"①或《山海经·海内南经》所称"巴蛇食象，三岁而出其骨。"②皆是指巴地，可能有地缘性族属或国家的含义。巴建国应是极早的，《华阳国志》引《洛书》就称"人皇始出，继地皇之后，兄弟九人分理九州，为九囿，人皇居中州，制八辅。华阳之壤，梁岷之域，是其一囿，囿中之国则巴、蜀矣。"③在《玉篇·巴部》中亦作"巴，国名。"④《墨子·兼爱下》："又有君大夫之远使于巴、越、齐、荆。"⑤《左传·桓公九年》："巴子使韩服告于楚，请与邓为好。"⑥《华阳国志·巴志》就确切记载了巴在周初的历史状况："周武王伐纣，实得巴蜀之师，著乎《尚书》。巴师勇锐，歌舞以凌殷人，（殷人）倒戈，故世称之曰'武王伐纣，前歌后舞'也。武王既克殷，以其宗姬于巴，爵之以子。古者，远国虽大，爵不过子，故吴楚及巴皆曰子。"⑦此外，《管子》《韩非子》《计然万物录》《吕氏春秋》《史记》《汉书》《后汉书》《汉纪》《后汉纪》《战国策注》《盐铁论》《新书》《说苑》《东观汉记》《论衡》《楚辞》《尚书注疏》《春

---

① 袁珂校注：《山海经校译》，第220页。

② 袁珂校注：《山海经校译》，第220页。

③ 常璩著，刘琳校注：《华阳国志校注》，巴蜀书社1984年版，第20页。

④ 顾野王著，陈彭年重修：《重修玉篇》卷三十，《景印文渊阁四库全书》第224册，第233页下。

⑤ 墨翟著，吴毓江、孙启治点校：《墨子校注》卷四，中华书局1993年版，第177页。

⑥ 杨伯峻：《春秋左传注》，中华书局1981年版，第124页。

⑦ 常璩：《华阳国志》，第2页。

秋公羊经传解诂》等都有对"巴"的记载。进入秦汉以后，巴的历史基本上比较清晰，但对于巴文化本身的衍替和与其他文化之间的交融却并不十分清晰，恐怕只有以文化学和人类学的大视野来观照，才能窥明其迹象。

二、巴文化与西南山地的关系

从巴文化的形成来看，其文化特征与西南山地的自然地理环境有着密切的关系。山地地理因素对西南整个族群文化特别是对巴文化的衍变和传承具有极为重要的作用。我们可以这样推测，在较早的先民时期，人类族群一般沿河而居，但由于捕猎、战争等原因，他们像动物界一样，自然群属的扩大就面临更多的食物需求，因而也像动物如狮、虎等一样，开始扩占领地，分化新的群落。这个过程就必然导致人类群族的向外迁徙，因而上古黄河流域的黄帝部落开始沿河东下、南下，与炎帝及蚩尤部落等发生战争，有传说南方苗人乃蚩尤部落之后裔，为战败南迁之遗族。此且不论黄帝、炎帝、蚩尤等部落之关系，或为同宗之各支，有着血缘联系①，或为血缘关系较为模糊或疏远的不同地缘部落，但其必然有着人文的交流，它们与南方的古人类和早期部落一样，同属于中华民族之大范畴中的重要民系，共同创造了中华文明。

如果从人类适宜居住的自然环境和条件来看，也许南方适宜的气温、丛林更适宜古猿和早期古人类的生活，当然这些都有待进一步的古人类考古研究和地理古生物学等领域的深入研究。但从泛信史时代的传说和信史时代的一些记载来看，战争在部族之间发生，早期人类

---

① 《华阳国志·巴志》载："《洛书》曰：'人皇始出，继地皇之后，兄弟九人，分理九州，为九囿。人皇居中州，制八辅。'华阳之壤，梁岷之域，是其一囿；囿中之国，则巴蜀矣。其分野，舆鬼、东井。其君，上世未闻。五帝以来，黄帝、高阳之支庶，世为侯伯。"（见任乃强《华阳国志校补图注》第4页）《洛书》虽为东汉谶纬之书，但其所体现的人类文化学视野与中西方文化概同，五帝之前巴蜀之君未闻，但五帝以来其君却可见有共同的血缘联系。

因此沿着水路或陆路迁徙。从今天动物学家的研究成果中可以看出，大部分动物的自然迁徙可能沿着河道或洋流迁徙，早期人类的自然活动恐怕亦如此。因此黄帝等姬姓部落不断南迁，至于渭河流域一带，渭水又紧邻嘉陵江和汉江源头，故一支可能沿四川东北的秦岭与米仓山之间的汉水谷地，沿汉江等流域进入陕南、湖北等地，其中可能又有一股沿南河及长江流域在川东的众多支流水系进入川东；而且在汉水谷地安康与川东达州交邻的大巴山群岭之间又有万源等地前河、后河、任河等与其相连贯，在万源境内的任河就将汉水相连，这些河流又与发源于大巴山脉的米仓山谷地的巴河纵横交连。

　　由此可见，早期北方民系或中原族群在与南方族群的交流中，可能正是沿着长江流域和嘉陵江流域纵横相连的水系不断向南、向西（或一部分向东）迁徙发展。沿嘉陵江迁徙的群落可能又经嘉陵江上游的白龙江、白水江、涪江等支系进入成都平原。而另一支可能经陇中高原的洮河和黄土高原的清水河与渭河逆流上行的支系相融，经陇南的白龙江和发源于松潘高原的岷江或大金川等进入川西（这些支系的最上游与黄河支系相隔极近，或多为一山之南北相隔），并沿江向南发展。这其中自然可能有所谓狄裔南徙的羌民，也有姬姓的周民（汉民），他们融入成都平原。因而从一些出土文献来看，在成都平原的早期文化现象中，既有一些似乎独有的特征（被视为可能带有西羌族特点），也有与巴族群文化相同的一些特征。这种现象正是因为这些早期的部落文化本来就是交融的。巴蜀之民又沿江南迁，进入贵州、云南等地。当然，这种迁徙后来可能就不仅仅是因为战争，其中主要原因极有可能就是因为南方水土丰茂，气候温暖适宜，便于农耕和作物生长。因而这种迁徙与农业技术的逐渐掌握和发展密切相关。如南方的苗民在种植技术上可谓独具特色，恐怕是"苗"字的原始。就巴地文化圈层的族群来说，普遍居于高山峡谷之中，按《华阳国志》所载春秋战国之际的巴国版图，正是围绕几纵几横的大山脉线，北起西安南的太白、秦岭，此为首横山脉线；次横为西起岷山、米仓山、大巴山，延至武当、荆山，往东越南阳盆地，经桐柏山、大洪山，进入大别山（有学者认为大别山亦当为"大巴山"之别音，古或"别"通"巴"，尤见巴族东迁之影响）。几纵则是沿明月山、巫山、方斗山，至大娄山、武陵山、雪峰山，而至苗岭；靠西（一部分为后来之蜀）则经岷山，过松潘高原、川西高原的邛崃山、夹金山、雪山等，南融进入五莲峰、乌蒙山等地。

至于是南人北迁还是北人南迁，这不仅涉及文化主从问题，还涉及古人类考古学及地球古生物学等诸多问题。虽然在东南沿海以及云南、贵州等南方山区也发现了早期人类化石，但笔者以为通过其他文献材料的证明，这并不能推翻黄帝后裔的这种迁徙状况，这可能说明古猿人群也许在南北都并存，此外这种迁徙可能早在猿人时期就开始发生了。从猿到人的发展过程中间隔数十万年的状况实很难论证清楚，当时北方的黄河流域的地表、植被、物种状况如何，也很难说清楚，是否如南方一样也为丛林覆盖呢？笔者认为北方除气温等自然因素外，很可能正是因为大量早期人类活动或古猿人活动造成植被等破坏，从而逐渐形成黄泛区和黄土高坡的奇特地貌。《诗经》中所谓"河"皆未称"黄河"，或可视为人类活动对黄河水域影响的隐证。据传说及史料记载有关于黄帝后裔涉足长江流域之说，恐怕就是南北交徙的结果。这种由北至南、由西及东（实质以高山为始发之地）的迁徙路径①，恐怕跟早期人类由猿变为直立行走之人有关，而猿属所居恐多为群山林险之地，有长臂便于攀援，而中国之地势正在西北高而东南低。

巴文化作为西南山地的特殊文化圈层，或与北方早期人类和北方先民的迁徙不无关系，这从史料中所载姬姓巴子国在西南建国可窥一二。但巴文化圈层中既留有中原文化的遗影，也更多地保留了本

---

① 《华阳国志·巴志》称"昔在唐尧，洪水滔天，鲧功无成。圣禹嗣兴，导江疏河，百川蠲修，封殖天下，因古九囿，以置九州。……于是四隩既宅，九州攸同，六府孔修，庶土交正，底慎财赋，成贡中国。盖时雍之化东被西渐矣。"《禹贡》称"东渐于海，西被于流沙，朔南暨，声教讫于四海。"此虽以中原文化为核心观之，其东渐西被、北达南交之势，一方面揭示了文化的传播状况，另一方面也隐示了群属的迁徙情况，由此可见早期民众交徙有沿江沿河的痕迹。

土（土著）文化的特性，这就是"巴"的地域性特征，也就是上述所说的浓厚的西南山地特征。以明清人的视野来看，南方土家族实际上就是巴地的土著居民，其以"土家"名之，起初即内含此义。土家族人即巴人后裔，巴人与汉人又有着密切的血缘和文化关系，所以土家族的前身亦可视为汉人，与巴地其他汉人无异。从土家族的民间歌舞和文献记述中可以看出，他们就没有自己独特的文字，即便土家话也不过是汉语的"方言"罢了，其地方性口音较重，且由于这些地方一般为坡陡林险的山地，交通自古不便，其方音中多保存了古音的一些特征。南方少数民族群落的形成同样与其人文地理和自然地理环境有着密切的关系。由于地理环境的特殊，宋元采取土司制，以本地土司管理当地民众，此渐成方习，至明清一改土司制，也就是所谓的"改土归流"，实行流官管理制。这实际上是当时的一种土地及政治改革，但这种改革对地处较偏僻的川鄂湘渝黔交界之地的民众来说，无异世外之变，故或有"不知魏晋"之感，因而他们在土司制下保留和形成的习俗得以传承下来，而地理交通较为发达的地区则接受了改革和"官化"，成为汉人的一部分。这从中国近代的土地改革和20世纪80年代兴起的改革开放在川东一些县市所引起的民间变化就可以知其幽微。

我们从现象学的意义来看，口音、服饰等习俗和地理等因素与土家族等南方少数民族的形成有密切关系，而少数民族族群或族系的形成与人文及自然地理、族群迁徙和文化交流相关。以绵阳以北沿岷江流域的羌族文化特征和川东毗邻的陕南、鄂西、湘西、黔北等地的土家族文化特征，以及一些与其文化特征接近的侗、瑶、苗、仡佬等族的文化来看，就可以发现古巴所辖之地的文化生成及其流变。以跟巴人关系极为密切的土家族村寨来看，可以说遍布《华阳国志》所载之巴境：湖北长阳土家族自治县、湖北五峰土家族自治县、重庆石柱土家族自治县、重庆彭水苗族土家族自治县、重庆酉阳土家族苗族自治县、重庆沿河土家族自治县、重庆秀山土家族苗族自治县、贵州印江土家族苗族自治县等。而湖南境内虽然极少设有土家族自治县，而主要设苗族、侗族、瑶族等自治县，但实际上在湖南武陵源区、永顺等一带居住着大量的土家族人，在湖南、贵州等地，皆是土家族、侗族、苗族、亿佬族、瑶族、布依等族杂居、散居或聚居。由此可以证明这些民系可能都是在逐渐迁徙或分门立户的过程中逐渐形成的，他们在更早的历史时期或许都有着共同的血缘关系。如果以此等视野来看巴地七姓和巴与賨之关系[①]，乃至巴与楚、蜀、渝文化之间的关系，或许可以得出更为确切的论见。

三、巴文化与周边文化群落的关系

无论是《洛书》《山海经》《华阳国志》等所记泛信史时代"巴"与九州的情况，还是《史记》《汉书》《春秋》中关于"巴"与中原族属的信史记载，都可以明确地看出巴与周边族属有着极密切的关系。当然《洛书》中所提人皇时代九州之民的血缘关系，随着历史衍进而渐为疏远，但其文化交融关系却更为密切。

春秋战国之际巴族不断向外拓展，在民族迁徙的过程中，巴文化也得以沿途传播，并与其他族群之间进行文化交流。这从今天这片古老的土地上和各族民众之间的一些共同习俗可以看出这种文化影响的遗存及其久远。巴文化在秦汉统一以后，开始进一步融入华夏文化共同体。因此这种具有地域性特征的文化经过长期演变又形成了一种多元文化，它包容着古代巴、楚、秦、蜀等多种文化因素，并在历史进

---

① 《后汉书》载："至高祖为汉王，发夷人还伐三秦，秦地既定，乃遣还巴中，复其渠帅罗、朴、督、鄂、度、夕、龚七姓，不输租赋。余户乃入賨钱，口四十。世号为板楯蛮夷。"（第2842—2843页）按《汉书》卷九十六下颜师古注"巴俞之人，所谓賨人也，劲锐善舞。"《文选·蜀都赋》注引应劭《风俗通》云："巴有賨人，剽勇。高祖为汉王时，阆中人范目说高祖募取賨人定三秦，封目为阆中慈凫乡侯，并复除目所发賨人卢、朴、沓、鄂、度、夕、袭七姓不供租赋。阆中有渝水，賨人左右居，锐气喜舞，高祖乐其猛锐，数观其舞，后令乐府习之。"（《六臣注文选》卷四）可见賨实为巴民。另据谯周《巴记》载："和帝永元中，分宕渠之地，置汉昌县，属巴郡。夷人岁入賨钱，曰（笔者注：或谓"口"之误）四十，谓之賨民。"（见《资治通鉴补》卷六十四汉纪五十六）《华阳国志·巴志》称"其属有濮、賨、苴、共、奴、獽、夷、蜒之蛮。"皆可见巴与賨之关系。

程中衍生或融合了苗、侗、白等南方少数民族的文化特质，包括他们别具特色的信仰、风俗、习惯、伦理、道德等。《华阳国志·巴志》称巴地"其属有濮、賨、苴、共、奴、獽、夷、蜒之蛮。"①可见夷、蜒（蜑）之蛮实为巴属，而据《后汉书·南蛮西南夷列传》引《世本》云："巴郡南郡蛮，本有五姓：巴氏，樊氏，瞫氏，相氏，郑氏。皆出于武落钟离山。其山有赤黑二穴，巴氏之子生于赤穴，四姓之子皆生黑穴。未有君长，俱事鬼神，乃共掷剑于石穴，约能中者，奉以为君。巴氏子务相乃独中之，众皆叹。又令各乘土船，约能浮者，当以为君。余姓悉沈，唯务相独浮。因共立之，是为廪君。……廪君于是君乎夷城，四姓皆臣之。"②这可能反映了巴地族属的一支（可能以地为姓）西迁和壮大的情况。李贤注引《世本》又称"廪君之先，故出巫蜑。"③刘琳注《华阳国志》就称"古蜑人与'蛮'属同一族系，与今苗、瑶等族的先民有关，则巴族似亦为苗瑶系。"④《隋书·地理志》载："长沙郡又杂有夷蜒（按：与'蜑'同），名曰莫徭，自云其先祖有功，常免徭役，故以为名。"⑤刘琳认为莫徭即今瑶族先民，由此可见蜑人与今苗瑶等族有密切关系。他称魏晋南北朝时期，蜑人主要活动于今川东、鄂西及湖南、黔东北等地。唐宋以后逐渐南迁至两广、福建一带⑥。无论是《世本》所载巴氏居山习水的习性，还是文献所记后来衍迁的"海上水居""以舟楫为家"⑦的蜑蛮，都可见他们在巴地的先民生活情状的遗影。也许将巴视为苗瑶系或汉系都不一定十分正确，但其中对于这些民系之间的关系发微却是比较合理的。将巴或作土家族、或作賨、或作夷蜑、或作苗瑶，其主要就在于误

---

① 常璩：《华阳国志》，第3页。
② 范晔：《后汉书》卷八六，中华书局1965年版，第2840页。
③ 范晔：《后汉书》，第2840页。按：《后汉书·南蛮西南夷列传》李贤注引，贤避太宗讳，改《世本》为《代本》。
④ 常璩著，刘琳校注：《华阳国志校注》，第23页。
⑤ 魏徵：《隋书》卷三十一，中华书局1973年版，第898页。
⑥ 常璩著，刘琳校注：《华阳国志校注》，第30页。
⑦ 范成大：《桂海虞衡志》，清《知不足斋丛书》本。

将"巴"视为当下"民族"概念性的一个具体而微的民系,事实上,"巴"是一个较广泛的文化圈层和地域概念。"巴人"正如我们今天称"四川人"的概念一样。由此可见,巴文化也是在长期磨砺和积累中通过语言、哲学、政治、经济、艺术等表现形式所浸润而成的一种多元文化形态。巴文化发展进程中的这种互鉴与包容,正体现了文化与人类发展进程的必然趋势。

至于巴文化与周边几种主要地域文化的关系,正如前述群属迁徙的复杂性,其与蜀文化、楚文化、中原传统文化等既有着一些文化的共性,也有着相异的特征。古代由于中原汉民及巴、蜀、楚、秦等都相继建过国,故各称名其文化圈层。而近代将"巴渝"文化并提,其中却含有地缘政治的原因。"巴渝"一词最早出现在汉代荀悦的《汉纪》,其云:"于是广开上林,穿昆明池,营千门万户之宫,立神明通天之台,造甲乙之帐,络以隋珠荆璧。天子负黼黻、袭翠被,凭玉几而居其中,设酒池肉林以飨四夷之客,作巴渝都卢海中砀,极漫演鱼龙角抵之戏,以观视之。及赂遗赠送,万里相奉,师旅之费,不可胜计。"[1]《汉书》卷二十二亦载"巴俞鼓员三十六人"[2],其后南朝宋范晔《后汉书》载高祖命乐人习"巴渝舞",其后《史记》《汉书》等正义或注都为唐人所作,多引注高祖命习"巴渝舞"故事。显然"巴渝"之地与舞乐相关,这其中隐示了巴文化与楚文化一样可能都极重巫觋文化,而且歌乐鼓舞的文化程度在当时极为发达。唐代颜师古注《汉书》谓:"巴,巴人也。俞,俞人也。当高祖初为汉王,得巴俞人,并趫捷善斗,与之定三秦,灭楚,因存其武乐也,巴俞之乐因此始也。巴即今之巴州,俞即今之渝州,各其本地。"[3]显然唐代在古巴地已并设巴州、渝州,唐人将巴渝并提乃依当时的地理政区情况,即巴指巴州,渝指渝州,因而此"巴"并非指古巴国或《华阳国志》

① 荀悦:《汉纪》卷十五,四部丛刊景明嘉靖刻本。
② 班固:《汉书》卷二二,中华书局 1962 年版,第 1073 页。
③ 班固:《汉书》卷二二,第 1074 页。

所指之巴地辖区①。结合《后汉书》卷八十六所载"阆中有渝水，其人多居水左右。天性劲勇，初为汉前锋，数陷陈。俗喜歌舞，高祖观之，曰：'此武王伐纣之歌也。'乃命乐人习之，所谓巴渝舞也。遂世世服从。"②渝当指嘉陵江，其源头之一在陕西宝鸡，出于秦岭南麓，还有数支发于米仓山麓，一支经旺苍汇入阆中，这一地区河网交纵密布，山地植被丰富，极便于人类捕食、种植及渔猎活动。巴和渝在唐代置州以前并没有特殊的地缘分割，也没有不同的文化特质，且渝实际上属巴之辖地，因而巴渝文化可以说就是巴文化。如果非要称"巴渝文化"不可，恐怕更多的内涵应是缘于"巴山渝水"之故。

巴文化与蜀文化的关系也极为紧密，可以说在泛信史时代的传说中往往就是共生共存共融的，一般以巴蜀并称，概指西南之地与西南之民。如《后汉书》卷一"公孙述称王巴蜀"③便是概指，非为二国之王。唐代李贤注云："蜀有巴郡，故总言之。"④亦是以其当时之地缘状况，唐代已将四川概称蜀地，故当时人多称有东川、西川，故当时设两川节度使。唐人诗文中亦多有"西蜀""东蜀"之称，如《全唐文》卷九百六十二载《授韦有翼剑南东川节度使制》谓："东蜀之舆赋殷繁"⑤。又如杜牧《唐故东川节度检校右仆射兼御史大夫赠司徒周公墓志铭》云："及镇东蜀一岁，欲归闲洛师。"⑥胡曾《贺高相公除荆南启》云："西蜀蒸民，悉在春台之上。"⑦唐人诗文中此类实多，当时何以以蜀代巴，其中原因有待进一步探讨，但恐怕与前述地理分流之别多有关系。以巴、蜀相别，乃在于秦汉在此域设立巴郡、蜀郡，《华阳国志》亦分设《巴志》《蜀志》，故后世文人或以巴、蜀对举。

---

① 常璩著，刘琳校注：《华阳国志校注》，第 20 页。按：《华阳国志》所称巴辖十一郡（当为十二郡）、五十八县。刘琳注《华阳国志校注》称当辖十二郡。即为《华阳国志》所载《巴志》《汉中志》所记汉中、梓潼、涪陵、巴、巴西、巴东、宕渠、武都、阴平、新城、上庸、魏兴等郡。

② 范晔：《后汉书》，中华书局 1965 年版，第 2842—2843 页。

③ 范晔：《后汉书》，第 16 页。

④ 范晔：《后汉书》，第 16 页。

⑤ 董诰：《全唐文》，中华书局 1983 年版，第 9989 页。

⑥ 董诰：《全唐文》，第 7829 页。

⑦ 董诰：《全唐文》，第 8535 页。

一般认为西周初年就在西南建有古巴子国，属姬姓，即与周同姓，或认为巴出于嬴姓①，这都从另一个侧面有力地证明了巴文化与中原文化的传统渊源。无论从《山海经》中关于巴人祖先为太皞氏（伏羲），还是认为其为黄帝后代②，都可以证明其与中原传统文化的流承关系。且不论文化流迁的方向如何，但从甲骨文和出土的夏商周早期器物来看，巴地先民较早就生活在这一区域，从出土的青铜器物、器形以及流传风俗等，都可以证明早期巴文化就与其他周边文化和中原传统文化有着密切关系。这可以从其他文献做一些疏陈和探讨。

在夏商时期巴人文字就已初步产生，在巴人居地所出土的青铜器，如戈、矛、铤、编钟等器物上刻有巴文字，并曾出土廪君时代遗址中的陶印章，在距今 5000 余年前的大溪文化三峡宜昌杨家湾遗址发现了 60 余个原始文字刻画符号③，这些符号比甲骨文、金文都要早得多，一些学者由此认为，巴人先民于此期已进入文字初创阶段。殷代甲骨文中已有"巴"（𦥑）字④，中国社会科学院考古研究所曹定云先生对此字释"巴"作有专门的补释⑤。在周秦汉的文献中已多有对巴国、巴人或巴地、巴物的记载，如《尸子》谓"驸马其为荆王使于巴"⑥，《荀子》卷十一则载秦国"北与胡、貉为邻，西有巴、戎"⑦，既然战国时荀子称秦西邻巴、戎，而按地理位置看，蜀在巴之西，也在秦之西南，此称"西有巴、戎"，或许将蜀并入巴，或可概见巴之早期状况。李白《蜀道难》讲"蚕丛及鱼凫，开国何茫然"⑧，唐时所称

---

① 王符《潜夫论·志氏姓篇》谓巴为嬴姓，即与秦同姓。按古史传说，秦为上古皋陶氏后裔，而皋陶又出于少昊之后，与黄帝亦相关系，由此可见亦源出于中原血缘统系。

② 《华阳国志·巴志》谓"五帝以来，黄帝、高阳之支庶世为侯伯。"明系巴、蜀与黄帝和高阳氏之关系。

③ 邓辉：《土家族区域的考古文化》，中央民族大学出版社 1999 年版，第 53 页。

④ 中国科学院考古研究所编：《甲骨文编》（附录上），第 791 页。

⑤ 曹定云：《甲骨文"巴"字补释——兼论"巴"字的原始意义及相关问题》，《殷都学刊》2011 年第 1 期。

⑥ 李守奎、李轶译注：《尸子译注》，黑龙江人民出版社 2003 年版，第 130 页。

⑦ 王先谦：《荀子集解》卷十一，第 301 页。

⑧ 李白著，王琦注：《李太白全集》卷三，中华书局 1977 年版，第 162 页。

"蜀"已代指整个巴蜀地区，其蚕丛与鱼凫之国不一定指狭义的蜀国开国历史，极有可能指史前传说时期的巴国情况。据今天一些学者考证，李白所居江油之地为嘉陵江之支流涪江流域，其中所称鱼凫极可能与涪江、嘉陵江流域的古部族渔猎生活有关，这在当代一些研究巴蜀文化的学者中亦有论述。此外，一些学者认为长江三峡奉节一带巴人也以鱼凫（鱼鹰）为图腾，称鱼凫巴人。实际上据今天的出土文献和地理考察，整个川东以及绵阳、南充一带鱼盐业都有发展，其民邻江而居，亦多以渔猎为业，且巴地山高林密、河网密布、水草丰茂，可能整个巴地族群都有渔猎的习惯。所以传说中的鱼凫国可能就指巴国，后并以巴蜀代称。《华阳国志·巴志》载："（禹）会诸侯于会稽，执玉帛者万国，巴蜀往焉。"①《山海经·海内南经》载："夏后启之臣曰孟涂，是司神于巴，人请讼于孟涂之所，其衣有血者乃执之，是请生，居山上；在丹山西。丹山在丹阳南，丹阳居属也。"②这些可以说是关于巴的早期史料。据潘光旦先生推断，可能在 4200 年前的夏代初年，在湖北长阳的武落钟离山就出现了巴人的第一个君王廪君③。这可能标志着巴人已进入父系氏族向奴隶制过渡的时代。

夏商以后关于巴的记载或有多种推测，但总算可以找到一些史料依据，结合不断出土的考古文献，或许我们可以逐渐厘清其迹貌。至于夏商时期廪君时代以前巴人状况如何，恐怕只有结合有关泛信史时代的传说，并以文化人类学的视野观照，或许可以窥其端倪。这同样有助于我们对巴文化的探讨和对全球视野下文化人类学的印证。

（本章发表在《四川文理学院学报》2015 年第 3 期，个别文句略有改动）

---

① 常璩：《华阳国志》，第 2 页。

② 袁珂校注：《山海经校注》，第 277 页。

③ 这与《华阳国志·巴志》所谓"五帝以来，黄帝、高阳之支庶世为侯伯"的推测不同，但以猿人亦群居而处，恐怕巴人之酋长、君侯之史或当更早。

第四章

罗家坝青铜历史印记与聚落考察

　　罗家坝遗址地处川东宣汉境内，该遗址发掘清理的青铜器被考古学家认为具有十分明显的巴域青铜文化特征。目前从考古发掘来看，西南地区使用和铸造青铜器的历史较早。这些地域出土的青铜器作为巴文化的重要组成部分，对承载与研究巴文化及其历史文化传承具有重要的意义。这些青铜器所反映的青铜合金技术、形制形态和特定的符号要义等属性特点，对于揭陈和反映当时的社会、经济、文化和宗教信仰问题，了解巴文化可以说是最好最直接的资料和途径。

　　从学科研究的视野来看，任何单一学科研究方式都或多或少存在某种缺陷，如考古研究，往往只对考古存在的某种物象给予肯定，并将历史往两端或某一点推进，但那些没有被今天的考古学家们所发现的东西、物象和历史是否就是不存在的呢？答案恐怕并非如此，因此这些预置的空白就留给文学家、思想家、社会学家和善思辨的哲学家去思考和辨惑。这些辨思或许要经过若干年的争论，不断从他证和考古的再发现中才能得到印证和最终的确定，然后可能成为知识或者常理。因此从这一点而言，考古学与历史学虽然往往被认为是最实证的学科，但也是存在缺陷的。史学家所书写的文本或许是看似真实的记载，但毕竟它只是个人的视野，哪怕它那时是随众的甚或普世的视野，但毕竟是受制于时空的历史境域的语体和思维视野。当然，笔者在这里不是想做历史的辩证的讨论，只是想提醒我们对考古成果的认知和历史记载中历史事件的认知必须要持两种正确的方式和观点：一是认识历史物象要考虑当下和历史的认知境域的叠合与冲突；二是任何事象都具有反映真实性的可能与缺陷。因此，我们在这种碎片的追忆中既要得到某个地域某种历史的特殊性，也要获得反映人类历史的共性。

石器、陶器和青铜器作为人类历史上较早的人类文明记忆与印记，对于我们考察人类发展史具有重要的意义，也成为记载地域早期人类文明的标识。青铜器作为人类历史中继火、石器、陶器之后较早进入人类生活的主要创造性产物，极大地反映和记载了人类文明的进步程度。

人类在漫长的生产斗争和物质文明进程中，其实很早就学会了铸造青铜器。从全球视野来看，中西方的文明大致展现出相近的历程，诸如古代希腊地区约在公元前 3000 年左右的克里特岛和迈锡尼文明的时候就出现了青铜器[1]，而中国同样在夏商周时期就已经出现青铜器[2]。虽然今天出土的青铜器主要是商周时期的，但是从这些青铜器的精美铸造技术来看，它们的锻铸应该经历了一个较长的历史时期，或许在夏代或夏代以前就已经开始运用青铜器物了。这也有待考古研究者做进一步考古发掘和研究。

作为标志性的时代生产资料，在浩瀚璀璨的中国古代青铜文化中，巴蜀青铜器以神秘奇诡的神话色彩和独树一帜的地方特色而著称。成都三星堆、金沙遗址遗存的众多形态奇异的青铜器揭开了古

---

[1]　参见庄锡昌主编：《西方文化史》，高等教育出版社 2010 年版，第 4 页。

[2]　夏商周断代工程虽对夏的始年有所推定，但目前考古并不能排除夏以前存在青铜器的可能性，而且从"禹定九鼎"的记载或传说来看，若禹铸鼎，则夏以前必有铸青铜器的可能。

图1　罗家坝出土青铜豆

蜀文明的一角，被视为蜀文化和蜀文明的象征，然而在这一认知过程中，它们往往又被局缩于古代蜀国文明的结晶和代表，而与其紧邻的巴国文明却散落在历史的零碎记忆中。当然本书所讲的巴文化并不局限于"巴国"的文化，而是巴地的古文明，因而也包含蜀文化。为了更好地比较研究巴蜀文明和文化的关系，我们选择川东地区一些具有明显巴文化特征的考古文化遗迹中遗存的青铜器等进行简要的比较研究。

川东北地区具有典型西南自然山地特征，有秦岭、大巴山横亘其境，并连贯巫山、神农架及湘、黔、滇一些余脉，使其所居地域文化更是独具风格。然而由于这一地区山高林密、河谷交纵，考古工作不便于开展，在长江三峡库区沿江考古工作开展后，这些毗邻地区的考古工作才开始被逐渐重视。然而这些地区由于三峡库区的开发建设，大部分沿江沿河的地方都成为淹没区，大批尚未发掘或探明的巴域古文化遗址也随之永远被沉埋在水下。虽然在库区建设之前开展了一些抢救性的发掘工作，但由于所涉地域面积较广、时间较短、踩点预勘等工作不够深入，因此周边大型文化考古工作及长江主干沿线考古比较而言似乎成

图2　罗家坝出土青铜甗

果比预期偏少，至少在青铜器出土的数量方面偏少。这在一定程度上也影响了我们对巴文化历史的判断，因而在巴蜀文化、巴渝文化和巴楚文化的整体视野中过分强调蜀文化、楚文化，甚至在地域文化研究热潮的背景中，一些学者为文化争势计，而往往忽略文化的历史性、延续性、包容性和互渗性等因素，而又形成偏狭的"渝文化"概念。当然"渝文化"从现代文化建构的意义来讲不是不可以，但要溯源这种文化的历史传承之迹，又不得不回到古老的巴文化。就渝文化本身来讲，从字源或文化传承来看，"渝"无论是指古渝水（嘉陵江），还是现代意义的"重庆"代称，"渝"依旧应是巴文化的主要传承区，实为巴文化之支裔。巴文化既区别于周边其他地区文化，在历史发展中又深受周边其他地区的影响，在文化的交融过程之中，它对周边其他地区或族属文化也产生过重要影响。这在史料记载及考古文献中都可以得到印证，其中对青铜器的研究就能逐渐找到和复原这些散落的历史印记。

随着长江三峡大坝的修建和库区的淹没，长江沿线考古工作也逐渐开始对长江支流沿线考古重视起来。2003 年 5 月，川东北地区宣汉罗家坝遗址一处重要的墓葬被盗，在随后开展的抢救性发掘工作中，发现器物之多、价值之高，给人们以极大的震撼。其实自 20 世纪 90 年代开始，考古工作者们就曾对罗家坝遗址展开了多次发掘研究，该遗址地处秦、楚、巴的交界地带，是川东北地区首次发现战死士兵群的墓葬。作为一处具有典型意义的巴文化遗存，其保存的青铜器亦极具特色，对于研究川东北地区的巴域青铜文化有着重要意义。

巴域青铜文化作为巴文化的重要组成部分，从出土器物的器形特征和青铜合金属性等来看，无疑经历了一个发生、发展和变化的过程，从而得以在一个时期内形成自己鲜明独到的特色。罗家坝遗址出土青铜器的属性特点，反映了当时的社会性质、经济文化状况、宗教信仰和文化的习俗，同时也能为探究巴文化与周边地区文化的关系提供一些新的线索和资料，对丰富巴文化内涵极为重要。

一、罗家坝遗址青铜器的地域印记

从近几年对陕南、渝东、川东等地的考古发现来看，四川宣汉罗家坝遗址是一处较大的聚落遗址，其出土器物分布较为丰富和完善，而且出土青铜器数量极为丰富，在川渝巴文化遗址考古中是较为罕见的。2001 年罗家坝遗址被国务院列为全国重点文物保护单位，2016年被列入国家大遗址保护"十三五"专项规划名单。此处遗址发掘涵盖了新石器时代至东汉的文化堆积。

据考古报告《宣汉罗家坝》中记载："罗家坝墓地有 49 座墓葬中出土铜器，占墓葬总数的 75%，其出土铜器器形主要有箭镞、矛、剑、戈、镦、斧、削刀、凿、斤、刻刀、锯、刀、鍪、釜、盆、壶、敦、鼎、缶、簠、甗、罍、豆、鉴、匜、盒、器座、勺、匕、带钩、铃、印章、璜、镜、挂饰、鱼钩、练、瓶形饰、长方形饰件、装饰品、鸟头饰件等。包括礼器 10 类、生活工具 9 类、生产工具 7 类、兵器 7 类、服饰器及杂器 13 类，共 46 类 531 件。"[1]（具体青铜器出土情况见《宣汉罗家坝》附表二《宣汉罗家坝遗址墓葬登记表》，第344—355 页）由此可见罗家坝出土青铜器确实是极为丰富和少见的。为说明罗家坝青铜器的丰富性和地域性特征，我们主要从兵器、礼器或生活用器来给予考察。

从历史文献及大量考古报告来看，宣汉罗家坝所处地域正是春秋战国时期巴国的重要核心区域。目前研究者根据已见的文献记载，多认为巴国曾先后于重庆江州、四川阆中等地建立国都。无论是建国于江州还是阆中，宣汉罗家坝都理应是巴国重要的区域。而且从罗家坝出土青铜器的分期来看，正主要为巴国统治时期。因此从罗家坝出土青铜器分析来看，也可以在一定程度上反映巴国的青铜工艺技术和一定的军事影响力。

---

① 四川省文物考古研究院、达州市文物管理所、宣汉县文物管理所编著：《宣汉罗家坝》，文物出版社 2015 年版，第 307 页。

（一）古代罗家坝的青铜技术与军事实力的关系

春秋时期，青铜铸造工艺已经相当成熟。春秋晚期，齐国有一部文献名曰《考工记》，其中记载了六种不同的青铜器的含锡量，并将其称为"六齐"，这是最早有关青铜器合金成分的文字记述[①]。这反映了中国早期锻铸冶炼技术的成熟，而青铜冶炼技术的成熟以及铁器的发展使生产生活水平得到大幅度提高，军事实力也不断增强。《考工记》虽是齐国的文献，但从巴蜀出土的青铜器实物的研究来看，巴蜀青铜器工艺也已经相当成熟，从其青铜器的冶铸水平、器物类型，特别是兵器特征以及军事据点或聚落分布，可以窥见其时的军事外交之实力。

首先，一国的军事外交实力是与其军事战略物质储备相关的。其时秦、楚、齐方称大国，不仅在于地大，更在于物博，其所储的战备物质也极为丰富。从罗家坝墓葬的分期考古来看[②]，春秋战国应是青铜器向铁器的转型时期，青铜兵器在这一时期仍为主要的作战工具。要想铸造青铜器，首要问题必然是铜矿的开采和冶炼。作为当时军工主要材料，青铜、锡、铅等冶矿物质在巴地的储藏如何呢？从各种文献记载来看，巴地盐业在古代已经相当发达，在川西至川东、渝东南等地都相继发现了许多井盐和盐泉遗址，扬雄《蜀都赋》亦有"火井龙湫"的记载。盐是主要的化工原料，对于生产生活极为重要，如巴地考古中发现的大量盐泉古井及鱼类腌制残骸，就证明了盐在早期巴人活动中的重要作用。20世纪在三峡地区的巫山大溪遗址、西陵峡段的秭归、宜昌境内的大溪文化地层中都发现了鱼骨、鱼牙和鱼鳃骨等。吴炜等编有《四川盐政史》[③]，对清代至民国时期的川盐生产多

---

① 马承源：《中国古代青铜史》，上海人民出版社1982年版，第10页。

② 参见四川省文物考古研究院、达州市文物管理所、宣汉县文物管理所编著：《宣汉罗家坝》，第344—355页。

③ 四川盐运使署1932年铅印本。

有介绍，在现在保存的一些巴蜀汉砖上还有"井火煮盐图"[1]，这些都从某种侧面反映了巴蜀之地盐矿和盐业的发达。

当然盐和铅、锡、汞等矿物也是巫术活动中必不可少的，而巴地巫术之发达也可反证其地此类物质的丰富。今天各地都有对当地矿产资源的调查，仅就《宣汉县志》所载来看，其称："宣汉地下资源十分丰富……其中，气、煤、岩盐矿产尤为丰富。"[2]虽然宣汉本地并未见到有关铜矿的文字记录和说明，但在其周边地区却存在铜、锡、铁矿等。从地理位置来看，罗家坝应是春秋时期巴国的中心地带。显然，巴国及其周边矿产资源储备之丰富，为其青铜冶炼技术的成熟及军事实力的扩张提供了必要的条件。

其次，此期的生产生活水平及军事实力也是与青铜冶炼水平密切相关的。如何了解罗家坝青铜冶炼技术水平呢？在高温铸造过程中，氧化会造成原材料的大部分比例发生变化。所以《考工记》中所反映的数字仅仅是青铜器的原料比例而非铸成后的合金比例。有学者对罗家坝青铜合金技术进行了比对研究，从中我们可以发现当时巴地青铜冶炼技术确实已经相当成熟和高超。四川省文物考古研究院曾对罗家坝遗址部分出土青铜器进行了取样检测，宋艳《宣汉罗家坝出土部分青铜器的合金成分和金相组织》报告检测结果显示，其所取 18 件样品成分中铅含量为 0.6%—12%，平均值为 7.4%，锡含量在 11.8%—18.8%[3]。其中属于高锡青铜的器物约占总样的 56%，结合报告整体来看，不难发现罗家坝遗址出土铜器的锡含量适中，铅含量一般。当锡含量过高时，铜器的延展性能并不强，而当铅含量偏高时，铜器的性质会过于绵软，不易成型。在铸造过程中如将锡、铅结合起来，机械性能会更加完善。在检测取样的过程中，铜器大多属于高锡铜器，

---

① 在成都扬子山汉代砖室墓出土的方砖上有一块绘有井盐场全景图，见重庆市博物馆编：《四川汉画像砖选集》，文物出版社 1957 年版。

② 四川省宣汉县地方志编纂委员会编：《宣汉县志》，中国文史出版社 2005 年版，第 91 页。

③ 此数据来自《宣汉罗家坝出土部分青铜器的合金成分和金相组织》检测报告，见《宣汉罗家坝》第 362—366 页；又见宋艳：《宣汉罗家坝出土部分青铜器的合金成分和金相组织》，《四川文物》2010 年第 6 期。

而铅含量比普遍在 7.4% 左右，说明在当时青铜器的铸造中已经具有很好的合金成分。另一方面，在报告中还发现部分铜器具有其他微量元素，例如属于第三期第三段的 64 号墓葬出土的釜所含有的成分中，硫含量高于锡、铁含量高于铅；属于第三期第四段的 61 号墓葬出土的铜锯含有的硫成分甚至高于锡，46 号墓葬出土的盆含有微量铁成分、44 号墓葬出土的釜含有的硫成分高于锡、盆不含铅却含有铁成分。结合金相检测技术，不同器形有着不同的铸造方法，包含有热锻和热锻后进行冷加工的。联系在其他器物成分中出现的普遍现象，可以推测：这种合金冶炼技术在当时运用已经相当成熟，且已经具备一定的稳定性。

再者，罗家坝所代表的青铜文化并不是一个独立的个案文化现象，从器形、合金成分和金相特征等看，罗家坝青铜器与周边同期青铜器具有一些相近性特征。宋艳认为："此次检测的铜器合金成分和金相组织与战国中晚期峡江流域巴蜀青铜器相近，具有相同的铜器制作技术……但罗家坝青铜器铸造质量要高于峡江地区一些遗址出土的青铜器物，这可能与罗家坝青铜器为贵族所属有关。"[①] 由此可以看出，罗家坝青铜器的铸造技术较高，一些学者也因此推断罗家坝遗址可能为战国早期和春秋时期巴国的方城，或者说至少是一处大型聚落。如果作为一处大型聚落，其文化辐射必广。与峡江地区和三星堆出土的青铜器物相比，其无论在形制和工艺上也都呈现出一定的相似性。如罗家坝遗址出土青铜器物的表面采取镀锡工艺，与战国中晚期巴蜀地区虎斑纹铜器具有一致性，属于热镀锡工艺。而且罗家坝出土青铜器物形制精美，甚至不同器物的铸造方式也不尽相同，铸造质量较高。但这些器物的合金成分、金相组织和器形等基本上具有共同的文化特征，从总体上看罗家坝遗址这批青铜器物与峡江流域巴地出土铜器的青铜工艺具有一致性，但也呈现出相对的地域性特征。那么罗家坝青铜器是否本地自铸呢？今川东达州市拥有铁矿、锰矿、钒矿、

---

① 宋艳：《宣汉罗家坝出土部分青铜器的合金成分和金相组织》，《四川文物》2010 年第 6 期。

铝土矿等，而紧邻的巴中市拥有铁、铜、铅、锌、磷、镁、钴、硫铁矿等①。在与宣汉毗邻的重庆奉节、城口等地也有铜、铅、锡矿等的储藏。这些都有可能为罗家坝方城的青铜冶铸提供原材料来源。据《华阳国志·巴志》记载："厥贡璆、铁、银、镂、砮、磬、熊、罴、狐、狸、织皮。"②任乃强先生注引《尔雅·释器》云："黄金谓之璗，其美者谓之璆。"③又引徐中舒先生之说认为："古代的金，只是铜、锡合金青铜的专称。黄金原名为璗（音唐），后人改写作鏞。其美者乃是黄金，原名为璆（音求），后人改写作鏐。"④虽然时至晋代探矿和采矿业如何发达我们尚不清楚，但从对先秦以及秦汉时期考古出土器物考察来看，其时金玉的器物饰件极多，其采矿也应是比较发达的。从《华阳国志》对巴地矿产的记载来看，川东北地区所出土青铜器为本土铸造也是可能的。因此这些形器并不一定来自不同的商贸区域，即是说罗家坝青铜器的来源并不太可能来自周边不同地区的采购，而极有可能为本地自铸。那么罗家坝青铜技术所代表的军事实力也就可想而知。

但无论是自铸还是商贸所得，基本上可以肯定罗家坝为巴文化较早期的重要文化活动区域。这至少证明了当时其文化极为发达，这也与罗家坝出土的青铜器器形种类齐全丰富、文化层的分布较久、时间较长都形成了合理的映衬。但由于罗家坝遗址青铜器样品目前检测数量尚少，还有待更多的检测数据结合考古研究来支撑。除开这些器物呈现出的形制、合金成分、金相组织大致相同的特征外。我们就其某些器物形制来比较，也能更有利于证明前面的判断和下述的一些推论。

---

① 具体参见《巴中市矿产资源总体规划（2008—2015 年）》，巴中市国土资源局恩阳分局官网，http://www.eygt.gov.cn/article/ShowArticle.asp?ArticleID=267。

② 常璩著，任乃强校注：《华阳国志校补图注》，第 1 页。

③ 常璩著，任乃强校注：《华阳国志校补图注》，第 2 页。

④ 常璩著，任乃强校注：《华阳国志校补图注》，第 2 页。

（二）罗家坝出土青铜器的分布特征与习俗考察

当然，罗家坝出土青铜器冶炼技术水平最直观地体现了巴国的军事实力。除此之外，结合其青铜器组合、分期以及墓葬其他随葬情况，也有助于我们对巴人生活习俗的深入考察，从而理清某些历史印记。

首先，罗家坝出土大量的青铜兵器和礼器，以及墓葬中尸位的朝向及铺垫和随葬物，可以说明其时巴人有着强烈的生死观念或某种原始信仰或巫术思想，他们有着隆重的丧祭仪式。通过对罗家坝遗址的三次考古发掘清理，发现大部分墓葬的填土中均含有少量的木炭、陶片或石块，少数墓葬甚至还发现有动物肢体、鱼、果实，墓葬主人的尸骨保存情况普遍较差，且多为仰身直肢葬，头向南，头部或身下铺有一层朱砂。此外，在部分墓葬中还出现了殉人的情况[1]。《华阳国志·巴志》中记载有："其祭祀之诗曰：唯月孟春，獭祭比崖。永言孝思，享祀孔嘉。彼黍既洁，彼牺惟泽，蒸命良辰，祖考来格。"[2]因此可以推测，当时这一区域的巴人先民们对于墓葬或许已经形成了一定的仪式制度，甚至在掩埋的过程中还曾举行过祭祀性仪式活动。

其中所谓"獭祭比崖"，恐怕正形容了巴地当时崖墓葬或悬棺葬的情形。"獭祭"出自《礼记·月令》，其谓"东风解冻，蛰虫始振，鱼上冰，獭祭鱼，鸿雁来。"[3]学者或以为"獭祭鱼"就是指獭将鱼排列在岸上的情形，宋人吴炯《五总志》云："唐李商隐为文，多检阅书史，鳞次堆集，左右时谓为獭祭鱼。"[4]元人辛文房《唐才子传》亦云："商隐工诗，为文瑰迈奇古，辞难事隐。及从楚学，俪偶长短，而繁缛过之。每属缀多检阅书册，左右鳞次，号'獭祭鱼'。"[5]可见，

---

① 详见《宣汉罗家坝》考古报告中 1 号墓葬到 67 号墓葬关于墓葬形制和葬具的记述。

② 常璩著，任乃强校注：《华阳国志校补图注》，第 5 页。

③ 郑玄注，孔颖达疏：《礼记正义》卷十四，北京大学出版社 2000 年版，第 531 页。

④ 吴炯：《五总志》，清《知不足斋丛书》本。

⑤ 傅璇琮主编：《唐才子传校笺》卷七，中华书局 1987 年版，第 277 页。

"獭祭鱼"就是指獭在捕鱼时喜欢将捕到的鱼排列在岸上，颇如祭祀时陈列的供品。故"獭祭比崖"就是说两岸崖壁铺列满了各种墓棺和春祭时的祭品。而"彼牺惟泽"，恐怕就是巴地人民以沿江而居和以渔猎为俗，故因地制宜而用于享祀的祭品。当然，从文献记载来看，商周时人已经有着比较严密的丧葬仪俗，至战国时期，无论巴域人民是否受中原礼俗的影响，其存在丧葬祭祀礼俗都是毋庸置疑的。

那么，在罗家坝遗址发掘清理的过程中所发现青铜器的位置布局更不可能是随意为之，这一仪制对于考究该区域巴人的生活习俗以及民风信仰有着重要参考作用，同样对于中原礼俗乃至西方礼俗的比较研究也具有重要价值。

罗家坝遗址中出土的青铜礼器大多来源于 2 号墓葬和 33 号墓葬，在 2 号墓葬发掘报告中提到："铜容器和 2 件铜矛置于棺内南端"，33 号墓葬发掘报告中记录："其北放置有青铜礼器。"根据墓葬平面图、剖面图，我们发现礼器均放置于墓葬主人下肢骨以下位置；而生活用具多与礼器置于一处；生产工具、兵器、服饰器及杂器则多置于墓室中部，在墓主人身上或肢骨附近。当然，从这些既放有兵器又放有礼器的墓葬来看，极有可能为巴国贵族墓葬，这从墓葬中发现的大量青铜饰件、手镯及玉等可以得到进一步证明。例如值得注意的是，罗家坝遗址出土的青铜手镯上镶嵌有绿松石。绿松石非本地所产，当为外来稀有之物，故非一般兵士和普通士民的饰件，因此极有可能为贵族的配饰。自然这也反过来证明了前述墓葬陈设的仪式的合理性，按《周礼》来看，贵族的葬礼自然应是遵守礼制仪式的。

其次，从前述研究者所提到罗家坝青铜器与周边考古出土青铜器有着某种相近性但也有其独特性特征来看[1]，罗家坝文化有着独特的地域性特征，但也与周边文化存在相融共生的联系。如其出土的装饰有绿松石的青铜手镯就说明了他们与外来文化之间的联系。据

---

[1] 宋艳：《宣汉罗家坝出土部分青铜器的合金成分和金相组织》，《四川文物》2010 年第 6 期。

《山海经·西山经》载："槐江之山，上多琅玕金玉。"① 有学者认为"琅"其实就是指现今我们所说的绿松石。中国古代已知的绿松石产地在今河南、湖北、陕西交界地带，并不见于四川盆地②。尚需要对这件绿松石饰件进行成分分析和鉴定，进一步考证其材料来源和矿源地。

无论"绿松石"是外来之物，还是古代罗家坝在邻近的古庸国境所采而自造之物，都从某种侧面反映了在长年累月的战场和族员迁徙的过程之中，该区域巴人无论是主动还是被动都曾受到周边地区文化的影响。根据段渝对西南夷地区"英雄擒兽"母题青铜图符的研究，西南地区的图语符号虽各有一些特征，但也呈现出了一种大区域文化的共通性③。根据罗家坝墓葬考古发现，当时该域巴人的墓葬仪制在形成自己独有仪式制度的同时，也多少与周边地区文化具备一定的共性，如出土器物中青铜礼器部分明显带有楚文化的元素。当然，巴、蜀、楚之间的文化关系极其紧密，而且从自然地理和文化圈层来看，巴、蜀和西楚都属于同一大的自然地理区域和同一文化圈层，其关系另见其他相关章节论述。因此它们在与周边的族属文化及某些习俗进行比较时，既有某种独特的地域性又有着某种圈层文化的共性。

再者，罗家坝青铜器的分布表现出其生产生活方式的转型过程，也即是说在春秋晚期至战国时期，青铜器向铁器时代转变，罗家坝与外来文化的联系逐渐加强。考古工作者们根据罗家坝遗址出土陶器的

---

① 《山海经·西山经》，转引自洪兴祖《楚辞补注》，中华书局1983年版，第129页。今本《山海经》无此句，袁珂《山海经校注》作："又西三百二十里，曰槐江之山。丘时之水出焉，而北流注于泑水。其中多蠃母，其上多青雄黄，多藏琅玕、黄金、玉，其阳多丹粟，其阴多采黄金银。"（袁珂校注：《山海经校注》，第45页。）

② 如果绿松石确产于湖北、陕西交界地带，而宣汉罗家坝与湖北、陕西相隔不远，正邻二省交界地带。虽未知此件青铜手镯饰件的生产时间，但可能彼时秦、楚、巴灭庸之后，邻近巴地的湖北与陕南交界地带划归巴所管辖，因此罗家坝巴人亦方便在邻近的巴国辖区内采获矿源，也自然能生产这些饰件。

③ 参见段渝：《论巴蜀文字及图像中的"英雄擒兽"母题——从宣汉罗家坝出土巴蜀印章及图像谈起》，《巴文化研究》（第二辑），四川大学出版社2018年版，第3—7页。

器形和组合特点，再结合青铜器组合的变化，对罗家坝遗址发掘清理的墓葬进行了分期断代，除去空墓以外，大致将墓葬分为六期[1]。根据出土情况看，第一期随葬铜器的组合主要包括兵器、礼器、生活用具以及生产工具；第二期主要见于2、4、39、58号墓葬，铜器组合方式以兵器为主，但也出现了手镯等饰器；第三期大多为生产工具和兵器的组合；第四期分为两类，无兵器的墓葬多是以生活用具和服饰器及杂器的组合，出土有兵器的墓葬则是兵器加以生产工具的组合，并且这一时期流行随葬印章，罗家坝遗址出土的12枚印章中，仅第四期第五段就出土10枚印章；第五期铜器的组合形式不再完整，主要是第48、17号墓零星出土的钺、剑、矛、剪镞和削刀，也有手镯、鍪、印章、铃和方形饰件等；第六期则开始出现大量铁器和铜铁合器。而且在遗址中，除青铜器外，还先后出土了大量的陶器，结合青铜器和陶器的出土情况，考古学家将第一期的青铜器物归为典型的巴蜀文化器物，认为此段与其他各段差异较大；第二期青铜器组合方式仍以巴蜀文化器物器形为主，但也出现了少量的中原文化（如壶）和楚文化（如敦）的器物；而第五期铜器数量减少，但铜装饰品有所增加，铁器开始出现，至第六期铁器则大量流行[2]。

综上并从各个分期的墓葬情况推测，说明该遗址区确曾为比较大型的文化和城防聚落。这一聚落所呈现的文化形态早在第一期开始就在墓葬仪制上表现出与周边地区文化之间的关系性，而不是一种孤立的特殊形态[3]，特别是墓葬中出土的青铜礼器被视为具有楚文化因素。考古学者认为宣汉罗家坝出土的这些器物具有楚文化因素的主要依据是器物比对研究，主要是罗家坝出土铜簠与河南淅川徐家岭、安

---

[1]　具体墓葬分期断代见《宣汉罗家坝》附表二《宣汉罗家坝遗址墓葬登记表》，第344—355页。

[2]　四川省文物考古研究院、达州市文物管理所、宣汉县文物管理所编著：《宣汉罗家坝》，第332页。

[3]　考古学者根据第一期墓葬出土的陶器和青铜器器形等与周边考古出土情况相比较，认为第一期应大致在春秋晚期至战国早期，其中铜礼器有楚文化的因素。（参见《宣汉罗家坝》第332—334页）

徽寿县蔡侯墓、湖北随县曾侯乙墓出土的铜簠相似。但从早期文献记载来看,这些区域实际上都应是古巴的区域范围,铜簠也见于成都文庙西街战国墓葬,且两者亦甚相似。又如罗家坝出土的铜缶与春秋晚期安徽寿县蔡侯墓、湖北麻城市李家湾春秋晚期楚墓出土的同类器物均相似。考古学者另将出土的甗、罍、鼎等也与周边进行了比较研究①,或多或少能找到一些相似性。但在进行这种比较时,有几点必须注意。

一是人类在漫长的发展过程中文化的互动和渗透从来就没有消歇过。从中西方的历史来看,由于自然气候和地理环境的改变,以及自然灾害和战争等因素,人类的迁徙从来就没有停止过脚步,也从来没有一个民族的文化是绝对孤立于其他文化的。从历时性和共时性来看,它们都有可能受到周边族属文化或者外来文化的影响。

二是被今天大多数学者所称的春秋晚期至战国早期的"巴文化"应已不是本来的、更早的地域意义上的巴文化,而应是带有一定狭义和特指的"巴国文化",它与商周甲骨文中的"巴方"应并非同一个指称。当然早期的巴国范围我们并不能确定,而且在战争频仍的环境中这些诸侯国的国境可以说并没有长期的十分固定的境域界线,由此以国属来命定它们的文化范围和圈层,在特定的政治和社会文化层面确实有一定的意义和作用,但当它同时面对地域文化的视阈语境时则会出现一定程度的尴尬。

三是我们今天进行的相似性比较研究,如果是以确定的器物时代为前提的,则可能在一定程度上说明某种文化传播的趋向性,但如果以并未确定时代的器物的相似性比较来反推器物的时代,则似乎不能说明这种文化传播的趋向性。因此我们称这种状况只能是一种纯然的近似性,意在表明巴、楚(国别)之间这种文化互动和影响的存在,至于其传播的趋向性和主动性则并不十分确定。就此期而言,可能是

---

① 参见《宣汉罗家坝》,第333—334页。

这一区域的"巴文化"① 近似于楚文化，但也可能是楚文化近似于巴文化。因为我们对这一时期巴文化状况不太清楚，特别是秦灭"巴"（国）以后对巴文化所施加的人为因素和政治掩压，使人们对巴楚之间的真实文化关系可能产生偏差和误解。但由这些生活器具及部分礼器的相似性，以及从民俗学视野对当下川、渝、鄂、陕、湘、滇、黔等地的考察，这些地区在民俗上是存在普遍的相似性特征的②。

今天在青铜器上的一些文化图饰、器形等，确实可以肯定它们之间是存在联系和共通性特征的。在宋玉的《对楚王问》中就称"客有歌于郢中者，其始曰《下里》《巴人》，国中属而和者数千人。"③ 首先，从叙述逻辑来看，显然此"客"必不为楚人，虽然可能为秦或为齐之人，但其能歌《巴人》之乐，其《巴人》乐或当以巴人民歌而概称为《巴人》。因此其"客"为巴人的可能性是极大的。其次，"客"歌《巴人》《下里》之时，而"国中属而和者数千人"，可见楚人对巴文化或者说巴地民歌是相当熟悉的。此则显然证明楚文化与巴文化之间是存在许多共通性因素的，在习俗上它们也可能表现出一些相似性因素。

今天从方言区的研究来看，川东方言与荆楚方言甚至在发音腔调上也极为相近。当然以今天的方言调查来反推古方言区可能并不一定准确，这主要是与明末清初"湖广填四川"移民有关。但历代由于战争及自然灾害等原因都有可能存在移民现象，这也是促成文化间交流的一个渠道。明末清初大规模移民前，四川与湖广等地的人不可能不存在交流，这无论是从地下出土文物的相似性比较，还是传世文献的

---

① 此特指巴国文化，故用引号，意在指其狭义的"巴文化"。本章所称巴文化一般指广义的巴文化，即指古代巴地的地域性文化。从广义的范畴来说，楚文化亦应属于古巴文化的范畴，故《华阳国志》中的蜀志、巴志、汉中志、南中志，实际从地域概念来看就包括荆楚之地。其百蛮、百濮之民族先本属巴域之民，后归为楚。因此从地域语境来看，楚文化亦属巴域文化的大范畴。

② 当然，这种相似性因素可能有汉文化统一的作用，但文化及其习俗的形成却也与自然地理及人文地理密切相关。南北大部分地区在汉代都曾为统一的汉文化圈，但在习俗传承上却又各自体现出地域性差异，其中虽有后来政治朝代变替的原因，但以今推古，却当既有文化传统的因素，也更主要是因地域差异性因素的作用。

③ 萧统编，李善注：《文选》卷四十五，中华书局1977年版，第628页上。

研究，似乎都可以印证这种推论。如明杨慎《转注古音略》录"撰"字注："音罕。《曲礼》：撰，杖屦。楚、蜀方言，谓举物曰撰物。"①可见在明代还是有楚蜀方言相通的。而在扬雄《方言》中记载："佥（今连架所以打穀者），宋魏之间谓之摄殳（音殊，亦杖名也），或谓之度（今江东呼打为度，音量度也）。自关而西谓之棓（蒲项反），或谓之桲（音拂），齐楚江淮之间谓之柍（音怅快，亦音车鞅，此皆打之别名也），或谓之桲（音勃）。"②如"连架"一词在川东方言中今天依然存在。其在晋代已被释为"连架"，而在汉代亦当流行于巴地，如《说文》曰："枷，桲也，从木加声。""桲，击禾，连架也。"③而王褒《僮约》曰："刻木为架，屈竹作把。"其后注曰："架，击禾也。"④连架或作连枷，清戴震《方言疏证》云："《方言》云：'自关而西谓之桲。'今之农器连枷也。《说文》：'桲，击禾连枷也。'"⑤王褒亦为四川人，可见其时在巴蜀方言中应已有"连架"或"连枷"之说。这些方言并未因清初移民而有大的变化，那么可能湖广及贵州大部分地方本是古巴地，在方言上有许多共性，因此这种移民对目的方言区的语言语音变化影响并非想象的那样大。

另一方面，从其他习俗来看，如巴地土家族"摆手舞"，被视为具有巴域民族特色的民俗舞蹈，但这一传统民俗活动在三峡地区都存在，它的辐射范围也包括重庆、四川、陕西、湖北、湖南、贵州等大部分被视为古巴的地域⑥。又如竹枝词也在巴地有广泛的传播，其后

① 杨慎：《转注古音略》卷三，《景印文渊阁四库全书》第239册，第373页上。

② 扬雄：《方言》卷五，《景印文渊阁四库全书》第221册，第316页下。按：括号中文字为晋郭璞注。"连架"或作"连枷"。

③ 许慎著，段玉裁注：《说文解字注》卷六，上海古籍出版社1981年版，第260页上。

④ 李昉：《太平御览》卷八二四资产部四，中华书局1960年版，第3671页上。

⑤ 扬雄著，戴震疏证：《方言疏证》卷五，清乾隆孔继涵刻微波榭丛书本。

⑥ 目前虽没有专门对摆手舞的传承和传播地区进行系统和专门的调研，但从中国知网上已经发表的相关论文可以看出，在重庆、四川、陕南、湖北、湖南及贵州等地都有土家族摆手舞的传播。如蔡灵茜、孙汉明：《浅析龙山地区土家族摆手舞的传承》，《戏剧之家》2019年第27期；尹波：《浅议三峡区域土家族摆手舞风格特征》，《戏剧之家》2019年第16期；王颖、周乐：《湘西土家族摆手舞的形态变迁与当代传承》，《艺海》2019年第4期；白相春：《浅谈贵州土家族摆手舞的传承与发展》，《北方音乐》2015年第7期。

衍生的各种民歌民调都或与其相关，如重庆石柱一带的"啰儿调"就应是巴地竹枝词的嬗变①。在楚地民歌中大都保留有巴渝舞和竹枝词的遗迹和影响，由此可见巴、楚之地文化的互动性和互渗性关系。罗家坝遗址位于中河与后河交汇处，二水汇入州河，州河又于渠县三汇镇汇为渠江并南流注入长江支流嘉陵江（参后节图 30 "罗家坝遗址位置图"）。且其境内任河又北流在紫阳与汉水相汇，而与其相连汇的前江在光头山一带分流东西，一端注入州河，一端则东流汇入大宁河，继而入于长江。因此从大的地理范围来看，罗家坝亦可属于广义的峡江地区。从考古出土的器物特征来看，亦与峡江地区的出土器物极为相近，同属于峡江巴文化区域。在与三峡地区的考古遗址比较中，考古学者发现"罗家坝墓地的人殉现象与李家坝遗址较为接近，同时李家坝遗址出土的圜底罐、豆和青铜器与罗家坝墓地出土的同类器物接近，说明两者具有相同的文化因子。但李家坝墓地出土器物中楚文化因素更为明显，而罗家坝墓地则表现更纯。"②其次在与涪陵小田溪、万州中坝子、万州大坪墓地遗址比较中，都发现了典型的巴文化特征和相似性因素③。而从对新石器时代晚期的考古来看，受地理环境的影响，先民多因地制宜而形成独特的建筑风格和特征，也表现出独特的丧葬习俗④。通过对周边湖北当阳季家湖、宜都茶店子、王家渡、宜昌白庙、巴东茅寨子湾、巫山锁龙、万州苏和坪、忠县中坝等地新石器时代晚期的建筑遗迹考察来看，其建筑有地面台式建筑、

---

① 向轼：《竹枝歌与"啰儿调"之关系溯源》，《重庆文理学院学报》2009 年第 3 期。

② 四川省文物考古研究院、达州市文物管理所、宣汉县文物管理所编著：《宣汉罗家坝》，第 339 页。

③ 四川省文物考古研究院、达州市文物管理所、宣汉县文物管理所编著：《宣汉罗家坝》，第 339—342 页。

④ 杨华认为三峡地区墓葬主要是以掘土坑掩埋死者的习俗，其后虽出现过崖葬、悬棺葬、塔葬、火葬等其他多种形式，但土葬方式始终占主要地位。（参见杨华：《三峡夏商时期考古文化》，科学出版社 2014 年版，第 338 页）罗家坝墓葬亦主要是土葬。至于葬式、随葬品及墓门方向和头足朝向，都表现出某种特有规定性和仪式性，由此可以推测这一大致地域范围内可能有着某种共同的或相近的信仰习俗。

干栏式建筑和半地穴式建筑①。如地面台式建筑与南方雨水较多、天气多阴湿有关，建基台便于疏水浚流，堂屋内往往还建有火塘，这在近代西南地区尚保留这种居住习俗。而干栏式建筑亦是根据南方自然山地特征依山坡、山体的独特架构，为减轻立柱的承重等，往往在"柱间插竹木小棍，编缀竹木条，内外抹草拌泥，搭建房屋框架"②，这与屈原《九歌》对"椒房"的描写相似，可见其时巴楚之地因自然地理的相近，从而在建筑及文化习俗上也表现出极大的相似性，因而在出土青铜器特别是礼器和生活用器上表现出相近性和相似性也就极为自然，这也在一定程度上反映了它们之间文化习俗上的相近。

从罗家坝考古出土情况来看，该区域出土的不同时期的青铜器与周边地区出土青铜器在时间和文化层分布及器形等情况上都具有一致性和相似性。而且从墓葬时间分层来看，也基本上符合由陶器、青铜器至铁器时代的大致历程变化。最后几组墓葬铜器组合序列不再完整，这表明铜器在生产生活中可能开始转型被另一种材料的生产器具逐渐取代，因此之后开始出现大量铁器，可以说罗家坝遗址保存了川东地区较早、较完整的青铜文化形态，也展示了它由春秋晚期至汉代这一时期社会转型的过程。由于罗家坝考古也发现了新石器时代晚期的遗存，从文化堆积层来看，基本上是比较连续的，因此笔者推测这里应当不是一处普通的民居聚落，在历史上较早时期此地都有着长期的人类活动。当然，它是否为西周或东周时期分封的王城，还有待进一步作考古和文献研究。

二、罗家坝遗址的青铜纹饰与文化潜喻

不同民族、不同区域的器物，在形制形态、风格特色上不尽相同。根据前两次罗家坝遗址发掘简报，对部分出土青铜器物的形制形

---

① 杨华：《三峡夏商时期考古文化》，第321—328页。

② 杨华：《三峡夏商时期考古文化》，第328页。

态进行整理统计，以兵器为例，通过对比分析，便可发现以下特征。

一是在形制上具有比较明显的巴蜀文化特征。在发掘清理的青铜兵器中，箭镞数量最多，其次为钺、矛、剑。箭镞总数为114件，三角式有107件，而三棱式有7件。这说明在当时三角箭镞为主要形制，作为一种大规模消耗品，箭镞的生产一定具有相当的规模，因此形制较为固定。铜钺是巴人的典型兵器，相比柳叶剑更为普遍，几乎大部分墓葬均有出土，罗家坝遗址出土铜钺形制普遍较小，分为直腰和束腰两类：直腰式，弧形刃，刃两端较为平滑；而束腰无肩、舌形刃，但刃两端微微翘起。宽茎类剑无剑脊，剑身和剑柄分界不明显；而窄茎剑有剑脊，剑身和剑柄分界明显。发掘清理的矛中以短骹、宽叶、双弓形耳、圆形骹口为主。段渝先生认为："蜀文化的铜矛以骹两侧附弓形耳为特色，贯穿各期，与中原铜矛的环形耳有较大区别……巴文化铜矛与蜀矛相近，但以短骹式为多，巴蜀铜矛在骹上多有各种纹饰或巴蜀符号。"[1] 巴域铜剑向以青铜柳叶剑著称，形制总体上不长，但按比例来看剑身细长，历史上巴人擅长用剑，有着"巴剑"的美称。罗家坝遗址中出土的柳叶剑可分为宽茎和窄茎两类，在茎部上侧和下端中部各有一个圆形穿孔，可能为当时固定剑柄之用。

二是在形制上又呈现出比较明显的山地适用性特征。罗家坝遗址出土的青铜兵器多为近身武器，形制短小便携，这恐怕与巴人所处自然环境有关。自古巴蜀乃荆棘之地，草木旺盛，虫兽亦众，而巴人活动区域地形地势又多为山地，崎岖起伏，大概以今四川、重庆、陕西、湖北、贵州及湘西等为主要活动区域，受到山地地形的影响和限制，不可能开展大型的阵地战，战时大型青铜兵器也不利于战事的开展和物料的补给，往往对单兵作战的素质要求较高。这些短兵器格斗可以从侧面反映出巴人具备独特高超的军事技能，故《华阳国志》称"巴师勇锐"，而汉初高祖刘邦亦用巴蜀之师平定三秦，至明代亦有朝廷用秦良玉率重庆石柱一带"土兵"平定播州杨应龙之乱并远征助

---

[1] 段渝：《巴蜀青铜文化的演进》，《文物》1996年第3期。

伐倭乱等。这些都说明"巴师勇锐"谅非虚言。巴人擅长短剑，亦文献有征。根据《后汉书·西南蛮夷列传》记载巴人一支巴郡南郡蛮之廪君传说云："乃共掷剑于石穴，约能中者，奉以为君。巴氏之子乃独中之，众皆叹。又令各乘土船，约能浮者，当以为君。余姓悉沉，唯务相独浮。因共立之，是为廪君。"①以上记载或被视为神话传说材料，然从社会学视角来看，却似乎比较符合早期人类活动的实际情况，这从侧面反映了巴人当时的社会性质以及风俗习惯②。为什么要以掷剑和浮船来选拔呢？联系当时巴人先民的生存环境，战时多是近身格斗，近身格斗术以扎、刺、削为主，掷剑之术就是其战斗能力的体现；这充分利用了剑术，剑不但可以刺，还可以用作匕首一样投掷，就如后来的"飞镖"。至于何以考验浮船呢？巴人多依山傍水，或山居水行，水路往往成为主要的交通。中国造船的历史是比较悠久的，在《周易》中就释"'利涉大川'，乘木舟虚也。"③《周易·系辞》云："刳木为舟，剡木为楫。舟楫之利，以济不通，致远以利天下，盖取诸涣。"④《白帖》载："古者观落叶因以为舟。"⑤可能最早的船就是

---

① 范晔：《后汉书》卷八六，第 2840 页。

② 按：当然以此来推断巴氏务相的活动时期在整个中国历史中的时期可能并不太准确。从世界历史来看，往往从原始社会到奴隶制到封建制再到资本主义制度的历史进程并不总是同步的。虽然西周以来中国历史总体上逐渐步入封建制，但事实上奴隶制社会形态在一些部族还是依旧存在的，一些地方甚至还存在原始社会的制度形态。在新中国成立初期，云南少数民族地区还存在一些原始部落生活形态，如翁丁佤寨等。在非洲也还存在一些原始部落。因此有人据此认为巴氏务相的活动是商周以前更早的时期，恐怕并不成立。一是巴氏务相只是巴地巴族的一支，即初期的南蛮西南夷中的一支原始部落。这在《后汉书》中的叙述上实际是相当明白的。由于其所生活的环境相对隔绝，故在社会制度形态进化上可能较中原地区缓慢一些。二是既然已有剑器，显然青铜或铁器的冶炼技术已经较为发达，而且亦能制作"土船"，显然已经不是完全的原始社会形态，可能是由原始社会向奴隶制甚至又混杂有封建制萌芽的初期进化的时期。三是在与其相关盐女神话关系中说明其时已有鱼盐之利，虽有无商贸未知，但其自足是肯定的。结合其冶炼、土船、鱼盐及其后又迁徙盐阳之故，或许说明其时已渐进入了初步的商业化阶段。四是按《华阳国志》等载七国称王，巴亦称王，应大概在春秋末战国初的时代。因此综合上述来看，巴氏务相可能最早不过是在春秋早期或中晚期的时代。

③ 王弼注，孔颖达疏：《周易正义》卷六，第 284 页。

④ 王弼注，孔颖达疏：《周易正义》卷八，第 354 页。

⑤ 白居易：《白氏六帖事类集》卷三，民国景宋本。

如竹、木一类的筏子和浮具。孔子曰："道不行，乘桴浮于海。"①《艺文类聚》亦载西周武王时"于越献舟"②，《越绝书》载："水行而山处，以船为车，以楫为马，往如飘风，去则难从。"③亦称："初徙琅琊，使楼船卒二千八百人，伐松柏以为桴"④。可见中国古代较早就有乘舟造桴的历史。那么此处所谓"土船"是什么呢？

有学者以为此"土船"或为载陶器之船，或为本地剡木而成的独木之舟。《华阳国志》中也曾记载有巴人因盐而兴，如何运输，也有赖于水域交通，那么所谓土船因此可能为盛装盐的陶器罐而简名"土船"⑤，因此考验浮船之术自然也是必要的。务相以超人的掷剑及驭船之术，成功统一了部族，从而"是为廪君"⑥，这使巴人（务相所率一支）真正成为一个独立的民族，或者准确地说，应是一支独立的族属。在《后汉书》"南蛮西南夷列传"中实际上对巴地之蛮已有比较大致的叙述，其有奔入南山的槃瓠氏之蛮，即其所号之"蛮夷"，其地略在长沙、武陵一带⑦。包括其后所叙之南海、桂林、象郡及交趾、日南、九真等南越之地亦概称南蛮。而"巴郡南郡蛮"及其板楯蛮皆为南蛮之属。西南夷则指蜀郡之外夜郎国、交趾国、滇国、邛都国、莋都国、冉駹国、白马国等，既有有君长群帅之地，又有无君长之方，既有土著，亦有随畜迁徙之民⑧。而罗家坝正处于这一大的地域范围之内，或被视为"板楯蛮夷"之所居。然板楯蛮夷亦应是巴郡南郡蛮的一支，不过是在秦末汉初享有一定特权而"不输租赋"的七

---

① 何晏注，邢昺疏：《论语注疏》卷五，北京大学出版社1999年版，第57页。

② 欧阳询著，汪绍楹校：《艺文类聚》卷七一，上海古籍出版社1965年版，第1230页。按：今本上海古籍点校版《艺文类聚》作"周成王"，然清《景印文渊阁四库全书》本《艺文类聚》作"周武王"（见第888册，第510页）。

③ 袁康：《越绝书》卷八，四部丛刊景明双柏堂本。

④ 袁康：《越绝书》卷八，四部丛刊景明双柏堂本。

⑤ 周宏伟：《廪君巴人夷水应为今大宁河考——兼论廪君巴人的迁徙原因》，《历史地理》（第二十三辑），第396页。

⑥ 范晔：《后汉书》卷八六，中华书局1965年版，第2840页。

⑦ 参见范晔：《后汉书》卷八六，第2830页。

⑧ 参见范晔：《后汉书》卷八六，第2844页。

姓蛮[1]。从文献记载来看，居住在罗家坝一带的板楯蛮夷也应主要保留有几个特征：一是善格杀猛兽，擅长短剑弓弩；二是依水而居，故盛水的陶器、（剜）木具可能发达；三是善于酿制清酒，且以此盛名，故与秦人约法中若"夷犯秦"则罚"输清酒一钟"[2]。罗家坝不但出土了大量青铜器，也出土了大量陶器，两方面的技术都十分高超，这与文献记载亦相吻合，而且其出土兵器形制也基本上呈现出一些因地制宜的共同特征。通过这些青铜器合金成分、金相组织和器形特征，可以证明巴人陶铸、冶炼、酿制、开采等方面的技术都是极为高超的。从制陶、烧陶、陶绘到青铜冶炼及纹饰等实际上是一个连续的技术训练过程，成熟的烧陶制陶技术对青铜器冶炼是有所帮助的，特别是在生活器具方面，可以看出从陶器到青铜器器形的演化和发展过程，其中关系十分密切。当然，青铜器纹饰不仅与巴人尚武对兵器的爱惜尊奉有关[3]，而且与巴人陶绘艺术的成熟及审美的逐渐发展有关。

纹饰符号在一定程度上反映了当时该区域巴人的信仰、崇拜以及思想，从各个文化堆积层中展现的陶器至青铜器所承载的文化积淀，与后世的神话传说和文字记录一起，形成了可以更加直接和准确表述其历史的系统。

罗家坝遗址出土大量的青铜器物，其纹饰简单，但这种简单的纹饰却形成了一种流畅率意之美，其中许多纹饰（包括陶纹）成为后来汉砖纹饰的基础，也成为今天一些地方工艺美术设计的灵感来源。特别是青铜器中出现的大量符号可谓神秘奇诡，颇费猜测。今天虽不断有学者试图对其提出合理的解说，但依旧尚难形成定论。随着墓葬中桥型纽印章图案以及兵器上虎纹符号的频频出现，人们对巴文化的研究也陷入了更多的神秘遥想。因为这一系列的图符明显应具有一定的表意体系和空间，而且多数是古巴蜀之地所发现，故而学者又将其称为"巴蜀图语"。这些"图语"具有何种潜在的语义逻辑和表意

---

① 参见范晔：《后汉书》卷八六，第 2842 页。

② 参见范晔：《后汉书》卷八六，第 2842 页。

③ 关于巴人尚武，参见曾超：《巴人尚武精神研究》，中国教育文化出版社 2006 年版。

维度？其对当时的巴人而言又有着怎样的意义呢？是巴人先民现实生活情景的某种语义再现，还是对于精神世界的自由向往与追求呢？这些图像性或文字性语义符号与"甲骨文"及巫术符号又有何种渊源和关系呢？

我们不希望它是一段被时间模糊的历史，我们希望通过对"巴蜀图语"和青铜纹饰符号的研究能够叩开某些沉睡的历史的记忆。

（一）关于"虎"纹与"王"符

在巴地多处考古遗址发现的青铜纹饰符号极多，如大邑原五龙公社、荥经曾家沟、蒲江原东北公社、巴县冬笋坝、新都原马家公社、犍为五联、昭化宝轮院等地都发现有青铜符号印章，其中不少有"虎"纹或"王"字符。在罗家坝出土的青铜虎纹饰主要集中在墓葬出土的剑、戈、矛等青铜兵器上，共计18件①。此外，渠县城坝遗址也出土有包括虎形纹、虎头纹、虎斑纹及虎形饰件青铜器及印章等。为明晰易懂，兹仅录罗家坝44号墓第52件青铜剑上的虎纹为例（见图3）。

图3　罗家坝青铜剑虎纹

《后汉书》载："廪君死，魂魄世为白虎。巴氏以虎饮人血，遂以人祀焉。"②其后北魏崔鸿《十六国春秋》亦载录此说，其后或有以为此说怪诞而不取，但这应是与"巴人崇虎"信仰相关的较早文字记载。其与出土文献相印

---

①　参见王平、何易展：《巴蜀图语研究——以罗家坝遗址、城坝遗址出土器物为例》，《巴文化研究》（第一辑），四川大学出版社2017年版，第27—65页。具有虎纹饰的戈类见墓葬M31:18；M33:111；M33:101；M33:100；M61—1:8；M44:19；M33:102；M33:98。有虎纹饰的剑类见墓葬M44:52；M5:3；M28:15；M31:12；M51:1；M17:7。有虎纹饰的矛类见墓葬M25:1；M30:22；M31:28；M50:1（其中前为墓葬编号，后为墓葬出土器物编号）。

②　范晔：《后汉书》卷八六，第2840页。

证，说明巴人确有崇虎的信仰和习俗，于是他们便将白虎作为自己的图腾符号铸刻于器物之上。

从周边考古也陆续发现了大量具有虎纹图符的青铜器，有些青铜印章亦有虎纹王符①。这些出土有虎纹图饰的遗址区主要属于巴文化区域，即如今四川、重庆、陕西、湖北、湖南、贵

1. 剑，巴县冬笋坝 M12　2. 矛，峨符　3. 矛（成百）
4. 剑　5. 矛，新飞　6. 斧，绵竹 M1
图 4　部分巴蜀图饰

州等地（见图 4 部分②），这可以说明在这一大片地域范围内虽然有着诸多的部族支裔，但应有着基本相同的文化习俗。当然这种尚虎的习俗或许被认为与中原文化中的"青龙""白虎"相关，但从出土青铜器来看，除开一些乐器上有虎钮（錞于）外，其他相类虎形纹饰符号主要出现在兵器中，这恐怕是与巴人尚武精神密切相关的。虎在西南山地林莽地区可以说为万兽之王，具有武勇和威慑之义。在万物有灵的原始宗教信仰中，原始社会的人们认为氏族均源出各类动植物和其他物类，故而巴氏以其廪君为白虎，亦称其死而魂魄化为白虎。这其中恐怕并不能仅仅以一种怪诞虚妄之说视之。相反，从文化人类学的视野来看，它可能正反映了人类在文化进化史中的某一个特有过程，而且这个过程并不是孤立的，而是与前后的许多文化现象相联系的。譬如庄、老所处的春秋战国时代，何以在他们的思想观念中突然

---

① 参见刘瑛：《巴蜀铜器纹饰图录》，《文物资料丛刊》第 7 辑。

② 图 4 参见孙华：《巴蜀符号初论》，转引自徐中舒主编：《巴蜀考古论文集》，文物出版社 1987 年版，第 90 页。

会冒出"物化"和"齐观"的思想呢？何以可以达到"物我同一"，"我即是蝶，蝶即是我"①的自适境界呢？而在先秦时期诸子思想中可以说大量地充盈着物我同化与物我相分的观念，这在逻辑上又是与中国哲学中重要的"天人关系"相关的，无论是天人相合还是天人相分，实际上亦不过是人们看待自我与外界自然的关系问题，其后进一步演化充融进道家和佛教思想中。如果从思想的追源来看，恐怕与这种原始的宗教信仰不无关系。

何以虎纹饰多刻绘在青铜兵器上呢？这是与巴人的崇虎图腾信仰有关的，如《后汉书》所载，廪君死后化为白虎，故崇虎其一有祭祖的意义；其二则因白虎以饮人血，故以人祀，而剑为击杀之器，实亦食人血，故以白虎为饰。但白虎的图腾可能为巴氏廪君一支所持，随着其势力的拓展，后亦称国，故其信仰所影响的范围可能有所扩大。有学者对巴人白虎图腾进行过专门研究，认为此图腾用以表示巴人和白虎的亲缘关系，这种关系正是建立在自然地理环境和先祖神话传说的基础之上，当然白虎图腾确实可能与廪君酋邦组织形成过程有关，且具有宗教仪式神化君权的性质，因此或认为是"由氏族图腾向民族图腾发展而来，是图腾崇拜与祖先崇拜合二为一的显著例证"②。其中却有两点需要注意，一是廪君一支只是巴地崛起的一支部落，其族裔或许与其后所建立的巴国有关系，但与早期的"巴"地和诸多巴地民族不能概而视之。二是既然图腾与自然地理关系极为密切，自然地理和人文地理的改变对图腾显然也就存在影响，因此白虎是否一直是廪君的巴人的图腾信仰，尚有待进一步探究。其后关于巴人崇虎、崇蛇或崇鱼凫等诸说存在的合理性和可能性，都是因为人文地理与自然地理环境改变或异同因素作用的结果。甚至中原传统文化中的青

---

① 《庄子》卷一谓："昔者庄周梦为蝴蝶，栩栩然蝴蝶也，自喻适志与。不知周也，俄然觉，则蘧蘧然周也。不知周之梦为蝴蝶与？蝴蝶之梦为周与？"（见四部丛刊景明世德堂刊本《庄子》）此似是写梦，实是对现实人生观和自然观的阐释，这与原始宗教信仰中的万物有灵论没有本质上的差别，都在追求灵、心的感应和相通。

② 邱嫦娟：《巴人白虎图腾研究》，四川师范大学硕士学位论文，2011年，第34页。

龙、白虎、朱雀、玄武四灵之说既与自然地理和人文地理有关，也显然应吸纳了四夷之民的图腾信仰观念，或又相互渗融和影响。当然即便他们为神化自己的族属和血统，这亦只是精神层面的信仰问题，为何将白虎与祖先崇拜联系起来，唯有将其时的自然地理环境与人文认知联系起来，才能真正揭示这种生成与衍化的逻辑。

要厘清这种关系，恐怕必须重新回到对自然地理、天人关系及春秋战国至两汉的文化转型观照。在巴地不仅存在崇虎的习俗和信仰，同样存在崇蛇的图腾信仰。这种信仰可能是分行于巴地不同部落之间，也可能是同一支或几支部落先后相贯的图腾信仰。因此以崇蛇还是崇虎的区别，并不能绝对地证明他们的族属性质和地域差别，他们显然都是生活在西南山地的"巴人"，他们的信仰与身处的自然环境密切相关。而据《后汉书》载秦末即有賨人（巴人）射杀白虎之事①，显然这并非一般性与信仰相关的敷陈性故事，而应是一则对秦、巴、蜀三国交界的恶劣自然环境及虎患的真实史料记载。因此以秦末賨人（巴人）射杀白虎为由来确定賨人与"巴人"的分别和关系显然也是并不妥当的，不能以坚实的证据证明秦末时期賨人（巴人）的图腾信仰是否崇蛇，至少在罗家坝同期的出土文物图饰中是不能明显表现出来的，反而以虎纹、凤鸟居多。虽有将此期所出具有心纹的图饰释为蛇形符号，但恐怕欠妥，亦不足以使人信服（至于心纹与蛇形的关系，后面再详述）。至少作为图腾符号在相同墓葬中不太可能表现出对立和悖逆。当然作为一个族属的图腾信仰对象是可能衍变和发展的，这亦是与所处的生存环境紧密相关，它可能表现出某种历史性进程，即某一民族在不同的时期可能有着不同的或者多个并存的图腾。无论选择崇蛇还是崇虎都与西南山地自然环境密切相关，这一地区在古代山高林密，虎蛇为患，人自畏而生敬，故衍而为图腾。在物种与自然的关系中，虽然初期只是某种并无理性的信仰图腾意识，但却已经寓示了人们对天人关系的思考。对虎的敬畏同样具有与对天和神的

---

① 范晔:《后汉书》卷八六，第 2842 页。

敬畏一样的非凡意义，而且崇虎的精神图腾亦与尚武精神契合起来。一方面虎表现出来的肃杀威猛气象自为森林之王，这与自《九韶》《九歌》以来的"百兽率舞"的傩舞表演仪式中的虎威是有着文化承续和姻亲关系的。

《列子》卷二载："尧使夔典乐，击石拊石，百兽率舞，《箫韶》九成，凤凰来仪，此以声致禽兽者也。"[1]但古人论乐与论政又是相通的，这亦是以万物有灵及天人相感为理论前提的，因此由在祭祀舞仪中的音声和谐而致"百兽率舞"（后来衍而为傩戏），进而变为类似于勇锐之神在战争中的"百兽率舞"。在西方神话和中国神话中就有身披虎头狼面或乘龙驭豹而驱猛兽以征的故事或绘画形象。虎在西南山地居民的心里自然有着非凡的意义，在其生活用器或事件中往往加以祭祀和表现。

在中原文化系统中，"青龙白虎"在周初吕望所作《六韬》中尚以音声相应，其云："角声应管，当以白虎；徵声应管，当以玄武；商声应管，当以朱雀；羽声应管，当以勾陈。五管声尽不应者宫也，当以青龙。"[2] 其中可能隐喻着早期人类对自然物象及音声音律的观察，并以物所发之音与某种音阶音律相比附。而至墨子之后，"青龙白虎"渐衍为方位的指称。但墨子之世，尚未有以白虎专指西方，而仅以色相喻方位，在《墨子·贵义》篇中实叙墨子欲到北方齐国，遇"日者"称"帝以今日杀黑龙于北方，而先生之色黑，不可以北"，因为色近的原因，故劝其不要往北行，但墨子不听，北至淄水不得行而返。其后"日者"反诘其不信其言，故墨子以帝杀五龙于五方以喻"日者"之言如禁天下之行[3]。

《墨子·贵义》云：

　　子墨子北之齐，遇日者。日者曰："帝以今日杀黑龙于北方，而先生之色黑，不可以北。"子墨子不听，遂北至淄水，不遂而

---

① 杨伯峻：《列子集释》，中华书局 1979 年版，第 84 页。

② 吕望：《六韬》卷三，清平津馆丛书本。

③ 墨翟：《墨子》卷十二，明正统道藏本。

反焉。日者曰："我谓先生不可以北。"子墨子曰："南之人不得北，北之人不得南，其色有黑者、有白者，何故皆不遂也？且帝以甲乙杀青龙于东方，以丙丁杀赤龙于南方，以庚辛杀白龙于西方，以壬癸杀黑龙于北方，以戊己杀黄龙于中方。若用子之言，则是禁天下之行者也，是围心而虚天下也。""子之言不可用也。"子墨子曰："吾言足用矣，舍言革思者，是犹舍获而攈粟也；以其言非吾言者，是犹以卵投石也，尽天下之卵其石犹是也，不可毁也。"

《墨子·贵义》篇中以青龙、赤龙、白龙、黑龙、黄龙等分别示东、南、西、北、中五个方位，仍然是以色喻方。故五方之物象比附皆是龙，而非后来的青龙、白虎、朱雀、玄武之类细分。但其时"龙"尚与气象天象密切相关，正如《周易》所示。如关于"龙"的形象，在《周易》中就有"亢龙""飞龙""潜龙""群龙""六龙"等。但其中"龙"究竟是指何物之形象？或为虚无之神物，或如古称高大之马为"龙"？尚无定论。如《吕氏春秋》云："马之美者，青龙之匹，遗风之乘。"① 汉高诱注曰："匹、乘皆马名。《周礼》：'七尺以上为龙。'行迅谓之遗风。"② 东汉王充《论衡》曰："世俗画龙之象，马首蛇尾。"③ 东汉许慎《说文解字》云："龙，鳞虫之长，能幽能明，能细能巨，能短能长，春分而登天，秋分而潜渊。"④ 从卦、释辞的内容来看，"龙"还是与气象结合得更为密切，故《周易》云："云从龙，风从虎。"⑤

正因《周易》中将虎亦与自然天象相关联起来，其后在《墨子》的基础上，结合自然地理特征，人们便以青龙、白虎、朱雀、玄武以指称四方。其可见春秋战国时期吴起所撰《吴子》："天竈者，大谷之

---

① 吕不韦著，陈奇猷校释：《吕氏春秋新校释》，第 746 页。

② 吕不韦著，陈奇猷校释：《吕氏春秋新校释》，第 770 页。

③ 王充：《论衡》卷六，四部丛刊景通津草堂本。

④ 许慎著，段玉裁注：《说文解字注》卷十一下，第 582 页。

⑤ 卜商：《子夏易传》卷一，清通志堂经解本。按：可能最早便是人们对自然界各种云气变化之象的观察，并以虚幻之龙比附之，后又以奇形怪状之鳞虫逐渐实化龙的形象。

口。龙头者，大山之端。必左青龙，右白虎，前朱雀，后玄武。招摇在上，从事于下，将战之时，审候风所从来，风顺致呼而从之，风逆坚陈以待之。"① 其虽以带兵从军之法，以观风望气，但其中对青龙、白虎、朱雀、玄武四象的表现明显还是与气象和方位都有密切关系，故其后此四象亦与风水之学密切结合。但其时四象所代表的方位尚未形成定论，故汉代《神异经》云："西南大荒中有人焉，长一丈，其腹围九尺，践龟蛇，戴朱鸟，右手凭青龙，左手凭白虎。知河海斗斛，识山石多少，知天下鸟兽言语，知百谷草木咸苦。名曰圣，一名哲，一名先，一名无不达。"② 其虽是对神异人物的刻画，但从其中对此人所践搏四象的描写却并不同于"左青龙""右白虎"的次序，可见其时以四象示四位的思想明而未融，亦未形成固定之说。而四象题材的刻画和民俗信仰在汉代应已进入大众世界，这在今天渠县城坝保存的大量汉阙雕画就可得到证明。

至汉代，结合风水学、阴阳灾异及五行学说，人们又将"四象"多加阐发，且逐渐将其所代表的方位确立下来。东汉王逸注《楚辞》"虎啸而谷风至兮"就将"虎"与阳气之象相联系，谓："虎，阳物也。谷风，阳气也。言虎悲啸而吟，则谷风至而应其类也。"③ 大致在西汉末年，人们便将虎视为阳之阴，应乎乾。而视龙则为阴中之阳，如《震卦》云："震为雷，为龙，为玄黄。"《子夏易传》释："震为雷，动于阴也。为龙，龙，阴中之畜也。为玄黄，玄，天色。黄，地色。阳始生于阴，杂而为苍色也。"④ 当然，将"四象"与八卦结合起来，自然逐渐

---

① 吴起：《吴子》卷上，续古逸丛书景宋刻武经七书本。

② 东方朔：《神异经》，明汉魏丛书本。

③ 《楚辞》卷十三《七谏》章句第十三，四部丛刊景明翻宋本。按：在汉代将虎与阴阳之象中的"阳"相结合者，又如《初学记》载"鸢鸣虎啸"条注："淮南子》曰：'虎啸而谷风至。'高诱注曰：'虎，阳兽。与风同类。'"《淮南子》释虎为"阳中之阴也"，实际与《周易·履卦》释辞极为相关。《履卦》云："履。履虎尾，不咥人，亨。象曰：履，柔履刚也。说而应乎干，是以履虎尾不咥人。亨。刚中正，履帝位而不疚，光明也。"而亦将龙与阴相比附，如《白虎通疏证》卷四云："其精青龙，阴中阳故。"其注引《古微书·元命苞》云："龙之为言，萌也。阴中之阳也。"

④ 卜商：《子夏易传》卷九，《景印文渊阁四库全书》第 7 册，第 120 页上。

与方位相关，如震为东方[①]，青龙之象亦渐与东方相配。由于"龙"与八卦方位及气象密切相关，在汉代甚至与职官制度亦相结合。如《汉书·百官公卿表上》"龙师"之说，其云："《易》叙宓羲、神农、黄帝作教化民，而《传》述其官，以为宓羲龙师名官，神农火师火名，黄帝云师云名，少昊鸟师鸟名。"[②] 而东汉应劭注曰："师者长也，以龙纪其官长，故为龙师。春官为青龙，夏官为赤龙，秋官为白龙，冬官为黑龙，中官为黄龙。"[③] 从而衍为春官、夏官、秋官、冬官之说。但"龙纪"五官仍是与"四象"的色喻相联系的，故其后赤龙衍为朱雀，白龙则衍为白虎，黑龙则衍为玄武。而将青龙、白虎等四象的次序确立，主要体现在建筑方位和一些文物造像中，当然四象四位的确立必须是以某种确定的视角点为基准的，因此一般以帝王南面之意而推衍之，故左青龙右白虎、上朱雀下玄武也就基本上与传统的东方青龙、西方白虎、南方朱雀、北方玄武相对应。

由上述推衍来看，从春秋末战国初诸子时代到汉代，正是"四象"与阴阳五行等学说相萌衍的时期，其时巴地与中原诸国及其文化多有交流[④]，故而在巴地的出土文物中所表现的龙（蛇）、虎之象绘象饰一方面可能因于族属图腾的原因，而另一方面则完全可能因受南北文化交流的影响，从而彰显了某种共同文化意喻。在文物造像中将青龙、白虎等加以表现，不仅在出土文物考古中得到印证，而且在一些传世纸本文献中同样可以找到依据，如《后汉书》卷五十九载张衡《思玄赋》云："左青琱以揳芝兮，右素威以司钲。前长离使拂羽兮，委水衡乎玄冥。"[⑤] 唐李贤注："青琱，青文龙也。揳，坚也，音巨

---

① 《子夏易传》卷九《说卦》云："万物出乎震，震东方也。"（见清通志堂经解本）。其后何休注《春秋公羊传》亦注引《干凿度》云："震生万物于东方，夫万物始生于震，震东方之卦也。"宋史浩撰《尚书讲义》卷五云："震为东方之卦。"（见《景印文渊阁四库全书》本）；清黄宗炎《周易象辞》卷十六云："震为东方之木。"（见《景印文渊阁四库全书》本）

② 班固：《汉书》卷十九，第721页。

③ 班固：《汉书》卷十九，第722页。

④ 具体可参第五章《周代南夷移民考》，其对周代南北文化交流有具体论述。

⑤ 范晔：《后汉书》，第1933页。

图5　城坝铜钲纹饰

图6　城坝青铜錞于盖

偃反。芝，盖也。素威，白武也。《礼记》曰：'左青龙而右白武。'《说文》曰：'钲，铙也，似铃'也。"① 显然，张衡对青龙、白虎两句的描写，正是对乐器上的装饰的描绘，正如今天在巴地出土的大量虎钮錞于（见图5、6②）。

而从张衡《思玄赋》此句的上下文来看，其后并记长离、水衡，实正对应朱雀与玄武之象。唐李贤注："长离，即凤也。水衡，官名，主水官也。玄冥，水神也。司马相如《大人赋》曰：'前长离而后矞皇'也。"③ 而《文选》注引如淳曰："长离，朱鸟也。《礼记》曰：前行朱鸟而后玄武。"④ 其意在指明张衡赋中青珥、素威、长离、水衡与"四象"的对应关系。

汉初董仲舒《春秋繁露》直接以青龙、白虎以应剑、刀之象，如其云："剑之在左，青龙之象也；刀之在右，白虎之象也；钩之在前，

---

① 范晔：《后汉书》，第 1935 页。按：其《礼记》"左青龙而右白武"之句当为"左青龙而右白虎"，今本《礼记》正作"白虎"。（见郑玄注，孔颖达疏《礼记正义》卷三，北京大学出版社 2000 年版，第 95 页）

② 见四川省文物考古研究院、渠县博物馆编：《城坝遗址出土文物》，上海古籍出版社 2014 年版，附录图版五（01123）和图版六（01845）。考古报告称"钲身中部铸刻有虎、鸟、鱼及两个巴蜀符号"，"01845，系虎钮錞于的盖部分。虎钮尾残，盖呈椭圆形，残断。虎站立于中心，虎身铸刻有虎斑纹。盖两侧均铸刻有巴蜀符号，其中一侧饰有'鱼'纹，另一侧饰'鸟'纹。"（见本书第三章）

③ 范晔：《后汉书》，第 1935 页。

④ 李善等注：《六臣注文选》卷十五，中华书局 1987 年版，第 285 页上。

赤乌之象也；冠之在首，元武之象也。四者人之盛饰也。"①故汉世之后天子以龙为尊，且在汉代以前由于对龙并无实物相对应，其往往对属于虚构的神物形象有综合各种灵瑞之物的特点，故统治者渐将龙与王权统治相结合，赋予其特定的政治地位，其后天子多佩剑，且剑上多龙纹配饰，而刀则多绘白虎纹饰。

罗家坝于1999年、2003年和2007年三次共发掘出土青铜器700余件。其中兵器以常见的剑、戈、钺、矛为主，尚未发现有青铜刀器，但在青铜兵器及青铜钮和印章中饰虎纹或"王"字符者较多。（如罗家坝剑纹和印章图7、8、9②及巴地其他地方印章图纹10、11、12。图10、11、12分别见于《宾虹藏印》及重庆市博物馆藏、犍为五联出土③。）

显然虎纹和"王"字符多是与其他纹饰组合呈现，这种具有象形意义的符号或被视为某种早期文字。罗家坝青铜器中部分被视为虎纹的纹饰更多可能具有抽象的象征性意义，从表象上看既似虎，又似后来传说中的龙。如罗家坝M33号墓出土青铜戈中的纹饰粗看近似虎哮之形，但其肢足又颇杂乱，头形亦颇怪异。此似乎不太可能是文字，但有可能与早期甲骨文演化途径一样，至少应是某种具有象征性意义的早期象形表意符号（见图13）。而涪陵出土的铜钲上的符号则更趋于简化，可能更接近于后来的某种文字（见图14）。

在罗家坝出土青铜器中发现不少"王"字符，器物上的符号并不单一，通常由几个符号共同构成，因此也被一些学者称为"图语"。虎纹符号更多出现于兵器、容器和乐器之上，而"王"字符更多地出

---

① 董仲舒：《春秋繁露》卷六《服制像》第十四，清武英殿聚珍版丛书本。《春秋繁露校释》本作"韨之在前，赤乌之象也"。[见钟肇鹏主编：《春秋繁露校释》（校补本），河北人民出版社2005年版，第331页；另又见苏舆撰，钟哲点校：《春秋繁露义证》，中华书局1992年版，第151—152页。]

② 关于罗家坝出土器物图片皆转截图于四川省文物考古研究院、达州市文物管理所、宣汉县文物管理所编著：《宣汉罗家坝》。图7、图8、图9分别见《宣汉罗家坝》第204页、第67页、第326页。

③ 另参见刘豫川：《巴蜀符号印章的初步研究》，《文物》1987年第10期。

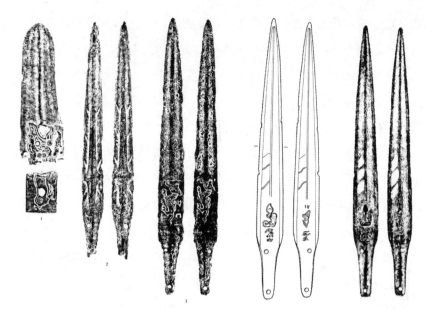

图 7　罗家坝出土铜剑铜戈拓片　　　图 8　罗家坝出土铜剑拓片（M5：3）

自青铜印章之中。刘豫川认为巴蜀印章中的"王"字符与虎纹有密切

图 9　罗家坝部分青铜印章形（M10：4，M32：19，M24：6，M21：1，M12：1）

图 10　巴蜀印章　　图 11　巴蜀印章　　　　图 12　巴蜀印章

的关系，他认为"虎额之纹似'王'符号，以'王'代表虎纹，是全体象形与局部象形的区别。"① 以此来解释图符中存在的"王"字符重复的现象，即"玨"符号，在青铜戈、剑上的确也能见到两面都有虎纹的情况。

如荥经烈太出土印章（见图15），其中就有双"王"字符组合，另外还有被视为日、月的字符组合。在罗家坝也出土了大量的青铜兵器，兵器上也有一些符号组合，

图13　罗家坝出土铜戈（M33∶100）

如图16其中一柄青铜剑上就有虎纹和其他符号的组合，另一柄剑则为手心纹组合。罗家坝出土了部分青铜印章，如图17既有单独的"王"字符印，也有组合的符号印章，其中图18的

图14　巴地铜钲符号

印章组合极为复杂，其表达的意义至今令学者费解（见图16、17、18）。

特别是印章中，如果作为"王"者代称之意，要意树威权之象，似不当共立二"王"符号。《说文解字》释"王"云："天下所归往也。董仲舒曰：'古之造文者，三画而连其中谓之王。三者，天地人也。而参通之者，王也。'孔子曰：'一贯三为王。'"② 而《说文》释"𠙻"为古文王③。按世传廪君化为白虎，而巴人又多将白虎视为图腾，《华阳国志》所载"巴夷王杜濩、朴胡、袁约"等就实为"白虎夷王"，故以虎纹虎符在器物上来代替其王者威权应可为一说。但战国时中原与巴地已有交流，巴国称王亦是在七国称王略后，故

_____

① 刘豫川：《巴蜀符号印章的初步研究》，《文物》1987 年第 10 期。

② 许慎著，段玉裁注：《说文解字注》，第 9 页。

③ 许慎著，段玉裁注：《说文解字注》，第 9 页。

图 15

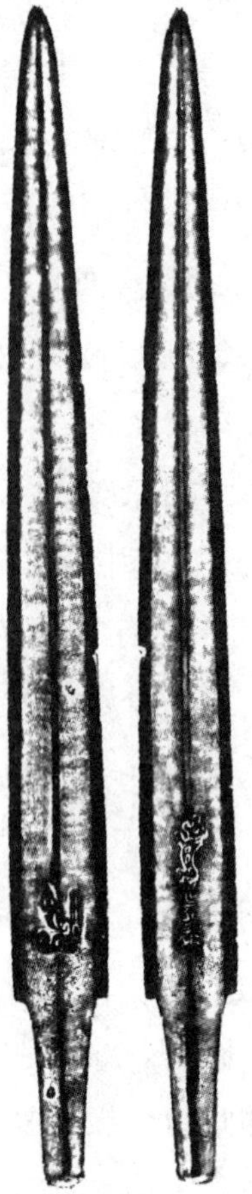

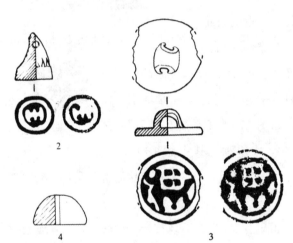

2

4

3

图 17

图 16

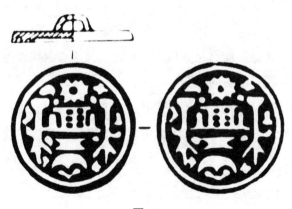

图 18

"王"字符亦可能是汉字王字符的刻划，亦为彰显某种权威，但从巴地各处均有"王"字符印章等的发现，这只能说明要么"王"字符是虎纹符饰的简化，要么其时巴地各部族尚未完全统一，各族属首领皆以"王"自居，正如《华阳国志》对诸姓"巴夷王"的记载。从战国至汉代以来的历史考察及《说文》对"王"字的本义来看，"王"应就是指能参通天地人的智者或长者，亦被视为当时部族的首领，自战国末至西汉才渐渐衍化为专指具有政治王权者。因此从这个视角来看，罗家坝众多青铜器的出土及其所铸的虎纹及"王"字印章图符，可以说罗家坝曾在某个较长时段作为一处部落中心王城应非虚妄之说。

（二）关于手心花蒂纹与蛇纹

在西汉之前，刀剑的配饰区别尚不十分明显。在罗家坝青铜器中饰虎纹多为汉以前的剑器（含剑、矛、戈），而且也有手心纹（或被视为蛇形纹，或称龙纹，见后述）。

先看罗家坝青铜器心手纹的情况①：

1999 年罗家坝遗址在被清理发掘的过程中，5 号墓葬出土的一件铜矛上刻有"手心花蒂纹"②。手心花蒂纹又称心手纹③。有学者认为，其形意就是手捧蛇头的意思。这种心手纹的配饰比较复杂，很难猜测具体的意指。如 62 墓葬出土的编号 2 的青铜器上的纹饰（图20、21、22④）为手形和心形花蒂纹组合。这种图饰在罗家坝青铜器上极

---

① 此图亦参引王平、何易展：《巴蜀图语研究——以罗家坝遗址、城坝遗址出土器物为例》，《巴文化研究》（第一辑），第 59 页。

② 因徐中舒先生对手心纹或加"以花蒂和手释之"，故又称"手心花蒂纹"（见邓少琴：《巴史新探》，《巴蜀史迹探索》，四川人民出版社 1983 年版，第 34 页）。又详见徐中舒《巴蜀文化初论》和《巴蜀文化续论》（其文收在《论巴蜀文化》一书，另分别载于《四川大学学报》1959 年第 2 期和 1960 年第 1 期）。

③ 王平、何易展：《巴蜀图语研究——以罗家坝遗址、城坝遗址出土器物为例》，《巴文化研究》（第一辑），第 58 页。

④ 参见王平、何易展：《巴蜀图语研究——以罗家坝遗址、城坝遗址出土器物为例》，《巴文化研究》（第一辑），第 50—57 页。

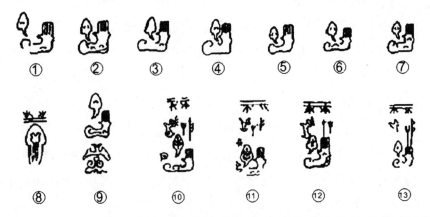

图19（①剑 ②剑 ③矛 ④剑 ⑤剑 ⑥剑 ⑦矛 ⑧剑 ⑨剑 ⑩矛 ⑪矛 ⑫矛 ⑬矛）

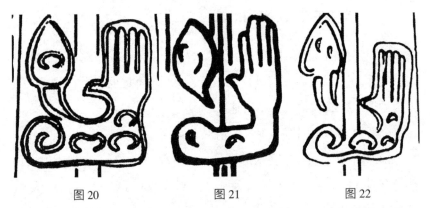

图20　　　　　　　图21　　　　　　　图22

（图20、21、22分别为62：2号墓；50：2号墓；51：1号墓出土青铜器图饰）

多，但也偶见于其他一些地方出土青铜器上，如前图4所绘1号图符即巴县冬笋坝M12号墓葬青铜器上的手心纹饰。

手心花蒂纹或称"心手纹"，自20世纪40年代以来，先后在成都白马寺坛君庙、重庆巴县冬笋坝战国墓地、广元昭化宝轮院、涪陵小田溪战国土坑墓、云阳李家坝东周墓、罗家坝遗址等巴地皆有大量发现。从年代上看，这些印有心手纹的青铜器物时限分布大致为战国至西汉时期。

从目前的考古资料来看，罗家坝遗址青铜器"心手纹"最早出现于战国早期，在战国中期和晚期达到极盛，至战国末期则逐渐减少，进入西汉以后消失①。手纹与心纹基本上呈组合形式出现，单独出现的情况极罕见。

对于"心手纹"的解读，卫聚贤先生较早将其解读为"心手相印"而"百发百中"之意②，但"心手纹"并不仅见于兵器，亦见于虎钮錞于之上，故其说不解③（图 23）。邓少琴先生在《巴史新探》一文中，认为"心纹"是古代天文学二十八星宿之一的心宿，是蜀人所尊崇的帝星④。徐中舒先生在《巴蜀文化续论》中认为这类带有尾尖状的桃心图语更像是待放的蓓蕾，应是象形文字的"葩"字，又将其引申为"巴"字⑤。其论云："象花含苞未放及蒂形，当是葩之象形字。《一切经音义》引《声类》云：'秦人谓花为葩'，《史记·张仪传·集解》引谯周《古史考》说：'益州天苴读为苞黎之苞。音与巴相近。'《索隐》综括谯周原文说：'谯周，蜀人也，知天苴之音读为芭黎之芭。'苞黎、芭黎即今所谓蓓蕾。是秦人蜀人皆读花为葩。巴出自姬姓，即属华族。应即为巴字，或华字。"⑥

徐中舒先生又释"手纹"象肱形，以是表示为统治者股肱之意，故其结合"心"纹，又认为"心手纹"有表示"心膂股肱"

图 23　万县出土虎钮錞于

①　王平、何易展：《巴蜀图语研究——以罗家坝遗址、城坝遗址出土器物为例》，《巴文化研究》（第一辑），四川大学出版社 2017 年。

②　卫聚贤：《巴蜀文化》，载《说文月刊》第三卷第四期，第 27 页。在《说文月刊·巴蜀文化专号》第三卷第七期上（1942 年）则直接意释为"得心应手"。

③　按：卫聚贤《巴蜀文化》称："有的于手帝有月星云工字等形，系其部落或使用人的符号。但按万县出土的錞于，其上花纹亦有手及心，或者此花纹别有用意。"并于该文第 30—32 页附印錞于图。其图器同于本图器物，本图为从网上截载，当为万县出土虎钮錞于。

④　邓少琴：《巴蜀史迹探索》，四川人民出版社 1983 年版，第 34—35 页。

⑤　徐中舒：《巴蜀文化续论》，《论巴蜀文化》，四川人民出版社 1982 年版，第 111—112 页。

⑥　徐中舒：《巴蜀文化续论》，《论巴蜀文化》，第 111 页。

之意①。另外陈宗祥先生根据民俗学的调查研究，认为"手纹"的意义可能为铸兵器者对质量保证的誓言，而"心纹"则可能为氐羌和彝族法器海螺的形象②。

从语音上推测"心纹"似菢之象形，并由"菢"之音近"巴"，从而释"心纹"为"巴"字，恐怕并不能确立。因为古音"菢"与"巴"虽然可能相通，但从词源学的角度考察，"巴"可能是较早的中心词，而"菢"则可能为加上另外表义的偏旁（如西方文字中的词根、词缀类）而后起的衍生字。那么，是否与"巴"音相近的后起衍生字都与巴人或巴族相关呢？如何来解释"粑""爬""邑""笆""爸""吧""肥""色""疤""耙""邑""粑""妑""靶""跁""蚆"等众多的字源字义呢？而且如果单释"心纹"为花蒂似可解释得通，但"心纹"与"手纹"搭配的图饰如何解释呢？难道是手捧花蒂？这刻饰在兵器上是无论如何解释不通的。而反过来，上述词汇与紧密、聚集及团、块状形态都是有密切联系的，而所谓"菢"亦应是指花瓣团簇在一起而形成的花朵，其心亦有花蕊。故如同卷状纹簇拥在一起，花与叶最大的区别就是单片平状与多片卷曲聚拢形的差别。此可参第三章对"巴"字本义的探讨。陈宗祥将"心纹"与氐羌的海螺形象联系起来，不过在试图证明这些心纹饰与氐羌巴人的关系，他认为"'心'纹应是白海螺，也是族徽，'手'纹为制刀者的标记。心手纹合在一起既可会意为'白海螺族的制刀匠人'。"③显然这种解释不能说明其他地方出土的青铜器"心手纹"饰来源，考虑到代、移民、辖区及其他考古文献材料和纸本文献记载的情况，从西南地区众多地方出土的类似的"心手纹"饰青铜不可能都来源于所谓白海螺族之手。

"心纹"（或花蒂纹）作何解释呢？罗家坝遗址 M10 号墓和 M24 号墓出土的印章（图 24：①⑤）见有两颗"心纹"，其尾尖相对。王平认为"如果是'心纹'，应不会出现两颗心脏在同一组符号之中，

---

① 徐中舒：《巴蜀文化续论》，《论巴蜀文化》，第 111 页。

② 陈宗祥：《巴蜀青铜器"手心纹"试解》，《贵州民族研究》1983 年第 1 期。

③ 陈宗祥：《巴蜀青铜器"手心纹"试解》，《贵州民族研究》1983 年第 1 期。

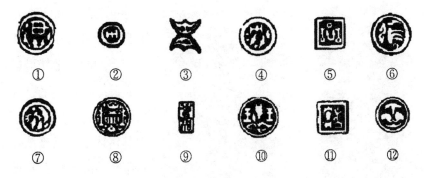

①　②　③　④　⑤　⑥

⑦　⑧　⑨　⑩　⑪　⑫

图 24　罗家坝遗址出土铜印章

另外许多'心纹'上有叶脉状纹，这不同于一般心脏形状的表征，故我们认为'心纹'所代表的应不是心脏。"①但如果这种心纹只是表示心房和心瓣，左右心瓣是解释得清楚的。唯其心手纹的组合，甚至与其他一些图符组合来看，可能与其时的表意系统或甲骨文和金文衍化是有关系的。②

不过，从诸多对"心手纹"的探讨来看，似乎"心手纹"确应与"蛇"（龙）纹有一定关系。为什么如此说呢？

大概如一些学者所认为的如前图 20—22 的"心"纹形在形象上确实与蛇头颇类。如罗家坝遗址 M28 出土的铜剑、M38 出土铜矛（M38:2）上铸有一个大号的"心纹"符号（见图 25，又见图 19⑧；图 26），其"心纹"尾部有须状物，与成都三洞桥青羊小区战国墓出土铜矛上的蛇纹相似。由此推测，"心纹"实际上可能为蛇形符号。

巴人何以喜好用"蛇"形纹来装饰器物呢？这跟前面讲巴人崇虎的图腾信仰一样，皆因于对自然及其自然生命力的崇拜。至于"巴"与虫蛇图腾之说的关系，有学者多从字形衍化上进行比附，"巴"（弖）字形在籀文字形中形近蛇状或虫状，故或多被误解为"巴"即指蛇，但对"巴"本义的理解，必须回溯到甲骨文字形（参第三章

---

① 王平、何易展：《巴蜀图语研究——以罗家坝遗址、城坝遗址出土器物为例》，《巴文化研究》（第一辑），四川大学出版社 2017 年版。

② 转引自王平、何易展：《巴蜀图语研究——以罗家坝遗址、城坝遗址出土器物为例》，《巴文化研究》（第一辑），图九。

图 25

图 26

所述）。后来在统一六国文字的过程中，由于"巴"字的简化其形颇似蛇，但其时"蛇"（）字作"它"（ ），"蛇"为其俗体字，后来或作"虵"，亦当为后起的俗体字。许慎《说文解字》："巴，虫也。或曰食象蛇。象形，凡巴之属皆从巴。"①

如何来正确理解许慎对"巴"字的解释呢？显然有几点需要注意：

一是在《说文》中许慎判断"巴"为"虫也"，其依据亦是根据"象形"。但"虫"（ ）字在《说文》中解作"名蝮，博三寸。首大如擘指。象其卧形。或毛或，或介或鳞，以虫为象。凡虫之属皆从虫。"② 而且他认为"虫、蚰、蟲"三字是不同的。

二是他对"巴"的具体意指并不太确定，因此补充曰："或曰食象蛇。"即根据传说或别人的解说认为"巴"是指"食象蛇"。段玉裁在此句下注引《山海经》曰："巴蛇食象，三岁而出其骨。"③ 许慎所据的传说极有可能出自《山海经》故事，但从《山海经》语言叙述逻辑来看，"巴蛇"二字已经明确了"巴"指地域而非复指"蛇"，如果"巴"即是"蛇"，在语义上是说不通的。只可能因巴地有这种蛇，人们称其蛇为"巴"，但必须明确这种语义生成过程和语源，如果以"巴"即为蛇，显然是颠倒本末。正是缘于无视其事理发展逻辑和实

---

① 许慎著，段玉裁注：《说文解字注》，第741页。
② 许慎著，段玉裁注：《说文解字注》，第663页。
③ 许慎著，段玉裁注：《说文解字注》，第741页。

际存在于语言内部的语言衍生逻辑基础，故有学者始终从象形的视野来推断"巴"与"蛇"（或"虫"）的关系。显然这些文字在古初都是早期先民根据对自然和生活的观察所创造的，能充分表现其特征，故为其群体、族属所认可和接受，并逐渐在历史中形成较稳定的集体无意识的认识和界属观念。甲骨文中的"巴"（🐍）与甲骨文"虫"（🐍）字虽然形似，但显然是有区别的，不然甲骨文何以要造两个不同的字形字体来表现？如果为同一义指或概念的话，这种造字规则是不符合逻辑的。

三是如何理解"凡巴之属皆从巴"？在《说文解字》中凡作为字根性质的单字使用的，其后皆著"凡某之属皆从某"。如果"巴"即是指蛇，那么此处"凡巴之属"也即是说具有巴字偏旁或部首的字是否皆从"蛇"之义呢？然从其后紧列的"祀"字来看，显然并非具有"蛇"的意义，而是指音近"巴"字。其"祀"（祀）释云："捭击也。从巴帚，阙。"[1]段玉裁注："捭者，反手击也。今之琵琶，古当作捭祀。"又云："阙者，阙其会意，形声之说也。大徐：博下切。按此字当是从帚，巴声。"[2]仔细会意，其"祀"字显然还是有"紧""簇拥"等团状之意，今天南方所用的扫帚就是将细竹枝或高粱穗结扎在一起的，因此"祀"极可能是用这种成扇面状的帚击打，其着力面积大。而"捭"俗作"批"字，正有排列铺张的意义。而且从今天所保存的"凡巴之属"类的字来看，往往与"蛇"之义并不相关，反而是只取其音近，而义则同"紧簇"。

即便从此字形来看，因"心纹"同样有团块状的外形特征，故而甲骨文中的"巴"（🐍）字与"心纹"（◗ ◖）（或蝌蚪形）有些相似，但两者却是存在差别的。尽管"巴"字的顶部可以说形似于"心"（心）字，但其尾部却不甚相像，其亦不像垂尾，反而似跪坐的形象。历史上巴人为什么被称为"巴"？这一问题一直被巴文化学者高度关注，提

---

① 许慎著，段玉裁注：《说文解字注》，第 741 页。

② 许慎著，段玉裁注：《说文解字注》，第 741 页。

出了各式各样的猜想，其中有地名说、植物说、白虎音义说、虫蛇图腾说。而笔者从甲骨文"巴"字形及字源考辨，认为"巴"之本义与自然地理及生活情状相关（具体参见第三章《文化人类学视野下的早期巴文化探赜》）。而"心"（）字的篆文颇似蛇头，古"蛇"字或作"虵"。疑"也"字形与"巴"的籀文字形相近而误。当然从图腾上来看，巴人崇蛇与"巴"本义似乎并无多少关系，然仔细审辨，巴人崇蛇既与西南巴地特殊的生活情状及自然山地环境有关，也与中华民族在构建"龙蛇"意象及其衍成进化的整体历史文化语境有着必然联系。正如前面所述，西南山地具有特殊的自然环境，山高林密，虫兽为患，由于对虎、蛇的恐惧从而产生敬畏的心理，这是原始先民图腾崇拜的自然进衍过程。《说文解字》释"它"（）（蛇）云："虫也。从虫而长，象冤曲垂尾形。上古艸尻患它。故相问无它乎？凡它之属皆从它。"[1] 便是对"它"（蛇）的形状、山地草居之民的生活情状及敬惧心理的真实写照。

显然，人们将"心纹"与"巴"字的联系，亦是因为其形似于蛇。将"巴"解作"蛇"（或"虫"）[2]，皆不过是据许慎的推释而以末求源，故往往舍本逐末，在逻辑上就丧失了正确推理的基础。如果将"心手纹"中的"心"纹解作蛇头的特写，那么它可以作为一个图腾符号，在特定的语境下具有一定的表意性质。而且这一符号除开与手形之外，也与其他符号有着多种组合形式。这为我们进一步解读"心手纹"与"龙"（或龙蛇）的关系提供了启发。如前所述，许慎对"巴，虫也"的解释是有着潜在的语境和语义层次的。在《说文》中"虫"类有着"虫、虵、蟲"几种写法，但后来都简化作"虫"，而其对"虫"字的解释为"名蝮，博三寸。首大如擘指。象其卧形。物之微细，或行或飞，或毛或羸，或介或鳞，以虫为象。凡虫之属皆从虫。"[3] 因蝮即蛇，其称"象其卧形"，当如"虫"（）盘曲之状。

---

① 许慎著，段玉裁注：《说文解字注》，第678页。

② 谷斌：《再论"巴"之本义为五步蛇——与曹定云先生再商榷》，《殷都学刊》2016年第1期。

③ 许慎著，段玉裁注：《说文解字注》，第663页。

但其后所云"物之微细，或行或飞，或毛或羸，或介或鳞"，如何理解许慎对"蝮"的形状描述呢？

这种"蝮"蛇今天已很难见，故段玉裁引郭注云："此自一种蛇。人自名为蝮虺。今蝮蛇细颈、大头、焦尾。色如艾绶文，文间有毛似猪鬣，鼻上有针，大者长七八尺，一名反鼻。非虺之类。此足以明此自一种蛇。"段玉裁按云："此注见《斯干》正义及小颜《田儋传》注。郭意《尔雅》之蝮今无此物，今之蝮蛇非《尔雅》之蝮蛇也。"①如果不考虑是否因气候环境的变化导致物种灭绝等原因，那么说明晋郭璞注《尔雅》时已不见此类蝮蛇，也即是说，这种既可行可飞又或毛或介或鳞之物并不是常见的蛇类。又如其释"或介或鳞"云："从虫之字多左形右声，左皆用虫为象形也。《月令》：春，其蟲鳞；夏，其蟲羽。中央，其蟲倮。虎豹之属，恒浅毛也。秋，其蟲毛；冬，其蟲介。许云或飞者，羽也。古虫蟲不分，故以蟲谐声之字多省作虫。如融赨是也。鳞介以虫为形，如螭虯蛤蚌是也。飞者以虫为形，如蝙蝠是也。毛以虫为形，如蝯蜼是也。"②

如果结合前面的论述，中国文化中虽极早就提到了"龙"，但对"龙"形象一直无确切的描述。但"龙"的幻形既多，且能行能飞，能上天入地，故《荀子·赋》："天下幽险，恐失世英。螭龙为蝘蜓，鸱枭为凤凰。"③当然一方面在揭示世俗的不知善恶，但也说明因为人们本来对"龙"和"螭龙"就没有明确的形象认知④。东汉班固《汉书》："臣以为龙又无角，谓之为蛇又有足，趺趺脉脉善缘壁，是非守宫即蜥蜴。"⑤而宋洪兴祖《楚辞补注》云："《广雅》曰：'有鳞曰蛟龙，有翼曰应龙，有角曰虬龙，无角曰螭龙。'郭璞云：蛟似蛇，四

---

① 许慎著，段玉裁注：《说文解字注》，第663页。

② 许慎著，段玉裁注：《说文解字注》，第663页。

③ 王先谦：《荀子集解》卷十八，第481—482页。

④ 按：王先谦注引《说文》云："螭，如龙而黄，北方谓之地蝼。"（见《荀子集解》第482页）可见其时南北之人对龙的具体形象既没有明确的认知，其称名也同互异。

⑤ 班固：《汉书》卷六十五，第2843页。

足，小头，细颈，卵生，子如三斛瓮，能吞人，龙属也。"① 许慎《说文解字》云："龙，鳞虫之长，能幽能明，能细能巨，能短能长，春分而登天，秋分而潜渊。"② 由此可见许慎《说文》对"虫"的解释中无不潜喻着"龙"的形象，"龙"的形象的衍成是与"蛇"有密切关系的。

此外，邓少琴等先生以二十八宿之"房星"解此心形纹，以心星中之大星为代表蜀帝之星，而心房为其星座③。其解说不一定完全正确，但星宿之"心"星确与龙有关系，如传郑玄注《易纬通卦验》注云："龙，心星也。"④ 又如刘歆《遂初赋》云："揔六龙于骈房兮，奉华盖于帝侧。"其注谓："天子之驾六马，马八尺为龙，房星为天驷。华盖星在帝座后，法驾之盖象之，皆奉车都尉所职。"⑤《汉书》卷二十六《天文志》载："东宫苍龙，房、心。心为明堂，大星天王，前后星子属。"⑥ 又《易学管窥》之《干为马》篇云："而乾乘六龙，龙为马祖，故苍龙房星，一名天驷。按马与蚕，并禀精于龙。《周礼》：马质禁原蚕者，以物莫能两大。蚕盛则马不蕃，故禁之。是干在天为龙，在地为马，异其类不异其德也。"⑦ 可见，在古人观念中确实是将二十八宿之心星比作"龙"的，那么龙蛇也即应是与心形确有关系。

再看罗家坝青铜器上龙蛇纹的情况：

一是罗家坝青铜器一些所谓虎纹实际也有些近于龙纹，这可能与后来"龙"的形象的清晰化是有关的。如图27中⑪的虎符便更像元明以后龙纹饰符。从早期的龙纹饰图形来看，实际上其形状并不统一

---

① 洪兴祖：《楚辞补注》卷一，第45页。

② 许慎著，段玉裁注：《说文解字注》卷十一下，第582页。

③ 邓少琴：《巴蜀史迹探索》，四川人民出版社1983年版，第34—35页。

④ 《易纬通卦验》卷下"立夏清明，风至而暑，鹃声蜚，电见，早出，龙升天。"句后注："龙，心星也。《诗》云：'绸缪东薪，三星在天'，亦谓此时也。"（见清武英殿聚珍版丛书本）；又见隋杜台卿《玉烛宝典》卷四（古逸丛书景日本钞卷子本）、《初学记》卷三岁时部上、《太平御览》卷二三时序部八注引。

⑤ 章樵注：《古文苑》卷五，商务印书馆1937年版，第116—117页。

⑥ 班固：《汉书》卷二六，第1276页。

⑦ 俞樾：《易学管窥》卷十四，清钞本。

和固定，或如《广雅》《说文》所说，为"鳞虫"之属，或有鳞翼，或有须角，而且大多数都尚具蛇的形状，在南方民间就认为龙在地即为蛇，在天即为龙。在四川渠县城坝汉阙上就存在许多颇似蛇的石雕图饰，但大多数石阙上同时存在鸟（朱雀）、龟（玄武）等图饰，因此其中的蛇应即可能是汉文化中四灵之一青龙的形象。又如在北京法源寺大雄宝殿背后的石供案上有一幅龙的图案，与一般所见龙之形颇不相同，其尾为鱼尾，或为传说之蛟龙。据寺庙僧人讲此石案应是元代所刻（图28）。可见，由于龙的神圣性和在汉文化中的特殊性，其成形具有十分复杂的过程。

二是从字形来看，甲骨文"虫"（𢇛）①字就是"龙"或"蛇"形。这个符号也极似罗家坝出土青铜器中的"𓇢𓇢"或"𓏸𓏸"，此符号或被视为与鱼相关。由于龙应是古人创造的一种具有神异的瑞兽，在现实生活中很难找到一种具体的物种指涉，因而与虎、蛇、鸟这些物象似是而非，又皆不无关系。

由此来看，"蛇"与"巴"本义并不一定相关，但其图语符号中如此众多的蛇形符号和各类纹符表现恐怕唯有两种可能：一是这些符号可能是其图腾信仰的一种再现。今天宣汉土家族人还保留有"祖宗显灵蛇入室，焚香叩拜而送之"的风俗信仰和习惯。所谓灵蛇，即视蛇为某种灵异之物。因而蛇的外形只是其一种表现的外化，或许还存在更多的形象与功能。以虎和以蛇为巴人图腾都是自然而可以理解的，正因为这些现实中的物象被图腾和神化，才会进一步被衍化为体具众兽而神兼多能。故龙能行能飞，或鳞或介，或有角无角，或吞云吐火，无所不能。其虎也一样，亦可生两翼、幻人形等。亦如历史上以"象""鹰""犬""狼"等为图腾和信仰的部族神化一样，此类都有许多传说和文献记载。那么手心花蒂纹被学者推测为早期崇蛇巴人的图腾体现，应有合乎情理的一面。二是就同期图语符号来看，也有虎纹、手心纹、花蒂纹、凤鸟纹、太阳纹、狩猎纹、水陆攻战纹、卷

---

① 许慎著，段玉裁注：《说文解字注》，第663页。

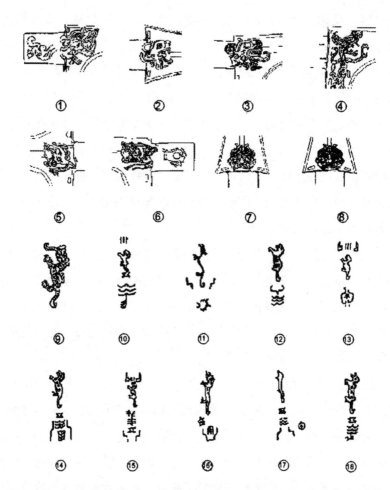

图27 （①戈 ②戈 ③戈 ④戈 ⑤戈 ⑥戈 ⑦戈 ⑧戈 ⑨剑 ⑩剑 ⑪矛
⑫剑 ⑬矛 ⑭剑 ⑮矛 ⑯矛 ⑰剑 ⑱剑)

图28 北京法源寺石案龙纹图

云纹等，以及众多的图符组合，因而应是具有一定的语义（或连贯性语义）表现性质的。对其图形意义也有学者提出了不同的猜想，但这些图符的组合或许正是扮演文字的功用，也即它们必定暗寓着某种意义，可能与商周以来的甲骨文和金文系统有某种联系，当然这些还有待我们进一步研究和探讨。

如果说器物上纹形和图饰还不一定具有文字的表达意义，只是呈现某种精神象征意义或隶属关系，那么罗家坝出土发现的大量印章上的图语和符号组合则很难被视为简单的符号象征，此类符号在巴地其他地方皆有发现，故而也被学者视为巴人较早的文字。2003 年，罗家坝遗址在发掘清理现场发现了一枚极为奇特的铜印章，出自 M25 号墓葬，圆形，桥形钮，阳文（图 29，见《宣汉罗家坝》图版三六附图 4）。冯广宏认为："目前大量巴蜀器物上刻写的文字，绝大多数是开明王朝的产物。"他认为月牙形印可能有求子之义。此印章上部是一个山字形的月亮，经与蜀文比对可得知是有求子之意，两边的禾苗是"棘"的指代意义，荆棘之间"就是艺术化的甲胄形开明徽记……值得注意的是，下边作为'明'字的太阳字符有 10 个角，似乎表示那时开明王朝已经传到了 10 代。"[1] 当然具体的意指是什么以及印章的主人是谁，还有待进一步研究。

从罗家坝墓葬出土印章来看，该域巴人墓葬在战国晚期比较流行随葬印章，出土的 12 枚印章中，仅第四期第五段就出土 10 枚印章，并且出现一个墓葬出土多枚印章的情况。因此有学者认为在当时印

图 29

---

① 冯广宏：《巴蜀文字的期待》（九），《文史杂志》2005 年第 3 期。

章或许不仅仅是作为一种族徽或者权力的象征。出土的印章多为圆形或方形印，其中有一枚印章尤其特别，为蝶形印。印章由两个山字月亮形组成，在印章的符号组合中频繁出现有山字月符号，有学者认为其有求子之意。从中外文化史来看，原始的生殖崇拜应是大多数民族的先民普遍具有的原始人类信仰，今天宣汉土家族也一直都保留有这种原始先民生殖崇拜和信仰的痕迹，例如《宣汉土家文化》中记载："宣汉樊哙片区有一支《竹枝词》：地造女人一副卦，天生男人一只鸡。"① 这类竹枝词虽为后起的民间俗词俗调，但却可能从某种程度上反映了传统俚俗的遗传。据王逸称，屈原创《九歌》亦正是对当地巫歌俗调的改纂，结合这些材料对民间传统俚俗的记载，或许能部分地还原先民的某些记忆和史迹。结合罗家坝遗址出土器物情况，墓葬男性墓主多在 20—30 岁左右，当然如果这些都或者大部分是正常死亡而不是非正常死亡的话，则说明在当时自然条件恶劣的条件下，这一地区的巴人先民平均寿龄不长，这些图符或许确实有寓意祈祷人丁兴旺以繁衍生息的意义。当然更多的符号组合解读还有待于考古资料的进一步充实，并结合历史学、文化人类学等跨学科视野进行不断深入的研究分析。

三、罗家坝聚邑的历史地位与意义

前述罗家坝青铜器的冶炼技术和出土器物分期特征等，以及其纹饰和器形虽然都有着一定的地域性特色，但大多数还是反映了与巴地其他聚邑出土器物之间的相似性。从罗家坝遗址考古出土情况来看，其文化堆积层从新石器时代起就有着人类活动的印记，而从春秋战国至汉代几乎未曾出现文化的中断迹象。由此来看，罗家坝遗址的历史地位及其文化学意义确实是不可低估的。其大致地理位置见图30。

① 向本林：《宣汉土家文化》，中国文史出版社 2013 年版，第 170 页。

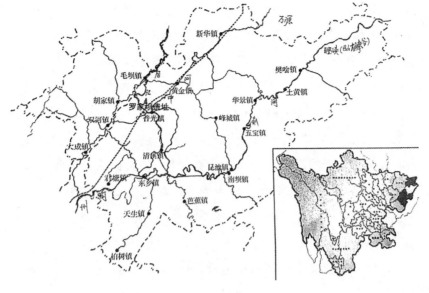

图 30 罗家坝位置图

（一）罗家坝遗址的重要战略地位

罗家坝遗址发掘清理的青铜器大多来源于墓葬，其种类主要包括：兵器、生产工具、服饰器及杂器、生活用具和礼器等，其中以兵器居多。从罗家坝遗址出土报告来看，其青铜器种类达到 46 类，而兵器类则达到了 7 类 280 件，"其中以箭镞数量最多，为 114 件，其次为钺 43、矛 37、剑 35、戈 32、镦 10、斧 9。"[①] 青铜器中如此多的兵器，是否说明罗家坝曾为一处古战场或某处重要的军事要地呢？

首先，我们先看一下罗家坝的地理位置。其中心点地理坐标北纬 31°、东经 107° 附近，海拔 336 米。遗址沿江背山，三面环水，又有高敞的大坝，便于生产生活。这与巴人以"坝"而居的特征比较吻合。现在离遗址不远的普光镇仍是现代人居住的居所，可见这一带自古以来就适宜人类生活居住。

---

① 四川省文物考古研究院、达州市文物管理所、宣汉县文物管理所编著：《宣汉罗家坝》，第 317 页。

清代光绪二十八年藏版的《东乡县志》亦曾明确记载罗家坝所在的今普光镇有普光寺及普光寺场，可见此地至清代依旧兴佛传法、人烟汇聚。从《东乡县志》载"星野舆地图"来看，其时亦有古路北进经黄金口场、厂溪场、铁矿坝场，翻汪家山、过墨石寨进入巴州界，或过落猴山至墨石寨进入巴州界，南下经宣汉城至达州等地，交通极为发达。《东乡县志》称："东邑界连夔、渝，控制楚、秦，层峦叠嶂，岩洞连绵，其石磴鸟道，为人迹所不到者，皆可以建寨立栅，为捍御之备。故虽贼匪窃发，而保全者为多，古人云：设险守国，不信然乎！志形势。"[①]而罗家坝形势较宣汉城关而言又更为重要，它位于两江（后江和中江）交汇处，控制着宣汉与万源的水上交通。

宋代史学家郑樵云："州县之设有时而更，山川之形千古不易。"如果排除自然灾害及人为改造的因素，其观点对于我们从地理地势勘验遗址史迹是有帮助的。虽然由于全球自然、气候和水文等自然因素的变化，河道交通也在历史上有所变化，但这种变化因承还是能够从自然的陈迹中寻出端倪的。据《东乡县志》载，至清代，前河、中河、后河仍可通船。其云："惟三汇之水源自太平，而流狭深险，可通舟楫，固未可与瞿塘、滟滪同日语也。"[②]又称旧志虽载三江自入界至县治"俱不通舟楫"，然《东乡县志》紧承旧志说之后云："今则三江俱可通舟，装载货物，比楫连尾，称富盛云。"[③]由此可见，罗家坝遗址在古代水陆交通确实极为便利。

其次，从罗家坝出土青铜兵器情况来看，这里确实可能曾为一处大型的聚邑。一是此处遗址文化堆积层丰富，从新石器晚期一直到东汉时期皆已出土发现相关器物。二是文化堆积层比较连续，并没有打

---

① 宣汉县地方志办公室点校：《东乡县志》（上），清光绪二十八年本衙藏版，第54页。

② 《东乡县志》（上），第55页。按：太平即指今万源。史载"明正德十年（1515年）复割东乡太平里置太平县，属达州，清初属夔州府。雍正六年（1728年），复属达州。嘉庆七年（1802年）太平升县为厅，直属川东道。清道光二年（1822年）置城口厅，属绥定府，太平仍置县。"民国三年（1914年）因与安徽省太平县重名，即借"县东北有万顷池、邻邑之水多源于此"而更名为万源县。1993年7月，经国务院批准，撤销万源县和白沙工农区，合并建立万源市。

③ 宣汉县地方志办公室点校：《东乡县志》（上），清光绪二十八年本衙藏版，第58页。

破的迹象。东汉以后的器物虽然发现不多，这主要是前期主要集中在东汉以前的考古，随着考古发掘面积的扩大，在周边可能会发现东汉以后历代民人居住的遗迹和文物。至少从纸本文献记载来看，明清时期在普光镇（普光寺）仍留居大量民众。这为遗址可能是大型聚邑提供了一定合理的契入点。正因为是大型聚邑，自然少不了守卫。因此从考古情况来看，各期都有兵器出土。如果仅是单独的一处古战场，则文化堆积层不可能如此丰富、连续和完善，有可能存在打破文化层的情况，而且出土兵器的年代或者说墓葬的年代就应基本一致。但从罗家坝出土的青铜兵器来看，情况显然并非如此。

罗家坝遗址出土青铜兵器大多放置于墓室的中部、墓主人的上身或盆骨两侧[①]。在清理的墓葬中，发掘的墓葬主人经过检测鉴定一般认为大部分为男性，年龄推测在20—30岁之间[②]。根据发掘清理的情况来看，墓葬主人尸骨保存情况普遍较差，值得注意的是其中部分墓葬主人有明显的战死痕迹。这是否可以推测这些墓葬是聚邑人民为纪念或祭祀这些阵亡的年轻英锐的勇士呢？这可以从两点说明这种猜想的合理性。一是遗址不太可能是古战场，因为从遗址考古报告《宣汉罗家坝》的记载来看，这些墓葬主人或战死将士并不是集中在同一个时期，墓葬数量也不是奇多。二是从墓葬形制、随葬器物及青铜兵器纹饰情况来看，墓葬是刻意精心所为，并不是战场上的随殓和集体性埋葬，而且随葬主人为普通士兵的可能性不大。这从其所葬随身器物可以略窥一斑。

例如《四川宣汉罗家坝遗址 1999 年度发掘简报》中记载墓葬情况："其左臂上举，右臂和左腿残，且在右上臂处插有 6 枚不同形制

---

① 遗址出土青铜器形种类多样，根据发掘墓葬平面图、剖面图可知墓葬群并非成片规则分布，故而可以排除该遗址为群体性掩埋战死士兵的场所，一些学者和笔者都认为该遗址中有具有一定身份的贵族墓主。

② 2003 年发掘简报中记载 5 号墓葬墓主为男性，年龄约 30 岁。但在《宣汉罗家坝》考古报告中，相关记载为年龄、性别不详；在《巴蜀文字的期待》中提到 10 号墓葬墓主为女性，《川东北考古与巴文化》中提到 5 号墓主人为女性，但在《宣汉罗家坝》考古报告均无记载。因此，关于罗家坝遗址各时期墓葬主人的性别、年龄还有待进一步考证。

的箭镞，其右胸亦有 1 枚箭镞插入，明显带有战死的痕迹。"①《四川宣汉罗家坝遗址 2003 年发掘简报》同样也有这样的记载："人的左骨内有 1 枚铜镞，盆骨上有 5 枚铜镞，有明显被射杀的可能。"② 在罗家坝遗址其他墓葬中也曾出现了类似的情况。春秋战国时期的罗家坝遗址地处秦、楚、巴的交界地带，历史上也曾记载了"巴楚战争""三国灭庸""秦灭巴蜀"等故典旧史，该遗址相当一部分墓葬的墓主人为战死的巴人士兵。

但考古学者对罗家坝遗址出土器物进行了类型组合分析，从而对墓葬进行了大致的分期研究。通过研究，他们将罗家坝考古墓葬大致分为六期 8 段。他们认为罗家坝墓葬第一期的年代当在春秋晚期至战国早期，第二期年代推定在战国早期，第三期年代定在战国中期，第四期定在战国晚期，第五期定在战国末期至西汉早期，第六期定在西汉中期。即是说，罗家坝青铜器大致分布时期是在春秋晚期至西汉中期。

虽然罗家坝墓葬中出土的青铜兵器较多，但这些墓葬并不是集中在某一个时期和固定的时间点，而且从其出土文化层自新石器至东汉的文化堆积来看，此遗址并不是简单的一处大型墓葬群，而是一处文化聚邑区。按其地理位置来看，沿江背山，北有大巴山、秦岭等，水路网系发达，有中河、后江联汇，而后江一直进入万源与任河相通，北与汉水相接，东南则在城口境内与大宁河上源相接，西南则进入嘉陵江。因此，笔者推测罗家坝遗址所在的这一区域在当时可能是极为重要的军事战略要地，正因为其战略位置如此重要，居于南北和东西突进的重要地理位置，故完全可能是曾经的古战场。但从罗家坝墓葬分期及出土情况来看，其礼器、生活用器及杂器、兵器等都较为充备，因此这里又绝不仅仅是一处决战的战场。

考秦汉至三国时期的历史记载，似乎该遗址的城邑规模和地理上

---

① 陈卫东、何振华等：《四川宣汉罗家坝遗址 1999 年度发掘简报》，《四川文物》2009 年第 4 期。

② 陈卫东、陈祖军：《四川宣汉罗家坝遗址 2003 年发掘简报》，《文物》2004 年第 9 期。

的战略作用可以得到一定程度的印证。据传汉初樊哙亦曾屯兵川东，在此"明修栈道"，虽为佯攻之策，但正是因其战略地位的重要性才能迷惑对方。今天在宣汉、万源一带的前河境内百里峡（今名巴山大峡谷）夹江两岸尚存古栈道基柱孔，其境内有樊哙乡，今更名为樊哙镇。结合近代史及古代历史文献，以及小说、戏曲中的一些记载，我们确实可以推测，包括宣汉罗家坝遗址在内的川东一带在历史上具有极其重要的战略地位。

元代无名氏创作戏剧《暗度陈仓》第二折："着樊哙明修栈道，俺可暗度陈仓古道。这楚兵不知是智，必然排兵在栈道守把。俺往陈仓古道抄截，杀他个措手不及也。"[①] 明谢诏、甄伟著《东西汉演义》都有描写"遣樊哙明修栈道"的内容。从《史记》《汉书》等有关高祖王汉中的记载来看，其受张良之计在烧绝栈道之前，其时早有连通川东、汉中至西安等地的交通要道和栈道。这些栈道一方面是军事交通，另一方面由于川东及重庆巫溪一带的鱼盐之利，也是这一带修建古栈道的主要原因。

从地理位置来看，川东宣汉、万源一带正是通往汉中、湖北一带并可东下长江的重要关隘要口，而且遗址的地理位置在渠江州河上游的中河与后河交汇处，后河经马道河和二道河相连在大竹镇可与任河相通，任河北流汇入汉水。其水陆交通都极为便利和重要，沿江可与宣汉、万源境内的前江相通，前江又东向可与大宁河相接，而大宁河则南流汇入长江。州河是渠江的支流，渠江又是嘉陵江的支流，嘉陵江最后亦汇入长江。遗址所在的位置三面环水，近可控后河和中河，南下又可控州河，州河支流前河则经由明中乡（小南溪）、蓼子乡、明通镇、龙泉土家族乡，穿百里峡，向西南经渡口土家族乡、樊哙镇、土黄镇、华景镇、南坝镇向西汇入州河。其前河最上源可以追至光头山西麓，而光头山东麓则为大宁河支流龙潭河的源头，其经龙

---

① 见《古本戏曲丛刊四集》之三《脉望馆抄校本古今杂剧》四十五《暗度陈仓》，国家图书馆出版社 2016 年版。

潭河、西溪河东流与大宁河并，然后南折汇入长江。罗家坝遗址正处古代由湖北等地进入川东的水陆交通要道，由此可见其重要军事战略地位。

罗家坝遗址的军事战略地位可以从一个侧面回应其出土青铜器中兵器居多的现象。另一方面从文献记载关于其民人习俗也可略为印证。罗家坝遗址属于古代巴人的居住地，巴人尚武，史有确载。《尚书》中记载巴蜀八国之师助武王伐纣，《华阳国志》亦称"巴师勇锐"[1]。罗家坝巴人英勇精神可以说在其图腾和民俗中也有充分表现，如巴人崇虎尚歌舞，在出土剑、戈等兵器中都有虎符图饰，这些皆为其勇武的表现。巴人最具有代表性的习俗"巴渝舞"其始即与军阵宣威有莫大关系，其后进入宫廷典乐系统，仍是以干戚之舞为主体的。至明清以后逐渐失传或变易，但民间保留或自创的以"巴渝舞"为题材的歌舞，其巴人勇锐朴质仍是其主要表现风格。

此外，从颜师古注《汉书》来看，嘉陵江在秦汉时期被称为"渝水"，在嘉陵江及其支流沿岸居住的居民皆善歌舞，如《文选·蜀都赋》曾注引东汉应劭《风俗通》云："阆中有渝水，賨人左右居，锐气善舞，高祖乐其猛锐，数观其舞，后令乐府习之。"[2]其中透露了几点重要的信息：一是渝水两岸居住的賨人（巴人）勇锐善舞。而罗家坝遗址也正处嘉陵江支流州河上游，秦汉时期渠江一带包括阆中等地便主要居住着巴人的一支即賨人部落，又称板楯蛮夷。二是《风俗通》中所记的"锐气善舞，高祖乐其猛锐，数观其舞"，说明当时这些板楯蛮夷民风剽悍，又善歌舞，这种勇武的精神一方面可能靠其民俗舞蹈动作有所表现，另一方面则可能跟其佩带器物或舞仪所呈之具有关。解放初南方部分少数民族如巴人后裔苗族、土家族等尚随身携带割刀或火铳，今天部分地区仍有遗习。这些刀具可能为平时生产或自卫性工具，即兴歌舞时也可能融入舞仪。其三，高祖对此地"巴渝

---

① 常璩著，任乃强校注：《华阳国志校补图注》卷一，第4页。

② 萧统编，李善注：《文选》卷四，第180页。

舞"的态度应存在某种程度的历史追认。高祖"数观其舞"并最终引入中央典乐系统，一方面可能是对其舞蹈所表现出来的勇锐精神的感召；另一方面也可能因这种"巴渝舞"与《尚书》所记的"前歌后舞"中巴域将士率歌激舞的历史传承有关（具体可参本书第六、七章内容）。

可见在川东这片土地上居住的巴人非常勇猛，不但《尚书》《华阳国志》等称其曾助武王伐纣，既能征善战又勇猛无畏，而且从地理因素和民俗特色等方面亦可反观反证。宋元时期蒙古军队在合川钓鱼城损兵折戟，明末女将秦良玉率土兵平叛抗倭，这些尤见巴地其人物勇锐剽悍之习气既久。由此来看罗家坝出土大量青铜兵器的原因恐怕也是与其地理和民俗息息相关的。至于罗家坝是否为王城遗址，目前尚未发现有大量古城遗址，故尚不能确定。但罗家坝遗址不但出土了大量的青铜兵器，还有大量的礼器、生活用器、生产工具及各类陶器，显然应是一个大型的聚居区。从民俗和地理位置来看，巴人都有依水而居的习惯，土家吊脚楼正是这种特殊地理环境及风俗的产物。另外，罗家坝曾出土大量青铜箭镞，作为一种高消耗兵器，其生产必定具备一定的规模，所耗价值不菲。在春秋战国时期，各诸侯之间相互征伐，战争频繁，战略物资都极为重要和紧缺，箭镞等兵器所使用的青铜不可能靠大量的外采购买，也就是说当时不可能从蜀国和周边的楚国、秦国等不断地购买这些战略物资。而矿产资源是地下储备物质，并不会因为时间气候而有大的改变，虽然储量可能因开采规模和程度而相应减少，但从川东周边目前的探矿情况来看，如达州境内探明金属矿8种，有钒、锰、赤铁矿、菱铁矿、铝土矿、锶矿、镓、锗等，周边的广安也有菱铁矿、锐钛矿、铅土矿、锂铍、锗、铬等，而周边的阆中、巴中、南充、重庆等地明显藏有青铜冶炼的矿藏。也即是说罗家坝如果作为聚邑或王城，应有充分的战略后勤保障。而且青铜器具备一种特性，即当器物残损破坏后仍然能够回炉进行再次的生产，故而不会被随意弃置。

综合以上情况来看，巴人作为一支尚武的民族，骁勇善战，必然对兵器也极为重视，其在墓葬中随葬兵器也可能是尚武之习的反映。不过，从罗家坝遗址出土器物的时代、器类、形态，以及地理位置、民俗等情况来看，这一区域在当时应是极为重要的战略要地。

（二）周边考古遗址分布与聚落文化联系

当然，从另一个方面也可以探究罗家坝在战国纷争中的军事地位和重要性，这在前面关于罗家坝战略地位的叙述中已有交代，但此处仍需要从当时各国外交和军事活动，以及近代对川渝等地聚邑考古点的分布研究来略作补充说明。

首先，我们可以参考关于巴国当时的地位和军事实力的文献记载。据《春秋公羊传》载："楚人、秦人、巴人灭庸。"[1] 其时巴夹在秦、楚之间，但在双方采取军事作战时又往往联合巴国，可见其时巴是具有一定军事能力的，并不为大国所轻。《春秋》所载，多认为其春秋笔法，多寓褒贬之义，如《春秋》经对虞、晋灭夏阳的记载，显然晋为大国，而虞为小国，但经却称："虞师、晋师灭夏阳，虞，微国也，曷为序乎大国之上？使虞首恶也。"[2] 因此对《春秋》记载秦、楚、巴三国灭庸的叙事，学者也多认为应有"微义"，如汉何休在《春秋公羊经传解诂》中"使虞首恶"句下注："据楚人、巴人灭庸，不使巴首恶。"[3] 而唐徐彦对汉何休的注却进一步阐释认为巴为小国，故不首序，其云："文十六年秋楚人、秦人、巴人灭庸，是案彼经有秦人而不言之者，直取巴为小国，不序在上之意，故省文。"[4] 但显然何休注并未言巴为小国，只称不使巴首恶，可见他对秦、楚、巴三国灭庸虽有比附虞、晋灭夏阳之事，不过是对巴蜀位处秦、楚两大国之间的政治生态中抱有不得已之同情。但巴能够较长时期处于秦、楚大国之间，可见其时军事实力并不是十分弱小的。如《华阳国志》

---

① 何休：《春秋公羊经传解诂》文公第六，四部丛刊景宋建安余氏刊本。
② 何休：《春秋公羊传注疏》闵公卷第十，清嘉庆二十年南昌府学重刊宋本十三经注疏本。
③ 何休：《春秋公羊经传解诂》僖公第五，四部丛刊景宋建安余氏刊本。
④ 何休：《春秋公羊传注疏》闵公卷第十，清嘉庆二十年南昌府学重刊宋本十三经注疏本。

卷一载："巴、楚数相攻伐，故置扞关、阳关及沔关。"既然巴、楚能数相攻伐，长期处于军事对峙，可见巴国在当时的军事力量还是比较强大的。同时《华阳国志》亦称："有周之世，限以秦巴，虽奉王职，不得与春秋会盟，君长莫同书轨。"[1]显然，无论是从政治军事形势来看，还是从自然地理位置来看，巴国都有较强的实力，其北有巴山、秦岭之阻，故《华阳国志》称"其地，东至鱼复，西至僰道，北接汉中，南极黔涪。"[2]其地有秦岭、大巴山和巫山等天然险阻，这使它在大国军事外交斗争中占据有利地位。当然，事实上巴子国在当时并不弱小，不但与周边秦、楚及蜀多有战争征伐，而且继七国称王之后亦称王，可见其实力的强大。《华阳国志》称："武王既克殷，以其宗姬（封）于巴，爵之以子。古者，远国虽大，爵不过子。故吴楚及巴皆曰子。"[3]显然此言下之意乃吴、楚及巴皆为大国，称"子"不过是因其边鄙而被视为荒夷远国罢了。

其次，从今天对罗家坝周边的聚邑考古比较研究来看，也进一步说明罗家坝在巴文化区域中的重要性。罗家坝考古不仅发掘了大量的青铜器，也出土了大量石器和陶器。

罗家坝遗址的新石器时代遗存集中分布在罗家坝外坝的西南部，分布面积约1万多平方米。出土的陶片以夹细砂红褐陶为主，夹细砂

---

① 常璩著，任乃强校注：《华阳国志校补图注》，第118页。按：此处"限以秦巴"颇多歧义，未知"秦巴"是指秦、蜀之间的秦岭、大巴山之阻隔，还是指秦国、巴国？但从语义逻辑上来看，必须要明谁"虽奉王职"？谁受限于它？此章为《蜀志》之文，故此段的主语当是承前所省之"蜀"，因此应是蜀虽奉王职，蜀受"秦巴"之限，但其前文却称"有周之世"，那自然包括周初至周末整个时段，但从《水经注》及《蜀志》来看，周初之世，"巴"尚未称王建国，故不可能受秦国和巴国之限。如清陈逢衡撰《竹书纪年集证》卷四十七周显王四十六年条注云："戎称王，见《秦纪》：'秦用由余谋，伐戎王。'"巴称王，见《水经注》；"七国称王，巴亦王焉。"蜀称王于成都，《路史》谓在上古。余按：当亦在周末，时以蜀曾臣服于周，助武王出师伐纣，则是在周初必为子男小国，追称王于后，而地大不治，故司马错计伐之。朝鲜侯准称王，见《后书·东夷传》。今本《水经注》卷三十三亦载巴称王之事。可见巴建国称王亦当在周末春秋战国之世，虽然秦、巴确曾夹在蜀与中原诸侯国之间，有阻碍其与中原诸侯会盟的可能，但此处恐怕主要是叙自然地理的阻碍。当然"巴"称王之前，极可能为周初封建的子国。

② 常璩著，任乃强校注：《华阳国志校补图注》卷一，第5页。

③ 常璩著，任乃强校注：《华阳国志校补图注》卷一，第4页。

灰褐陶、夹砂灰黑陶和泥质黑皮陶次之，泥质黑陶和泥质红褐陶较少。纹饰丰富多彩，主要有绳纹（竖向、交错、平行等）、网格纹、附加堆纹、戳印纹、箅点纹、弦纹、篮纹等。陶器火候较高，近似硬陶。由此可见，罗家坝烧陶者较早就比较熟练地掌握了烧陶和温控等相关技术。其器型以平底器为主，少量圈足器主要包括折沿罐、喇叭口罐、直口罐、钵和圈足器等。出土的陶器中，折沿罐与忠县哨棚嘴遗址一期出土的花边口折沿瘦腹罐相似，亦与陕南李家村遗址60W3：2出土的罐相似。从总体上来看，罗家坝新石器时代遗存与陕南汉水上游和三峡西部地区新石器时代晚期的出土器物接近，属于一个大的文化系统。从这些出土器物和木炭的测年来看，宣汉罗家坝早期遗存的年代约在距今4500年左右①。

根据《宣汉罗家坝》出土报告，考古学者将其分别与川北地区新石器时代遗存、三峡地区新石器时代晚期遗存、川西平原宝墩文化遗存、陕南地区新石器时代遗存进行了比较，发现其间多存在一些文化的相似性和联系性。川北地区新石器时代遗存主要包括绵阳边堆山、广元中子铺、张家坡、邓家坪遗址和巴中月亮岩、通江擂鼓寨等。在这些遗存中，广元中子铺和绵阳边堆山出土了大量的细石器和以罐、钵为主的陶器，"而广元张家坡、邓家坪、通江擂鼓寨、巴中月亮岩等遗址的考古学文化面貌和特征比较相近，应是地区不同或存在时代差异的同一考古学文化系统，而这一考古学文化更多地体现了与四川盆地土著的史前文化联系。罗家坝遗址新石器时代晚期出土的喇叭口罐、折沿罐与通江的擂鼓寨遗址和巴中月亮岩遗址相似，且两处遗址的陶器在陶质、陶色、纹饰、制法、器形等方面也趋于一致，文化内涵亦基本相似。"②而与三峡地区新石器时代晚期遗存比较来看，罗家坝新石器时代文化与瞿塘峡以西地区的新石器时代文化较

① 四川省文物考古研究院、达州市文物管理所、宣汉县文物管理所编著：《宣汉罗家坝》，第26页。

② 四川省文物考古研究院、达州市文物管理所、宣汉县文物管理所编著：《宣汉罗家坝》，第27页。

为接近。虽然考古学界往往将三峡地区的遗存以瞿塘峡为界分为东西两个地区①，但一般都承认两地的新石器时代文化既有区别又有联系，这种区别可能即因为中国自然地理地势由西向东的趋低趋平所导致，这种自然地势、纬度、经度及海拔高度的变化，不但导致植物、气温、气流、雨季、旱季等自然气候的一些细微变化，也导致人们生活习惯乃至语言语音和口语的变化，在器物上也难免可能保留一些痕迹。虽然今天还缺乏将罗家坝出土新石器时代陶器与三峡东部地区新石器晚期遗存中的陶器比较，但与三峡西部地区新石器时代晚期的一部分陶器比较就已经发现其明显的联系。如《宣汉罗家坝》认为："从目前发表的资料来看，罗家坝遗址出土的大量的折沿罐、喇叭口罐、平底器等与瞿塘峡以西的哨棚嘴一期文化出土的器物较为接近，两地这一时期均流行夹砂红褐陶，纹饰以细绳纹、附加堆纹、篮纹为主，表明两地之间在新石器时代有较大的交流。"②同样与以三星堆一期、宝墩古城、郫县古城、温江鱼凫古城、都江堰市芒城古城、崇州市双河古城、紫竹古城、大邑盐店古城等为代表的川西平原宝墩文化相比，罗家坝遗址出土的折沿罐、喇叭口罐与宝墩文化的花边口绳纹深腹罐、高领罐相似③。因此考古学者认为两地文化之间存在一定联系，且两地史前文化也极为相似。而再与陕南地区新石器时代文化相比，考古学者亦认为与包括西乡李家村遗址、勉县杨寨遗址、城固县淡家嘴遗址、西乡何家湾遗址、西乡水东遗址等所代表的陕南地区新石器时代文化在内涵上较为接近，不但某些器形相近，而且纹饰上也

---

① 《宣汉罗家坝》称："从目前的考古资料来看三峡地区的新石器时代遗存以瞿塘峡为界，可分为瞿塘峡以西地区和瞿塘峡以东两个地区。两地区的新石器时代文化既有区别，又有联系，其中瞿塘峡以西地区的新石器时代文化序列为鱼复遗址—玉溪坪遗址一期—哨棚嘴二、三期文化。瞿塘峡以东地区的新石器时代文化序列为城头山文化—大溪文化—屈家岭文化—石家河文化。"（见第 27 页）

② 四川省文物考古研究院、达州市文物管理所、宣汉县文物管理所编著：《宣汉罗家坝》，第 27 页。

③ 四川省文物考古研究院、达州市文物管理所、宣汉县文物管理所编著：《宣汉罗家坝》，第 28 页。

可以看出两地文化之间的一致性①。

为什么要谈新石器时代的陶器呢？一是这些考古遗址陶器和石器等的发现可以进一步证明遗址文明的历史较早，这有助于遗址考古文化深入研究。二是离开与陶器比对研究的青铜器研究是不完整的，可能在判定某些物质文明生成源流和衍播中存在麻烦。三是陶器的携带运输较青铜器更为麻烦，而陶器的生产又远比青铜器生产要早，技术推广也更普遍，它也应为大多数聚邑区所掌握，而且从陶器器形、陶质等也更容易判断其与本地文化的迁衍属从关系。因此陶器的陶质、器形、纹饰等或许更能有助于窥测早期地域文化性质。四是从上述几方面原因来看，将青铜器考古与陶器出土情况结合研究，也更有益于对聚落文化区的分布及流迁考察。从目前的资料来看，后来青铜器文化中的青铜器器形、纹饰，大多是与该地区较早或接续的陶器文化有着某种密切联系的，如日常生活中的罐、缶、缸、尊、豆、壶、釜等器形，在青铜器中这类器形明显是受陶器中类似器形影响的。

不过青铜器在某些饰足、纹饰等方面又表现出某些青铜金属的特性，略有所发展。而且从今天中原地区及周边地区的考古发现来看，青铜器虽确实在某些方面表现出一些地域性特征，但在大多数通用器方面还是存在较多的共性和相似性特征的，较难发现它们之间的差别。当然除开一些铭文、纹饰、青铜配方比例特征，确实可以找到这些不同地区同类青铜器的差别。大多数具有地域性特征的青铜器物还是一些具有器形独特性、用类独特的器物，它们可能更能表现出地域性特征。如何看待商周时期各地青铜器的共性和特性呢？商周时期虽然各地诸侯分治，但在商王朝和周王朝统一的政治视野和版图下，各诸侯之间还是存在比较频繁的文化交流的，这必然对物质文化的发展也带来影响，表现在青铜器上就存在器物流通以及对青铜器铸造带来趋同和模拟的倾向。当然这种交流中还是可能在某些方面由于习

---

① 四川省文物考古研究院、达州市文物管理所、宣汉县文物管理所编著：《宣汉罗家坝》，第28页。

俗、信仰等原因保留某些地域性特征，比如从今天长江流域考古出土青铜器研究来看，扁足鼎在中原和南方都可以得见，但其江西新干青铜器中出现鱼形扁足鼎和虎形扁足鼎在中原地区就较少见①。这显然就是与地域性文化有密切关系的。将虎形铸入器物也表现在湖南、四川、重庆等出土青铜器中。如湖南出土虎食人卣，四川夹江亦出土虎食人卣。从两件青铜卣形制特征来看，其中应存在一定文化联系。如蛇纹青铜器不仅在四川罗家坝大量出现，在湖南出土青铜器中也大量存在，如施劲松《长江流域青铜器研究》认为："湖南出土的牺尊更加写实，夔纹、蛇纹、鳞纹、兽面纹、鸟纹、云雷纹等装饰更为繁缛，并多虎、蛇、鸟等立雕。"②同时他又表示"湖南垂腹尊上所饰的蛇纹和桑叶形纹等则不见于中原垂腹尊或其他铜器上。广西恭城也出土过类似的蛇纹尊"③，"但湖南卣上的蛙、蛇、蟠虺、圈点纹等则具有浓厚的地方特色。"④无疑这类纹饰青铜器确实应有地域性特征，从学者对长江流域的青铜器考古研究来看，长江流域早期文化是存在某种相关性联系的。从早期文献及一些注疏中可以看到，古巴地范畴其东甚至包属江西鄱阳一带。而从考古学来看，这些地域所出土的器物也确实或多或少表现出某种文化联系。如从江西、湖南、四川、重庆、陕南、广西等地出土的青铜器中的虎或蛇纹饰来看，就可以发现其内在的文化关联和区属联系。显然，蛙、蛇、蟠虺等都是巴域所处的西南山地的物象，因此这些东西在青铜器中的表现自然能反映一定程度的地方特色。而地方特色又同样存在广义与狭义之别，即所谓大地方特色与小地方特色。那么如何来认识广西恭城蛇纹尊呢？当然，广西恭城出土的蛇纹尊有可能是器物交流的原因而外来的物质文明，但至少说明这种物质文明中的一些代表性文化因素是为当地民众所接受和喜好的，因此才有可能得以保存和流传。但无论广西恭城的蛇纹

---

① 施劲松：《长江流域青铜器研究》，文物出版社 2003 年版，第 73 页。
② 施劲松：《长江流域青铜器研究》，第 132 页。
③ 施劲松：《长江流域青铜器研究》，第 132 页。
④ 施劲松：《长江流域青铜器研究》，第 134 页。

尊是否为外来之物，从自然地理的角度来看都仍是存在合理性的，恭城在广西东北部，紧邻湖南南部，为瑶族聚居地，地形仍以山地为主，与桂林、黔南山地相连缀，因此在文化上应与巴文化属于同一个大体系范畴。这也符合前文对巴文化区域界属的推定。因此它与湖南、湖北、四川、重庆等长江流域一带的山地文化保有一致或大致相同的大地方文化特色。当然为确定其更具体的地方文化特色性质，要确切考察这种器形器类是否为外来之物，恐怕最好结合当地考古遗址发现的陶器器形及陶纹研究来进一步予以判定。这就是为什么我认为青铜器研究离不开与陶器的比对研究。由上述可见，罗家坝青铜器纹饰中的虎、蛇等纹饰并非独立的个别现象，显然是与巴地其他区域文化存在某种联系和共性的。从周边聚落分布及考古情况来考察，或许对我们进一步研究罗家坝聚邑性质有着重要意义。如在长江流域青铜器考古中，我们发现一些具有共性的器类分布，如商代大口尊从长江上游到长江下游都有发现（见图 31）。如安徽阜南出土 2 件、安徽六安出土 1 件、湖南出土 2 件、三星堆出土 10 件、重庆巫山出土 1 件、城固和洋县出土 8 件、湖北枣阳出土 1 件、湖北江陵出土 3 件（另征集 1 件）。这些尊按纹饰大致分为三类：其一为虎食人尊。安徽阜南和三星堆各出土 1 件；其二为兽面纹尊；其三为云纹尊[1]。但尊这类器形在罗家坝已出土的青铜器中没有见到，而且从目前已出土的青铜器来看，绝大部分都是春秋战国时期的器物，尚未发现西周时期和商代的青铜器。当然罗家坝遗址尚有许多区域在规划发掘中。从地理方位来看，宣汉罗家坝正好位于连接南、北文化区和川西平原与长江中下游地区的重要节点和关键地区，后来的巴国在嘉陵江流域先后建有国都和王城，从罗家坝新石器时代一直到东汉时期的文化遗存堆积来看，这无疑说明罗家坝遗址在先秦巴文化区域中的重要历史地位。但这或许可以推测罗家坝在商代并未形成大型聚邑，但是应已有部族或

---

[1]　施劲松：《长江流域青铜器研究》，第 294—297 页。按：本章图 31 亦参引施劲松《长江流域青铜器研究》一书所作图例，见该书第 294 页。为标明罗家坝位置，在图中另用方形符号标示。罗家坝未见青铜尊。

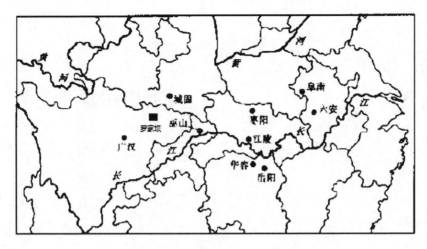

图31　大口尊出土地点示意图

民人居住，至春秋晚期才开始逐渐成为一处大型聚邑，甚至可能为巴国部族西迁所建的一处王城。这与《华阳国志》等史书中所记载的巴建国始于春秋战国时期不谋而合。巴地由于多为山地，山地之民的迁徙与平原之民略有差别，平原之民在迁徙和一般交通中是优先选择直线型路径，如果没有山、河的阻挡，这种路是捷径。而在山地则可能根据山势、地形和河谷走向开辟交通道路，因此山地之民的迁徙路径可能是发散性的，但大多数可能是沿河谷向上游或下游迁徙，如周宏伟先生所说廪君一支原居大宁河的话[①]，则其迁徙当时极有可能沿大宁河支流进入前江，溯江而至川东一带。

　　当然，这些都还有待进一步研究。下一章就对巴地移民略作探讨。

---

　　① 周宏伟：《廪君巴人夷水应为今大宁河考——兼论廪君巴人的迁徙原因》，《历史地理》（第23辑），上海人民出版社 2008 年版，第 380—399 页。

第五章

周代南夷移民考

自商末周初巴人助武王伐纣，实为周代南北移民启其端绪，其后因为各诸侯及周王室的分封、迁都、戍边、征伐、出使等活动，致令南北移民未有绝续。而从史载周公、王子朝等士卿"出奔"，以及老子隐楚、孔子适楚等情况来看，西周至春秋战国时期南夷巴、楚之地就已广泛存在南北文化交流和移民流迁情况。因为战争及其他原因，南夷既有迁出之民，亦有移入之民，南奔的士卿甚至得到楚国等诸侯国的重用而为客卿。当然，周代移民状况的考察，有利于进一步探讨中华民族共同体生成及南北文化交流史等问题。或许，这对于巴、蜀、楚等地域文化与中原文化关系的定性问题亦同样可以得到更多的启发。

移民可以说是任何一个社会形态下都存在的人类活动现象。由于周代社会农业渐趋发展，民本思想愈益强烈，移民问题也成为国家层面极为关注的社会问题。周代对中国西南地区的交通与征伐活动，也在一定程度上促成了西南移民的产生，在一定意义上这些移民活动进一步促进了西南巴、楚文化同中原文化的密切交流与融合，对中华民族共同体的形成具有极为重要的意义。

今天从纸本文献的记载可以溯及东周时期齐国人管仲著《管子》和鲁国人孟轲著《孟子》对"移民"的记载，他们大致描述了当时社会对移民问题的重视。当然依据考古学的证据，移民现象还可以推源于更早的部族和聚落迁徙。商末周初，据《尚书》《华阳国志》等载，西南夷各部落之民助武王伐纣，实已开启了中原与西南夷的广泛交流，这对周代加强西南夷的开发具有十分积极的意义。从中原与周边族属关系看，特别是与西南巴楚之地的部落民族之间的关系来看，西南巴地实际上较早便融入了与中原姬姓之民的文化交流和往来交通。这些问题既涉及移民史研究的问题，同时对于我们进一步解决历史学中"五朵金花"①的问题也具有重要的影响和作用。历史学中的民族共同体形成史研究是"五朵金花"中极为重要的课题。而通过对西南巴楚蜀之地与中原移民情况的研究，或许可以为民族共同体形成史研究找到更多的理据。

一、"蛮隶"及周代移民概况

移民是动物界和人类趋利就生的自然法则所决定的自然现象。候鸟的迁徙、物种的世界性分布与扩散都是极好的例证。由此可以证明移民现象是与人类活动所共生的，从最早的猿人、智人活动在不同的区域间迁徙流动，就形成了人类移民的活动。而文化交流与移民又是密切相关的，因此可以说从人类一开始就在人与人之间进行着文化交流活动，随着移民现象的发生，文化进一步在聚落与聚落之间、在南

---

① "五朵金花"指新中国成立之初历史学研究中所涉及的中国古史分期、封建土地所有制、资本主义萌芽、农民战争、汉民族形成等五个方面的主要问题，在翦伯赞、向达等人的争论中被首次表述为"五朵花"问题，后来赵俪生在其《谈史学研究的工作方法》一文中又将历史学研究中此五个方面的选题表述为"五朵金花"。参见张越：《"五朵金花"问题再审视》，《中国史研究》2016 年第 2 期。

北和东西区域之间发生着更为广泛和密切的联系。但人类活动中的移民除开人类就自然环境而追求趋利的自然法则之外，也有更多的社会性因素的助推，其中最主要的是政治和军事战争两大因素。

从今天的考古材料来看，商代曾不断迁都，这些政治事件都必然推动当时较大规模甚至有组织性的人口迁徙。至周代，随着南北移民现象的普遍、南北文化交流的增强，甚至出现了专门的移民管理机构，出台了相关的移民制度。

《逸周书·大聚解》曰："闻之文考，来远宾，廉近者。道别其阴阳之利，相其土地之宜、水土之便，营邑制，命之曰大聚。先诱之以四郊，王亲在之；宾大夫免列以选。"①《周礼·夏官》记载周代尚设有"怀徕远方之民"的"怀方氏"之职，所谓"怀方"即招徕远方或他国之民居于本国或为本国服务。西周徕民机构还颁定相应的措施和法令，以保证原有之民不流散，如"一曰牧，以地得民；二曰长，以贵得民；三曰师，以贤得民；四曰儒，以道得民；五曰宗，以族得民；六曰主，以利得民；七曰吏，以治得民；八曰友，以任得民；九曰薮，以富得民。"②所谓"牧""长""师""儒"都是通过行政干预和师儒教化来确保民不流迁。但同时又充分体现了"利民"的措施，故"宗""主""利""友""薮"，即谓利用宗族之亲以相保聚，得以恩洽利民，出入相友和财利共享，乃致民富裕。可见西周初年已有比较完备的徕民政策。而徕民政策是移民政策的一部分，有徕民则必有移民，即有移入则必有移出。

移民政策的完善，使西周移民成为一种十分普遍的现象。首先，战争对战俘的大量掳获成为移民的主要来源。《逸周书·世俘解》载："武王遂征四方，凡憝国九十有九国，馘魔亿有十万七千七百七十有九，俘人三亿万有二百三十。"③据《周礼·秋官·司寇》载周代曾设"司隶""蛮隶""闽隶""夷隶""貉隶"等职，这些职位基本上是因

---

① 黄怀信等：《逸周书汇校集注》，上海古籍出版社 1995 年版，第 414—416 页。

② 孙诒让：《周礼正义》卷三，中华书局 1987 年版，第 109 页。

③ 黄怀信等：《逸周书汇校集注》，第 461—462 页。

战争所致的移民的管理。其中"蛮隶""闽隶""夷隶"等职，应是对"四夷之隶"的专门管理机构，《周礼疏》卷十四"师氏"载"师氏掌以媺诏王"，并且"听治亦如之。使其属帅四夷之隶，各以其兵服守王之门外，且跸。"①贾公彦疏云："师氏中大夫之下有属官上士二人，并有府史胥徒之等。使此人帅四夷之隶，若秋官蛮隶之等，各使四夷隶以其本国之兵器及其服，以守王之门外以衞王，并使跸止行人。"②而"蛮隶""闽隶""夷隶"的对象应主要是来自南方的战俘。《周礼疏》卷三十四载："蛮隶百有二十人""闽隶百有二十人""夷隶百有二十人"。"蛮隶百有二十人"条郑玄注云："征南夷所获。""闽隶百有二十人"条郑玄注云："闽，南蛮之别。""夷隶百有二十人"条郑玄注："征东夷所获。"③当然，这只是被征于当时的司衡役员，并非所获战俘之总数。郑玄注云："凡隶众矣，此其选以为役员者，谓隶中选取善者，以为役之员数为限。其余众者以为隶民。"④由此可以证明当时有来自南方的大量战俘，这无疑对南北文化的交流也产生了重要影响和作用。

郑玄《周礼疏》所注的征获南夷的蛮隶，应主要来自西南巴楚之地。"南夷"在四夷之隶的概称中应是一个主要的方位概指。但从《后汉书·南蛮西南夷列传》中所指"南蛮"和"西南夷"地理来看，南夷之地包括了广阔的南方巴、楚之地。《墨子》卷四《兼爱》云："南为江汉、淮汝，东流之注五湖，之处以利荆楚、于越、南夷之民，此言禹之事，吾今行兼矣。"⑤似"南夷"与"荆楚""吴越"不同，然《后汉书》南蛮传云：

> 逮于周世，党众弥盛。宣王中兴，乃命方叔南伐蛮方，诗人所谓"蛮荆来威"者也。又曰："蠢尔蛮荆，大邦为仇。"明其党

---

① 郑玄注，贾公彦疏：《周礼注疏》卷十四，北京大学出版社 2000 年版，第 410、415 页。
② 郑玄注，贾公彦疏：《周礼注疏》卷十四，第 415 页。
③ 郑玄注，贾公彦疏：《周礼注疏》卷三四，第 1047 页。
④ 郑玄注，贾公彦疏：《周礼注疏》卷三四，第 1047 页。
⑤ "于越"或有作"干遂"，或有作"吴越"，或"于越"，当为吴邑，见《荀子》卷一注。

众繁多，是以抗敌诸夏也。平王东迁，蛮遂侵暴上国。晋文侯辅政，乃率蔡共侯击破之。至楚武王时，蛮与罗子共败楚师，杀其将屈瑕。庄王初立，民饥兵弱，复为所寇。楚师既振，然后乃服，自是遂属于楚。鄢陵之役，蛮与恭王合兵击晋。及吴起相悼王，南并蛮越，遂有洞庭、苍梧。秦昭王使白起伐楚，略取蛮夷，始置黔中郡。汉兴改为武陵①。

显然《周礼》中所指涉的"南夷"应包括南方巴、楚之地。《管子》卷八《小匡》称齐桓公自述功业，"西至流沙、西虞，南至吴、越、巴、牂柯、㠄、不庾、雕题、黑齿，荆夷之国，莫违寡人之命。"唐房玄龄注此六处"皆南夷之国号也。"②在《逸周书》卷七中晋孔晁注亦称"鱼复，南蛮国也。"③可见，在春秋或春秋之前，南蛮多为诸部落杂居之民，其"南夷"所指当泛包巴、楚、蜀等地。

"蛮隶"融入周代社会之后，广泛参与社会治理。如《周礼》载："（罪隶）其守王宫与其厉禁者，如蛮隶之事。蛮隶掌役校人养马。其在王宫者，执其国之兵以守王宫。在野外，则守厉禁。"④"蛮隶"与"闽隶""夷隶"等的职事并不完全相同，从其职事甚至可以见出西南巴楚之地内迁的移民极广泛地融入了西周社会，并且在迁入社会阶层中极好地发挥了长期在自然地缘环境中养成的一技之长，如《周礼》载："闽隶掌役畜养鸟而阜蕃教扰之，掌子则取隶焉。夷隶掌役牧人养马，与鸟言。其守王宫者与其守厉禁者，如蛮隶之事。貉隶掌役服不氏而养兽而教扰之，掌与兽言。其守王宫者与其守厉禁者，如蛮隶之事。"⑤

---

① 范晔著，李贤注：《后汉书》卷八六，第2830—2831页。按：《后汉书》李贤注引《左传》云："楚屈瑕伐罗及鄢，乱次以济，其水遂无汊，且不设备，罗与卢戎两军之，大败之。"其所称罗、罗子与卢戎皆为巴地部族，《华阳国志》称巴其属有"濮賨苴共奴獽蜑之蛮"，"奴"或视为"罗"，汉时复除巴人七姓赋役即有"罗朴昝鄂度夕龚"七姓（《华阳国志》卷一）；《尚书》所称庸、蜀、羌、髳、微、卢、彭、濮人即为助武王伐纣的"巴师"军队（《尚书》卷六）。

② 黎翔凤著，梁运华整理：《管子校注》卷八，中华书局2004年版，第425—426页。

③ 孔晁注：《逸周书》卷七，四部丛刊景明嘉靖二十二年本。

④ 郑玄注，贾公彦疏：《周礼注疏》卷三六，第1130页。

⑤ 郑玄注，贾公彦疏：《周礼注疏》卷三六，第1130—1132页。

"移民"一词在周代就出现了，《管子》云："不明于决塞，而欲欧众移民，犹使水逆流。……欧众移民，不知决塞，不可。"① 黎翔凤注："'欧'，'殴'之借。《汉书·食货志》：'今欧民而归之。'"② 但笔者以为，从上下文鉴之，"欧"当同"驱"，如《大戴礼·礼察》云："或导之以德教，或殴之以法令。"清王聘珍注云："导，引也。殴，谓驾驭之。"③ 而"移民"与"驱众"之义可谓并列。移民现象除开战争的驱动之外，更由于西周社会铁器的广泛使用，农业渐趋发达，人力在农业生产中的作用愈益明显，如《孟子》云："梁惠王曰：寡人之于国也，尽心焉耳矣。河内凶，则移其民于河东，移其粟于河内。河东凶亦然。察邻国之政，无如寡人之用心者。邻国之民不加少，寡人之民不加多，何也？"④ 而孟子则以战喻，赵岐注认为"王虽有移民转谷之善政，其好战残民，与邻国同，而独望民之多，何异于以五十步笑百步者乎？"⑤ 这段虽为引喻孟子王道之论，但其中所关注的一国之民的多寡，正是其统治阶级民本意识增强的表现，而其所揭示的趋利就养乃为移民保民之法，也成为移民政治生态原则。

二、西南巴地群体移民流迁及其多元成因

在西周之前，南北就已经有着密切的文化交流甚至战争移民的情况，如《吕氏春秋》卷二十《召类》载："兵所自来者久矣：尧战于丹水之浦，以服南蛮；舜却苗民，更易其俗。"⑥ 而《史记》所载，南蛮所居，即南夷之地，包括三苗之居。《史记》卷一云："放欢兜于崇山，

---

① 黎翔凤著，梁运华整理：《管子校注》卷二《七法》第六，第107页。
② 黎翔凤著，梁运华整理：《管子校注》卷二《七法》第六，第110页。
③ 王聘珍：《大戴礼记解诂》卷二，中华书局1983年版，第23页。按：四部丛刊景明袁氏嘉趣堂本《大戴礼记》、《景印文渊阁四库全书》本《大戴礼记注》、明万历刻本《历代名臣奏疏》、清犀轩孔氏所著书本《大戴礼记补注》皆作"欧"。王聘珍《大戴礼记解诂》作"殴"，即"驱"。故"欧"通"驱"。
④ 赵岐注，孙奭疏：《孟子注疏》卷一，北京大学出版社2000年版，第11页。
⑤ 赵岐注，孙奭疏：《孟子注疏》卷一，第11页。
⑥ 吕不韦著，陈奇猷校释：《吕氏春秋新校释》卷二十，第1369页。

以变南蛮；迁三苗于三危，以变西戎。"[1] 这些都是文献史料中明确记载的西南巴楚之地移民流迁情况。

《孟子》卷九载："舜避尧之子于南河之南。天下诸侯朝觐者，不之尧之子而之舜。"汉赵岐注云："南河之南，远地南夷也。"[2] 这可以说是关于中原民族或其先民较早流迁西南巴楚之地的纸本文献证明。又《史记》卷一载："授舜，则天下得其利而丹朱病；授丹朱，则天下病而丹朱得其利。尧曰：'终不以天下之病而利一人'，而卒授舜以天下。尧崩，三年之丧毕，舜让辟丹朱于南河之南。"[3] 至于"南河"的具体位置或有争论，在今天湖北房县、丹江口、谷城一带有南河，其在河南南阳、漯河市西南。《史记》注引《集解》刘熙曰："南河，九河之最在南者。""九河"或被视为禹时黄河下游九条支流的总称，然《孟子》卷五称"禹疏九河，瀹济、漯而注诸海，决汝、汉，排淮、泗而注之江，然后中国可得而食也。"[4] 或禹疏九河并非仅指黄河下游之九流，而是概指禹所疏导之众河。《楚辞》中甚至以"九河"泛指天河，如《楚辞·九歌·少司命》曰："与汝游兮九河，冲飙起兮水扬波。"唐代吕延济注曰："九河，天河也。"[5] 唐宋甚至以九河泛指黄河，如宋黄庭坚《送谢公定作竟陵主簿》诗云："落笔尘沙百马奔，剧谈风霆九河翻。"[6]

《史记》张守节正义引《括地志》云："故尧城在濮州鄄城县东北十五里"，并据称南河在今山东境内。其注云："《竹书》云：'昔尧德衰，为舜所囚也。'又有偃朱故城，在县西北十五里。《竹书》云：'舜囚尧，复偃塞丹朱，使不与父相见也。'按：濮州北临漯，大川也。河在尧都之南，故曰南河。《禹贡》'至于南河'是也。其偃朱城所居，

① 司马迁：《史记》卷一，中华书局 1959 年版，第 28 页。
② 赵岐注，孙奭疏：《孟子注疏》卷九，第 302 页。
③ 司马迁：《史记》卷一，第 30 页。
④ 赵岐注，孙奭疏：《孟子注疏》卷五，第 173 页。
⑤ 萧统编：《六臣注文选》卷三三，第 620 页。
⑥ 黄庭坚著，任渊注：《山谷内集诗注》卷四，《景印文渊阁四库全书》第 1114 册，第 70 页。

即舜让避丹朱于南河之南处也。"①然所引《竹书》两处并未言及丹朱因居尧城或山东境。显然，唐人注"南河之南"为山东境，亦与汉赵岐注"南夷"地相隔较远。《竹书纪年集证》(卷首)、《汉书补注》(卷二十八)、《少室山房笔丛》(戊部三坟补逸上)曰："后稷放丹朱于丹水。"②《方舆考证》(卷二十)、《大清一统志》(卷一百七十)、《(嘉靖)青州府志》(卷六、卷十二)、《(至元)齐乘》(卷一、卷二)等皆引《竹书》云："尧放丹朱于丹水。"丹水在什么地方呢？清王先谦《汉书补注》注《汉书·地理志》"丹水"条云："先谦曰：尧有丹水之战，以服南蛮，见《吕氏春秋》。后稷放丹朱于此，见《纪年》。秦破楚师于丹析，见《屈原传》。王陵起兵丹水以应高祖，见《高纪陵传》。《续志》《后汉》改属南阳，《一统志》：故城，今淅川县西。"③可见当时丹朱避迁南夷之境，正是巴楚旧地。此足见西南巴楚之地移民流迁之早。

从诸多的文献可以看出，传说中的尧、舜、禹及其诸臣在黄河与长江流域之间从事广泛的活动。其时可能一方面因为战争，另一方面生活尚主要受自然环境制约，故移民情况在当时较为普遍。观候鸟之迁徙，既具有地域性，也具有季节性。人文之初其当如之，后来北方游牧民族的习性便多有此类孑遗。如《诗经》所载周人史迹，其从黄河源头由北而逐渐南迁，从而渐居于中的史实，便多有上述所说的动因。这些自然的因素又往往与政治的因素相混合，从而使移民现象成为多元因素的反映。

在文献记载中的分封、迁都、戍边、征伐、出使、出奔等都可能导致移民。如《管子·治国》记舜迁都曰："故舜一徙成邑，贰徙成都，叁徙成国。"④显然，舜之世便存在不断的移民活动。如周建国之

① 司马迁：《史记》卷一，第31页。
② 参见《竹书纪年集证》卷首，清嘉庆襄露轩刻本；《汉书补注》地理志第八上汉书二十八，清光绪刻本；《少室山房笔丛》戊部三坟补逸上，清光绪刻广雅书局丛书本。
③ 王先谦：《汉书补注》地理志第八上，第674页。
④ 黎翔凤著，梁运华整理：《管子校注》卷十五，第926页。

初的古公亶父由豳迁岐，实属战争而迁都，这次迁岐明显带动了群体移民。如《史记》卷四载：

> 古公亶父复修后稷、公刘之业，积德行义，国人皆戴之。薰育戎狄攻之，欲得财物，予之。已复攻，欲得地与民。民皆怒，欲战。古公曰："有民立君，将以利之。今戎狄所为攻战，以吾地与民。民之在我，与其在彼，何异。民欲以我故战，杀人父子而君之，予不忍为。"乃与私属遂去豳，度漆、沮，逾梁山，止于岐下。豳人举国扶老携弱，尽复归古公于岐下。及他旁国闻古公仁，亦多归之。于是古公乃贬戎狄之俗，而营筑城郭室屋，而邑别居之①。

西伯文侯时又"自岐下而徙都丰"②。其再次迁都必然又一次推动群体移民。历史上周代对东都洛邑的营建也推动了移民潮流，这与今天的城市化进程是同理的。在这些大都邑的营建过程中必然会吸引四夷之民来附。

西周初年，由于巴蜀之师助周伐纣，故武王之世封姬姓之民于巴，这是西周初年巴地较大的一次移民潮流。《华阳国志》载："武王既克殷，以其宗姬（封）于巴，爵之以子。"③西周封姬于巴与其他封建活动一样，必然带动人员、物资甚至文化典籍等的流通，这无疑促成了西南夷巴、楚之地同中原的文化交流与融合。分封、迁都、戍边、征伐等可以说会明显地导致群体移民，西周初年，南方诸部落"庸蜀羌髳微卢彭濮人"助武王伐纣，在客观上促成南北人口流动，而在春秋战国之际，由于各诸侯和部落邑国相互攻伐，四夷内侵，秦国灭巴、蜀、楚等战争，也迫使南夷巴地原住居民不断南迁外徙，以及部分北方士卒流居于南方。

东周时期，中原与西南夷地区战争更为频繁，移民活动也极为普遍。如秦昭襄王二十七年（前280年），"（司马）错攻楚。赦罪人迁

---

① 司马迁：《史记》卷四，第113—114页。

② 司马迁：《史记》卷四，第118页。

③ 常璩著，任乃强校注：《华阳国志校补图注》卷一，第4页。

之南阳。……又使司马错发陇西，因蜀攻楚黔中，拔之。二十八年，大良造白起攻楚，取鄢、邓，赦罪人迁之。二十九年，大良造白起攻楚，取郢为南郡，楚王走。"①这些战争导致大量的战俘流迁，在春秋二百余年间，战争就多达五百余次②。如"庸"为今湖北房陵一带，上庸之地，属古庸国。先属古巴地，后为楚所侵凌。《史记》载："当周夷王之时，王室微，诸侯或不朝，相伐。熊渠甚得江汉间民和，乃兴兵伐庸、杨粤，至于鄂。"③《集解》杜预曰："庸，今上庸县。"《正义》："《括地志》云：'房州竹山县，本汉上庸县，古之庸国。昔周武王伐纣，庸蛮在焉。'"④结合《华阳国志》将《尚书》所载"庸蜀羌髳微卢彭濮"人概为"巴师"，此足证庸濮等族属皆属南夷巴地无疑。

在西南巴地广阔的地域内，其部族之间亦经常互相攻伐，这些部族间的内部斗争也促成了西南巴地频繁的移民现象。古"苴"国属南方巴地的一个部落族属，《华阳国志》卷一载巴"其属有濮、賨、苴、共、奴、獽、夷、蜑之蛮"⑤。《史记》卷七十载"苴蜀相攻击"⑥，张守节正义曰：《华阳国志》云：'昔蜀王封其弟于汉中，号曰苴侯，因命之邑曰葭萌。苴侯与巴王为好，巴与蜀为仇，故蜀王怒，伐苴。苴奔巴，求救于秦。秦遣张仪从子午道伐蜀。（蜀）王自葭萌御之，败绩，走至武阳，为秦军所害。秦遂灭蜀，因取苴与巴焉。'"⑦《华阳国志》卷一载："周慎王五年，蜀王伐苴，苴侯奔巴。巴为求救于秦。秦惠文王遣张仪、司马错救苴、巴。遂伐蜀，灭之。仪贪巴、苴之富，因

---

① 司马迁：《史记》卷五，第213页。

② 王谨《周代移民对政治制度的影响》认为："春秋242年当中，战争就有483次。每次大的战争中都有大量的兵士被俘，一次攻城略地又有大量的平民被掳。"（《山西师大学报》2000年第3期）

③ 司马迁：《史记》卷四十，第1692页。

④ 司马迁：《史记》卷四十，第1692页。

⑤ 常璩著，任乃强校注：《华阳国志校补图注》卷一，第5页。

⑥ 司马迁：《史记》卷七十，第2281页。

⑦ 司马迁：《史记》卷七十，第2281—2282页。按：今本《华阳国志》卷三云："蜀王别封弟葭萌于汉中，号苴侯。命其邑曰葭萌焉。苴侯与巴王为好。巴与蜀仇，故蜀王怒，伐苴。苴侯奔巴。巴为求救于秦。秦惠王方欲谋楚……"（任乃强校注：《华阳国志校补图注》卷三，第126页。）

取巴，执王以归。置巴、蜀及汉中郡。分其地为四十一县。"①亶侯奔巴显然是因为战争，这种内部族属之间的斗争也导致了国灭民迁。特别是秦与巴、蜀、楚之间的战争以及吴、楚之间的战争，都带来了大量南迁的移民。

从整个周代历史来看，西周初年的封巴封楚就开始了向西南夷地区的移民活动。这种移民活动在性质上是拓疆开土、藩屏宗周，但又带动文化的交流和民族共同体的建构。巴氏与楚之熊氏皆为姬姓，所谓姬姓之民当与周同姓，其民被分迁南方巴地，这无疑可以印证西南地区较早就与中原部族有着密切的关系，无论是从共同语言、共同地域、共同经济生活、共同文化心理等视角进行的"民族"特征认构，还是从血缘宗族溯源来看，这一时期都为民族共同体的形成奠定了坚实的基础②。翦伯赞《历史哲学教程》就申论称"汉族的历史在其发展过程中，一贯的就与其国内各民族有着密切的关系。这些关系，不但改变中国史的本身，也改变世界史"③。那么"巴"与汉族的关系是什么呢？"巴"并不是真正意义上的民族，巴虽然建过国，素有"巴国"或"巴人"之称，但正如中原之地亦曾封建秦、魏、晋等诸多诸侯国，其并不足以成为"民族"，它们都只是汉民族共同体中的成员。因此本文所称巴、楚之地的移民情况，并非指巴国或楚国状态下的移民情况，而是指地理意义上西南夷地区的移民变迁。

"巴"在西周初年作为地域范畴，其地理是极广的，《尚书》中称助武王伐纣之师实有"庸、蜀、羌、髳、微、卢、彭、濮人"④，孔颖达疏《尚书》称此乃八国之师，此八国实皆巴地八个部落。在《华阳国志·巴志》中就明确指巴地其属有"濮、賨、苴、共、奴、獽、

---

① 常璩著，任乃强校注：《华阳国志校补图注》卷一，第11页。

② 范文澜《试论中国自秦汉时成为统一国家的原因》（《历史研究》1954年第3期）即从上述四个特征的理论框架进行论证，认为汉民族形成于秦汉时期。汉民族问题与民族共同体形成有着密切关系。

③ 翦伯赞：《历史哲学教程》，北京大学出版社1990年版，第61页。

④ 孔安国传，孔颖达疏：《尚书正义》卷十一，北京大学出版社2000年版，第336页。

夷、蜑之蛮"①，此亦八姓之属或八个部落之民。虽然在《尚书》中未有直接称有巴人参与武王伐纣，但在《华阳国志》中称助武王伐纣之军谓"巴师勇锐"②。这证明"巴"所指包括了《尚书》所谓"庸蜀羌髳微卢彭濮人"，即八国之师。那么"巴"明显是就地域意义上而论的，"巴"指西南山地广大的地区，属山地文化圈层。就文化形态而言，楚文化同属山地文化，与巴文化有着密切的相似性。而且西周初年"宗姬于巴"乃在武王之世，而封楚则在成王时期，据文献所载当时封楚于丹阳。而湖北丹阳正为历史上所谓的"江北诸姬"之地，实属古巴地，与巴地庸、濮等国也相距较近。在历史上有许多关于诸侯或公卿奔巴、楚的记载，其出奔情况实际上反映了当时移民的侧影。虽然他们选择出奔西南夷地的动因或许比较复杂，但至少在客观上他们可能认为西南夷地相对来说是比较安全的出奔地选择，一是可能多山地阻隔，难以兴兵追讨；二是可能两地有着比较相近的文化认同，便于交流与生活。

不过，出使或出奔则多属个体移民现象。"出使"有负使而留居者，则可能成为当地之移民，而"出奔"的情况更多因为政治迫害或罪祸等原因，这种"出奔"实际上也成为"移民"产生的重要来源。

三、士卿"奔楚"与个体移民现象

在春秋战国之际，诸侯国之间士卿的出奔情况最为频繁。虽然除开战国晚期苴侯奔巴的记载外，别无奔巴或奔蜀的文献记录，但《吕氏春秋》《春秋左传》及《史记》中却有多处记士卿"奔楚"的记载。而且"适秦楚"应是一种普遍现象，《韩诗外传》云："田子方曰：吾闻以天下骄人而亡者有矣，以一国骄人而亡者有矣。由此观之，则贫贱可以骄人矣。夫志不得，则授履而适秦、楚耳。"③可见在当时士卿

---

① 常璩著，任乃强校注：《华阳国志校补图注》卷一，第5页。

② 常璩著，任乃强校注：《华阳国志校补图注》卷一，第4页。

③ 韩婴著，许维遹校释：《韩诗外传集释》卷九，中华书局1980年版，第325—326页。

往仕秦楚者较多，另一方面则可能说明秦楚比较注重人才吸纳。

《国语》卷十六《郑语》载："叔熊逃难于濮而蛮，季紃是立，薳氏将起之，祸又不克。"① 其注云："濮，蛮邑。薳氏，楚大夫。熊霜之世，叔熊逃奔濮而从蛮俗。熊霜死，国人立季紃，薳氏将起叔熊立之，又有祸难而不能立也。"② 按《尚书》和《华阳国志》所载，"濮"为南夷巴地，"濮"与"楚"相距较近，其近邻之国因政治的原因多有避祸而迁居者，"熊霜之世，叔熊逃奔濮而从蛮俗"③ 便是其例。

从史料记载来看，这种南奔的事例并非个案。这恐怕与上述所说西南山地的自然环境是密切相关的。早在古公亶父时代，其二子太伯、虞仲亡荆蛮④，便可谓政治原因而出奔南夷吴越荆楚之地。其后管、蔡叛周，蔡叔遭流放⑤，其流放之地必于僻远之野。周初，周公亦遭谗奔楚，《史记》卷三十载："初，成王少时，病，周公乃自揃其蚤沈之河，以祝于神曰：'王少未有识，奸神命者乃旦也。'亦藏其策于府。成王病有瘳。及成王用事，人或谮周公，周公奔楚。"⑥ 又《春秋左传正义》载《经》云："冬十月，天王入于成周。尹氏、召伯、毛伯以王子朝奔楚。"⑦ 又《左传·昭二十六年》传曰："召伯盈逐王子朝，王子朝及召氏之族、毛伯得、尹氏固、南宫嚚奉周之典籍以奔楚。"⑧ 此次王子朝奔楚，非一人奔，明显带有群体移民的现象，《春秋左传正义》注曰："尹、召族奔，非一人，故言氏。"⑨

此外，据史传，还有晋伯州犁奔楚，被任为太宰。老子与孔子

---

① 徐元诰著，王树民等点校：《国语集解》卷十六，中华书局 2002 年版，第 464—465 页。

② 徐元诰著，王树民等点校：《国语集解》卷十六，第 465 页。

③ 董增龄：《国语正义》卷十六，清光绪章氏训堂刻本。

④ 司马迁：《史记》卷四，第 115 页。其载："古公曰：'我世当有兴者，其在昌乎？'长子太伯、虞仲知古公欲立季历以传昌，乃二人亡如荆蛮，文身断发，以让季历。"

⑤ 《史记》卷四载："周公奉成王命，伐诛武庚、管叔，放蔡叔。以微子开代殷后，国于宋。"（第 132 页）

⑥ 司马迁：《史记》卷三三，第 1520 页。

⑦ 左丘明传，杜预注，孔颖达正义：《春秋左传正义》卷五二，北京大学出版社 2000 年版，第 1687 页。

⑧ 左丘明传，杜预注，孔颖达正义：《春秋左传正义》卷五二，第 1694 页。

⑨ 左丘明传，杜预注，孔颖达正义：《春秋左传正义》卷五二，第 1687 页。

亦曾适楚。《史记·老子韩非列传》云:"老子者,楚苦县厉乡曲仁里
人也,姓李氏,名耳,字聃,周守藏室之史也。"①同卷又称"老子修
道德,其学以自隐无名为务。居周久之,见周之衰,乃遂去。至关,
关令尹喜曰:'子将隐矣,强为我著书。'于是老子乃著书上下篇,言
道德之意五千余言而去,莫知其所终。"②"或曰儋即老子,或曰非也,
世莫知其然否。老子,隐君子也。"③司马贞《索隐》曰:"藏室史,周
藏书室之史也。又《张苍传》'老子为柱下史',盖即藏室之柱下,
因以为官名。"④从所记来看,老子似为楚人,曾从楚地至周于周王朝
入仕任职。但清人汪中《老子考异》否定此说,对其由楚入周颇有质
疑。钱穆先生亦认为"汪氏疑楚人隐者不为周史,是也。"⑤因此有学
者认为"那就是老聃乃周人,是在本地入仕。"⑥虽然他们推测与理由
都还有待商榷,但无论老子是周人还是楚人,从历史文献的记载来
看,老子由周入楚,最后隐居于楚却无疑问。《括地志》载:"苦县在
亳州谷阳县界,有老子宅及庙,庙中有九井尚存。"⑦显然老子由周入
楚是带有移民性质的。老子与孔子等人适楚,以及王子朝奔楚,对南
方文化的繁荣与传播是有着积极意义的。

鲁昭公二十六年(前516年)王子朝奔楚,其时不但有周王朝一
大批高官及其家族成员相随,而且把许多周王室所藏的典籍带入了南
方。清人惠栋曾评论称:

> 周之典籍,尽在楚矣。三坟、五典、八索、九丘,左史倚

---

① 司马迁:《史记》卷六三,第2139页。

② 司马迁:《史记》卷六三,第2141页。按:古以老子所至之关,或视之为函谷关,或以
为散关(见司马贞《索隐》,《史记》卷六三,第2141页)。李炳海引黄瑞云先生质疑,认为"令
尹"是楚官名,中原关隘的守吏不得称为令尹,由此认为"老子所经过的关隘不是函谷关,也不
是散关,而是属于楚国管辖的关隘。"(见李炳海:《孔子赴周学礼、老子由周入楚考辨——兼论
孔、老之间的交往及传说》,《山西大学学报》2012年第3期)。

③ 司马迁:《史记》卷六三,第2142页。

④ 司马迁:《史记》卷六三,第2140页。

⑤ 钱穆:《先秦诸子系年》,商务印书馆2005年版,第7页。

⑥ 李炳海:《孔子赴周学礼、老子由周入楚考辨——兼论孔、老之间的交往及传说》,《山
西大学学报》2012年第3期。

⑦ 李泰等著,贺次君辑校:《括地志辑校》,中华书局1980年版,第137页。

相、观射父读之。而楚《梼杌》之书，颇可观。《周语》采之，流及屈、宋，而楚骚比于周《雅》，书之益人如是①。

显然王子朝此次"奔楚"对南方文化具有重要意义。孔子适周问礼在昭公二十四年（前518年），即王子朝奔楚前二年②。孔子亦有适楚的记载，按《庄子》所载孔子年五十一，南见老聃，是为定公九年（前501年）。此次适楚或许正是《韩诗外传》所记孔子适楚的经历。孔子此次适楚虽非以移民身份，但他对南方文化的考察却颇有意义。

从《韩诗外传》所记孔子适楚，可以窥见当时南北文化之交流已十分密切。《韩诗外传》云：

> 孔子南游适楚，至于阿谷之隧，有处子佩璜而浣者。孔子曰："彼妇人其可与言矣乎？"抽觞以授子贡，曰："善为之辞，以观其语。"子贡曰："吾北鄙之人也，将南之楚。逢天之暑，思心潭潭，愿乞一饮，以表我心。"妇人对曰："阿谷之隧，隐曲之氾，其水载清载浊，流而趋海，欲饮则饮，何问于婢子！"受子贡觞，迎流而挹之，奂然而弃之，从流而挹之，奂然而溢之，坐置之沙上。曰："礼固不亲授。"子贡以告。孔子曰："丘知之矣。"抽琴去其轸，以授子贡曰："善为之辞，以观其语。"子贡曰："向子之言，穆如清风，不悖我语，和畅我心。于此有琴而无轸，愿借子以调其音。"妇人对曰："吾野鄙之人也，僻陋而无心，五音不知，安能调琴？"子贡以告。孔子曰："丘知之矣。"抽絺纮五两以授子贡，曰："善为之辞，以观其语。"子贡曰："吾北鄙之人也，将南之楚。于此有絺纮五两，吾不敢以当子身，敢置之水

---

① 洪亮吉：《春秋左传诂》卷十八，中华书局 1987 年版，第 777 页。

② 据清人阎若璩《四书释地续》云："《孔子世家》载适周问礼于老子，在昭公之二十年，而孔子年三十。《庄子》云：孔子年五十一，南见老聃，是为定公九年。《水经注》云：孔子年十七适周，是为昭公七年。《索隐》谓：孟僖子卒，南宫敬叔始事孔子，实敬叔言于鲁君，而得适周，则又为昭公之二十四年。是四说者宜何从？余曰：其昭公二十四年乎？盖《曾子问》孔子曰：昔者吾从老聃助葬于巷党，及堩，日有食之。惟昭公二十四年夏五月乙未朔，日有食之，亦恰入食限，此即孔子从老聃问礼时也。他若昭二十年，定九年，皆不日食。昭七年，虽日食，亦恰入食限，而敬叔尚未从孔子游，何由适周？"（阎若璩：《四书释地续》，上海书店 1988 年影印《清经解》卷二十一）

浦。"妇人对曰："行客之人，嗟然永久，分其资财，弃之野鄙。吾年甚少，何敢受子？子不早去，今窃有狂夫守之者矣。"《诗》曰："南有乔木，不可休思，汉有游女，不可求思。"此之谓也①。

此段所谓"北鄙"谦称及"南之楚"等语，或暗示孔子所行之径尚未达及楚地，极有可能在中原"北鄙"与楚之间，那么这个地方是何地呢？从孔子所游来看，若从秦晋之楚，则可能经历巴地，若从邹鲁之楚，则可能跨涉吴地，然其末以证《诗经》之"南有乔木""汉有游女"，则显然指江汉之域，故此女为巴地妇人较确。而且唐郭圆《咏韦皋》诗云："宣父从周又适秦，昔贤谁少出风尘。当时甚讶张延赏，不识韦皋是贵人。"②唐人郭圆曾于会昌中在剑南任职，其称仲尼"从周又适秦"当有所据，其时间与先于昭公二十四年（前518年）适周问礼，而后于定公九年适楚不悖。故史称孔子"适楚"，其"适楚"之路径或当经过巴地。

此外，"奔楚"说并不一定是指投奔楚国，而可能是指投奔楚地。从史载来看，所谓"奔楚"者皆为后人史叙之笔。如汉代司马迁作《史记》称周公奔楚者，其所指"楚"可能一方面含有汉时楚地的地域范围；另一方面，从西周初年的地理考察，"楚"当南方巴地之属，至汉概以"楚"称楚及巴东一带旧地，而以"蜀"指巴以西之地。故周公所奔绝非楚国，《习学记言》云："周公奔楚，是时楚未有国，公奚之焉？《诗》《书》以为居东，而异说以为南奔。推此类，则亦当时史法不备之故。自迁、固为史，其高者固不尽知，而卑者差弗误尔。"③其次，即便指楚国，当时成王之时楚乃新封，楚所辖居不过在丹阳附近之域，因此周公所奔之地亦当在今湖北丹阳一带，此地无论是从地域概念还是国属形态来看，后来皆主要归属巴地，绝大部分时间为巴国所辖。再者，如果从追叙的角度来看，司马迁称周公奔

---

① 韩婴著，许维遹校释：《韩诗外传集释》卷一，第2—5页。

② 彭定求等编：《全唐诗》卷五百四十七，《景印文渊阁四库全书》本。按：《菊坡丛话》卷十一、《太平广记》卷一百七十知人二、《唐诗纪事》卷五十九、《云溪友议》卷中皆引此诗。

③ 叶适：《习学记言》卷十九，《景印文渊阁四库全书》第849册，第495—496页。

"楚"乃是后来楚国之境，即要远涉江汉之南，则周公所奔之路径亦必经巴地。西周初年都邑在西安，其南奔楚地，南有秦岭、汉江、大巴山险阻隔绝，西安属关内，楚地亦属关外之地，唯有巴地跨关内与关外，其以水路经汉江或以陆路出"关塞"，都必经巴地旧境，故"奔楚"实亦"奔巴"。

不过，《韩诗外传》所引这段文辞却反映了几个方面的内容：一是巴地的文化状况已与中原似无二致，连阿谷僻野之人尚知礼仪，其文化广深可知。二是孔子与弟子南游适楚，其民人流迁情况之经常。显然南国女子已完全谨守礼仪，知礼达义，可以说与传统中原文化中所宣扬的绝无稍异，这从侧面反映了南北文化交流的频繁。甚至可以说，这一时期已经完全建构起共同的文化心理了。

四、西南巴楚之地的"客卿"制度

周代移民的广泛，使南北文化交流极为频繁，这不但从《清华简》《上博简》等大量反映中原文化的战国楚竹简可以得到印证，而且《诗经》十五国风也有对南北诸部落民族生活的反映。《诗经》中的《周南》《召南》极大部分反映南方民族生活情形。此外，士卿的南奔，一方面促进南北文化的交流，另一方面也使南夷各诸侯国的客卿制度更为完善。南方巴楚之地诸侯国的"客卿"现象也在一定程度上反映了南方移民的情况。

西周时期，可能由于王朝统治的权力尚未衰落，虽然方国之间也有"客卿"现象的存在，但尚未形成成熟的礼聘制度。《辞源》虽称客卿为"秦官名"①，但就实际情况而论，西周初年姜尚为西伯侯所礼聘，实亦为客卿。因此客卿可谓有广、狭之义。《辞海》定义："古指在本国为官的外国人。"②马非百《秦集史》称："至广义之客卿，则不

---

① 《辞源》，商务印书馆 1980 年版，第 831 页。《辞源》又释"客卿"："秦官名。请别国的人在本国做官，位为卿，而以客礼待之，故称客卿。"

② 《辞海》，上海辞书出版社 1979 年版，第 2337 页；缩印本 1979 年版，第 1021 页。

限于有无拜为客卿之事实，举凡诸侯之人不产于秦而来仕于秦者，皆得名之曰客卿。"①但客卿显然并非秦国所特有，童书业称："晋用异姓及客卿多"②，其将春秋时期晋国任用异国人亦视为"客卿"。"客卿不仅存在于秦国，东方诸侯国如齐、燕、赵、韩也有客卿。"③而且春秋时期，客卿已渐成为普遍的现象，孟繁峰称："考稽史实，春秋时期'客卿'的任用非但不是个别国家有之，亦非秦穆公所创始。就是东方各大国用异国人为官亦均早于单、巩两个小国。"④这些国家的客卿不乏由南及北的士卿。当然南方诸侯也有纳客卿的，虽然关于巴、蜀的客卿记载较少，但楚国的客卿尚在历史中多有记载，如在屈原时代，张仪就曾至楚作客卿。

关于南夷楚国的客卿在《左传》中略有记载。《左传·哀十七年》载（楚太师）子谷曰："观丁父，鄀俘也，（楚）武王以为军率，是以克州、蓼，服随、唐，大启群蛮。彭仲爽，申俘也，（楚）文王以为令尹，实县申、息，朝陈、蔡，封畛于汝。唯其任也，何贱之有？"⑤又《左传·成十五年》载："晋三郤害伯宗，谮而杀之，及栾弗忌。伯州犁奔楚。"伯州犁奔楚之后为楚共王任为太宰，事见《左传·成十六年》"子重使太宰伯州犁侍于王后。"⑥又《左传·襄十九年》记郑子革奔楚，楚用其为右尹。此类实皆为楚所用之客卿。

据罗运环等考察，春秋战国时楚国的客卿可考者有20人，分别是观丁父、彭仲爽、伯州犁、子革（又名然丹、郑丹）、针宜咎、申鲜虞、却宛、田基、管修、吴起、庄𫏋、陈轸、张仪、荀况、李园、

---

① 马非百：《秦集史》，中华书局1982年版，第941—942页。

② 童书业：《春秋左传研究》，上海人民出版社1980年版，第62页。又：郭沫若认为春秋有客卿执政。参见《中国史稿》（第一册），人民出版社1977年版，第355页。

③ 王玉喜：《早期客卿考论》，《东岳论丛》2014年第2期。

④ 孟繁峰：《论客卿》，《史学集刊》1987年第3期。按：《左传·昭七年》："单献公弃亲用羁"；《左传·定二年》："巩氏之群子弟贼简公。"以上二条皆被视为单献公、巩简公起用异国人。

⑤ 左丘明传，杜预注，孔颖达正义：《春秋左传正义》卷六十，第1954页。

⑥ 左丘明传，杜预注，孔颖达正义：《春秋左传正义》卷二八，第894页。按：《春秋左传正义》注曰："州犁，晋伯宗子，前年奔楚。"

廉颇、江乙、施氏之子、杜赫、齐明①。这些士卿分别来自都、申、郑、齐、晋、陈、鲁、卫、赵、魏、越等国。职官分别有令尹（掌朝廷军政大权）、左右尹（令尹的副职）、太宰（王宫事务总管）、葳尹（掌谏议）、军率（即军帅，军队出征时由楚王所任命的统帅）、名誉司马（专掌军事，仅次于令尹）、将（楚武官名）、军正（掌军中执法）、郡守、县尹和县令。另外还有任为"楚谋臣"或"楚臣"者，具体官职不详。可见，客卿在楚得到了充分的重用。

楚国的客卿选拔是相对完善的，有选拔、任用、爵禄、封邑等一套完整的制度。《左传·宣公十二年》载楚人选官云："其君之举也，内姓选于亲，外姓选于旧，举不失德，赏不失劳。"②这一制度不仅表现在国内选官体制中，对外来世族旧官的客卿选拔也基本上遵循这一总的原则。《春秋》及《左传》所载"奔楚"约有20余起，不计随从，约记有50人，然明确记载任用为客卿者有17人③。罗运环认为这证明了春秋时期楚国"举不失德"的客卿制度。至战国，楚国任用了吴起、陈轸、荀况、李园这类游士，开始重视"举贤"与"忠君"的选拔原则。屈原《离骚》即谓"举贤而授能兮，循绳墨而不颇"。荀子亦称"欲立功名，则莫若尚贤使能矣"④。吴起素有声名，"楚悼王素闻起贤，至则相楚"⑤。而且，楚国广开门径，便于招贤，通过召聘与荐举，选拔客卿和国内贤才。如康王时召申鲜虞为楚右尹，幽王时召廉颇为楚将，昭王时"使人聘孔子"⑥，威王时，使往聘庄子于濮水。同时广开游说门庭，如吴起、陈轸、张仪、荀卿等便以此而居位于客卿。当然通过亲属关系或举荐也是可以得到任用的，如李园即因女弟所贵而得楚考烈王重用。这些客卿在楚还有封爵、邑者，如楚成王

---

① 参见罗运环：《论楚国的客卿制度》，《武汉大学学报》1990年第3期。

② 左丘明传，杜预注，孔颖达正义：《春秋左传正义》卷二三，第638页。

③ 参见罗运环：《论楚国的客卿制度》，《武汉大学学报》1990年第3期。

④ 王先谦：《荀子集解》卷五，中华书局1988年版，第153页。

⑤ 司马迁：《史记》卷六十五，第2168页。

⑥ 司马迁：《史记》卷四十七，第1930页。

三十八年（前634年），齐桓公之子七人奔楚，楚尽以为大夫①。大夫为爵称。庄舄在楚任职，爵位为执珪，其爵级较高。楚昭王四年（前512年）吴国公子掩余、烛庸奔楚，"楚子（王）大封，而定其徙，使监马尹大心逆吴公子，使居养"，并"取于城父与胡田以与之"②。《左传·宣公十二年》甚至载楚"旅有施舍"之制，对移民楚地羁旅之臣概以布惠，使不困乏。正唯如此，才使楚国曾一度成为与秦、齐相并的强国。

春秋战国时期的"客卿制"在一定程度上反映了周代移民的情况，"客卿制"的出现可以说明，至战国时期中原与诸侯国之间相互移民流迁成为当时普遍的社会现象。其间的社会驱动因素更多的是政治经济要素，正如何兹全《秦汉史略》云："当时，东方各国虽然都是秦国敌国，但在这些国家内，代表新的商人贵族阶级的进步势力，却无不以为秦国政府是代表他们利益的政府，各国有才能的人……无不跑到秦国来找出路，帮助秦国完成统一的工作。"③楚国亦有问鼎中原之雄心，其招纳移民，任用客卿，亦出其当时之势然。由此推之，西南诸国或皆有移民流迁，如战国时"市"渐发达，商贸辐辏。如《史记·货殖列传》载："及秦文、德、缪居雍，隙陇蜀之货物而多贾。献公徙栎邑，栎邑北却戎翟，东通三晋，亦多大贾……长安诸陵，四方辐辏并至而会，地小人众，故其民益玩巧而事末也。"④显然，当时秦帝国都咸阳与巴蜀相交，"栈道千里，无所不通，唯褒斜绾毂其口，以所多易所鲜。"⑤如秦始皇时南方巴寡妇清就以富而名显天下⑥。显然"互市"也促成南北移民。此外，南方诸夷更由于特殊的山地，亦便于有罪者隐匿，而且南方由于特殊的气候，其种植与出产更富，个体移民在周代亦恐十分普遍。

---

① 杨伯峻编著：《春秋左传注》（修订本）（二），中华书局2016年版，第483页。

② 杨伯峻编著：《春秋左传注》（修订本）（五），中华书局2016年版，第1678页。

③ 何兹全：《秦汉史略》，上海人民出版社1955年版，第5页。

④ 司马迁：《史记》卷一二九，第3261页。

⑤ 司马迁：《史记》卷一二九，第3261—3262页。

⑥ 司马迁：《史记》卷一二九，第3260页。

自西周初年姜尚为西伯侯礼聘，其后又受封于齐，这种个体移民现象在周代已实属十分普遍的现象。当然个体移民的叠加可能导致群体移民现象的产生。姜尚封齐、周公封鲁，以及周初封姬姓之民于巴、封熊氏于楚，这种看似个体移民，但在宗法家族制的社会结构体系中，又必然带动整个部落或家族的随迁，推动群体移民的出现。从这种移民现象的结果来看，特别是周代西南巴楚之地的南北交互移民情况，对我们研究先秦巴、楚文化与中原文化及周边之族属文化交流与关系是十分重要的，或许对于打破某些民族界限，更为客观地考察民族共同体形成等问题能给予更广阔的视野。

（本章发表在《管子学刊》2017 年第 3 期，文字略有改动）

第 六 章

《尚书传》"前歌后舞"证疑

　　《尚书大传》记武王伐纣三军鼓讻噪,"前歌后舞",参与此役者有"庸、蜀、羌、髳、微、卢、彭、濮人"。《华阳国志·巴志》谓"巴师勇锐,歌舞以凌殷人,殷人倒戈。故世称之曰,'武王伐纣,前歌后舞'也。"①明清以来,多有学人将武王伐纣"前歌后舞"视为巴賨人所跳的"巴渝舞"。事实是否如此,这种解读是否符合常璩《华阳国志·巴志》的本意呢?这一问题涉及对相关《经》《传》及《华阳国志·巴志》文本等的梳理与解读,兹对《华阳国志·巴志》所载"前歌后舞"史实及本质略作辨证。

　　《华阳国志·巴志》载:"周武王伐纣,实得巴蜀之师,著乎《尚书》。巴师勇锐,歌舞以凌殷人,殷人倒戈。故世称

---

① 常璩著,任乃强校注:《华阳国志校补图注》卷一,第4页。

之曰，'武王伐纣，前歌后舞'也。"[1] 学者乃推而衍之，认为"前歌后舞"乃形容巴师勇锐的情形。如唐李吉甫撰《元和郡县志》卷三十三谓："武王伐殷，巴人助焉，其人勇锐，歌舞以凌殷郊，后封为巴子。"[2] 其后明清人多承其说，如明陈禹谟《骈志》卷十六、曹学佺《蜀中广记》卷一百一、清曹抡彬撰《(乾隆) 雅州府志》卷十、清陈逢衡撰《竹书纪年集证》卷二十二、清陈乔枞撰《今文尚书经说考》卷十一、清黄廷桂撰《(雍正) 四川通志》卷二十二、清李锴撰《尚史》卷五、清马骕撰《绎史》卷二十、清王鸣盛撰《尚书后案》卷十、张尚瑗撰《左传折诸》卷二、郑珍撰《(道光) 遵义府志》卷三十九等皆引《华阳国志》之说，或作"巴师勇锐，歌舞以凌"，或作"巴蜀勇锐，歌舞以凌"，或作"巴师歌舞以凌"。明曹学佺撰《蜀中广记》卷一百一谓："《华阳国志》：巴渝人助武王伐纣，前歌后舞，及为汉前锋陷阵，锐气喜舞，帝善之，令乐人习学之，今所谓'巴渝舞'也。"[3] 这些在解读《华阳国志》之文时，皆认为"前歌后舞"乃为巴师所为，其所陈歌舞，即为后世所谓"巴渝舞"之源。

一、巴人助周与"著乎《尚书》"

晋常璩《华阳国志》谓："周武王伐纣，实得巴蜀之师，著乎《尚书》"[4]。然考《尚书》，并无明文称巴蜀之师助周伐纣，不过据《牧誓》之文考定有巴蜀之师参与其役。《尚书·牧誓》云："时甲子昧爽，王朝至于商郊牧野，乃誓。王左杖黄钺，右秉白旄以麾，曰：

---

① 常璩著，任乃强校注：《华阳国志校补图注》卷一，第4页。然疑此句标点有误，任乃强注："旧各本不重殷人字，即无法句读。王本以'殷人倒戈'为句。则上句无宾词。慰本用《武成》文，补'前徒'二字。亦句无主语。必作'殷前徒'乃可。兹重'殷人'二字。意乃是矣。"刘琳校注《华阳国志校注》作"歌舞以凌殷人，前徒倒戈"，然其注"别本皆作'歌舞以凌，殷人倒戈'，无'前徒'二字，疑顾氏所增。"按：当以"歌舞以凌，殷人倒戈"为是。

② 李吉甫著，贺次君点校：《元和郡县图志》卷三十三，中华书局1983年版，第853页。

③ 曹学佺：《蜀中广记》卷一百一，《景印文渊阁四库全书》第592册，第623页。

④ 常璩著，任乃强校注：《华阳国志校补图注》卷一，第4页。

‘逖矣，西土之人！’王曰：‘嗟！我友邦冢君，御事司徒、司马、司空、亚旅、师氏、千夫长、百夫长，及庸、蜀、羌、髳、微、卢、彭、濮人。称尔戈，比尔干，立尔矛，予其誓。’”①《尚书》孔安国传："八国皆蛮夷戎狄属文王者国名。羌在西蜀叟，髳、微在巴蜀，卢、彭在西北，庸、濮在江汉之南。"②武王伐纣之时，尚未封建巴子国，故无"巴"之称。髳、微等族皆属巴地，故《华阳国志·巴志》称巴蜀之民参与伐纣之役。

从《华阳国志·巴志》此段上下文来看，"巴蜀之师"并非指巴国、蜀国之师。"巴"最早恐怕并非族名，也非国名，而当指地域范畴，正如《华阳国志》称巴地"其属有濮、賨、苴、共、奴、獽、夷、蜑之蛮"③。而且在《尚书》所载的西周初年，并不是以"巴国"来看待西南之民属的，而是以其"叟、髳、微"等族或诸侯（部落）之国属巴地境内之民。及至汉人作《尚书》传注将"庸、蜀、羌、髳、微、卢、彭、濮"视为蛮夷八国④，实将其视为西方附庸于周的诸侯部邦之国，亦无有巴国之说。《尚书大传》卷三云："惟丙午，王逮师前，师乃鼓䥗噪，师乃慆，前歌后舞。"⑤亦并未明称巴蜀之师"前歌后舞"。这种记载和表述是与《尚书》本文所记及与周初封巴置国的史实相合的，至于《华阳国志》称西南巴、蜀之国三代建始的记载，实乃根源于传说和推测。

关于西南巴人建国的历史情况，《华阳国志·巴志》称在唐尧禹舜之时"因古九囿以置九州"⑥，又引《洛书》所谓人皇之世，"'兄弟九人，分理九州，为九囿。人皇居中州，制八辅。'华阳之壤，梁岷

① 孔安国传，孔颖达疏：《尚书正义》卷十一，第334—337页。

② 孔安国传，孔颖达疏：《尚书正义》卷十一，第336页。另疑《尚书正义》标点有误，"叟"或注在巴，《后出师表》有"賨叟、青羌"。《吕氏春秋·求人》篇云："禹东至榑木之地，日出九津、青羌之野。"高诱注："青羌，东方之野也。"或将青羌视为古代西南地区羌族的一支。

③ 常璩著，任乃强校注：《华阳国志校补图注》卷一，第4页。

④ 孔安国传，孔颖达疏：《尚书正义》卷十一注，第336页。

⑤ 伏胜著，郑玄注：《尚书大传》卷三，四部丛刊景清刻左海文集本。

⑥ 常璩著，任乃强校注：《华阳国志校补图注》卷一，第1页。

之域，是其一囿；囿中之国，则巴、蜀矣。其分野舆鬼、东井，其君上世未闻。五帝以来，黄帝、高阳之支庶，世为侯伯。及禹治水命州，巴、蜀以属梁州。"①其对夏、商之世巴蜀之状未有明言，仅称"历夏、殷、周，九州牧伯率职。周文为伯，西有九国。及武王克商，并徐合青，省梁合雍，而职方氏犹掌其地，辨其土壤，甄其宝利，迄于秦帝。"②显然其建国的概念并非后世之严明，而"巴、蜀"实指其地域范围，或概称居于此域的部落之民。

从"巴"的字源看，当指西南山地的广大地区③。周以来典籍亦可证之。除甲骨文外，如周尸佼著《尸子》等可谓较早出现"巴"，其谓："驸马其为荆王使于巴，见担酞者，问之：'是何以？'曰：'所以酞人也。'于是请买之，金不足，又益之车马，已得之，尽注之于江。"④从上下文看，此"巴"并不一定是指巴国，即便指国，也当是指周成王之后所封之"巴子国"。《后汉书》卷四十九李贤注引《墨子》云："舜西教乎七戎，道死，葬南巴之中。衣衾三领，款木之棺，葛以缄之。"⑤其所称"南巴"就绝非国名，而当是从地域范围着眼。就"南巴"之地与文献中所记"巴东、巴西、巴南、巴中、东巴"等地名来看，其"巴"地极广。舜所葬的"南巴"是否在西南巴楚之地呢？《尚书注疏》"（舜）五十载陟方乃死"条引《檀弓》云："'舜葬苍梧之野'是舜死苍梧之野，因而葬焉。"⑥至于苍梧之所，各有歧说，或有指江西九嶷之地，或有指湖南郴州一带，或有指广西梧州

①　常璩著，任乃强校注：《华阳国志校补图注》卷一，第4页。此囿中之"国"，从文化制度史及"国"之字源演变来看，当指地域或某部落，并非后来严格意义上的国邦之"国"。

②　常璩著，任乃强校注：《华阳国志校补图注》卷一，第1页。

③　何易展：《文化人类学视野下的早期巴文化探赜》，《四川文理学院学报》2015年第3期。

④　李守奎、李轶译注：《尸子译注》，黑龙江人民出版社2003年版，第130页。此本作"驸马其"，清平津馆丛书本《尸子》作"驸马共"，并于此条下注："《御览》四百十九《天中记》五十九：'驸马'疑'巫马'之讹。"

⑤　范晔著，李贤注：《后汉书》卷四十九，第1637页。孙诒让著《墨子间诂》卷六《节葬》篇作"葬南纪之市。衣衾三领，毂木之棺，葛以缄之。"但其按云："'南纪'实当作'南巴'。"并谓此"南巴"或为九嶷，属古巴地。（见第182—183页）

⑥　孔安国传，孔颖达疏：《尚书注疏》卷三，清嘉庆二十年南昌府学重刊宋本十三经注疏本。

一带，或有认为古代百越之地，如《战国策·楚策》曰："（楚）南有洞庭、苍梧。"①无论何所，舜所葬的江南之地，便是所谓"南巴"之地。《管子》卷八载："桓公曰：'余乘车之会三，兵车之会六，九合诸侯，一匡天下，北至于孤竹、山戎秽貉，拘秦、夏。西至流沙、西虞；南至吴、越、巴、牂柯、牂、不庾、雕题、黑齿（皆南夷之国号也）、荆夷之国，莫违寡人之命。'"②又《荀子》卷十一载战国时秦国四境："今秦南乃有沙羡与俱，……北与胡、貉为邻，西有巴、戎，东在楚者乃界于齐……"③这些皆是以地而言，或以地名国。唐代杨倞注《荀子》谓："巴在西南，戎在西，皆隶属秦。"④考荀子的时代巴、蜀为秦灭不久，其称"西有巴、戎"，而不称"西有巴、蜀、戎"，或"西有蜀、戎"，一则可能行文之便，概以大者远者并指包举；二则可能"巴"与"戎"在此句中非指其国，而是概指其地，故"巴"以地域概指时，所指极广，遍含秦西大部⑤。故"巴"从地域范围来看当是西南山地较广大的地区，后有各部落族属之民居其境，周于此建巴子国，后历代又于此域建巴郡，故"巴"或以国称。那么周初或周以前关于"巴国"的记载尚缺乏史料考证，但其中在商周甲骨文中已出现"巴"字达20余种，其所名之"巴"则极有可能指具有依山攀爬劳作等生活情状的山民居地，正如早期文献对"戎、蛮、夷、狄"之称一样（见第三章《文化人类学视野下的早期巴文化探赜》所述）。

"巴蜀之师"是否参与助武伐纣之役，考辨参与此役的"庸、蜀、羌、髳、微、卢、彭、濮"人所居之境，史称"巴蜀之师"助武王伐

---

① 刘向集录：《战国策》卷十四，上海古籍出版社1985年版，第500页。

② 黎翔凤著，梁运华整理：《管子校注》卷八，第425—426页。按：四部丛刊景宋本《管子》卷八《内言三》无"牂"字。

③ 王先谦著，沈啸寰等点校：《荀子集解》卷十一，第301页。

④ 王先谦著，沈啸寰等点校：《荀子集解》卷十一，第301页。

⑤ 如果以此论《尚书》何不及"巴"而置"蜀"，或"蜀"本为巴地之一大部族，即所谓"八国"之大者，故后多以"巴蜀"称之，或以"蜀"属于巴地明矣。然"巴""蜀"之地民性或因自然地理而异，及至分建国郡而始异，至汉一统之后，代有将"巴蜀"复指并称以概西南之域者。

纣亦非虚说。《尚书句解》卷六于"庸、蜀、羌、髳、微、卢、彭、濮人"句后谓："及此八国之人，乃西南夷与江汉之夷。文王为西伯，化行江汉之域，故来助周伐纣。"①《华阳国志·巴志》称"周武王伐纣，实得巴蜀之师，著乎《尚书》。"② 据史而推，其所指"巴"已如前述并非定指"巴国"，当指巴域各族之民。且当时助周伐纣之民非仅八国之数，如《史记·周本纪》载"九年，武王上祭于毕。东观兵，至于盟津。为文王木主，载以车，中军。武王自称太子发，言奉文王以伐，不敢自专。乃告司马、司徒、司空、诸节：'齐栗，信哉。予无知，以先祖有德臣，小子受先功，毕立赏罚，以定其功。'遂兴师。师尚父号曰：'总尔众庶，与尔舟楫，后至者斩。'武王渡河，……是时，诸侯不期而会盟津者八百诸侯。诸侯皆曰：'纣可伐矣。'武王曰：'女未知天命，未可也。'乃还师归。"③《汉书》则多次提及"八百诸侯"会师伐纣之事，如《汉书·娄敬传》云："武王伐纣，不期而会孟津上八百诸侯，遂灭殷。"④ 又《汉书》卷二十一下《律历志下》载："故《书序》曰：'惟十有一年，武王伐纣，（作）《太誓》。'八百诸侯会，还归二年，乃遂伐纣克殷。"⑤ 又荀悦《汉纪》载："武王伐殷，八百诸侯不期而会孟津之上。"⑥ 八百诸侯会盟伐纣之事亦见《新序·善谋》《论衡·恢国》《越绝书》《后汉书·刘玄传》等。可见助周伐纣实非仅八国之师，确如《牧誓》所记武王所称的"逖矣西土之人"皆远服来依，至于为何仅记"八国"，则可能如《尚书注疏》孔氏《正义》分析的"九州之外，四夷大名，则东夷、西戎、南蛮、北狄，其在当方，或南有戎而西有夷。此八国并非华夏，故大判言之：'皆蛮夷戎狄属文王者国名'也。此八国皆西南夷也，文王国

---

① 朱祖义：《尚书句解》卷六，清通志堂经解本。

② 常璩著，任乃强校注：《华阳国志校补图注》卷一，第4页。

③ 司马迁：《史记》卷四，第120页。

④ 班固著，颜师古注：《汉书》卷四三，第2119页。

⑤ 班固著，颜师古注：《汉书》卷二下，第1015页。

⑥ 荀悦：《汉纪》卷三，中华书局2002年，第39页。

在于西，故西南夷先属焉"①，加之西南诸蛮夷部族众多，实难一一备记，故或略举其大州大族而言之，而西南众多部落之师则皆与其役。

二、"武王伐纣之歌"与"巴渝舞"

巴渝舞是南方民族特有的一种舞乐，其舞乐之名当始于汉初，从《汉书》所记"巴俞鼓员""巴俞都卢"②，《史记》载司马相如《子虚》《上林》篇引"巴俞宋蔡"③，以及颜师古注引应劭、文颖等注所记"巴俞戏"④，《盐铁论》卷二《刺权》篇"素女抚流征于堂上，鸣鼓巴俞作于堂下"⑤ 等情形来看，汉初已有巴渝舞流播，故颜师古称"当高祖初为汉王，得巴俞人，并矫捷善斗，与之定三秦，灭楚，因存其武乐也。'巴俞'之乐，因此始也。"⑥ 从现存史料的记载来看，巴渝舞与中原舞乐系统的相融，实可以追溯至武王伐纣之时。

《华阳国志》载："阆中有渝水。賨民多居水左右，天性劲勇；初为汉前锋，陷阵，锐气喜舞。帝善之，曰：'此武王伐纣之歌也。'乃令乐人习学之。今所谓《巴渝舞》也。"⑦ 南北朝范晔《后汉书》卷八十六"南蛮西南夷列传"亦载其事："至高祖为汉王，发夷人还伐三秦。秦地既定，乃遣还巴中，复其渠帅罗、朴、督、鄂、度、夕、龚七姓，不输租赋，余户乃岁入賨钱，口四十。世号为板楯蛮夷。阆中有渝水，其人多居水左右。天性劲勇，初为汉前锋，数陷陈。俗喜歌舞，高祖观之，曰：'此武王伐纣之歌也。'乃命乐人习之，所谓《巴渝舞》也。遂世世服从。"⑧ 可见汉初高祖所定的"巴渝舞"在他

---

① 孔安国传，孔颖达疏：《尚书注疏》卷十一，清嘉庆二十年南昌府学重刊宋本十三经注疏本。

② 分别见班固：《汉书》卷二二，第1073页；卷九六下，第3928页。

③ 见《史记》卷一百十七，第3038页；又见《汉书》卷五十七上，第2569页。

④ 见班固：《汉书》卷六注，第194页。

⑤ 桓宽著，王利器校注：《盐铁论校注》卷二，中华书局1992年版，第121页。

⑥ 班固：《汉书》卷二二，第1074页。

⑦ 常璩著，任乃强校注：《华阳国志校补图注》卷一，第14页。

⑧ 范晔：《后汉书》卷八十六《南蛮西南夷列传》，第2842页。

看来就是"武王伐纣之歌"。这其中可能包含两层含义：一是可能他认为当时賨民所陈之舞乐为周代賨人先民助武王伐纣时所唱乐歌和乐舞，那么南方巴人舞乐在周初或即已与周民族之舞乐同竞于军阵。二是周初武王伐纣之乐可能流传至南方巴地，为巴賨人所习。那么"巴渝舞"是否为巴地本土化的舞蹈、其与武王伐纣的军阵陈舞有什么关系等问题，都有待进一步探讨。

后世"巴渝舞"虽被视为源于武王伐纣之歌，但其中所凝是否具有巴地先民的原始地域性特征，或者说与夏、商之舞乐有何关系，似乎都不得而知。但其舞乐统系还是可以作一些简单的梳理，从而或可进一步证明巴文化与中原文化源承久远的文化关系。如果"巴渝舞"就是"武王伐纣之歌"，而"武王伐纣之歌"在《经》《传》中多被阐释为《象》《武》之乐，那么从汉初高祖观听之后所断，至少在舞乐或舞容上能找到两者之间的关系。

《荀子》卷十三载："故钟鼓管磬、琴瑟竽笙，《韶》《夏》《护》《武》《汋》《桓》《箾》《简》《象》，是君子之所以为惓诡其所喜乐之文也。"[1]唐杨倞注："《箾》，未详。《象》，周武王伐纣之乐也。"[2]《礼记正义》卷第二十《文王世子》篇"下管《象》，舞《大武》"句后注："《象》，周武王伐纣之乐也。以管播其声，又为之舞，皆于堂下。"[3]又《礼记疏》卷三十一记季夏六月以禘礼祀周公乃用"升歌《清庙》，下管《象》，朱干玉戚，冕而舞《大武》"，其注云："《清庙》，《周颂》也。《象》谓《周颂》《武》也，以管播之。朱干，赤大盾也。戚，斧也。冕，冠名也。诸公之服，自衮冕而下，如王之服也。《大武》，周舞也。"[4]

可见，武王伐纣之乐当是《象》，其有乐舞相陈，这与"巴渝舞"

---

[1]　王先谦：《荀子集解》卷十三《礼论篇第十九》，第376—377页。王先谦认为"自'钟鼓管磬'以下，皆四字为句，则'《箾》《象》'之间不当有'简'字，疑即'箾'字之误而衍者。"（第377页）

[2]　王先谦：《荀子集解》卷十三《礼论篇第十九》，第376—377页。

[3]　郑玄注，孔颖达疏：《礼记正义》卷二十，第759页。

[4]　郑玄注，孔颖达疏：《礼记正义》卷三一，第1092页。

的形态颇似，所用伴舞之具有干、戚相陈，以象武阵功伐之容。《毛诗注疏》卷十九载《维天之命》一章"《维清》，奏《象舞》也"句注："《正义》曰：《维清》诗者，奏《象舞》之歌乐也。谓文王时有击刺之法，武王作乐，象而为舞，号其乐曰《象舞》。至周公、成王之时，用而奏之于庙。"①"此《象舞》武王所制，以为成王之时奏之，成王之时颂之，理亦可矣。但武王既制此乐，其法遂传于后，春秋之世，季札观乐，见舞《象》，是后于成王之世犹尚奏之。"②则文王时的"击刺"之法或为陈军布阵，此何以在祭祀舞乐中加以表现呢？则显然要靠《象》舞的武舞性质来加以体现。《毛诗正义》曰："此诗经言文王，序称《象舞》，则此乐象文王之事，以《象舞》为名，故解其名此之意。《牧誓》曰：'今日之事，不愆于六伐七伐，乃止齐焉。'注云：'一击一刺曰一伐。'是用兵之时，有刺有伐。此乐象于用兵之时刺伐之事而为之舞，故谓之《象舞》也。"③由此可进一步推测，武王伐纣之时，陈尸文王，尸位以祭④，故用《象》舞以示文王之德事。至周公作《武》（后或合为《大武》）乃祭武王伐纣之德事，因此或有将《象》《武》皆称《象》舞者，又或称《大武》者，其皆用"击刺之法"的乐舞，故《毛诗正义》卷十九谓："《象舞》之乐象文王之事，其《大武》之乐象武王之事，二者俱是为象，但序者于此云'奏《象舞》'，于《武》之篇不可复言奏象，故指其乐名，言'奏《大武》'耳。其实《大武》之乐亦为象也。"⑤

不论是武王伐纣时以祭文王德事所创的《象》，还是成王周公之时所创《大武》以祭武王德业的"武王伐纣之歌"，其皆为武舞（军舞）性质的歌舞。这从汉唐传笺的《毛诗注疏》卷十九引《明堂位》注中可以进一步得到证明，其注云："《明堂位》注：'《象》，谓《周

---

① 毛亨传，郑玄笺，孔颖达疏：《毛诗正义》卷十九，北京大学出版社2000年版，第1512页。

② 毛亨传，郑玄笺，孔颖达疏：《毛诗正义》卷十九，第1512页。

③ 毛亨传，郑玄笺，孔颖达疏：《毛诗正义》卷十九，第1512页。

④ 《史记》卷四载："九年武王上祭于毕。东观兵，至于盟津，为文王木主，载以车，中军。"

⑤ 毛亨传，郑玄笺，孔颖达疏：《毛诗正义》卷十九，第1513页。

颂》《武》也'。谓《武》诗为《象》，明《大武》之乐亦为象矣。但《记》文于'管'之下别云'舞《大武》'，谓《武》诗则箫管以吹之，《武》乐则干戚以舞之，所以并设其文。"①《周礼》中记载不但有"干、戚相配"，也有"干、戈相配"的《象》舞，如《礼记正义》卷二十注："'干戈，《万》舞，象武也'者，宣八年《公羊传》：'《万》者何？干舞也。'以其用干，故知象武。若其《大武》，则以干配戚，则《明堂位》云：'朱干玉戚冕而舞《大武》。'若其小舞，则以干配戈，则《周礼》乐师教小舞、干舞是也。"②学者或认为，《象》乃为示文王之德。文王之德还在义利天下、召合诸侯。那么《象》舞所要表现的内容既应有军阵舞容的性质，也应有"合众聚方"的性质，故其群舞与武舞性质都应有所展现。

无独有偶，文献中所记"巴渝舞"的舞容舞仪等同样具有这些特征。按唐杜佑《通典》载《巴渝舞杂武舞议》云："魏改《巴渝》为《昭武》，《五行》曰《大武》。今《凯容舞》则执籥翟，此即魏《文始舞》也。《宣烈舞》有牟弩，有干戚。牟弩，汉《巴渝舞》也；干戚，周武舞也。"③《乐府诗集》卷五十二《齐前后舞歌》则作："《宣烈》舞有矛弩，有干戚。矛弩，汉《巴渝舞》也，干戚，周武舞也。"④"牟、弩"当是"矛、弩"之误。汉末魏初改《巴渝舞》为《昭武》，至晋又改为《宣武》⑤。从《巴渝舞》在宫廷典礼乐制中的题名改动来看，其内容当亦是昭示宣扬武王德业的。魏由《五行》所改的《大武》已非周公所作之《大武》，"《五行》舞者，本周舞也，秦始皇二十六年更名曰《五行》也。"⑥所谓《五行》舞，乃"冠冕，衣服法五行色"⑦。《独断》谓："《五行》舞者，服之衣冠各从其行之色，

---

① 毛亨传，郑玄笺，孔颖达疏：《毛诗正义》卷十九，第1513页。

② 郑玄注，孔颖达疏：《礼记正义》卷二十，第731页。

③ 杜佑：《通典》卷一百四十七，中华书局1988年版，第3761页。

④ 郭茂倩编：《乐府诗集》卷五二，中华书局1979年版，第760页。

⑤ 李昉：《太平御览》卷五六六，第2559页。

⑥ 班固：《汉书》卷二二，第1044页。

⑦ 见班固：《汉书》卷五《景帝纪》注，第138页。

如其方色而舞焉。"①《五行》当是秦汉对周舞的改创。至唐代《宣烈》舞，当是有唐一代的武舞，已内含有"巴渝舞"的特征，因此称既有矛、弩，又有干、戚相配。同时揭示了"巴渝舞"将矛、弩、干、戚等武器作为舞具的特征。《太平御览》载："魏武改《武德》曰《武颂》，《昭容》曰《昭业》，《巴俞》曰《昭武》……晋改《昭武》曰《宣武》。遭晋乱，唯《巴渝》存隋隶清乐部。"② 而魏晋以来，隋乐舞"有矛俞、弩俞，及朱儒导引之类"③，而且从杜佑所记上下文及议题之名来看，至唐时并不否定"巴渝舞"用干、戚相配，只是他们一般认为干、戚类舞具当是周武舞中所用，"巴渝舞"中无论用到的矛、弩，还是干、戚，皆杂有武舞的性质，至于其与周武舞的关系在此处并未辨证。

"巴渝舞"中是否严格区分用矛、弩，还是干、戚，恐怕自周初以后并无严格的区分。周初封姬姓之民于巴地建巴子国，以及其后史载"周公奔楚"和孔子南奔等事，周之礼乐制度等应已传至"南蛮"之地④。而且《尚书·牧誓》中已明确提及当时"称尔戈，比尔干，立尔矛，予其誓"及众军捶胸顿足、山呼欢腾的情形，其中巴渝舞中所使用的"矛弩"之"矛"已见于军阵舞乐中。古代或以干指盾，用以作为抵御刀枪的兵器，戚则指斧钺之器。这些器物在巴地出土的春秋战国器物中皆能找到，而且今天巴地还保存了一种特殊的舞蹈"板楯舞"，可能就与最早的干、戚之舞相关。在荆门战国楚墓中出土的一件带有铭文"大武阅兵"的铜戚，被认为是演出《大武》之乐所用的道具。此戚略如巴式戈，正反两面铸有相同的图案：即一位头冠长羽、身布重鳞的神人，双耳珥蛇，左手操一龙，右手操一双头怪兽，左足踏月，右足蹬日，胯下乘一龙。同墓还出土有巴式剑，加之此类

① 蔡邕：《独断》卷下，四部丛刊三编景明弘治本。
② 李昉：《太平御览》卷五六六，第2559页。
③ 陈旸：《乐书》卷一七七《隋乐舞》，清光绪丙子刻本。
④ 《韩诗外传》第三章："孔子南游适楚，至于阿谷之隧，有处子佩瑱而浣者。"从其弟子子贡与南方女子的交谈已可知其守节知礼，与中原儒家之礼节无异。（见韩婴著，许维遹校释：《韩诗外传集释》，中华书局1980年版，第2—5页。

图案不见于楚器，因此学者认为该墓主为巴人。这不但证明此期楚、巴之民已相共而处，楚人乐章甚至大量吸收巴文化的因素[①]，这些文化也与周制礼乐文化有密切关系；同时也证明了"巴渝舞"同样可能使用干、戚、矛、弩等。至于"巴渝舞"群舞性质，从《上林赋》中所表现的巴渝舞和角抵戏"千人倡，万人和"[②]的情形，以及《汉书》所记"巴俞鼓员三十六人"[③]，在诸族乐人中其鼓员人数最多，且其表演或需"应古兵法"[④]，可见"巴渝舞"在汉时保留的武舞、群舞等特征与"武王伐纣之歌"特征是相同的。

武王伐纣之时巴賨之师所舞或非其地域性舞蹈，但其所歌舞极有可能同《武宿夜》所表现之干、戚相配之祭祀武舞相似。《华阳国志·巴志》称："王既克殷，以其宗姬于巴，爵之以子。"[⑤]这种舞乐因为周初封其姬姓之民于巴，从而也被带到了巴地，因而至汉初高祖用巴人伐秦，观巴人舞乐，始惊其为"此武王伐纣之歌也"，并使乐人习之。从西周至汉初，实已数百余年，巴地之民早与周室封建之裔相融并生，其原地域性舞蹈也有可能早与周裔之民迁传而来的武舞相融，汉高祖之惊叹为"武王伐纣之歌"，或出于当时之文献传载，或为汉高祖之推测。一是可能因为所歌舞乐为武舞，有干、戚相配之象；二是周民后裔封建于此，其歌有颂咏其德之义。因此就有必要进一步探讨巴渝舞的形态与内容，以及《大武》在周世及之后的流传情况了。

三、"前歌后舞"的本质

《华阳国志·巴志》载："周武王伐纣，实得巴蜀之师，著乎《尚

---

① 张雄：《巴文化与毗邻诸文化关系概说》，《中南民族学院学报》1993年第4期。

② 萧统编，李善注：《文选》卷八，第375页。

③ 班固：《汉书》卷二二引"丞相孔光大司空何武奏"，第1073页。

④ 班固：《汉书》卷二二，第1073页。

⑤ 常璩著，任乃强校注：《华阳国志校补图注》卷一，第4页。

书》。巴师勇锐，歌舞以凌殷人，（前徒）殷人倒戈。故世称之曰：'武王伐纣，前歌后舞'也。"① 同卷又称："阆中有渝水。賨民多居水左右，天性劲勇；初为汉前锋，陷阵，锐气喜舞。帝善之，曰：'此武王伐纣之歌也。'乃令乐人习学之。今所谓《巴渝舞》也。"② 此两条常被作为"巴渝舞"之源的证据，也被视为巴人助周"前歌后舞"的证明材料。

既然巴人确曾参与助周伐纣，而且"巴渝舞"与"武王伐纣之歌"又极相关系，那么《华阳国志》所记"前歌后舞"的情形是否专指巴师善舞的情状呢？此不但要结合《华阳国志》所记上下文来推定，而且还要破解几个疑点：一是当时"前歌后舞"是否为"巴渝舞"或者说是否为南方诸蛮夷各自的本土舞乐，还是周武王伐纣祭文王木主时的军阵祭祀舞乐。二是从汉高祖推定所见巴賨当时表演乐舞为"武王伐纣之歌"，其到底是指武王伐纣时军阵所陈的带有军舞和泄志性质的自由乐舞，还是祭祀文王德事的《象》舞，还是指后来成王之世颂武王德业的《武》舞，或周公创制的《大武》③。

如前文开端所述明清许多学人皆据《华阳国志》和《后汉书》等认为《牧誓》中所述"前歌后舞"就是指当时助周的"巴蜀之师"所为。近代学人也多承其说，如王建纬据《华阳国志》所载称："根据这条记载，武王伐纣当巴人参加，勇锐杀敌，所向披靡。而且'前歌后舞'者主要还是'巴师'！"又称"因此，'歌舞以凌殷人'的歌舞，当是賨人所跳的《巴渝舞》。"④ 这个看似简单的推定，实际上却涉及文学、历史学和文化学等领域的诸多问题。

① 常璩著，任乃强校注：《华阳国志校补图注》卷一，第4页。然疑此句标点有误，任乃强注："旧各本不重殷人字，即无法句读。王本以'殷人倒戈'为句。则上句无宾词。慰本用《武成》文，补'前徒'二字。亦句无主语。必作'殷前徒'乃可。兹重'殷人'二字。意乃是矣。"刘琳校注《华阳国志校注》作"歌舞以凌殷人，前徒倒戈"，然其注"别本皆作'歌舞以凌，殷人倒戈'，无'前徒'二字，疑顾氏所增。"按：当以"歌舞以凌，殷人倒戈"为是。

② 常璩著，任乃强校注：《华阳国志校补图注》卷一，第14页。

③ 因历其时之久远，又无严密的考证，故汉高祖即可能是据后者推定。当时遭秦末兵火，中原周礼或多失传，故于巴賨之地见之，帝因舞形仪判而善命之。

④ 王建纬：《〈牧誓〉之"彭"与賨人歌舞》，《四川文物》1998年第5期。

据《尚书大传》及《毛诗正义》引，其"前歌后舞"当言周军气胜之状，而非定指巴师之善舞。《尚书大传》云："惟丙午王还师，师乃鼓噪，师乃慆，前歌后舞。"[1]《诗·大明》孔疏引《太誓》曰："'师乃鼓镤噪，前歌后舞，格于上天下地。咸曰：孜孜无怠。'是乐劝武王之事。"[2]

在汉代基本上将"前歌后舞"与当时武王伐纣的人心向聚意义相关联。《盐铁论·取下》谓："武王行师，士乐为之死，民乐为之用。"[3]《白虎通义·礼乐》云："故《尚书》曰：'前歌后舞，假于上下。'"[4]《论衡·感虚》谓："武王渡孟津时，士众喜乐，前歌后舞，天人同应。"[5]《礼记·文王世子》谓："下管《象》，舞《大武》"，郑注谓："《象》，周武王伐纣之乐也。……达有神，明天授命周家之有神也。兴有德，美文王武王有德，师乐为用，前歌后舞。"[6]孔疏："'师乐为用，前歌后舞'者，是今文《太誓》之文也。"[7]孔颖达同时认为"《象》谓象武王伐纣之乐，堂下管中奏此《象》《武》之曲，庭中舞此《大武》之舞，《大武》即《象》也，变文耳。"[8]"师乐为用"是形容武王伐纣时军阵的情形，为说明"前歌后舞"之貌[9]。无论是后世诠释的舞《大武》，还是"师乐为用，前歌后舞"，或"凫噪""无怠"的情形，都不过是对武王伐纣乃天命所归、人心所向的诠解。《乐稽耀嘉》云："武王承天命，兴师诛商，万国咸喜。军渡孟津，前歌

---

① 李昉：《太平御览》卷四六七"人事部"，第 2146 页。此条下引郑玄注："慆，喜也。众大喜，前歌后舞也。"又见卷五七四乐部十二作"惟丙午王逮师及鼓噪，前歌后舞。"（第 2590 页）

② 毛亨传，郑玄笺，孔颖达疏：《毛诗正义》卷十六，第 1144 页。又见《毛诗注疏》清嘉庆二十年南昌府学重刊宋本十三经注疏本；陈启源《毛诗稽古编》卷三十引此文亦认为"此纪武王人商事，深得六师欣戴之情，定非诳语。"

③ 桓宽著，王利器校注：《盐铁论校注》卷七，第 463 页。

④ 班固著，陈立疏证，吴则虞点校：《白虎通疏证》卷三，中华书局 1994 年版，第 96 页。

⑤ 王充著，黄晖校释：《论衡校释》卷五，中华书局 1990 年版，第 229 页。

⑥ 郑玄注，孔颖达疏：《礼记正义》卷二十，第 759 页。

⑦ 郑玄注，孔颖达疏：《礼记正义》卷二十，第 763 页。

⑧ 郑玄注，孔颖达疏：《礼记正义》卷二十，第 760—761 页。

⑨ "前歌后舞"或出于《太誓》之诰，而"师乐为用"乃非出于彼也。"舞《大武》"与"师乐为用"在今古文《太誓》本经中亦未见。

后舞。"①《周礼·大司马》郑注云："《书》曰：'前师乃鼓鼗噪'，亦谓喜也。"②"鼗噪（噪）"或作"凫藻""凫噪""拊噪"。《后汉书·刘陶传》云："武旅有凫藻之士。"③《隶释》："士有拊噪之欢"（《魏大飨碑文》）④。王逸《楚辞章句》谓："武王三军，人人乐战，并驰驱赴敌争先，前歌后舞，凫噪欢呼。"⑤《毛诗注疏》曰："《泰誓》说'武王伐纣，众咸曰孜孜无怠。天将有立父母，民之有政有居。'言民得圣人为父母，必将有明政，有安居。文武道同，故并言之。"⑥

　　由此可见，常璩《华阳国志》所记"巴师勇锐，歌舞以凌"的情形当出于史传"前歌后舞"之据，这与后来汉高祖观乐于巴，绍传"巴渝舞"相印证，则知巴人确实参与了此次战争，并在战争中可能有独特的武舞和舞容庆誓。但据上下文，常璩虽假以猜想，但却合其史实与情理，常氏既无强调"前歌后舞"为巴师所为，亦未强调巴师所舞就为"巴渝舞"。

　　当时参与此次战阵之民，可从《尚书·牧誓》篇略见其概。《牧誓》云："及庸、蜀、羌、髳、微、卢、彭、濮人，称尔戈，比尔干，立尔矛，予其誓。"⑦按孔传谓庸、蜀、羌、髳、微、卢、彭、濮"八国皆蛮夷戎狄属"，多在巴蜀及江汉南北⑧。巴、楚之民明显都参与了此次战斗，在战斗中展示的舞乐既有可能是各自地域特色的俗舞乐，也有可能是当时武王军队中的一种"武乐武舞"。《尚书大传》卷三

────────

　　①　参见安居香山、中村璋八：《纬书集成》，河北人民出版社 1994 年版，第 546 页。

　　②　郑玄注，贾公彦疏：《周礼注疏》卷二九，第 918 页。

　　③　范晔著，李贤注：《后汉书》卷五七，第 1845 页。李贤注："武旅，周武王之旅。凫得水藻，言喜悦也。"

　　④　洪适：《隶释》卷十九《魏大飨碑》，四部丛刊三编景明万历刻本。

　　⑤　王逸章句，洪兴祖补注：《楚辞补注》卷三，第 110 页。

　　⑥　郑玄著，孔颖达疏：《诗谱序》，《摛藻堂景印四库全书荟要》第 23 册，世界书局影印，第 6 页。

　　⑦　孔安国传，孔颖达疏：《尚书正义》卷十一，第 336—337 页。又见孙星衍：《尚书今古文注疏》卷十一，282—286 页。

　　⑧　孔安国传，孔颖达疏：《尚书正义》卷十一，第 337 页。

云："武王伐纣至于商郊，停止宿夜，士卒皆欢乐歌舞以待旦。"① 清陈寿祺引孔颖达《正义》云："舞莫重于《武宿夜》者，皇氏云：师说《书传》云云。《武宿夜》，其乐名也。此据《书传》释《武宿夜》最确。"② 据《牧誓》所谓"称尔戈，比尔干，立尔矛，予其誓"观之，武王伐纣之临阵歌舞确可能为周时之"武乐武舞"，这种武舞与干、戈之具和祭祀之乐极相关系。因此《尚书》传谓："称，举也。戈，戟；干，楯也。"③ 即就身取材用于舞具。《春秋考》卷十四云："舞有武舞，有文舞。干舞，武舞也。干，楯也。戚，斧也。左手执楯，右手执斧，以象武事者也。羽舞，文舞也。《诗·硕人》所谓'左手执籥，右手秉翟'者也。籥者，吹之以节舞，而翟则羽也。《舜典》言'舞干、羽于两阶者，以征有苗'言之，故用武也。古者为此二舞，各随其乐之所作，乐象武功，则舞以武舞。《明堂位》言'朱干玉戚，冕而舞'，《大武》是也。乐象文德，则舞以文舞，皮弁素积裼而武，《大夏》是也。"④ 又谓"盖周乐以《大武》为最盛，故独列于六代之乐，而不及《象》《勺》。所谓舞莫重于《武宿夜》者也，祭祀之礼入舞，君执干、戚就舞位，冕而总干，率其群臣以乐，皇尸而大司乐以享先祖者，亦舞《大武》，此《鲁颂》所以举'万舞洋洋'也。"⑤

那么西周初年的这种将戟、楯之舞与祭祀之乐相配的舞乐可能就是当时"八百诸侯"会于孟津激情奋志所陈之武舞，故至周定典立制以《武宿夜》为大舞，即周乐之《大武》。其中或许既有可能有周本民族之舞容舞技，也有巴賨之人的原始地域性舞蹈动作，更多的恐怕

---

① 伏胜著，郑玄注，陈寿祺辑校：《尚书大传》卷三，四部丛刊景清刻左海文集本。又见《竹书纪年集证》卷二三，清嘉庆裹露轩刻本。

② 伏胜著，郑玄注，陈寿祺辑校：《尚书大传》卷三，四部丛刊景清刻左海文集本。又见《今文尚书考证》卷十，文字略有繁简。"（正义曰）：舞莫重于《武宿夜》者，皇氏云：师说《书传》：武王伐纣至于商郊，停止宿夜云云。《武宿夜》，其乐名也。此据《书传》释《武宿夜》最确，盖此舞乐即象当时士卒之欢乐歌舞也。"

③ 孔安国传，唐孔颖达疏：《尚书注疏》卷十一，第337页。又见魏了翁《尚书要义》卷十（清嘉庆宛委别藏补配文渊阁四库全书本）。

④ 叶梦得：《春秋考》卷十四，清武英殿聚珍版丛书本。

⑤ 叶梦得：《春秋考》卷十四，清武英殿聚珍版丛书本。

是诸侯之军发率臆气的拊胸击戈舞楯的武容雄姿。其中干楯舞或许就与后来巴地之"板楯舞"相关系。故《华阳国志》所谓"巴师勇锐，歌舞以凌殷人"① 或有晋代常璩对《尚书》的附会新义，但其所执却非毫无理据。就《华阳国志》所述上下文义来看，后人诠解多有对其误解之处②。"前歌后舞"在此除有形容"殷人倒戈"之后战阵双方（故谓"前""后"）互举干戈、蹈舞祭乐相庆的史实性情形描写外，其亦在承明文武之德的旨义，可谓德化诸夷。《尚书大传》卷三载武王伐纣，"惟丙午，王逮师，前师乃鼓鼗噪，师乃慆，前歌后舞。"郑玄注："慆，喜也。众大喜，前歌后舞也。"③ 显然此句意在形容前后军阵欢然相庆的情形。而将"前歌后舞"作为快哉相庆之义者，亦有明典，如《汉书》卷九十九下《王莽传》载："邑曰：'百万之师，所过当灭。今屠此城，喋血而进，前歌后舞，顾不快邪！'遂围城数十重。"④ 可见在汉代"前歌后舞"除开经学家对《尚书》武王伐纣的义解外，已然衍生出"快意相庆"的含义。但常璩所引明显出于《尚书》本经义旨，因谓"故世称之曰'武王伐纣，前歌后舞'也"⑤，而非强调巴师之"前歌后舞"，据上下文，而是在明何以巴师助周，何以巴师勇锐，何以歌舞以凌（殷人），皆在武王德义之召。

① 常璩著，任乃强校注：《华阳国志校补图注》卷一，第4页。

② 王建纬《〈牧誓〉之"彭"与賨人歌舞》云："在伐纣的战斗中，賨人断无一反常态，'罢舞'不跳之理，因此，'歌舞以凌殷人'的歌舞，当是賨人所跳的《巴渝舞》。"（《四川文物》1998年第5期）

③ 伏胜著，郑玄注，陈寿祺辑校：《尚书大传》卷三，四部丛刊景清刻左海文集本。《说文》卷十二："搯，捁也。……《周书》曰：'师乃搯'。搯者，掐兵刃以习击刺也。《诗》曰：'左旋右搯'。"清段玉裁注"师乃搯"为"《尚书·大誓》文，汉《大誓》有今文古文之别，合于伏生二十八篇者，后得之《大誓》，今文也。马、郑所注者，孔壁之《大誓》，古文也。《尚书大传》：'师乃慆'，郑云：慆，喜也。此今文《大誓》也。许所称作'师乃搯'，此古文《大誓》也。如古文'流为雕'，今文作'流为鸟'之比。详《古文尚书撰异》。"又注"掐兵刃"为"拔兵刃"，"左旋右搯"为"左旋右搯"。（《说文解字注》卷十二上，第595—596页）但《说文解字》卷十许慎谓："慆，说也。"段玉裁注："说，今之悦字。《尚书大传》：'师乃慆'。注曰'慆，喜也。'可证许说。《悉蟀》传曰：'慆，过也。'《东山》传曰：'慆慆，言久也。'皆引申之义也，古与滔互假借。"（《说文解字注》卷十下，第507页上）按《说文解字注》"师乃搯"乃可谓拊心叩胸、拔刃击剑之舞容的描写。

④ 班固：《汉书》卷九十九下，第4183页。

⑤ 常璩著，任乃强校注：《华阳国志校补图注》卷一，第4页。

结合经传及其注疏，《华阳国志》所述之义理与逻辑自然清晰。如《管子》卷十三谓："故子而代其父曰义也，臣而代其君曰篡也。篡何能歌？武王是也。"唐房玄龄注曰："而武王以臣代君则非篡也。谓之篡之，岂能使纣之众'前歌后舞'乎？则武王以臣代君，于理是也。"① 又《白虎通德论》卷二《礼乐》篇谓："夫礼者，阴阳之际也，百事之会也，所以尊天地、傧鬼神、序上下、正人道也。乐所以必歌者何？夫歌者，口言之也，中心喜乐，口欲歌之，手欲舞之，足欲蹈之。故《尚书》曰'前歌后舞，假于上下。'"② 唐孔颖达《礼记疏》谓："文王武王之有德，使众前歌后舞也。"③ 显然"前歌后舞"在此有形容上下齐心合德之意，在晋以后的唐人经注中不但秉承此义，实际上在晋代常璩《华阳国志·巴志》所称巴师勇锐相助武王伐纣，亦在于阐其上下及诸方合德之义，而且此义与其文意相顺连贯，合乎语言逻辑的承进法则。常璩《华阳国志·巴志》述"巴师勇锐，歌舞以凌，殷人倒戈，故世称之曰'武王伐纣，前歌后舞'也"。④ 此数句逻辑极其微妙，其中实际表达两层极具逻辑关系的意义：其一讲"巴师勇锐"，乃在于讲从气势上已威压殷军；其二"歌舞以凌"，乃在于称巴师歌舞之象，或有《武宿夜》之仪，但其中深喻和谐齐德之义，已备舆论攻势之策。由此两端，故叙"殷人倒戈"，然后总陈其旨"故世称之曰：'武王伐纣，前歌后舞'也"。既然西南诸蛮夷之民尚且投而从之，其德义岂不自现，由此文从而意顺，其末之"故"字则昭然揭所蕴逻辑之义。

（本章发表在《中国文学研究》第 27 辑，复旦大学出版社 2016 年版）

---

① 管仲著，房玄龄注：《管子》卷十三，四部丛刊景宋本。又见黎翔凤著，梁运华整理：《管子校注》卷十三，第 807 页。

② 班固：《白虎通德论》卷二，上海古籍出版社 1990 年版，第 17 页。

③ 郑玄注，孔颖达疏：《礼记正义》卷二十，第 761 页上。

④ 常璩著，任乃强校注：《华阳国志校补图注》卷一，第 4 页。

第七章

南方"巴渝舞"的历史流变

关于巴渝舞最早的历史记载可以溯及周初巴賨之师助武王伐纣于阵前所陈歌舞，但"巴渝舞"自此也应当产生两个历史流传系统。其一为受"巴师勇锐，歌舞以凌"的气势影响，周人可能将巴师的军阵舞蹈动作采入了周室的《武宿夜》和《大武》等舞乐，开启了《巴渝舞》的宫廷流传系统；其二为巴蜀之师阵前"捶胸顿足"和"称尔戈，比尔干，立尔矛，予其誓"①等庆誓泄志的武舞性动作，本身具有民族性或地域性标志的成分，由此巴师所表现的"巴渝舞"基本动作在巴賨民间舞乐中一直存在。周初封姬姓于巴及"周公奔楚"等，其传礼乐于巴賨之地。周末礼崩乐坏，至汉高祖观巴渝舞乐，确为武王伐纣之歌，并复采入官方典乐，并进一步推动了《巴渝舞》在宫廷与民间的流传。

巴渝舞是南方民族特有的一种舞乐，从现存史料的记载来看，其与中原舞乐系统的相融应该可

① 孔安国传，孔颖达疏：《尚书正义》卷十一，第337页。

以追溯至武王伐纣之时。关于西南巴人建国的历史情况，《华阳国志·巴志》称在唐尧禹舜之时"因古九圃以置九州"[①]，又引《洛书》所谓人皇之世，"'兄弟九人，分理九州，为九圃。人皇居中州，制八辅。'华阳之壤，梁岷之域，是其一圃；圃中之国，则巴、蜀矣。其分野舆鬼、东井，其君上世未闻。五帝以来，黄帝、高阳之支庶，世为侯伯。及禹治水命州，巴、蜀以属梁州。"[②]然对夏、商之世巴蜀之状未有明言，仅称"历夏、殷、周，九州牧伯率职。周文为伯，西有九国。及武王克商，并徐合青，省梁合雍，而职方氏犹掌其地，辨其土壤，甄其宝利，迄于秦帝。"[③]

而后世"巴渝舞"虽被视为源于武王伐纣之歌，但其中所凝是否具有巴地先民的原始地域性特征，或者说与夏、商之舞乐有何关系，似乎都不得而知。但其舞乐统系还是可以作一些简单的梳理，从而可以进一步证明巴文化与中原文化源承久远的文化关系。

一、巴人助周与"前歌后舞"

在历代《经》《传》中，虽然我们还不能完全厘清夏、商与南方及周边诸少数民族之关系，但我们在这些《经》注中已可了然当时包括西蜀、巴、楚等诸夷与周之关系。对于"巴渝舞"的历史源流及其演变追溯，不但有助于揭示"前歌后舞"的真实旨义，了解巴人助周伐纣的历史，还有助于进一步了解巴賨之民与中原民族之文化承传关系。

《华阳国志》载："阆中有渝水。賨民多居水左右，天性劲勇；初为汉前锋，陷阵，锐气喜舞。帝善之，曰：'此武王伐纣之歌也。'乃令乐人习学之。今所谓《巴渝舞》也。"[④]南北朝范晔《后汉书》亦

---

① 常璩著，任乃强校注：《华阳国志校补图注》卷一，第1页。
② 常璩著，任乃强校注：《华阳国志校补图注》卷一，第4页。
③ 常璩著，任乃强校注：《华阳国志校补图注》卷一，第1页。
④ 常璩著，任乃强校注：《华阳国志校补图注》卷一，第14页。

载："至高祖为汉王，发夷人还伐三秦。秦地既定，乃遣还巴中，复其渠帅罗、朴、督、鄂、度、夕、龚七姓，不输租赋，余户乃岁入賨钱，口四十。世号为板楯蛮夷。阆中有渝水，其人多居水左右。天性劲勇，初为汉前锋，数陷陈。俗喜歌舞，高祖观之，曰：'此武王伐纣之歌也。'乃命乐人习之，所谓《巴渝舞》也。遂世世服从。"① 由此可见高祖认为当时賨民所陈之舞乐为周代賨人先民助武伐纣时所唱乐歌和乐舞。无疑南方巴人舞乐在周初即已与周民族之舞乐同竞于军阵了。但巴人在武王伐纣时所陈舞乐与汉高祖所见之"巴渝舞"有何关系呢？

《华阳国志·巴志》载："周武王伐纣，实得巴蜀之师，著乎《尚书》。巴师勇锐，歌舞以凌殷人，殷人倒戈。故世称之曰，'武王伐纣，前歌后舞'也。"②《华阳国志》所记"前歌后舞"的情形是否专指巴师善舞之情状呢？此在后面进一步讨论。先看常璩《华阳国志》所记"前歌后舞"之情形实当从于《尚书》及《史记》《汉书》诸书所记。据《尚书大传》及《毛诗正义》引，其"前歌后舞"当言周军气盛之状，而非定指巴师之善舞。《尚书大传》云："惟丙午王还师，师乃鼓噪，师乃慆，前歌后舞。"③《诗·大明》孔疏引《太誓》曰："'师乃鼓𫓧噪，前歌后舞，格于上天下地。咸曰："孜孜无怠。"'是乐劝武王之事。"④

至汉代释经，基本上将"前歌后舞"与当时武王伐纣的人心向聚意义相关联。如《盐铁论·取下》谓："武王行师，士乐为之死，民乐为之用。"⑤ 其虽非直接释"前歌后舞"，但至少说明武王伐纣是

---

① 范晔：《后汉书》卷八十六《南蛮西南夷列传》，第 2842 页。

② 常璩著，任乃强校注：《华阳国志校补图注》卷一，第 4 页。然疑此句标点有误，详参第 153 页注释①。

③ 李昉：《太平御览》卷四六七"人事部"，第 2146 页。此条下引郑玄注："慆，喜也。众大喜，前歌后舞也。"又见卷五七四乐部十二作"惟丙午王逮师及鼓噪，前歌后舞。"（第 2590 页）

④ 毛亨传，郑玄笺，孔颖达疏：《毛诗正义》卷十六，第 1144 页。又见清嘉庆二十年南昌府学重刊宋本十三经注疏本《毛诗注疏》；清陈启源著《毛诗稽古编》卷三十引此文亦认为"此纪武王人商事，深得六师欣戴之情，定非诳语。"

⑤ 桓宽著，王利器校注：《盐铁论校注》卷七，第 463 页。

得当时人心的。又如《白虎通义·礼乐》云:"故《尚书》曰:'前歌后舞,假于上下。'"① 何谓"假于上下"呢?按王逸释《楚辞·招魂》篇"结撰至思,兰芳假些"云:"假,至也。《书》曰:假于上下。兰芳,以喻贤人也。"② 洪兴祖补注:"假,音格。"③ 唐李贤注《后汉书·明帝纪》"德侔帝王,协和万邦,假于上下"句亦谓:"假,至也。音格。"④ 换句话说,"假于上下"同"格于上下"。汉代郑康成释《尚书·尧典》"光被四表,格于上下"云:"言尧德光耀及四海之外,至于天地。"⑤ 其将"上下"释为"天地",那么《白虎通义》显然是将"前歌后舞"与人心所向联系起来,即称其伐纣之举既得诸侯之应,又合士庶所乐,且得天时。故《论衡·感虚》谓:"武王渡孟津时,士众喜乐,前歌后舞,天人同应。"⑥《礼记·文王世子》谓:"下管《象》,舞《大武》",郑注谓"《象》,周武王伐纣之乐也。……达有神,明天授命周家之有神也。兴有德,美文王武王有德,师乐为用,前歌后舞"⑦,这至少说明,在汉代人们认为"前歌后舞"不管是否是对当时战阵情形的描写,但至少是有美文王武王之德的。

那么,从上面的引述看来,早期的经文中应是有"前歌后舞"记载的。孔疏"'师乐为用,前歌后舞'者,是今文《太誓》之文也。"⑧ 孔颖达同时认为"《象》谓象武王伐纣之乐,堂下管中,奏此《象》《武》之曲,庭中舞此《大武》之舞,《大武》即《象》也,变文耳。"⑨"师乐为用"为形容武王伐纣时军阵之情形,为说明"前歌后舞"之貌。故或"前歌后舞"出于《太誓》之诰,而"师乐为用"乃非出于彼也。"舞《大武》"与"师乐为用"在今古文《太誓》本经

① 班固著,陈立疏证,吴则虞点校:《白虎通疏证》卷三,第96页。
② 洪兴祖:《楚辞补注》,中华书局1983年版,第213页。
③ 洪兴祖:《楚辞补注》,第213页。
④ 范晔撰,李贤等注:《后汉书》卷二,中华书局1965年版,第95—96页。
⑤ 孙星衍:《尚书今古文注疏》卷一,中华书局1986年版,第5页。
⑥ 王充著,黄晖校释:《论衡校释》卷五,第229页。
⑦ 郑玄注,孔颖达疏:《礼记正义》卷二十,第759页。
⑧ 郑玄注,孔颖达疏:《礼记正义》卷二十,第763页。
⑨ 郑玄注,孔颖达疏:《礼记正义》卷二十,第760—761页。

中皆未见。

当然，汉人解经虽依据先秦史实，但却并不重在历史叙述，而是在于政治哲学的经义阐发。这也直接影响了后人对"前歌后舞"的理解，虽然后世有学者将"前歌后舞"理解成舞《大武》的情形。从某种意义上来讲，似有对史事的场景还原，然从经学家的视野来看，无论是后世诠释的舞《大武》，还是"师乐为用，前歌后舞"，或"凫噪""无怠"的情形，都不过是对武王伐纣乃天命所归、人心所向的诠解。如《乐纬·稽耀嘉》："武王承命，兴师诛于商，万国咸喜，军渡孟津，前歌后舞。"①《周礼·大司马》郑注云："《书》曰：'前师乃鼓鼜噪'，亦谓喜也。"②"鼜噪（噪）"或作"凫藻""凫噪""拊噪"，音义相通。前师或当为冲锋在前的军队，其鼓噪或为形成威压之势，或因殷人倒戈之故。不知道周初是否有专门的"凫噪"之士，若如汉人称武王伐纣时"前歌后舞"为舞《大武》，则似应有专门的军乐仪阵或"凫噪"之士，如《后汉书·刘陶传》云："武旅有凫藻之士。"③《隶释》："士有拊噪之欢"（《魏大飨碑文》）④。当然，从早期汉语通假等角度来考虑，就应是指的群喧欢呼，如王逸《楚辞章句》谓："言武王三军，人人乐战，并载驱载驰，赴敌争先，前歌后舞，凫藻欢呼。"⑤《毛诗注疏》诗谱序正义曰："《泰誓》说武王伐纣，众咸曰'孜孜无怠'，天将有立父母，民之有政有居。言民得圣人为父母，必将有明政，有安居。文武道同，故并言之。"⑥此即解释士众欢呼拥戴的原因。

从《尚书·牧誓》《尚书·泰誓》《礼记·文王世子》等来看，"前歌后舞"的情形应是有所本的，常璩《华阳国志》所记"巴师勇锐，

---

① 参见安居香山、中村璋八：《纬书集成》，第546页。

② 郑玄注，贾公彦疏：《周礼注疏》卷二九，第918页。

③ 范晔著，李贤注：《后汉书》卷五七，第1845页。李贤注："武旅，周武王之旅。凫得水藻，言喜悦也。"

④ 洪适：《隶释》卷十九《魏大飨碑》，四部丛刊三编景明万历刻本。又见中华书局1985年版《隶释·隶续》卷十九，第185页。

⑤ 王逸：《楚辞章句》，《景印文渊阁四库全书》第1062册，第30页。

⑥ 郑玄著，孔颖达疏：《诗谱序》，见《毛诗注疏》，同治十三年重刊本。

歌舞以凌"的情形当出于历代史传，其虽假以猜想，但却合其史实与情理，这与后来汉高祖观乐于巴，绍传《巴渝舞》相印证，则知巴人确实参与了此次战争，并在战争中可能有独特的武舞和舞容庆誓。

当时参与此次战阵之民及其歌舞的情形，可以从《尚书·牧誓》篇略见其概。《牧誓》云："时甲子昧爽，王朝至于商郊牧野，乃誓。王左杖黄钺，右秉白旄，以麾。曰：'逖矣，西土之人！'王曰：'嗟，我友邦冢君，御事司徒、司马、司空，亚旅、师氏，千夫长、百夫长，及庸、蜀、羌、髳、微、卢、彭、濮人。称尔戈，比尔干，立尔矛，予其誓。'"① 按孔传谓庸、蜀、羌、髳、微、卢、彭、濮"八国皆蛮夷戎狄属"，又认为"羌在西蜀叟，髳、微在巴蜀，卢、彭在西北，庸、濮在江汉之南。"② 巴、楚之民明显都参与了此次战斗，而在战斗中展示的舞乐既有可能是各自地域特色的俗舞乐，也有可能是当时武王军队中的一种"武乐武舞"。然《尚书大传》卷三引《礼记·祭统》正义云："武王伐纣至于商郊，停止宿夜，士卒皆欢乐歌舞以待旦。"③ 如果是"士卒皆欢乐歌舞以待旦"，则其所歌舞应并非是后来具有典乐性质的《大武》或《象》，彼时所舞应具有自发自为的性质。从文献记载的《大武》内容和性质可以窥测应是歌颂文王武王伐纣之事，因此《大武》应是功成之后对武王功德追述，不当作于伐纣之先。《武宿夜》可能即为《大武》的另一名称，应是反映士卒歌舞待旦的情形。清陈寿祺引孔颖达正义云："舞莫重于《武宿夜》者，皇氏云：师说《书传》云云，《武宿夜》，其乐名也。此据《书传》释《武宿夜》最确。"④ 据《牧誓》所谓"称尔戈，比尔干，立尔矛，

① 孔安国传，孔颖达疏：《尚书正义》卷十一，第334—337页。又见孙星衍：《尚书今古文注疏》卷十一，第282—286页。

② 孔安国传，孔颖达疏：《尚书正义》卷十一，第336页。按：叟当属下句，见第143页注。

③ 伏胜著，郑玄注，陈寿祺辑校：《尚书大传》卷三，四部丛刊景清刻左海文集本。又见《竹书纪年集证》卷二十三，清嘉庆襄露轩刻本。

④ 伏胜著，郑玄注，陈寿祺辑校：《尚书大传》卷三，四部丛刊景清刻左海文集本。又见《今文尚书考证》卷十，文字略有繁简。"（《正义》曰：舞莫重于《武宿夜》者，皇氏云：师说《书传》：武王伐纣至于商郊，停止宿夜云云。《武宿夜》，其乐名也。此据《书传》释《武宿夜》最塙，盖此舞乐即象当时士卒之欢乐歌舞也。"

予其誓"观之，武王伐纣之临阵歌舞似应具有传统性，又具有随机性，如"师乃掐"所谓的"左旋右掐"的情形。"称""比""立"都具有整齐划一的动作性，有似群舞。当然，这种武舞与干、戈之具和祭祀之乐极相关系。因此《尚书》传谓"称，举也。戈，戟；干，楯也。"①《春秋考》卷十四云："舞有武舞，有文舞。干舞，武舞也。干，楯也。戚，斧也。左手执楯，右手执斧，以象武事者也。羽舞，文舞也。《诗·硕人》所谓'左手执籥，右手秉翟'者也。籥者，吹之以节舞，而翟则羽也。《舜典》言'舞干羽于两阶者，以征有苗'言之，故用武也。古者为此二舞，各随其乐之所作，乐象武功，则舞以武舞。《明堂位》言'朱干玉戚，冕而舞'，《大武》是也。乐象文德，则舞以文舞，皮弁素积裼而武，《大夏》是也。"②果如《舜典》所言，则文舞、武舞自是有传统的。《春秋考》又谓"盖周乐以《大武》为最盛，故独列于六代之乐，而不及《象》《勺》。所谓舞莫重于《武宿夜》者也，祭祀之礼入舞，君执干戚就舞位，冕而总干，率其群臣以乐，皇尸而大司乐以享先祖者，亦舞《大武》，此《鲁颂》所以举'万舞洋洋'也。"③这说明几点：一是解释《明堂位》"朱干玉戚，冕而舞"之义；二是解释《大武》与《武宿夜》的关系；三是说明此类舞乐与祭祀及告祖功德的关系并暗示舞位仪阵的内容。

西周初年为纪念武王之功德，故而将这种将戟、楯相结合的舞舞尊而成为祭祀之乐舞，这种舞乐最大的特征可能就是再现了当时"八百诸侯"会于孟津而激情奋志的舞乐场景，武舞的特征极为明显，因此汉初高祖观巴渝舞，一观便知为"武王伐纣之乐"。既然是武王伐纣之乐，自然与《武宿夜》有关。皇侃《礼记义疏》称武王伐纣，止于商郊宿夜，欢乐歌舞以待旦，故以其歌舞而名《武宿夜》，其称"《武宿夜》，其乐亡也。"北朝熊安生《礼记义疏》认为《武宿夜》

---

① 孔安国传，孔颖达疏：《尚书注疏》卷十一，第337页。又见魏了翁《尚书要义》卷十（清嘉庆宛委别藏补配文渊阁四库全书本）。

② 叶梦得：《春秋考》卷十四，清武英殿聚珍版丛书本。

③ 叶梦得：《春秋考》卷十四，清武英殿聚珍版丛书本。

即《大武》之乐，俱见孔颖达疏《礼记正义》①。

总言之，周初定典立制以《武宿夜》为大舞，即周乐之《大武》。《大武》可能表现了武王伐纣之时"前歌后舞"的情形，而参与这种"凫噪"或"摺舞"之行的应有巴蜀之师。这可以从几个方面证明：

一是如果"前歌后舞"仅是颂文王武王得聚人心之义，其中乐歌中如斯表现是可以理解的，但如果要从乐歌转化为乐舞，即由听觉传达转变为视觉传达，其最好的表现形式应该也是有所变化的。这就难免应有"称""比""立""左旋右摺"的动作性表征，甚至"凫噪"类视听结合类的表现。

二是从考古发掘来看，巴地出土青铜戈、矛及柳叶剑较多（参第四章内容），其中舞干（楯）及旋摺抽刃等都与巴人如板楯蛮夷等的生活环境和习性有关。结合汉初高祖观舞的细节来看，此舞乐应有明显独特的舞容或歌陈内容。从舞容来看，或许可能有周本民族的舞容舞技特征，也有巴賨之人的原始地域性舞蹈动作。

三是如《华阳国志》所记"周文为伯，西有九国"②，则周文王为西方诸侯之伯长，任乃强先生认为此九国指"庸、蜀、羌、髳、微、卢、彭、濮，合巴国为九也"③，而笔者认为"九国"应是指庸、蜀、羌、髳、微、卢、彭、濮及周。其时"巴国"尚未封建，而"巴"地则应包括西方九国的属地，因而他们的舞容可能有一些部族特征，但可能更大的区别是不同于东方商部落。故从其武舞的描绘来看，更多的是诸侯之军发率臆气的拊胸、击戈、舞楯的武容雄姿。而且舞干（楯）及"左旋右摺"都反映了近身格斗的动作特征，与西方巴地山地环境有关联的。如果理解了巴与西方"九国"的内在逻辑关系，自然就可以明确《华阳国志》所谓"巴师勇锐，歌舞以凌殷人"④的叙述逻辑转化。从这种逻辑来看，经传中记载的"前歌后舞"确实反映

---

① 郑玄注，孔颖达疏：《礼记正义》卷四十九，第 1577 页。

② 常璩著，任乃强校注：《华阳国志校补图注》卷一，第 1 页。

③ 常璩著，任乃强校注：《华阳国志校补图注》卷一，第 3 页。

④ 常璩著，任乃强校注：《华阳国志校补图注》卷一，第 4 页。

了《大武》及《巴渝舞》舞容舞象的一些特征。

有学者认为其时"前歌后舞"就是巴人所独为，甚至认为就是賨人所跳之《巴渝舞》，如王建纬称："在伐纣的战斗中，賨人断无一反常态，'罢舞'不跳之理，因此，'歌舞以凌殷人'的歌舞，当是賨人所跳的《巴渝舞》。"[①] 这显然是有违逻辑的。其中关键问题是对《华阳国志》所称"巴师"的理解，即"巴师"是指巴国军队，还是指西方九国甚至更多的诸侯军队？而《巴渝舞》应是《武宿夜》之后而传流于巴地的乐舞，按《后汉书》《华阳国志》其名当在汉高祖或汉武帝命乐人习之而传流才始呼其名[②]。

历代典籍中，或有以"前歌后舞"，认为是殷人倒戈而相庆。然《华阳国志》中载"武王伐纣，前歌后舞也"，其或确为前后三军互举干戈蹈舞相庆的史实性情形描写外，其亦在彰明文武之德的旨义。《尚书大传》卷三载武王伐纣，"惟丙午，王逮师，前师乃鼓鼗噪，师乃慆，前歌后舞。"郑玄注："慆，喜也。众大喜，前歌后舞也。"[③] 显然此句意在形容前后军阵欢然相庆的情形。而将"前歌后舞"作为快哉相庆之义者，亦有明典，如《汉书》卷九十九下《王莽传》载："邑曰：'百万之师，所过当灭，今屠此城，喋血而进，前歌后舞，顾不快邪！'遂围城数十重。"[④] 可见在汉代"前歌后舞"除开经学家对《尚书》武王伐纣的义解外，已然衍生出"快意相庆"的含义。常璩

---

① 王建纬：《〈牧誓〉之"彭"与賨人歌舞》，《四川文物》1998 年第 5 期。

② 见《后汉书》卷八十六《南蛮西南夷列传》；又见《华阳国志》卷一。

③ 伏胜著，郑玄注，陈寿祺辑校：《尚书大传》卷三，四部丛刊景清刻左海文集本。《说文》卷十二："搯，捾也。……《周书》曰：'师乃搯。'搯者，掏兵刃以习击刺也。《诗》曰：'左旋右搯。'"清段玉裁注"师乃搯"为"《尚书·大誓》文，汉《大誓》有今文古文之别，合于伏生二十八篇者，后得之《大誓》，今文也。马、郑所注者，孔壁之《大誓》，古文也。《尚书大传》：'师乃慆'，郑云：慆，喜也。此今文《大誓》也。许所称作'师乃搯'，此古文《大誓》也。如古文'流为雕'，今文作'流为鸮'之比。详《古文尚书撰异》。"又注"搯兵刃"为"拔兵刃"，"左旋右搯"为"左旋右搯"。（《说文解字注》卷十二上，第 595—596 页）但《说文解字》卷十许慎谓："慆，说也。"段玉裁注："说，今之悦字。《尚书大传》：'师乃慆'。注曰'慆，喜也。'可证许说。《悉蟀》传曰：'慆，过也。'《东山》传曰：'慆慆，言久也。'皆引申之义也，古与搯互假借。"（《说文解字注》卷十下，第 507 页上）按《说文解字注》"师乃搯"乃可谓抚心叩胸、拔刃击剑之舞容的描写。

④ 班固：《汉书》卷九九，第 4183 页。

所引虽然明显出于《尚书》本经义旨，然其所谓"故世称之曰'武王伐纣，前歌后舞'也"①，所谓世称既当包含《尚书》本义，也当包含后来以"德"释义的诸家传说。

如果确定"前歌后舞"的对象就是武王三军，那么如何来理解《华阳国志》中"巴师勇锐，歌舞以凌殷人"的记载至巴师"前歌后舞"的逻辑转化呢？当然要理解这层逻辑叙述是如何来转换的，自然要明确《泰誓》《牧誓》篇无"巴"，而何以称巴师助周？参与此役有八百诸侯，而何以独称巴师勇锐？以及何以歌舞以凌（殷人）等系列问题。

结合经传及其注疏，或许可以明确《华阳国志》所述之义理与逻辑。如《管子》卷第十三谓"故子而代其父曰义也，臣而代其君曰篡也。篡何能歌？武王是也。"唐房玄龄注曰："而武王以臣代君则非篡也。谓之篡之，岂能使纣之众'前歌后舞'乎？则武王以臣代君，于理是也。"②此显然认为乃纣之众"前歌后舞"，而非武王三军。当然其契入乃在于武王以臣代君的合乎民心之说。而且此种解释又合于汉郑玄以今文说释"慆"乃喜之说。又《白虎通德论》卷二《礼乐》篇谓："夫礼者，阴阳之际也，百事之会也，所以尊天地，傧鬼神，序上下，正人道也。乐所以必歌者何？夫歌者，口言之也，中心喜乐，口欲歌之，手欲舞之，足欲蹈之，故《尚书》曰'前歌后舞，假于上下。'"③唐孔颖达《礼记疏》谓"文王武王之有德，使众前歌后舞也。"④显然"前歌后舞"在此有形容上下齐心合德之意，在晋以后的唐人经注中不但秉承此义，实际上在晋代常璩《华阳国志·巴志》所称巴师勇锐，相助武王伐纣亦在于阐其上下及诸方合德之义，而且此义与其文意相顺连贯，合乎语言逻辑的承进法则。综此来看，无论

---

① 常璩著，任乃强校注：《华阳国志校补图注》卷一，第4页。

② 管仲著，房玄龄注：《管子》卷十三，四部丛刊景宋本。又见黎翔凤著，梁运华整理：《管子校注》卷十三，第807页。

③ 班固：《白虎通德论》卷二，四部丛刊景元大德覆宋监本。

④ 郑玄注，孔颖达疏：《礼记正义》卷二十，第761页上。

是纣众"前歌后舞"，还是武王三军"前歌后舞"，皆是从上下、正反、内外等角度来阐释《尚书》"前歌后舞，假于上下"之义的。

另一方面，"前歌后舞"也确实有勇锐之象的表现。如果将"欢歌"与"武舞"相结合，其更进一步证明武王之师的勇锐和无所畏惧之态。常璩《华阳国志·巴志》述"巴师勇锐，歌舞以凌（殷人），殷人倒戈，故世称之曰'武王伐纣，前歌后舞'也"①。此数句的细微处正在于恰当理解"歌舞以凌"，其歌舞或许就应包含欢歌与武舞两层内涵。所谓"凌"自然又有在气势上的先声夺人。故其内涵两层极具逻辑关系的意义：其一讲"巴师勇锐"，乃在于讲从气势上已威压殷军；其二"歌舞以凌殷人"，乃在于称巴师歌舞之象，或有《武宿夜》之仪。其中深喻和谐齐德之义，已备舆论攻势之策。又有武象之威，如《尚书》"师乃慆"，古文经"慆"或作"搯"，就有抽刃之义。故"前歌后舞"既有武舞之象，又有颂歌之义。由此两端，故叙"殷人倒戈"，然后总陈其旨"故世称之曰'武王伐纣，前歌后舞'也"，由此发明武王伐纣，民心所向，万方同归。

那么，常璩何以称巴师歌舞以凌殷人呢？结合《尚书》中《泰誓》与《牧誓》二篇，已可窥见巴人确实参与伐纣之役。《泰誓》云："惟丙午，王逮师。前师乃鼓鼗噪，师乃慆，前歌后舞，格于上天下地。"②结合史料对武王伐纣的记载，当时部分诸侯军队先期到达，而武王之师后至，故此"前师"可能并不是指武王直属的军队，而可能是巴地诸侯之师。因前军见武王军队抵达会合，故欢然鼗噪，从而影响上下三军皆欢慆。在这一过程中，或许有纣之叛军倒戈。王逸认为"前歌后舞"者为武王所帅三军③。至常璩《华阳国志·巴志》则变而为"巴师勇锐，歌舞以凌殷人，（殷人）倒戈，故世称之曰'武王伐纣，前歌后舞'也"④。此句也有学者解读为"歌舞以凌殷人，（前徒）

---

① 常璩著，任乃强校注：《华阳国志校补图注》卷一，第4页。

② 孙星衍：《尚书今古文注疏》卷十，第276—278页。

③ 洪兴祖：《楚辞补注》卷三，第110页。

④ 常璩：《华阳国志》卷一，《二十五别史》本，第2页。

殷人倒戈"①，当然在文献抄写的过程中古人常用的同字省略符（近"二"字形）有可能误脱。如清张尚瑗撰《三传折诸》载《巴子使韩服告于楚》篇就记作"《华阳国志》：武王伐纣，巴师勇锐，歌舞以凌殷，殷人倒戈。"②其中"巴师"即应是"前师"，故与殷人军队相接，称"歌舞以凌殷人"是可信的，所谓"凌"可能就暗含有使纣前军倒戈之义，故《华阳国志》它本或作"（前徒）殷人倒戈"，或作"前徒倒戈"③。至唐房玄龄注《管子》则称"前歌后舞"是纣之叛军所为④。

要正确理解常璩《华阳国志》在此处的叙述逻辑的转变，就必须重新审读《尚书·泰誓》中"王逮师"和"前师"所指及其本旨。刘歆作《三统历》引今文《泰誓》作"丙午还师"，《太平御览》引《尚书大传》作"惟丙午，王建师"。孙星衍《尚书今古文注疏》辨云："还与建，皆逮字之误。逮者，《释言》云：'及也。'诸侯之师以殷十一月二十八日戊子先发，而武王以周正月初三日癸巳始发，故至十六日丙午及之也。"⑤《汉书·律历志》引《三统》云："癸巳武王始发，丙午逮师，戊午度于孟津。孟津去周九百里，师行三十里，故三十一日而度。"⑥此何以后及呢？这与《泰誓》篇前云"八百诸侯不召自来，不期同时，不谋同辞"的叙述是前后呼应的，而且也是与后所称"前师"相照应的。武王之所以后及而至，荀子等解释则因忌讳所致，《荀子·儒效》云："武王之诛纣也，行之日以兵忌。"⑦《尸子》中亦有关于武王伐纣时鱼辛之谏。而且从《春秋左传》来看，古代"国之大事，在祀与戎"，其行军征伐不但告庙，亦有占卜，这在商代甲骨文记载中亦可印证。那么武王伐纣卜日而行则是可信的。而

历史的记忆
巴文化的多维考察

---

① 参见常璩著，任乃强校注：《华阳国志校补图注》卷一，第 4 页。

② 张尚瑗：《三传折诸》卷二，《景印文渊阁四库全书》第 177 册，第 96 页上。

③ 见常璩：《华阳国志》卷一，清嘉庆十九年刻本。

④ 黎翔凤著，梁运华整理：《管子校注》卷十三，第 807 页。

⑤ 孙星衍：《尚书今古文注疏》卷十，第 276—277 页。

⑥ 转引自孙星衍：《尚书今古文注疏》卷十，第 277 页。又参见班固：《汉书》卷二十一下，第 1015 页。按：今本《汉书》作"还师"。然孙星衍引《诗·閟宫》疏引《汉律历志》亦作"逮师"，或孙氏所见《汉书》本有作"逮师"。

⑦ 王先谦：《荀子集解》卷四，第 134 页。

其余八百诸侯则确实可能闻风而动，先至于孟津。《牧誓》篇云："时甲子昧爽，王朝至于商郊牧野，乃誓。"① 则此篇是武王至商郊会师的誓师之辞。《牧誓》云："王曰：'嗟！我友邦冢君，御事司徒、司马、司空、亚旅、师氏、千夫长、百夫长，及庸、蜀、羌、髳、微、卢、彭、濮人。称尔戈，比尔干，立尔矛，予其誓。'"② 前称御事职官当多为本部兵士，而所谓八百诸侯则实多为孔颖达所解的"八国之师"，即庸、蜀、羌、髳、微、卢、彭、濮人。这些部族人民原本或许就生活在江汉流域及长江中上游一带，实际大概就是巴楚之地，故而其部族士卒多习水性，又善攀援，故先期而至。故其《泰誓》所称"前师"当即指"庸、蜀、羌、髳、微、卢、彭、濮人"，孙星衍云："诸侯先发，武王后至，故曰前师。前师闻武王至，若已胜敌，皆骈鼓欢呼而喜也。"③ 由此可见，《尚书》中所叙"前歌后舞"的"前师"确实就应是《华阳国志》所谓的"巴师"。

在武王伐纣会师之时巴賨之师所舞是否可能为其具有地域性的舞蹈呢？《尚书·泰誓》对王师与八百诸侯之师会师的情形描写是十分具体而生动的，其云："前师乃鼓钹噪，师乃慆，前歌后舞，格于上天下地。"则"前师"与"师"应是相对而言的，庄述祖云："前师是诸侯之师，此师则从王之虎贲三千人、革车三百两。车右即虎贲，主击刺，故云师乃慆。车有步卒七十二人，凡二万一千六百人，故称师也。"换言之，前师"乃鼓钹噪"，后师"乃慆"。当然也可以理解为全师"乃慆"，但从其后称"前歌后舞"来看，则应是分叙前后之师相会时各自的情形。孙星衍引《周礼》注云："吏士鼓噪，象攻敌克胜而喜也。噪，欢也。"其称"钹"当为"拊"字，"拊者，拊手，字同'抚'，《释名》云：'抚，敷也。敷手以拍之也。'"其情形或如今天尚在流传的巴人摆手舞或拍手舞之类。而孙星衍引许氏释"慆"作"搯"，又引《周书》云："搯者，抽刀以习击刺也。"并引《诗·清

---

① 孙星衍：《尚书今古文注疏》卷十一，第282—283页。

② 孙星衍：《尚书今古文注疏》卷十一，第284—286页。

③ 孙星衍：《尚书今古文注疏》卷十，第278页。

人》篇"左旋右抽"笺注为证①。如此来看，则前师"鼓鼗噪"乃为欢歌，而武王后至之军则抽刃捣舞，故称"前歌后舞"也。

那么，以此来看，巴人在此役中所歌舞则是以鼓舞相结合的情形，确实应有着某种程度的地域性特色。周初巴人的这种"鼓鼗"舞蹈可能与后来巴蜀地区出现的摆手舞等都有关系，在巴蜀地区出土的画像砖或青铜器上也偶有类似武舞呈现。如高文编著《四川汉代画像砖》中收录有四川省博物馆藏 1956 年彭县大平乡出土的画像砖拓片，其中画有一位女子手持长巾踏鼓起舞的情形，高文认为像汉、魏时的"七盘舞"。又广汉市文化馆藏广汉市出土的槃舞画像砖，亦为三女的伎舞图，右边一双髻女子手持长巾踏鼓起舞，足下亦有二鼓②。其中踏鼓节律的形态尤可注意。这种歌舞的形态在战国的一些青铜器物上也有类似表现，如宋治民《战国秦汉考古》载图十九"战国铜器镶嵌纹饰拓片"上就有女子渔猎歌舞的情景，其中腰间所系或为腰鼓或为渔兜，但其中有持刀剑或工具的，且多人动作协调一致③，或许是在劳动中歌舞的图示。若结合其他一些青铜器物的图画来看，其腰间的白横陈物可能为剑袋，如《中国青铜器图录》第 502 页中展示的战国铜器上的人物画像，就可以看出来其腰间类似的横陈物就是剑袋，尚有剑柄露在其外④。四川省博物馆保存有 1955 年德阳出土的耨秧歌舞的画像砖，有学者称为汉代"灵星舞图"，高文认为展现的是汉代祀农神的乐舞⑤。在四川达州罗家坝出土的铜豆、铜罍中也有一些宴乐、武舞和弋射图，其中 M33 出土一件矮柄豆上就展示"中图为武舞图，左侧刻有两鸟，右侧 4 人，皆左手持矛，右手长舞，作武舞状。"⑥ 由此可见，巴渝舞在传播中确实可能融入了武舞的成分。

---

① 以上皆参孙星衍《尚书今古文注疏》卷十，第 278 页。

② 高文：《四川汉代画像砖》，上海人民美术出版社 1987 年版，第 42、47 页。

③ 参见宋治民：《战国秦汉考古》，四川大学出版社 1993 年版，第 64 页。

④ 李建伟、牛瑞红编著：《中国青铜器图录》，中国商业出版社 2000 年版，第 502 页。

⑤ 高文：《四川汉代画像砖》，第 1 页。

⑥ 四川省文物考古研究院、达州市文物管理所、宣汉县文物管理所编著：《宣汉罗家坝》，第 142 页。

二、巴渝舞的形态与内容

如果仅是巴人前歌，或者说巴师"前歌后舞"，《华阳国志》又何以称"巴师勇锐"呢？其间的逻辑是什么呢？是否仅仅因巴师参与武王伐纣之役而勇为前师呢？恐怕这尚不足以成为《华阳国志》谓"巴师勇锐"的推理逻辑之由。

首先，对"巴师勇锐"的判断虽一方面极有可能源于巴人白虎图腾等信仰，或者是其特殊的步战利器"柳叶剑"而闻名，但无论是虎、蛇或鱼凫图腾，以及利于近身格斗的柳叶短剑，其势皆与自然地理有密切关系，而另一方面恐怕则源于"巴渝舞"的特殊礼乐形制。巴渝舞可能在鼓舞中融入了武舞的形态，这使其勇武精神以另一种文化符号形式得以沿传和承续。《礼记·祭统》疏引皇氏云："师说《书传》云：'武王伐纣，至于商郊，停止宿夜，士卒皆欢乐歌舞以待旦，因名焉。'《武宿夜》，其乐亡也。"又引熊氏云："此即《大武》之乐也。"① 也即是说，其时巴人所鼓舞欢唱的歌舞形态应被纳入了周初制典所作《武宿夜》或《大武》的典礼乐中。因而其后巴渝所传歌舞极有可能就借鉴了《武宿夜》所表现之干戚及鼓舞相配的乐舞形式，在《大武》中又被尊为祭祀武舞。也即是说，巴域民族舞蹈的成分被吸纳进入了周代的典乐。当然，反过来说，这种融合诸乐形态的典乐形制必然影响到巴渝舞的形态，这从前面所述的战国至汉代的青铜器和汉代画像砖上的巴人武舞图就可以得到一些证明。

其次，如果巴渝舞早期的一些因素被融入了周代典乐，而作为极重礼乐的周代社会，难免不会将此舞乐颁布各诸侯国，如在春秋之世，鲁尚保留有周的一些礼乐，故有吴公子季札入鲁而观周乐的记载。无论其先所谓"八国之师"是否为姬姓部族，但周以后多由并入周之同姓诸侯管理，如《华阳国志·巴志》称："王既克殷，以其宗

① 郑玄注，孔颖达疏：《礼记正义》卷四十九，第 1577—1578 页。

姬于巴，爵之以子。"① 即便如楚虽非周室同姓，实皆出于周之远亲，为黄帝之支裔。因此这种典礼形制的舞乐因为周初封其姬姓之民于巴，从而被带到巴地，不无可能。当然，这些礼乐的传播跟周公奔楚和王子朝奔楚从而将周代的文化及礼制典章等传播到南方也多少有些关系。

基于上述巴人图腾信仰、兵器与格斗战法及巴渝武舞，足可见"巴人勇锐"之性。而汉初高祖用巴人伐秦，不但因《尚书》所载，史有明信，抑或深谙于此。而其观巴人舞乐，始惊其为"此武王伐纣之歌也"，并使乐人习之，明显可以证明汉高祖对"巴人勇锐"的印象应直接与巴渝舞象有关，这也进一步证明了汉初高祖观巴渝舞时已明显融入了武舞的形态，从战国时期的青铜器和汉代巴蜀地区的画像砖上也证明了这一点。虽然西周至春秋之世的情况不太明了，但从西周至汉初，实已数百余年，汉高祖观巴渝舞而惊叹为"武王伐纣之歌"，其虽不知所由，然巴地之民早与周室封建之裔相融并生，其原地域性舞蹈可能早与周裔之民迁传而来的武舞相融，却应是既成事实。那么此时巴渝舞的形态应表现为以武舞为特征的鼓舞形态，或有干戚相配之象；如果再考虑周代多诗乐舞合一的形态，特别是对于一些具有颂诗性质的典乐更应如此，那么这种巴渝舞如果同时具有欢歌的歌辞内容的话，则必然在一定程度上彰显周民后裔封建于此，从而其歌暗寓颂咏其德之义。当然，这有一些推测的因素，因此有必要进一步探讨巴渝舞的形态与内容，以及《大武》在周世及之后的流传情况。

巴渝舞的内容与形态到底如何呢？是否保留了武王伐纣所陈的舞容舞态呢？这可以从舞乐道具等加以考察。

唐杜佑《通典》录《巴渝舞杂武舞议》谓："魏改《巴渝》为《昭武》，《五行》曰《大武》。今《凯容舞》则执籥翟，此即魏《文始舞》也。《宣烈舞》有牟弩，有干戚。牟弩，汉《巴渝舞》也；干

---

① 常璩著，任乃强校注：《华阳国志校补图注》卷一，第4页。

戚，周《武舞》也。"① 此即是说，巴渝舞在魏晋南北朝曾被载入典乐，且舞乐名称历有变化。《乐府诗集》载有晋张华《正德舞歌》《大豫舞歌》②。《正德舞歌》云：

> 日皇上天，玄鉴惟光。神器周回，五代德章。祚命于晋，世有哲王。弘济区夏，陶甄万方。大明垂耀，旁烛无疆。蚩蚩庶类，风德永康。皇道惟清，礼乐斯经。金石在县，万舞在庭。象容表庆，协律被声。轶《武》超《濩》，取节《六韺》。同进退让，化渐无形。太和宣洽，通于幽冥。

《大豫舞歌》云：

> 惟天之命，符运有归。赫赫大晋，三后重晖。继明绍世，光抚九围。我皇绍期，遂在璇玑。群生属命，奄有庶邦。慎徽五典，玄教遐通。万方同轨，率土咸雍。受制大豫，宣德舞功。醇化既穆，王道协隆。仁及草木，惠加昆虫。亿兆夷人，悦仰皇风。丕显大业，永世弥崇。

《乐府诗集》亦收有王韶之《宋前后舞歌》，即分别为《前舞歌》和《后舞歌》，在仪式呈现上如同晋之《正德舞歌》和《大豫舞歌》，分别示文舞和武舞。《乐府诗集》引《宋书》辨前后舞歌的关系：

> 《宋书·乐志》曰："武帝永初元年，改晋《正德舞》曰《前舞》，《大豫舞》曰《后舞》，并蒉宾厢作。孝武孝建二年九月，建平王宏议，以为舞不更名，直为前后二舞。依据昔代，义舛事乖，宜釐改权称，以'凯容'为《韶舞》，'宣烈'为《武舞》。祖宗庙乐，总以德为名。若庙非不毁，则乐（舞）〔无〕别称。犹汉高、文、武，咸有嘉号，惠、景二主，乐无余名。章皇太后庙唯奏文乐，明妇人无武事也。郊祀之乐，无复别名，仍同宗庙而已。诏如宏议。"③

《乐府诗集》卷五十二收有《齐前后舞歌》，即齐辞《前舞阶步

---

① 杜佑：《通典》卷一百四十七乐七，第 3761 页。

② 郭茂倩编：《乐府诗集》卷五二，第 757 页。

③ 郭茂倩编：《乐府诗集》卷五二，第 757—758 页。

歌》《后舞阶步歌》，又收有宋辞《前舞凯容歌》《后舞凯容歌》。所谓阶步歌，《隋书·乐志》曰："近代舞出入皆作乐，谓之阶步，咸用《肆夏》，至梁去之，隋复用焉。即周官所谓乐出入奏钟鼓也。"①此实为说明舞乐的合一。《乐府诗集》引《南齐书·乐志》曰：

> 宋前后舞歌二章，齐微改革，多仍旧辞。《宣烈舞》，执干戚，用魏武始舞冠服，《凯容舞》执羽籥，用魏《咸熙舞》冠服。宋以《凯容》继《韶》为文舞，据《韶》为言。《宣烈》即是古之《大武》，今世谚呼为武王伐纣。齐初仍旧，不改宋舞名。其舞人冠服，亦相承用之②。

《乐府诗集》又引《古今乐录》曰："宋孝武改《前舞》为《凯容》之舞，《后舞》为《宣烈》之舞。"③略作梳理，即武舞由周初的《大武》，演而变为汉初的《巴渝舞》，或变而为《昭容》(或《昭武》)，至晋变而为《大豫舞》，至宋而变为《宣烈》。而文舞则由周初之《大夏》④，演而变为汉初的《礼容乐》(或《宣文》)，至魏或名《武始舞》，至晋而变为《正德》，至宋而变为《凯容》。郭茂倩云："魏改《巴渝》为《昭武》，《五行》曰《大武》。今《凯容舞》执籥秉翟，即魏《武始舞》也。《宣烈舞》有矛弩，有干戚。矛弩，汉《巴渝舞》也，干戚，周《武舞》也。"⑤显然除开巴渝舞与周初以来的武舞有关外，还应有用"矛弩"等武器为舞具的特点。

此处还有一细节需注意，虽然我们推测可能在巴人助武王伐纣时枕戈待旦和前歌后舞的欢噪中已自然将民族的巴渝舞融入周人乐舞，并被周初的统治者所采用。即或不是周初，也可能是汉初高祖时巴渝舞融入典乐，成为郊祀乐舞。可以明确在南朝宋时《宣烈舞》既有"巴渝舞"的"矛弩"特征，又有周"武舞"的干戚特征。因此称巴

---

① 转引自郭茂倩编：《乐府诗集》卷五二，第759页。

② 转引自郭茂倩编：《乐府诗集》卷五二，第759页。按：此段与今本《南齐书》文字略异，当为郭茂倩取义略文之法。

③ 转引自郭茂倩编：《乐府诗集》卷五二，第759页。

④ 郑玄《礼记》注："《大夏》，禹乐，文舞也，执羽籥。"

⑤ 郭茂倩编：《乐府诗集》卷五二，第760页。

渝舞具有干戚的特点还不太准确，而只是一种泛称。"矛弩"与"干戚"有什么差别呢？干戚是指盾和斧，而矛是指长柄有刃的利器，而弩是指弓箭。在南方巴地出土有大量的青铜矛①，而"弩"从古歌谣《弹歌》的描述，以及《史记·楚世家》载楚人"唯是桃弧棘矢以共王事"②，可见巴楚之地确产矛弩。而唐杜佑《通典》卷一百四十七"乐七"、宋陈旸《乐书》卷一百七十六及一百七十七"乐图论"、宋王应麟《玉海》卷一百七"音乐"、元马端临《文献通考》卷一百四十五"乐考十八"、明王圻撰《续文献通考》卷一百六十"乐考"、明徐一夔《明集礼》卷五十三上"乐"、清阎镇珩《六典通考》卷一百三十二"乐制考"等皆作"牟弩"。如《续文献通考》卷一百六十《乐考》谓："古者乐以象功，……有黄门鼓吹舞，宴乐用之；有短箫铙歌舞，军中用之。其始因高祖用賨人定三秦，其俗喜舞，使乐人习之，有巴渝舞，用牟弩舞之。"③"牟弩"或即"矛弩"之音误。

虽《乐书》《玉海》《文献通考》等称"牟弩"为汉"巴渝舞"所执，但宋陈旸撰《乐书》卷一百七十七《隋乐舞》谓"魏晋以来，有矛俞、弩俞，及朱儒导引之类。"④元马端临《文献通考》卷一百四十五《乐舞》、清阎镇珩撰《六典通考》卷一百三十二《历代乐舞》亦有相同论载。所谓"矛俞""弩俞"实则以巴渝舞中的执具而分称之状。亦即巴渝舞可能有专以矛为具的乐舞，也有以弩为具的乐舞，当然亦有可能混用的情形。其"有巴渝舞，用牟（矛）弩舞之"或即总括之言。按唐初魏徵撰《隋书》卷十五《音乐下》云："又魏、晋故事，有矛俞、弩俞，及朱儒导引。今据《尚书》直云干羽，《礼》文称羽籥干戚。今文舞执羽籥，武舞执干戚，其矛俞、弩

177

第七章
南方「巴渝舞」的历史流变

---

① 可参四川省文物考古研究院、达州市文物管理所、宣汉县文物管理所编著：《宣汉罗家坝》出土器物部分。

② 司马迁：《史记》卷四十，第1705页。

③ 王圻：《续文献通考》卷一百六十《乐考》，明万历三十年松江府刻本。

④ 陈旸：《乐书》卷一百七十七《乐图论》，《景印文渊阁四库全书》本。

俞等，盖汉高祖自汉中归，巴、俞之兵，执仗而舞也。"[1] 可见《尚书》即以"干戚"而总称武舞之具，自应包括执"矛弩"的巴渝舞具。

宋王应麟《玉海》卷一百七《乐舞》录《汉巴俞舞》（见夷乐）篇："《相如传》注：师古曰：'巴俞之人，明通好舞，初高祖用之克平三秦，美其功力。后使乐府习之，因名巴俞舞。'《宋志》：魏俞儿舞歌四篇，王粲造。晋《宣武舞歌》四篇，傅玄造，惟《圣皇篇》《短兵篇》《军镇篇》《穷武篇》，又《宣文舞歌》二篇。"[2] 在"王粲造"后小字注："《矛俞》《弩俞》《安台行辞》《新福歌》。"在《圣皇篇》后注"《矛俞》第一"；在《短兵篇》后注"《剑俞》第二"；在《军镇篇》后注"《弩俞》第三"；在《穷武篇》后注"《安台行辞》第四"。此即说明在巴渝舞所执的舞具中实往往又不止于矛、弩，还有剑器，这在汉代的画像砖或画像石中亦可以找到一些证据。在"又宣文舞歌二篇"后注"《羽籥》《羽铎》"。《玉海》卷一百八《四夷乐》载《汉巴俞乐舞》云："《隋志》：魏晋故事，有矛俞、弩俞等，盖汉高祖自汉中归巴俞之兵，执仗而舞也。开皇九年以非正典，罢，不用。《唐志》：《巴渝》，汉高帝命工人作也，清商，伎舞者四人，并习《巴俞舞》。《蜀都赋》：'奋之则賨旅，玩之则渝舞。锐气剽于中华，蹻容世于乐府。'"[3] 此乃说明"巴渝舞"自隋开皇九年后一度被排在典乐外，其原因或许就是认为巴渝舞为巴人士卒"执仗而舞"，即所执舞具非有定一，而《蜀都赋》所称"玩之则渝舞"，更说明巴渝舞的"即兴"表演陈情之义。从一个侧面也说明其舞具的非统一性和固定性。

如果巴渝舞中有矛俞、弩俞、剑俞甚或其他舞具，那是否可能有"牟俞"，而"牟"非"矛"之误，其另指一种舞具呢？

宋郭茂倩《乐府诗集》卷五十二、明梅鼎柞《古乐苑》卷二十七等皆作"矛弩"，南北朝范晔《后汉书》、唐杜佑《通典》、宋王应麟

---

① 魏徵：《隋书》卷十五志第十，第358—359页。

② 王应麟：《玉海》一百七《乐舞》，《景印文渊阁四库全书》第945册，第816页。

③ 王应麟：《玉海》卷一百八《四夷乐》，《景印文渊阁四库全书》第945册，第832页。

《玉海》等多有论"戈矛弩箙"法驾舆服之状。如《后汉书》谓:"古者诸侯贰车九乘。秦灭九国,兼其车服,故大驾属车八十一乘,法驾半之。属车皆皂盖赤裏,朱轓,戈矛弩箙,尚书、御史所载。"[①]《通典》卷六十六《卤簿》亦载:"秦制,大驾属车八十一乘,法驾半之。左右分行其车,皆皂盖赤裏,朱轓轓,戈矛弩箙,尚书、御史所载。"[②]由此可看出,秦或秦以前,法驾之仪皆有"朱轓轓,戈矛弩箙",也即是说矛弩应为其基本行仗之仪。故秦汉典乐中巴渝舞用矛弩既符合仪仗,反过来也或许说明巴渝舞融入典乐武舞非始于汉初。

"牟"既与"矛"音近,亦与"箙"音通。"牟"是否为"箙"之讹呢?"箙"为用竹、木或兽皮做成的盛箭的器具,或用具的外套。然《后汉书·舆服》载:"耕车,其饰皆如之。有三盖。一曰芝车,置耕末耜之箙,上亲耕所乘也。"[③]按李贤引郑玄注"服,车箱也。"此"服"当同"箙"。当然"箙弩"意义上还是能通的。在青铜纹饰和汉画像石上确有击剑佩箙的画像。但"牟"与"矛"音形皆近,"矛"误"牟"的可能性极大。

除上引诸书用"牟弩"外,罕见"牟弩"之说。从义项推之,"矛弩"之义亦为理顺成词,如宋曾公亮《武经总要》谓:"凡于山峡卒遇敌,即急鼓噪,先使其惊乱,然后合变以击之。凡发兵深入,遇大林木,与敌分林相拒,谓之林战。以我军分为冲阵,使兵所处,矛弩为表,戟楯为里,斩除草木,极广吾道,以便战所。高置旌旗,谨于军众,无使敌人知吾情实,然后率吾矛弩相与为伍,若遇林树少,则以骑为辅,见利则战,未利则止。若遇林木多又有险隘阻以冲阵,谨备前后,更息更战,敌人必走。又林战之道,昼广旗旌,夜多火鼓,利用短兵,巧在奇伏,或发于前,或起于后,左之右之,中以强弩,利且守险而止。"[④]显然,矛、弩、戟、楯各为其战具,而"牟"

---

① 范晔:《后汉书》卷一一九,第3649页。

② 杜佑著,王文锦等点校:《通典》卷六六,第1842—1843页。

③ 范晔:《后汉书》卷一一九,第3646页。

④ 曾公亮:《武经总要》前集卷九,《景印文渊阁四库全书》第726册,第358页。

则无此义。明代张四维撰《条麓堂集》卷二《送马干菴使蜀藩便道归省》诗云："矛弩巴童舞，竹校汉女讴。王孙开雁沼，才子忆龙楼。"①《明书》卷七十二志十四《戎马志三》云："楚九溪有苗兵，有钩、镰、矛、弩诸技。"②

由此推之，杜佑《通典》所谓"《宣烈舞》有牟弩，有干戚。牟弩，汉《巴渝舞》也；干戚，周《武舞》也。"③其中"牟弩"应为"矛弩"之误，可能代指《矛渝》《弩渝》，故宋郭茂倩编《乐府诗集》卷五十二所记"矛弩，汉《巴渝舞》也"④是。

此外，从上面的论述亦可看出，巴渝舞的舞具应当有矛、弩等形器，虽称与周《武舞》不同，《武舞》乃用干、戚，但二者用器恐怕至周以后并非有严格的区别，此处仅各为代指并陈一二为例。因为在唐杜佑《通典》及宋郭茂倩《乐府诗集》所引《宣烈舞》已融用矛、弩、干、戚之具，称有"《宣烈舞》有牟弩，有干戚"⑤。而《宣烈舞》与周之《大武》及《巴渝舞》都有密切关系，其递变之迹具见下述。而且矛、弩、干、戚之具在南方巴地也多有出土器物相证，虽可能在周初二者用器各别，但随着巴渝舞被汉代宫廷采纳，逐渐进入宗庙舞乐系统，巴渝舞的用器可能与中原传统舞乐已有互融的现象。《韩非子》卷十八云："搢笏干戚，不适有方铁铦。"《韩非子》注称："言国军异器，方楯也。言搢笏之议干戚之舞与夫方楯、铁铦不相称适也。"⑥由此可见，战国晚期南方舞乐或中原舞乐已有相混用舞器的情况。这就是何以汉高祖观南方賨民之舞为"武王伐纣之歌"，其中恐怕已有干、戚之舞等动作和形态了。

矛为一种长柄有刃的兵器，而弩是一种用于射箭的武器。如三国

---

① 张四维：《条麓堂集》卷二，明万历二十三年张泰征刻本。

② 傅维鳞：《明书》卷七十二志十四《戎马志三》，清康熙三十四年本诚堂刻本。

③ 杜佑著，王文锦等点校：《通典》卷一百四十七，第 3761 页。

④ 郭茂倩编：《乐府诗集》卷第五十二《齐前后舞歌》，第 760 页。

⑤ 杜佑：《通典》卷一百四十七，第 3761 页。

⑥ 韩非：《韩非子》卷十八，四部丛刊景清景宋钞校本。又见王先慎著《韩非子集解》，卷十八，清光绪二十二年刻本。

时蜀国诸葛亮就发明有"连弩",《汉书·艺文志·兵书略》载《望远连弩射法具》十五篇。汉代已有用双臂拉开的"擘张弩"和用脚踏的"蹶张弩"两种。《战国策·韩策一》云:"天下强弓劲弩,皆自韩出,溪子、少府、时力、距来,皆射六百步外。"① 许慎注《淮南子·俶真训》云:"南方溪子蛮夷柘弩,皆善材也。"②《史记》卷六十九《苏秦列传第九》裴骃《集解》注:"许慎云'南方溪子蛮夷柘弩,皆善材。'《索隐》按:'许慎注《淮南子》,以为南方溪子蛮出柘弩及竹弩。'"③ 南方溪子蛮夷,可能指包括武陵溪一带五溪蛮夷类的南方诸蛮,《宋文鉴》卷第三十八谓"湖湘之南溪蛮,剽悍而易扰。"④ 在荆门战国楚墓中出土的一件带有铭文"大武阅兵"的铜戚,被认为是演出大武之乐所用的道具。此戚略如巴式戈,正反两面铸有相同的图案:即一位头冠长羽、身布重鳞的神人,双耳珥蛇,左手操一龙,右手操一双头怪兽,左足踏月,右足蹬日,胯下乘一龙。同墓还出土有巴式剑,加之此类图案不见于楚器,因此学者认为该墓主为巴人,此期楚、巴之民亦相共而处,楚人乐章也大量吸收了巴文化的因素⑤。这从宋玉《对楚王问》描写的"客有歌于郢中者,其始曰《下里巴人》,国中属而和者数千人"⑥ 的情形,亦可知巴渝歌舞在楚地备受欢迎。这其中所蕴含的巴、楚关系不论,但至少说明巴文化在楚地亦有广泛的传播和受众基础,从文化地域的角度看,湖湘之地同属于巴文化地域范畴⑦。在巴地出土有大量矛、戈及各种箭镞类兵器,在宣汉罗家坝战国遗址及渠县城坝遗址也出土了大量此类器物。这可以作为巴渝舞蹈中可能使用此类器物为舞的明证。至于干、戚

① 刘向集录:《战国策》卷二十六《苏秦为楚合纵说韩王》,第 930 页。

② 见许慎《淮南鸿烈间诂》卷上,清郎园先生全书本。

③ 司马迁:《史记》卷六十九,第 2251 页。

④ 吕祖谦编:《宋文鉴》,皇朝文鉴卷第三十八,四部丛刊景宋刊本。

⑤ 张雄:《巴文化与毗邻诸文化关系概说》,《中南民族学院学报》1993 年第 4 期。

⑥ 萧统编,李善注:《文选》卷四十五,第 1999 页。

⑦ 彭伊立、覃武陵《从文化沉积破解巴文化和桃花源文化》说:"巴国全盛时期,巴人的踪迹,延伸至安徽西南,在大别山、洞庭湖巴陵等地留下众多遗迹。巴文化对楚文化也有深远影响。"(《民族论坛》2006 年第 4 期)。

之具，古代或以干指盾，如《礼记》云："夫大尝禘，升歌《清庙》，下而管《象》，朱干玉戚以舞《大武》，八佾以舞《大夏》，此天子之乐也。"郑玄注："朱干，赤盾。戚，斧也，此《武》《象》之舞所执也。"①也就是说，干是用以作为抵御刀枪的兵器，而戚则指斧钺之器。《大武》之乐当是祭武王之德，其源出《武宿夜》。《武宿夜》之名或出周武王当世所称。其舞仪象皆源自战阵之容，故干戚的舞容仪式使《大武》具有武舞的性质。《礼记》虽称《清庙》《大武》《大夏》为"天子之乐"，然其舞象并非不可鉴用，所谓天子之乐的内涵更应在其祀祖颂功的内容成分。在舞象上《大武》与《大夏》也是略有不同的，故郑玄注："《大夏》，禹乐，文舞也，执羽籥。"②显然《大武》的舞容与武王伐纣之功有密切关系，这种舞容本出于王师与巴人助武王伐纣即兴之舞，故保留在巴渝舞中也是合乎情理的。今天巴地还保存了一种特殊的舞蹈"板楯舞"，可能就与最早的干戚之舞相关。

巴渝舞由于特殊的舞具及其在传播中受特殊地域文化的影响，其舞乐动作或形式也可能呈现出独特性。巴渝舞应具有几个主要特征：一是歌舞结合；二是具有武舞和杂技性动作；三是舞蹈阵容较宏丽，有群舞性质。

《汉书》卷六注就认为"角抵戏"与巴渝舞大致同类，称角抵戏"盖杂技乐也，巴俞戏鱼龙蔓延之属也。汉后更名'平乐观'。"③司马相如《上林赋》云："于是乎游戏懈怠，置酒乎颢天之台，张乐乎胶葛之宇。撞千石之钟，立万石之虡。建翠华之旗，树灵鼍之鼓。奏陶唐氏之舞，听葛天氏之歌。千人倡，万人和。陵为之震动，川谷为之荡波。巴俞宋蔡，淮南干遮，文成颠歌，族居递奏，金鼓迭起。"④颜

---

① 郑玄注，孔颖达疏：《礼记正义》卷四十九，第1366页。

② 郑玄注，孔颖达疏：《礼记正义》卷四十九，第1366页。

③ 班固：《汉书》卷六"元封三年春作角抵戏"条注，第194页。

④ 见班固：《汉书》卷五十七上《司马相如列传》；又见萧统编，李善注：《文选》卷八，第374—375页。

师古注巴俞为巴俞舞，宋、蔡为二国名，干遮为曲名①。至于"巴俞"在此处所包含的其他意蕴，我们在下面进一步讨论。但从此段上下文的描述来看，巴渝舞已经具备有舞乐相合（巴俞宋蔡、淮南干遮、文成颠歌）、矛弩或干戚相配（金鼓迭起）、阵容宏丽的群舞特征（千人倡，万人和）。

关于"巴俞宋蔡，淮南于遮，文成颠歌"数句，历来注家颇持异论。今列各家注如下：

其一直接注"巴俞"为"巴渝舞"，如《玉海》卷一百八《汉巴俞乐舞》注；

其二注"巴俞"为地名，但又转陈因地而代指舞名，如郭璞等注（见《史记集解》）；

其三或视"巴俞"为"嘡喻"，如清钱大昕《廿二史考异》等。《廿二史考异》史记卷五云："'巴俞宋蔡，淮南于遮'，'巴俞'当作'嘡喻'。《说文》引司马相如说'淮南宋蔡，歌舞嘡喻'正据此赋。盖以'宋蔡嘡喻'与'淮南于遮'对文也。许叔重生于汉时，所见本当不误。'嘡''巴'声相近，故或作'巴俞'。郭景纯以巴渝舞当之，非是。"②然清沈涛撰《铜熨斗斋随笔》卷四《巴俞》条又辨钱氏之非云："钱说非也。许书诸引司马相如说皆据《凡将篇》，非词赋中语。'巴俞'自是舞名（见郭璞注），与'嘡喻'无涉，若如钱说，则'于遮'又何说耶？又案：《文选》注《艺文类聚》诸书所引《凡将篇》皆以七字为句，此亦当作'淮南宋蔡舞嘡喻'七字句，'歌'字疑衍。"③

其四或视"巴俞"当为"巴謂""巴歌"或"巴歙"，如《说文解字》卷九上："歙，歌也。从欠俞声。《切韵》云：'巴歙，歌也。'

---

① 司马迁《史记》卷一百十七作"巴俞宋蔡，淮南于遮，文成颠歌。""干遮"作"于遮"。明清以来如《骈雅训纂》《雅伦》《说文解字义证》《廿二史考异》《铜熨斗斋随笔》等作"于遮"。而唐宋以来诸书如《汉书》《艺文类聚》《玉海》《通志》《古赋辨体》《汉魏六朝百三家集》等又多作"干遮"。

② 钱大昕：《廿二史考异》史记卷五，清乾隆四十五年刻本。

③ 沈涛：《铜熨斗斋随笔》卷四，清光绪会稽章氏刻本。

案《史记》：渝水之人善歌舞。汉高祖采其声，后人因此字。羊朱切。"① 清桂馥撰《说文解字义证》于司马相如说"淮南宋蔡謳舞嘮喻"条注："謳，声者。謳当为诃。《玉篇》：嘮诃，声也。《广韵》：嘮喝，声。《集韵》：嘮，叱也。嘮，喻也者，后人所加。本书以謳声为正，义下引相如说别为一义，浅学乱之。司马相如说'淮南宋蔡謳舞嘮喻'也者，李焘本无'謳'字，本书初刻本亦无，后乃增入。馥案：宋本及王应麟《汉制考》所引并无'謳'字。钱君大昕曰：《史记·司马相如传》'巴俞宋蔡，淮南于遮'，'巴俞'当作'嘮喻'。《说文》引司马相如说'淮南宋蔡，歌舞嘮喻'正据此赋。盖以'宋蔡嘮喻'与'淮南于遮'对文也。馥案：《招魂》'吴歈蔡讴，奏大吕些'。王注：吴、蔡，国名也。歈、讴，皆歌也。本书无'喻'字，新附'歈'下云：'歌也'。《切韵》云：巴歈，歌也。《广雅》：歈，歌也。杨慎曰：《说文》'嘮'字引相如说'嘮喻'与'吴歈''巴歈'同其字，或从口，或从欠，亦犹'叹'之与'叹'，'啸'之与'歗'，'唉'之与'欸'也。"② 其中"吴歈蔡讴"《史记》三家注却引作"吴谣蔡讴"③，清王先谦《汉书补注》辩云："《招魂》作'吴歈'，不作'谣'。案：巴俞、蔡、淮南，并见《礼乐志》"④ 又据汉王逸章句、宋洪兴祖补注《楚辞》卷九作"吴歈蔡讴"，其本条下注："吴、蔡，国名也。歈、讴，皆歌也。《补》曰：歈音俞。古赋云：巴俞宋、蔡。《说文》云：歈，歌也。徐铉曰：渝水之人善歌舞，汉高祖采其声，后人因加此字。按：《楚词》已有此语，则歈盖歌之别称耳。徐说非是。"⑤ 由此可见，"巴俞"或即指巴地歌舞，与前引《宋志》所谓舞歌"矛俞""弩俞""剑俞"之"俞"（渝）或正相应。

---

① 许慎、徐铉校定：《说文解字》卷八下，中华书局2013年版，第178页。

② 桂馥：《说文解字义证》卷五，清同治刻本。

③ 司马迁《史记》卷一百十七"巴俞宋蔡"条注："《楚词》云：'吴谣蔡讴'，淮南鼓员四人，于遮曲是其意也。"

④ 王先谦：《汉书补注》卷二十七上汉书五十七，第1182页上。

⑤ 洪兴祖：《楚辞补注》卷九，第211页。

从历代对"巴俞宋蔡"之"巴俞"的注释来看,"巴俞"明显蕴含有舞、乐结合的特点,乐可能带有地域性特征,如唐代《竹枝词》便是巴渝风情曲调。而舞则具有刚勇的武舞性质,这与舞蹈动作中的杂技性亦相关。如《史记集解》引郭璞注:"巴西阆中有俞水,獠人居其上,皆刚勇好舞,汉高募取以平三秦,后使乐府习之,因名巴俞舞也。"[①]此獠人即《汉书》颜师古注巴俞人,或賨人。郭璞和颜师古皆称其"刚勇好舞"[②],这都是从观舞得出的结论,而且颜师古谓其"矫捷善斗"[③],这些都反映了巴賨民族巴渝舞的武舞特征。巴、俞、宋、蔡、淮南等实皆为南方巴楚之地,司马相如《上林赋》所表现的"巴俞宋蔡,淮南干遮,文成颠歌"正是喻天子之舞乐齐备,有南北之异音、东西之奇舞[④]。此赋当以巴、俞多善舞者,而宋、蔡多善歌者,故以地代指各善之乐舞[⑤],《上林赋》所表现的正是这些地方的民歌俗舞表演。

关于巴渝舞的武舞和杂技性动作特征,还可以从汉赋中得到证明。前引唐颜师古《汉书》注认为角抵戏就与巴渝舞同类,带有杂技性质,属于"巴俞戏鱼龙蔓延之属也"[⑥]。在汉张衡《西京赋》中就大段写到京都角抵戏的情况:

> 临迥望之广场,程角抵之妙戏。乌获扛鼎,都卢寻橦。冲狭燕濯,胸突铦锋。跳丸剑之挥霍,走索上而相逢。华岳峨峨,冈峦参差。神木灵草,朱实离离。总会仙倡,戏豹舞罴。白虎鼓瑟,苍龙吹篪。女娥坐而长歌,声清畅而蜲蛇。洪涯立而指

---

① 司马迁:《史记》卷一百十七,第3039页。

② 司马迁《史记》卷一百十七"巴俞宋蔡"条《史记集解》注;班固:《汉书》卷五十七上"巴俞宋蔡"条颜师古注。

③ 班固:《汉书》卷二十二,第1074页。

④ 《史记索隐》释"文成颠歌"云:"文颖曰:文成,辽西县名,其县人善歌。颠,益州颠县,其人能作西南夷歌。颠即'滇'字。"《汉书》卷五十七上颜师古注:"文颖曰:文成,辽西县名也,其县人善歌。颠,益州颠县,其民能作西南夷歌也。师古曰'颠'即'滇'字也,其音则同耳。"其义显然在于极写天子之乐的齐备,有东西南北之音。

⑤ 见《文章辨体》卷三古赋二注。明天顺刻本。其谓宋、蔡"二国出歌者。"只是其巴俞为"舞曲名"非是。

⑥ 班固:《汉书》卷六"元封三年春作角抵戏"条注,第194页。

麾，被毛羽之襳襹。度曲未终，云起雪飞。初若飘飘，后遂霏
霏。复陆重阁，转石成雷。礔砺激而增响，磅盖象乎天威。巨兽
百寻，是为曼延。神山崔巍，歘从背见。熊虎升而挐攫，猿狖超
而高援。怪兽陆梁，大雀踆踆。白象行孕，垂鼻磷囷。海鳞变而
成龙，状婉婉以蝹蝹。舍利颬颬，化为仙车，骊驾四鹿，芝盖
九葩。蟾蜍与龟，水人弄蛇。奇幻倏忽，易貌分形。吞刀吐火，
云雾杳冥。画地成川，流渭通泾。东海黄公，赤刀粤祝。冀厌
白虎，卒不能救。挟邪作蛊，于是不售。尔乃建戏车，树修旍。
侲僮程材，上下翩翻。突倒投而跟絓，譬陨绝而复联。百马同
辔，骋足并驰。橦末之技，态不可弥。弯弓射乎西羌，又顾发乎
鲜卑。①

其称"程角抵之妙戏，乌获扛鼎，都卢寻橦"等，这些明显具有
杂技性质。李善注云："《史记》曰：秦武王有力士乌获、孟说，皆大
官，王与孟说举鼎。《说文》曰：扛，横开，对举也。'扛'与'舡'
同，古龙切。《汉书》曰：武帝享四夷之客，作'巴俞都卢'。《音
义》曰'体轻善缘橦'，直江切。"② 显然这种"都卢寻橦"之技应是
在汉初行于巴俞之地的杂艺，与巴俞舞有密切关系。在《汉书》卷
九十六下《西域传第六十六下》称武帝之世"图制匈奴患，其兼从西
国，结党南羌"后，开上林，穿昆明池，然后"设酒池肉林以飨四夷
之客，作巴俞都卢、海中砀极、漫衍鱼龙、角抵之戏以观视之。"③ 其
都将都卢之技、鱼龙角抵之舞与巴俞相关联。按《汉书》注引晋灼语
认为"都卢，国名也"④，其实未详。在汉张衡《西京赋》中并有"非
都卢之轻趫，孰能超而究升？"⑤ 显然"都卢"有形容体态轻趫之意。
颜师古注便引李奇语曰："都卢，体轻善缘者也。砀极，乐名也。"并

---

① 萧统编，李善注：《文选》卷二，第75—77页。

② 萧统编，李善注：《文选》卷二，第75页。

③ 班固：《汉书》卷九十六下，第3928页。

④ 班固：《汉书》卷九十六下《西域传第六十六下》注，第3929页。

⑤ 萧统编，李善注：《文选》卷二，第58页。

称"巴俞之人，所谓賨人也，劲锐善舞，……漫衍者，即张衡《西京赋》所云'巨兽百寻，是为漫延'者也。鱼龙者，为舍利之兽，先戏于庭极，毕乃入殿前激水，化成比目鱼，跳跃漱水，作雾障日，毕，化成黄龙八丈，出水敖戏于庭，炫耀日光。《西京赋》云：'海鳞变而成龙'，即为此色也。"① 按《汉书·地理志》载"步行可十余日有夫甘都卢国。"② 西汉武帝元鼎六年（前111年）平南越置合浦郡，故都卢之国亦在古之巴、楚之地，有学者考证賨民就有南迁、西迁及东迁的，也有迁于广西广东之地海居的情况③，汉时都卢国极有可能为古巴賨之人南迁所建。《文选·西京赋》李善注云："《太康地志》曰：都卢国，其人善缘高。"④ 故张衡《西京赋》称"都卢之轻趫"。《说文》曰："趫，善缘木之士也。"⑤《能改斋漫录》亦云："都卢寻橦，缘竿之伎也。"⑥ 这些也印证了巴渝人"趫捷善斗"的特点和巴渝舞具有武舞性质的可能⑦。

　　从《西京赋》上下文和诸文献来看，"都卢"应是指南方巴賨之人的舞蹈杂技，巴俞舞不仅有缘竿等，还有穿刀圈、突锋铦、跳丸剑等奇舞。跳丸剑就是两手扔丸或剑于空中，交替接抛而使之不坠地。《魏大飨碑》中提到"六变既毕，乃陈秘戏：巴俞丸剑，奇舞丽倒；冲

---

① 班固：《汉书》卷九十六下颜师古注，第3929—3930页。

② 班固：《汉书》卷二十八下地理志，第1671页。

③ 常璩《华阳国志·巴志》称巴"其属有濮、賨、苴、共、奴、獽、夷、蜒之蛮。"扬雄《蜀都赋》所谓"东有巴賨，绵亘百濮"，今天南方诸多少数民族多为百濮之支裔。如属巴人一支的蜒（蜑）族，刘琳《华阳国志校注》就认为"魏晋南北朝时期，蜑人主要活动于今川东、鄂西及湖南、黔东北等地。唐宋以后逐渐南迁至两广、福建一带，韩愈《清河郡公房公墓碣铭》有'林蛮洞蜑'之说（《韩昌黎集》卷二七）。其中很大一部分居于海上以捕鱼为生。"范成大《桂海虞衡志》："蜑，海上水居蛮也，以舟为家。"刘琳认为这些乃巴人支裔流迁至近现代闽粤沿海所谓的"蜑户"（见刘琳《华阳国志校注》第一卷，第30页）。

④ 萧统编，李善注：《文选》卷二《西京赋》注。欧阳修编《新唐书·艺文志二》载《晋太康土地记》十卷，疑即《太康地志》（卷五十八，第1503页）。

⑤《说文解字注》卷二篇上，清嘉庆二十年经韵楼刻本。（亦见《文选》卷二和《文选旁证》卷二）

⑥ 吴曾：《能改斋漫录》卷六《都卢寻橦缘竿也》。

⑦ 见班固：《汉书》卷二十二颜师古注："巴，巴人也。俞，俞人也。当高祖初为汉王，得巴俞人，并矫捷善斗，与之定三秦、灭楚，因存其武乐，巴俞之乐因此始也。"

夹逾锋，上索踏高。舩鼎缘橦，舞轮擿镜。骋狗逐兔，戏马立骑之妙技；白虎青鹿，辟非辟耶。鱼龙灵龟，国镇之怪兽，瑰变屈出，异巧神化。"① 明代胡广论张衡《西京赋》关于巴俞杂舞及流传云："赋之所云者，大略若此。今所见者，惟突锋跳剑、走索冈峦、木果戏豹、猿援蟾蜍，与龟易貌分形，吞刀吐火，倒投跟罥而已。所谓'白象行孕'者，今易为狮子与牛，其余盖未之见。大抵此戏本出于巴俞都卢、寻橦、蔓延，其来远矣。所未之见者，亦今之伎不能如古也。一戏尚然，而况于其他乎？"② 可见巴渝舞的舞容动作等历代或有变化，但其中与武舞、杂艺、歌乐的关系却是十分明显的。巴渝舞作为群舞性质，很大程度上跟武舞性质有关。今天在南方许多少数民族之间都保留了这种群舞的舞蹈种类或特征，如巴地土家族的摆手舞、賨人的板楯舞等。

如《明书》卷七十二志十四《戎马志三》："楚九溪有苗兵，有钩、镰、矛、弩诸技。其法每司立二十四旗，旗十六人，合之则三百八十四人。每旗一人前，次三人横列为重二，又次五人横列为重三，又次列七人重四，又列七人重五，余俱置后助欢呼为声。若前郄则二重居中者更进，两翼亦然，选法檄下，则宣慰吁天祭以白牛，置牛首及金于几。令曰谁为勇者，予此金啖之。以牛首已汇而收之，更盟而食之，树为长，即每旗十六人者是也。其选募精，其节制严，故战不可败。"③ 楚九溪苗民与巴人有密切的关系④，此虽似论战阵之容，

---

① 严可均：《全三国文》卷十九，《全上古三代秦汉三国六朝文》，中华书局1958年版，第1154页上。

② 胡广：《胡文穆公文集》卷十九，《四库全书存目丛书》集部第28册，第162页下。

③ 傅维鳞：《明书》，清康熙三十四年本诚堂刻本。

④ 《华阳国志·巴志》称巴"其属有濮、賨、苴、共、奴、獽、夷、蜒之蛮。""阆中有渝水，賨民多居水左右，天性劲勇。"《史记·司马相如列传》裴骃《集解》引郭璞注曰："巴西阆中有俞水，獠人居其上，皆刚勇好舞。"故獽人或即賨人，或獠、賨杂居于此。王晓天、黎小龙《板楯蛮（賨人）源流考略》认为"川东之濮，有濮、賨、苴、獽、夷、蜒诸族，居于渝水两岸的賨、苴和长江干流两岸的獽、夷为土著，蜒则是从江汉之间南迁的濮人一支。"《后汉书》注引《世本》："廪君之先，故出巫蜒也。"或有认为巫蜒为百濮之一。但巫蜒或蜒蛮为巴人族属无疑。《寰宇记》卷一二〇黔州彭水县下云："一说武溪蛮皆槃瓠子孙，古谓之蛮蜒聚落。"而《隋书·地理志》："长沙郡又杂有夷蜒，名曰莫徭。"刘琳《华阳国志校注》认为"莫徭即今瑶族先民，更可见蜒人与今苗瑶等族有密切关系。"（《华阳国志校注》卷一，第30页）

但其"钩、镰、矛、弩诸技"以及每司立旗布阵应与武舞有密切关系，且参与人数皆有讲究。这从巴渝舞的鼓员配数亦可以见出巴渝舞的群舞和武舞性质，《汉书》卷二十二引丞相孔光大司空何武奏："郊祭乐人员六十二人，给祠南北郊。大乐鼓员六人，嘉至鼓员十人，邯郸鼓员二人，骑吹鼓员三人，江南鼓员二人，淮南鼓员四人，巴俞鼓员三十六人，歌鼓员二十四人，楚严鼓员一人，梁皇鼓员四人，临淮鼓员三十五人，兹邡鼓员三人，凡鼓十二，员百二十八人，朝贺置酒陈殿下，应古兵法。外郊祭员十三人，诸族乐人兼云招给祠南郊用六十七人……"[1] 其中巴俞鼓员人数较多，整个表演又需"应古兵法"。由此可见巴俞舞至少在汉时还保留了武舞、群舞和歌舞相合的舞容舞态。

三、《大武》的定典立制与《巴渝舞》的历代流变

《礼记·文王世子》谓："下管《象》，舞《大武》"[2]，孔疏此文字"是今文《太誓》之文也。"《通典》卷一百四十一云："凡音乐以舞为主，自黄帝《云门》以下，至于周《大武》，皆太庙舞名也。"[3]《春秋考》卷十四："盖周乐以《大武》为最盛，故独列于六代之乐，而不及《象》《勺》。所谓舞莫重于《武宿夜》者也，祭祀之礼入舞，君执干戚就舞位，冕而总干，率其群臣以乐，皇尸而大司乐以享先祖者，亦舞《大武》，此《鲁颂》所以举'万舞洋洋'也。"[4]《大武》乃周代之舞乐，正如前面所述与《巴渝舞》有密切的关系，既有可能掺杂了当时巴蜀之师的军阵舞蹈动作，也可能是后来封建于南方巴子国的周姬之民与本地土著沿袭了周舞的特点，而创承了巴賨流传的《巴渝舞》乐。

---

① 班固:《汉书》卷二十二，第 1073 页。

② 郑玄注，孔颖达疏:《礼记正义》卷第二十，第 759 页。

③ 杜佑:《通典》卷一百四十一，第 3596 页。

④ 叶梦得:《春秋考》卷十四，清武英殿聚珍版丛书本。

由此推溯，《巴渝舞》之产生流衍当与周之《大武》有关，然《大武》之定典立制虽在武王之世，但却始自周公定礼。《吕氏春秋》卷六谓："太室乃命周公为作《大武》。"① 汉蔡邕《独断》卷上云："《武》，一章七句。奏《大武》，周武所定一代之乐所歌也。"②《白虎通德论》卷二引《礼记》曰："黄帝乐曰《咸池》；颛顼乐曰《六茎》；帝喾乐曰《五英》；尧乐曰《大章》；舜乐曰《箫韶》；禹乐曰《大夏》；汤乐曰《大护》；周乐曰《大武》《象》③；周公之乐，曰《酌合》，曰《大武》。黄帝曰《咸池》者，言大施天下之道而行之，天之所生，地之所载，咸蒙德施也。颛顼曰《六茎》者，言和律历，以调阴阳。茎者，着万物也。帝喾曰《五英》者，言能调和五声，以养万物，调其英华也。尧曰《大章》，大明天地人之道也；舜曰《箫韶》者，舜能继尧之道也。禹曰《大夏》者，言禹能顺二圣之道而行之，故曰《大夏》也。汤曰《大护》者，言汤承衰能护民之急也。周公曰《酌合》者，言周公辅成王能斟酌文武之道而成之也。武王曰《象》者，象太平而作乐，示已太平也。合曰《大武》者，天下始乐周之征伐行武，故诗人歌之'王赫斯怒，爰整其旅'，当此之时，天下乐文王之怒，以定天下，故乐其武也。周室中制象汤乐何？殷纣为恶日久，其恶最甚，斫涉刳胎，残贼天下，武王起兵，前歌后舞，克殷之后，民人大喜，故中作所以节喜，盛天子八佾，诸侯四佾，所以别尊卑。乐者，阳也，故以阴数法八风六律四时也，八风六律者，天气也，助天地成万物者也，亦犹乐所以顺气变化，万民成其性。"④

由此可见，武王时乐《象》可能配《武宿夜》，至周公合《酌》（或作《勺》）、《象》而为《大武》。至于《大武》在周代的流传情况

---

① 许维遹：《吕氏春秋集释》卷五，中国书店 1985 年版，第 190 页。

② 蔡邕：《独断》，四部丛刊三编景明弘治本。

③ 唐代杨倞《荀子》卷四注曰："《武》《象》，周武王克殷之后乐名。《武》亦《周颂》篇名。《诗序》曰：'《武》，奏《大武》也。'《礼记》曰：'下管《象》，朱干玉戚，冕而舞《大武》。'"

④ 班固：《白虎通德论》卷二，四部丛刊景元大德覆宋监本。

不是十分明晰，可能至周末，诸侯战乱纷起，乐官渐奔逃至各诸侯国，史载王子朝奉周之典籍以奔楚，其将有专门技艺和知识的乐官、百工等同携而往，此亦被视为使周之音乐文化下移，故周礼中的舞乐有流入地方、被保存于方国的可能。而且据《史记·蒙恬列传》《鲁周公世家》及《论衡·感类》等篇记载有"周公奔楚"之说①，而且从秦后的文献来看，周之《大武》与《巴渝舞》有密切的关系，基本上《大武》的特征被保存在了《巴渝舞》中。

至汉代，高祖观巴渝舞乐，认为是武王伐纣之歌，并令乐人习之，从而《巴渝舞》被采入官府典乐②。《太平御览》卷五百六十六云："汉乐曰《武德》《昭容》《巴渝》《四时》《昭德》《盛德》《大武》《云翘》《育命》。《武德》《昭容》《巴渝》，并高祖所造也。"③另据《通典》《太平御览》等载，至汉末《巴渝舞》改为《昭武》，至晋则改为《宣武舞》④，晋以后南北朝，由于变革辞名，其流衍不是十分清楚，但与《大武》或有分合。今考《通典》及《乐府诗集》等所载，或稍可明晰。

《通典》录《巴渝舞杂武舞议》云："魏文帝黄初二年，改《巴渝舞》曰《昭武》。至明帝景初元年，尚书奏：'考览三代礼乐遗曲，据功象德，奏作《武始》《咸熙》《章斌》三舞，皆执羽籥。'晋又改魏

① 《史记·蒙恬列传》："及成王有病甚殆……及王能治国，有贼臣言：'周公旦欲为乱久矣，王若不备，必有大事。'王乃大怒，周公旦走而奔于楚。"《史记·鲁周公世家》："初，成王少时，病，周公乃自揃其蚤，沈之河……及成王用事，人或谮周公，周公奔楚。"《论衡·感类》："古文家以武王崩，周公居摄，管、蔡流言，王意狐疑，周公奔楚。天大雷雨，以悟成王。"其史事辨析又见周书灿：《周公奔楚史事缕析》，《邢台师范高专学报》2001年第2期。

② 《华阳国志》作武帝时采习，其谓"阆中有渝水，賨民多居水左右，天性劲勇，初为汉前锋，陷阵锐气喜。武帝善之，曰：此武王伐纣之歌也，乃令乐人习学之，今所谓巴渝舞也。"而《后汉书》作汉高祖时采习，其谓："至高祖为汉王，发夷人还伐三秦。……阆中有渝水，其人多居水左右，天性劲勇，初为汉前锋，数陷陈，俗喜歌舞。高祖观之，曰：'此武王伐纣之歌也'。乃命乐人习之，所谓巴渝舞也。"

③ 李昉：《太平御览》卷五六六乐部四，第2559页上。

④ 《太平御览》卷五六六乐部四云："魏武改《武德》曰《武颂》，《昭容》曰《昭业》，《巴渝》曰《昭武》，《云翘》曰《凤翔》，《育命》曰《灵应》。晋改《昭武》曰《宣武》。遭晋乱，唯《巴渝》存，隋隶清乐部。"

《昭武》曰《宣武舞》,《羽籥舞》曰《宣文舞》。武帝咸宁元年,诏定祖宗之号,而庙乐乃停。《宣武》《宣文》二舞而同用荀勖所使郭琼、宋识等所造《正德》《大豫》二舞。宋武帝永初元年,改《正德舞》为前舞,《大豫舞》为后舞。建武二年,有司奏:‘宋承晋氏郊庙之乐,未有名称,直号前舞、后舞,有乖古制。’于是改前舞为‘凯容’,谓之《文舞》;后舞为‘宣烈’,谓之《武舞》。……魏改《巴渝》为《昭武》,《五行》曰《大武》。今《凯容舞》则执籥翟,此即魏《文始舞》也。《宣烈舞》有牟弩,有干戚。牟弩,汉《巴渝舞》也;干戚,周《武舞》也。宋代止革其辞与名,不变其舞。舞相传习,至今不改。琼、识所造,正是杂用二舞,以为《大豫》耳。”①

《乐府诗集》卷五二《齐前后舞歌》云:“何承天《三代乐序》云:‘晋《正德》《大豫》舞,盖出于汉《昭容》《礼容》乐’,然则其声节有古之遗音焉。晋使郭琼、宋识等造《正德》《大豫》舞,初不言因革,《昭业》等两舞②,承天空谓二《容》,竟自无据。按《正德》《大豫》二舞,即出《宣武》、《宣文》、魏《大武》三舞也,《宣武》,魏《昭武舞》也;《宣文》,魏《武始舞》也。魏改《巴渝》为《昭武》,《五行》曰《大武》。今凯容舞执籥秉翟,即魏《武始舞》也。《宣烈舞》有矛弩,有干戚。矛弩,汉《巴渝舞》也,干戚,周《武舞》也。宋世止革其辞与名,不变其舞。舞相传习,至今不改。琼、识所造,正是杂用二舞,以为《大豫》尔。夷蛮之乐虽陈宗庙,不应杂以周舞也。”③

由此可见,汉高祖始制《巴渝舞》,并引《巴渝舞》入官方典乐,自魏改为《昭武》,由于“其辞既古,莫能晓其句度”④,乃由军谋祭酒王粲改创其辞。晋又改《昭武》为《宣武》,至南朝宋《宣武》又

①　杜佑:《通典》卷一百四十七乐七,第 3761 页。

②　《太平御览》卷五六六乐部四云:“魏武改《武德》曰《武颂》,《昭容》曰《昭业》,《巴渝》曰《昭武》,《云翘》曰《凤翔》,《育命》曰《灵应》。”

③　《乐府诗集》卷五二。

④　房玄龄:《晋书·乐志上》卷二十二志第十二,中华书局 1974 年版,第 693 页。

杂《大豫》（后舞），后又改为《宣烈》，或称之《武舞》。但在南北朝时期，《巴渝舞》之名实多承之，故《华阳国志》卷一就称汉高武帝所观之巴渝賨民之舞为"今所谓巴渝舞也"①，南北朝崔鸿作《十六国春秋》卷七十六《蜀录》亦如是称之，可见当时或有称《巴渝舞》之名。在《宋书》卷二十志第十所录成公绥作"雅乐正旦大会行礼诗十五章"就提及当时之"巴渝舞"。又见《晋书》卷二十二志第十二所载。

但在汉世，《巴渝舞》与《大武》（或曰《五行》）、《昭容》、《武德》等并存。至西汉《巴渝舞》当已不同于汉时流传的《大武》，且与《武德》亦不相同，但《武德》为"舞人执干戚，以象天下，行武除乱也"②，故或为《通典》所说的"干戚，周《武舞》也"③。周《武舞》则可能为周初的《武宿夜》或《大武》。汉时流传的《大武》或许与周《大武》就不尽相同了。按《礼记》载："朱干玉戚，冕而舞《大武》"④，似乎《大武》也应有干戚之具的舞容表演，但汉初所列《武德》亦有之。正是汉代《武德》《大武》（或曰《五行》）⑤，以及后来《巴俞舞》并杂干戚等舞蹈形态器具，故后人偏颇地认为"夷蛮之乐虽陈宗庙，不应杂以周舞也"⑥，而也以执矛、弩为《巴渝舞》，执干、戚为周《武舞》之分界。甚而至于隋代，《巴渝舞》被黜出典乐。《文献通考》云："《巴渝》，隋文帝以非正典罢之。"⑦ 在有些时期《大武》之舞乐往往是合众武舞性的舞乐，如《宋书》卷十九载："至明帝初，东平宪王苍总定公卿之议，曰：'宗庙宜各奏乐，不应相袭，所以明功德也。承《文始》《五行》《武德》为《大武》之舞。'又制

---

① 常璩：《华阳国志》卷一，第4页。

② 李昉：《太平御览》卷五六六乐部四，第2559页上。

③ 杜佑：《通典》卷一百四十七乐七，第3761页。

④ 郑玄注，孔颖达疏《礼记疏》，附释音礼记注疏卷第二十，清嘉庆二十年南昌府学重刊宋本十三经注疏本。

⑤ 《太平御览》卷五六六乐部四云："始皇改《武》曰《五行》，《房中》曰《寿人》，衣服用五行之色。"此《武》当指《大武》。

⑥ 《乐府诗集》卷五十二《齐前后舞歌》。

⑦ 《文献通考》卷一百四十一乐考十四。

舞哥一章，荐之光武之庙。汉末大乱，众乐沦缺。"①自汉至隋唐，《巴渝舞》的名称变衍就大致如下：巴渝舞→昭武→宣武舞→（杂）大豫舞（后舞）→宣烈（武舞）。

实际上自南北朝之末，宫廷典礼祭祀舞乐渐有分为文、武二舞的倾向，《巴渝舞》的一些文化特征也被融于《大武》或《武舞》之中了。《大唐郊祀录》卷二："历代乐舞之名各异，是不相沿也。黄帝乐曰《咸池》，一云《云门》，颛顼乐曰《六茎》，帝喾乐曰《五英》，尧曰《大章》，舜曰《箫韶》，夏曰《大夏》，殷曰《大濩》，周曰《武》曰《勺》，汉曰《武德》，魏曰《武始》《大钧》，晋曰《正德》《大豫》，宋曰《凯容》《宣烈》，梁曰《大壮》《大观》，隋曰《文》曰《武》，皇唐曰《文舞》《武舞》。盖韶乐，舜之义声也，太宗改其声调，亦分施于庭。凡祠祀武舞则曰《凯安》之舞，夫乐以正德，舞以象功。观其舞则悉其德，故《礼》云'事于时并名与功偕'，其此之谓也。"②

隋代虽一时废除《巴渝舞》为典乐，即不用于太庙舞乐，但在民间依旧保存有《巴渝舞》乐，《太平御览》卷五百六十六云："遭晋乱，唯《巴渝》存，隋隶清乐部"③。唐代文人诗文中还经常提及"巴渝舞"的情况，只是此期由于宫廷典乐太庙乐主要分陈《文舞》《武舞》二类，《巴渝舞》的名称在典庙礼乐中已不复存在，但其舞容舞技或歌乐或已被融入了其中的《武舞》舞乐中，但在南方巴賨及楚地民间依然保存了"巴渝舞"舞乐形态，这就是今天巴地流传的賨人板楯舞和土家族摆手舞及民间杂艺。唐代诗人刘禹锡等所改创《竹枝曲》就是在当时巴渝民歌和民间舞乐基础上的创造。如唐代白居易《白氏六帖事类集》卷十八就载马上舞、剑舞及賨俗巴渝之舞等事典，杜甫在《暮春题瀼西新赁草屋五首》其一云："万里巴渝曲，三年实饱闻。"④

---

① 沈约：《宋书》卷十九志第九，中华书局1974年版，第534页。

② 王泾：《大唐郊祀录》卷二，民国适园丛书刊旧钞本。

③ 李昉：《太平御览》卷五六六，第2559页上。

④ 杜甫著，钱谦益注：《钱注杜诗》卷十四，清康熙刻本。

韩愈《征蜀联句》云："邛文裁斐亹，巴艳收婳妠。"宋文谠注曰："巴人善舞，故曰巴艳。婳妠，体德好也。"并补注"婳妠，小貌。"[1] 柳宗元《同刘二十八院长述旧言怀感时书事奉寄澧州张员外使君五十二韵之作因其韵增至八十通赠二君子》："吴歈工折柳，楚舞旧传芭。"此芭即是指巴地之巴渝舞[2]。张祜《送杨秀才游蜀》云："鄂渚逢游客，瞿塘上去舡。峡深明月夜，江静碧云天。旧俗巴渝舞，新声蜀国弦。不堪挥惨恨，一涕自潸然。"[3] 这些诗文明显反映了唐代民间巴渝舞的传承。

从唐代《文舞》《武舞》的形制来看，《武舞》保留了古代《大武》以及《巴渝舞》的一些文化形态。《大唐郊祀录》卷二云："文舞之制，六十四人。左执籥，右执翟，又有二人执纛以引之，皆服委貌冠，玄丝布，大袖白练，领襈白纱，中单绛，领襈衫大口，裤革带乌皮，履白衫袜执。纛者衣冠亦同也。"[4] 而"武舞之制，亦六十四人。左执干，右执戚。二人执旌居前，二人执鼗，二人执铎，四人执金錞，二人奏之，二人执铙以次之，二人执相在左，二人执雅在右，皆服平冠冕，余同文舞也。"[5] 至清代依旧基本上保存了文舞、武舞的郊庙礼乐形制，清代官修《清文献通考》云："（臣等）谨按周礼，以六舞大合乐，自后历代因之制之。沿革不同，皆所以和神人而象功德也。我朝舞制亦仍前代之旧，而斟酌尽善，损益得中，盖列圣相承，文德武功度越前古。周礼六代之舞，于今复睹其盛矣。谨次乐舞、声容、仪节之美备，而于乐员人数服色之制亦附记焉。"[6] 清代"文舞生、武舞生各一百五十名"，天坛大祭时，

---

① 韩愈著，文谠注：《详注昌黎先生文集》卷八，宋刻本。

② 柳宗元著，韩醇音释：《诂训柳先生文集》卷四十二，《景印文渊阁四库全书》本。其注引《文选》"越艳楚舞"和后汉傅毅《舞赋》云："宋玉曰：'臣闻激楚结风，阳阿之舞，材人之穷观，天下之至艺。'"并认为"芭舞"当是巴舞。

③ 张祜：《张承吉文集》卷一，宋刻本。

④ 王泾：《大唐郊祀录》卷二，民国适园丛书刊旧钞本。

⑤ 王泾：《大唐郊祀录》卷二，民国适园丛书刊旧钞本。

⑥ 清官修《清文献通考》卷一百七十三乐考十九《乐舞》，《景印文渊阁四库全书》本。

"又有乐生、文舞生、武舞生执旌节";祈谷大祭时,"武舞生服红缎销金花袍";地坛大祭时,"武舞生服青屯绢销金花袍"。按清康熙年间定文德武功舞制,"祭日,典仪官唱乐,舞生就位,初献乐,作司乐执节引,武舞生执干戚进奏《武功》之舞,舞毕乐止,武舞生退。亚献乐作司乐执节引,文舞生执羽籥进奏《文德》之舞,终献乐,作文舞生奏《文德》之舞,舞毕乐止,文舞生退。"① 不过清代依旧保存了民间俗乐。

从巴渝舞的历代衍变情况来看,巴文化与中原传统文化较早就产生了密切的交融。《巴渝舞》乐在流传中产生了两个系统,它们各自在朝廷舞乐和民间舞乐中与其他舞乐相融合。今天巴文化中的巴渝民俗舞乐保留了一些古形态,但也有所创新,然而其中群舞、武舞及杂艺性质却基本上被保留下来。

（本章为提交 2016 年少数民族文学学会年会的学术论文,后收于《区域文化研究》第二、三辑,社会科学文献出版社 2017 年版,文字略有增改）

---

① 并参见清官修《清文献通考》卷一百七十三《乐考》。

第八章

巴賨关系及其文化源流

巴賨关系研究涉及民族学和文化人类学问题，关于巴賨关系的论见，目前歧说并杂。或有以"賨"与"巴"不同，各为二族之名，无论"巴""賨"为包属还是并列关系，义指地域还是族性和民系，其所引较早文献似皆出扬雄《蜀都赋》，而且引者亦多以扬雄《蜀都赋》"东有巴賨"为其张目。然究《蜀都赋》之文本，恐大多数引者为臆说之词，未明文之本义。今结合巴賨的文化生成以及巴、賨的字源本义等诸问题，考源辨始，同时以期厘清巴賨关系及其文化源流，寻求文献理据的梳理与文化人类学的理论觅合。

从《华阳国志》《后汉书》等典籍中皆将"巴"作为一种具有地域文化特征的民系来看，其中地域性文化特征极其明显。"从甲骨文字中'巴'的字形来看，它的命名同中国文化中对'狄、戎、夷、蛮、苗'等的命名一样，既具指正其地域与族群性特征，也揭示了其族属生活的方式和形态。"①就其地域性层面来看，巴文化可以说从广义的范畴来看是一种地域文化，它所含涉的地域范围大体包括今天的湖南、湖北、陕南、四川、重庆、云南、贵州等部分地域，此从晋代常璩《华阳国志·巴志》所载其"东至鱼复，西至僰道，北接汉中，南及黔涪"②的地理范围已略可概知。《华阳国志》所作巴志、蜀志全然是将二者作为地域范围并曾具有国别意义的双层含义上来讲的。当然其地理范围在夏、商、周及两汉以来情况如何，还可以作进一步考证，但至少到晋代常璩，据文献已可大略推知出古巴国的地域界址。

在巴文化的演进中，"巴"或用来指代其人、其族、其国、其地。至于"巴"文化之形成，我们在下面做进一步论述。如果将"巴"与"賨"皆视为族性来看待，则或有视其为并列之关系者，但"賨"之原始是否具有民族性因素呢？这恐怕只有从"賨"的语源及其演变中窥证。今天一些学者认为巴、賨为并列之关系，便主要是从所谓民族性角度来讲的，如所谓"賨人不是巴人的一支"之说③，便多以汉扬雄《蜀都赋》中所谓"东有巴賨，绵亘百濮"为其张目，认为巴、賨为并列之关系。如果从地域文化来看巴文化与賨文化，巴賨这种包属关系毫无疑义，因为"巴"可以作为地域看待，而"賨"却并非指地域。但在当下论及巴賨关系的论见中，却歧说并杂。这不仅滞碍了地方文化打造，也无益于我们对文化源流和本地文化历史的认知。下面我们便从扬雄《蜀都赋》谈起。

一、从扬雄《蜀都赋》看巴賨关系

西汉扬雄《蜀都赋》云：

> 蜀都之地，古曰梁州。禹治其江，渟皋弥望，郁乎青葱，沃野千里。上稽乾度，则井络储精；下按地纪，则《宫莫位。东有

---

① 何易展：《文化人类学视野下的早期巴文化探赜》，《四川文理学院学报》2015年第3期。

② 常璩著，任乃强校注：《华阳国志校补图注》卷一，第5页。

③ 李同宗：《古賨人探索》，《四川文理学院学报》2015年第3期。

巴賨，绵亘百濮。铜梁金堂，火井龙湫。其中则有玉石礜岑，丹青玲珑，邛节桃枝，石水蟖。南则有犍牂潜夷，昆明峨眉。绝限峻嵼，堪岩亶翔。灵山揭其右，离碓被其东①。

这是较早将"巴賨"并举的文献，由此有学者认为巴和賨与巴和蜀的关系一样，是一种并列关系。但关于扬雄《蜀都赋》此句的解释，可从以下几个角度来看。

一是从文献版本学的角度来看，扬雄此赋也不足以作为"巴賨"并列的理据。扬雄《蜀都赋》在汉世文献中未得见全篇，《汉志》"诗赋略"中"陆贾赋之属"著录"扬雄赋十二篇"，但未详其篇目。《汉书·扬雄传》仅载《反离骚》《甘泉赋》《河东赋》《羽猎赋》《长杨赋》五篇，其辞较完整，又载《广骚》《畔牢愁》之目，无辞。《古文苑》载扬雄《蜀都赋》，然据宋代章樵《古文苑序》及《书录解题》称此书乃为孙洙（巨源）于佛寺经龛中所得之唐人编书钞②，不论此书正伪争议如何，但至少可以证明扬雄《蜀都赋》之传世版本已是唐宋以来的钞本③，在官方和史志文献中未见全文。扬雄《蜀都赋》在《汉书》《文选》中皆未收载，不过据王羲之《蜀都帖》、郦道元《水经注·江水一》④、《北齐书·司马子如传》、《文选》、刘逵注左思《蜀都赋》等引扬雄《蜀都赋》语，此外在唐人注《后汉书》《文选》和《艺文类聚》⑤等典籍中也或偶有引注其文，虽证扬雄确有此赋，但皆未载录全文。

从现存典籍来看，最早著录《扬雄集》为《隋志》，其云："《汉太中大夫扬雄集》五卷"⑥，两《唐志》著录亦相同，但其所收篇目未详。至宋代《崇文总目·别集类》收两汉人文集仅存董仲舒、蔡邕、陈琳三家。赵希弁续编《郡斋读书志·后志·别集类》载"《扬雄

---

① 扬雄：《扬子云集》卷五，《景印文渊阁四库全书》第 1063 册，第 120 页。

② 见《钦定四库全书提要·古文苑》，潮阳郑氏用岱南阁本参守山阁本校刊《古文苑》本。

③ 《古文苑序》，潮阳郑氏用岱南阁本参守山阁本校刊《古文苑》本。

④ 见《水经注》卷三十三，清武英殿聚珍版丛书本。

⑤ 参见李贤注《后汉书》卷四十九《王傅传》注；欧阳询等《艺文类聚》卷六十一。

⑥ 魏徵：《隋书》卷三十五，第 1057 页。

集》三卷"条下云："右汉扬雄子云也。古无雄集，皇朝谭愈好雄文，患其散在诸篇籍，离而不属，因缀辑之，得四十余篇。"①宋代陈振孙《直斋书录解题》卷十六亦记载："《扬子云集》五卷，汉黄门郎成都扬雄子云撰。大抵录《汉书》及《古文苑》所载。"②可见，扬雄《蜀都赋》在晋以后或散见于各文献注本，隋唐时流传的《扬雄集》五卷，至唐末已亡佚，其中不能完全证实当时收录有完本《蜀都赋》③。或有学者认为"《蜀都赋》专事铺采摛文，模山范水，缺少《甘泉》等赋的讽谏意义，当属早年作品。"④如果此赋为扬雄早年作品，则其离散钞脱讹写情况似为不免。如唐人撰《艺文类聚》卷六十一《居处部一》录扬雄《蜀都赋》一段，正脱"沃野千里。上稽乾度，则井络储精；下按地纪，则《《宫奠位。东有巴賨，绵亘百濮"一段，文字也略与《古文苑》本相异⑤。加之今本《古文苑》《艺文类聚》等已多为明人刊印本，其中《蜀都赋》文句传抄讹误实难避免。

二是或有认为《蜀都赋》中"东有巴賨"之"賨"通"中"，故或为"东有巴中（賨），绵亘百濮"。其将"巴中"作为地域，称其绵延极广，达于百濮之地。这都是从音义上进行的一种解读尝试。笔者认为或有可能作"巴宗"，因音同而异记作"巴賨"。"巴宗"可能义同"巴族"，概指巴地各族，如同百蛮、百濮之称。至于如何将"中"作"賨"，或有古音通假之误，或因版本传世讹写。具体同音异文的论述可见本章后面所述。

既然今天所见扬雄《蜀都赋》版本已是唐人编辑本和宋人注本，其中称"巴中"之地为"巴賨"亦有可能。因为至宋代，"巴""賨"实际已可复指相代（见下文论述）。而且按宋章樵《古文苑》卷四注扬雄《蜀都赋》此句引《山海经》云："西南有巴国，春秋时巴师侵

① 晁公武、赵希弁：《昭德先生郡斋书志》，《四部丛刊三编·史部》，上海涵芬楼影印本。

② 陈振孙：《直斋书录解题》卷十六，上海古籍出版社 1987 年版，第 461 页。

③ 关于《扬雄集》的整理与流传情况，可参见刘保贞：《扬雄著作及其流传》，《山东大学学报》2003 年第 1 期。

④ 张晓明：《扬雄著作存佚考及系年研究》，《青岛大学师范学院学报》2004 年第 4 期。

⑤ 欧阳询：《艺文类聚》卷六十一，第 1096 页。

郾，其地在汉为巴郡。"又引应邵《风俗通》曰："巴有賨人，剽勇。高祖为汉王时募取以定三秦。"其后章樵注云："賨音悰，古国名。始祖巴氏子，其后子孙布列巴中地，为黔中郡。百濮，夷名，即《书》所谓濮人。百言族类之多。《左传》文十六年：'百濮离居，各欲走其邑。'"①显然，其中提到"賨"之始祖巴氏子，为巴人无疑，另认为賨民子孙"布列巴中地，为黔中郡"，明显就将"巴賨"视为"巴中"，当然此所谓"巴中"并非今日之"巴中"地，章樵所指巴賨所代之巴中地，当是指以汉巴郡为中心的广大中部地区，后又建置为黔中郡。汉、宋学者皆认为"賨"（或者说古賨国之地）属于"巴"（巴国、巴郡）无疑，汉宋人以"賨"代"巴"也就可以理解了。此外，从文献版本学的角度看，此赋历经唐宋至明代版钞等脱衍，"賨"抑或可能为"中"（宗）之音近而误。

三是从扬雄《蜀都赋》"东有巴賨，绵亘百濮"二句反映的史实背景和地理状况来看，难以遽断"巴""賨"为并列之族属关系。巴、賨与百濮的地理位置实多指古巴地范围，如其所谓"百濮"之"濮"应最初是指发源于河南一带的濮水，其民呼为"濮"，然百濮当与百越义相近，皆指濮水南流众多支系的附属之民，故呼为"百濮"。濮人亦曾于江、汉一带建国，有学者认为楚国同属濮族，濮国后为楚所吞并。濮人曾与庸、蜀、羌、髳、微、卢、彭等民族一起参加周武王牧野誓师讨伐商纣王，故所谓"百濮"指地域，亦与巴賨乃至楚有相兼者；若百濮指所谓民性，则亦与巴賨和楚人皆有杂融，故或有学者认为百濮是古代概称西南少数民族，"濮夷无君长揔统，各以邑落自聚，故称百濮。"②《尚书证义》卷十"及庸蜀羌髳微卢彭濮人"条下注引《郑语》云："史伯曰：'叔逃难于濮而蛮，又楚蚡冒始启濮。'"③

① 参见王云五主编：《丛书集成初编》本《古文苑》卷四，商务印书馆1937年版，第99—100页。

② 左丘明传，杜预注，孔颖达疏：《春秋左传正义》卷第二十，第649页。

③ 周用锡：《尚书证义》卷十，清嘉庆友伏斋刻本。

刘伯庄曰："濮，在楚西南。"① 显然其地理位置正在今川东与湖、湘接界，也正是今四川巴中、达州一带。《左传》记："巴、濮、楚、邓，吾南土也。"又云："麇人率百濮聚于选，将伐楚。"②《滇略》卷七亦称"春秋时庸与百濮伐楚，又麇人率百濮伐楚。"③《通典》载有尾濮、木棉濮、文面濮、折腰濮、赤口濮、黑僰濮等④，实际即上文所说各个聚落之民。按《说略》卷三云："《周书·王会》篇：'卜人以丹砂。'注云：'西南之蛮，盖濮人也。诸濮地与哀牢相接。"⑤ 由此可证，巴賨之地与百濮多有交替，濮应在秦汉以后逐渐被巴、楚所并。显然将巴、賨作为并列相邻的二地名和两地之民，并不符合史实。

"賨"原始并不是指地域和民族，至汉以后始呼居于巴地渝水一带的某特权阶层之民为"賨民"，此可见《华阳国志·巴志》和《汉书》颜师古注。将"巴賨"之"賨"逐渐作为具有民族（或民系）性特征来看的较早文献应是晋至唐代的文献，但这些文献基本上将"賨民"视为巴人的一支，如《华阳国志》所谓巴"其属有濮、賨、苴、共、奴、獽、夷、蜒之蛮。"⑥ 或有学者将扬雄《蜀都赋》中所谓"巴賨"之"賨"就理解为具有民族性的部落支系，认为"巴""賨"为并列之二部。恐怕即便排除前述的文献版本衍误因素外，这种见解也与文本时代并不符合，西汉未有任何文献证明"賨"与"巴"为并列的部族。

四是从《蜀都赋》前后文语词结构上来看，也并不能明确地证明巴、賨为并列关系，完全也可能为偏正包属关系。在古代汉语地名称谓中有先称大地名再称小地名者，如称司马相如为"蜀郡成都人"。

---

① 董增龄：《国语正义》卷十六，清光绪章氏训堂刻本。《国语正义》卷十六《郑语》记："叔逃难于濮而蛮"，《国语韦氏解》卷十六《郑语》作"叔熊逃难于濮而蛮"。又见《史记》卷四十《楚世家》载"叔堪亡避难于濮"句注及《稽古录》卷十引。

② 左丘明传，杜预注，孔颖达疏：《春秋左传正义》卷第四十五，第1460页；卷第二十，第649页。

③ 谢肇淛：《滇略》卷七，《景印文渊阁四库全书》第494册，第171页。

④ 见杜佑《通典》卷一百八十七《边防三》；又参见杨慎：《丹铅总录》卷二，《景印文渊阁四库全书》第855册，第360页。

⑤ 顾起元：《说略》卷三，《景印文渊阁四库全书》第964册，第376页上。又见《禹贡锥指》卷七。

⑥ 常璩：《华阳国志》卷一，第3页。

现代还经常这样使用，如称某某为"北京昌平人""四川达州人"等。在古代辞赋中由于融入诗体和骈体文句，其语句意义有时多相重合，两分句往往也用结构相似、意义类同的句子来表现，也有这类的词组结构，这就是所谓联合词组和复指词组。如扬雄《甘泉赋》："同符三皇，录功五帝。恤胤锡羡，拓迹开统。""登椽栾而狃天门兮，驰闾阖而入凌兢"等①，其中"拓迹"与"开统"，"天门"与"闾阖"意义相同。又如"巴蜀"一词在各代其指意亦不相同，或兼指二地，或概以西南，唐以后所谓"远镇巴蜀"者都并非指分镇巴和蜀两地，而具复指之义。唐将巴蜀或置东川节度使和西川节度使，或称东蜀或西蜀。显然"巴蜀"一词在文献中有时为并指，有时则为复指。又如文献中有"巴阆"一词，如杜甫诗《伤春五首》其一："关塞三千里，烟花一万重"。杨伦笺注云："言巴阆去长安之远。"②仇兆鳌云："'关塞'指阆州，'烟花'指长安。"此诗原题下注："巴阆僻远，伤春罢始知春前已收宫阙。"③《华阳国志》卷二："刘璋将向存、扶禁由巴阆水攻峻，岁余不能克。峻众才八百人，存众万计，更为峻所破。"④显然，"巴阆"应是指巴地阆中一带。唐杜甫《南池》诗云："峥嵘巴阆间，所向尽山谷。"⑤杜甫《江陵望幸》诗题下朱注："时公在巴阆，传闻代宗欲巡幸江陵，故有此作。"⑥当然，也有人认为杜诗中所谓"巴阆"是指"蜀中二州"⑦，但不过皆以其当时之政区地理情况来推溯，

---

① 参见萧统编，李善注：《文选》卷七，第 322、324 页。

② 杜甫著，杨伦笺注：《杜诗镜铨》卷十一，上海古籍出版社 1980 年版，第 487 页。

③ 仇兆鳌注：《杜诗详注》卷十三，中华书局 1999 年版，第 1081 页。

④ 常璩：《华阳国志》卷二，第 22 页。

⑤ 仇兆鳌注：《杜诗详注》卷十三，第 1095 页。又见清卢元昌注《杜诗阐》卷十七。

⑥ 仇兆鳌注：《杜诗详注》卷十二，第 1052 页。

⑦ 黄鹤注，杜甫著：《补注杜诗》卷九《南池》诗引洙语曰："巴阆，蜀中二州也。"宋蔡梦弼笺《杜工部草堂诗笺》亦注"巴阆二州之间，山多险阴而少平地也。"然《补注杜诗》卷二十八于"初东幸狐儿却走多"条下注云："是时公在阆中，故曰巴山，殆是巴阆僻远，京师事常后时。"《杜诗详注》卷十三《南池》诗下注："首叙南池形势，山谷而有巨浸此南池，特为旷观也。《华阳国志》：巴子都江州后，理阆中，秦为巴郡。《地十道志》：果、阆、合三州同是汉巴郡之地。"显然宋人是据其当时政区地理之情状来分析杜诗，故难免附会。因此"巴阆"一词完全可以解读为偏正关系。

难免有附会处。可见，在古代文辞中与"巴蜀""巴阆"相似的"巴賨"一词，并非一定是并列关系，不能排除偏正结构关系的可能。

综上几点可见，作为"巴"与"賨"并未有西汉时并置州、郡的情况，就賨人所居之宕渠或百濮之地亦属巴郡，故扬雄《蜀都赋》不太可能将"巴""賨"作为二地名并列；如果将"巴""賨"作为二部并称，亦不太可能。因为从《史记》《汉书》等情况来看，当时未有称"賨人"者，即便所谓"賨人"之名也晚起于晋代或唐人，唐颜师古注《汉书》称"巴俞之人，所谓賨人也"①。他们都十分明确地提到了晋唐时出现的所谓"賨人"属于"巴人"。在晋常璩《华阳国志》中出现"賨民""賨人"之说，也是在《李特传》中认为其"祖世本巴西宕渠賨民"，并未说其与"巴人"不同。在这些文献中的"巴民"都不是民族性意义的"巴人"。今天的学者多将"巴人"生硬地理解为巴人五姓中巴氏务相之裔，或者说廪君蛮之后，这都是不够正确的。其误将"巴人"仅仅理解为传说中巴人一支（廪君蛮或巴氏务相），就往往导致诸多悖谬，即犹如以一目而视之躯，故于其鼻、口、耳、足者不合，此岂不谬哉。此数者（五姓）似兄弟，如族之分邑与聚落。"賨民"理应是巴人的一支，而独成聚族之名也较晚。

就目前文献来看，在东汉以前并未出现"賨人"或"賨民"之说，但在汉和汉以前的文献却明确出现了"巴人""巴民"的概念。"巴人"不仅可以指巴渝之人，也可以指宕渠之民，甚至也可以指黔中之民，因此颜师古在《汉书》卷九十五《西南夷两粤朝鲜传》中就注："黔中，即今黔州是其地，本巴人也。"② 据《春秋公羊传》载文公十六年"楚人秦人巴人灭庸。"③ 汉司马迁《史记》卷六十八

---

① 班固：《汉书》卷九十六下，第 3929 页。

② 班固：《汉书》卷九十五《西南夷两粤朝鲜传》注，第 3838 页。其注标点似语言逻辑未通，主语为地，所释则为人。或为："黔中即今黔州是，其地本巴人也。"

③ 公羊寿传，何休解诂，徐彦疏：《春秋公羊经传注疏》卷十四，北京大学出版社 2000 年版，第 365 页。

《商君列传》亦载"发教封内，而巴人致贡。"① 至晋代亦多有称"巴人"者，如《嵇中散集》卷二《琴赋》："进南荆，发西秦，绍陵阳，度巴人。"②《华阳国志》中则明确提到"巴国""巴郡"及其"巴人"的情况，如其谓："鲁庄公十八年，巴伐楚，克之。鲁文公十六年，巴与秦、楚共灭庸。哀公十八年，巴人伐楚，败于鄾。是后，楚主夏盟，秦擅西土，巴国分远，故于盟会希。战国时，尝与楚婚。及七国称王，巴亦称王。周之季世，巴国有乱，将军蔓子请师于楚，许以三城。楚王救巴。巴国既宁，楚使请城。蔓子曰：'藉楚之灵，克弭祸难。诚许楚王城，将吾头往谢之，城不可得也！'乃自刎，以头授楚使。王叹曰：'使吾得臣若巴蔓子，用城何为！'乃以上卿礼葬其头；巴国葬其身，亦以上卿礼。"③ 巴既建国，其辖内多有诸蛮夷之民，正如《华阳国志》称"其属有濮、賨、苴、共、奴、獽、夷、蜑之蛮"，其民概称"巴人"正是，故将"賨"别出于"巴"实为不妥。

在五代及唐时，"賨"已由特殊阶层之民变为概指某地域之民，其外延有所扩大。就此期历史地理考证，巴賨之地实际就是指南方巴地，可能兼包了前代一些属楚和其他少数部落的族邑，因而其中将"巴賨"并举的词义现象，显然可以视"巴""賨"为复指并举的关系，如五代杜光庭撰《广成集》卷八《周常侍序周天醮词》云："地连夷落，境控巴賨。"④《旧唐书》卷一百七十七杜审权下载："窃见杨守亮擅举干戈，阻艰西道，将图割据，吞并东川。居巴賨为一窟豺狼，在梁汉致十年荆棘。"⑤ 又《旧唐书》称秦灭巴蜀，为蜀侯贪利，因谓："蜀侯诛，賨邑灭，至今蜀为中州，是贪利而亡。"⑥ 此将蜀侯、賨邑

---

① 司马迁：《史记》卷六十八，第 2234 页。

② 嵇康：《嵇中散集》卷二《琴赋》，《四部丛刊·集部》上海涵芬楼景印本。

③ 常璩著，刘琳校注：《华阳国志校注》卷一，第 31—32 页。

④ 杜光庭：《广成集》，《四部丛刊·集部》，上海涵芬楼借京师白云观藏正统道藏本景印。

⑤ 刘昫：《旧唐书》卷一百七十七，第 4614 页。此处标点笔者认为或作："吞并东川，居巴賨为一窟。豺狼在梁汉，致十年荆棘。"

⑥ 刘昫：《旧唐书》卷一百九十中《陈子昂传》，第 5022 页。

并举，而义概巴蜀之灭，可见以賨代巴之义甚明。

"賨"在汉初并非指民系，而是指南方蛮夷之贡布。《说文》释"㠾"字云："南郡蛮夷賨布也。从巾家声。"①《后汉书·南蛮西南夷列传》亦有时输"賨布""賨钱"之说。显然"賨"本应是指西南少数民族的一种贡赋形式，其中尤以"苎麻布"为其主要贡赋特点，后来将这种代税之民概称"賨民"。东汉应劭《风俗通》谓："巴有賨人，剽勇。高祖为汉王时，阆中人范目说高祖募取賨人定三秦，封目为阆中慈凫乡侯，并复除目所发賨人卢、朴、沓、鄂、度、夕、袭七姓不供租赋。阆中有渝水，賨人左右居，锐气喜舞，高祖乐其猛锐，数观其舞，后令乐府习之。扬雄《荆州箴》曰：'风飘以悍，气锐以刚'。賨，在宗切。"②这其中实难看出"賨"的民性和纯血统体系，但却可以佐证他们是生活于渝水一带的巴渝人或巴人。无论是"廪君蛮"之先为殷人流徙钟离山部落之后，还是"賨人"为"板楯蛮"，"板楯蛮"为夏人居夷江一支等说法，只是一种推测。因为一切物种都是不断进化的，从中西方的民族史和文化史看，民族的血统从来就没有纯血统纯正宗的。夏商之民完全是隔绝于真空的吗？恐怕并非如此，夏、商之裔怎么就不会有周人的血系交融呢？其与周边之民怎么就可能绝对无交融呢？这从西周封姬于巴，在南方建巴子国的情况可推证。至于某一聚邑所谓的来源地、图腾信仰不同，那只能是表象的相对不同，从本质和文化的趋同进化性发展看，与其周邑之民恐怕没有什么不同。这也可以从中西方文化史的流变中得到暗证。

由此可证，扬雄《蜀都赋》中"巴賨"关系恐怕为复指并举，此种关系也更切于文本。此外，我们分别从巴、賨的语源和文化衍进还可进一步厘清二者的关系。

---

① 许慎著，段玉裁注：《说文解字注》卷七，第362页上。

② 萧统编，李善注：《文选》卷四，第179—180页。注此条未见于今本《风俗通义》本文，王利器《风俗通义校注》（中华书局1981年版）亦据《文选·蜀都赋注》引此载于"佚文"类（第491页）。扬雄《荆州箴》又作《荆州牧箴》，见《古文苑》卷十四。

二、“巴”“賨”语源及其文化生成

关于“巴”字的语源生成，最早的材料我们可以追溯到殷代甲骨文，在甲骨文中已有“巴”字，其形为“🐚”，《甲骨文编》（附录上）即注此字为“巴”[①]。从“巴”的字形来看，“巴”的命名方式与古代对其他族属的命名一样，有着一定共性：依据当时此族属的生活形态、方式，特别有可能是其劳动方式而名之。如中华文化中对夷、蛮、苗、狄、戎等的命名就遵循这种共同规则，因而这种命名方式也必然遵循语言学和文字起源的共同规则。从甲骨文“巴”字的字形衍化来看，“巴”（🐚）与“人”（🐚）与“爪”（🐚）相关，由此证明“巴”字的字源生成与劳动方式和生活情状有密切关系，与南方山地自然地理环境极相契合[②]。

古人对带有地域特征的族落命名绝大部分表现了该地域之民的生活情状，古人对夷、蛮、戎、狄的命名就可以概观四野之民的生活大致情状。《大戴礼记》卷第十一《用兵》篇“六蛮四夷交伐于中国”下注：“《周礼·职方氏》：四夷、八蛮、七闽、九貉、五戎、六狄，此周所伏四海其种落之数也。《明堂位》曰：九夷、八蛮、六戎、五狄，此朝明堂时来者数国也。《尔雅》曰：九夷、八狄、七戎、六蛮，其夏之所伏，与殷之夷国，东方十、南方六、西方九、北方十有三。然郑康成以四夷为四方，九貉为九夷，又引《尔雅》，其数不同，及六四文阙而不定，是终使学者疑于所闻也。”[③] 何以各文献对夷、狄、戎、蛮之数不定？这正是因为夷、狄、戎、蛮之名并非对某一具体民族或民系的称呼，而是对某一地域之民的特征性描述。故南方之巴、楚、蜀之民或被概为南蛮之民。《尔雅·释地》云：“九夷八狄七

---

① 中国科学院考古研究所编：《甲骨文编》（附录上），中华书局 1965 年版，第 791 页。

② 具体论述可参见何易展：《文化人类学视野下的早期巴文化探赜》，《四川文理学院学报》2015 年第 3 期。

③ 王聘珍：《大戴礼记解诂》卷十一，第 211—212 页。又《景印文渊阁四库全书》本汉戴德著，南北朝卢辩注《大戴礼记注》卷十一亦作“及四六文阙而不定”，而四部丛刊景明袁氏嘉趣堂本《大戴礼记》卷十一作“及六四又阙而不定”。

戎六蛮谓之四海。"宋邢昺疏云："九夷在东，八狄在北，七戎在西，六蛮在南，次四荒者。"①"巴"字的衍生同样有地域文化的特征，因而其指称与人文及自然地理有密切的关系。

《说文解字》释"巴"云："虫也。或曰食象蛇，象形。凡巴之属，皆从巴。"其下注："徐锴曰：'一所吞也，指事，伯加切。'"②显然，在这里许慎还并没有直接将"巴"释为蛇，其称"或曰"，仅仅是意在当时可能存在对"巴"字的一种理解和看法，但这种看法可能并不正确，而且如此之说，也是取其"象形"之故。这与籀文"巴"（巴）字的情形比较接近。许慎释"巴"为"虫"，虽在篆文和籀文的基础上取其形似之源，但却无疑指出"巴"字的文化意义中存在与爬行类动物生存状况的关系性因素，故称"凡巴之属，皆从巴"，其中一"巴"字就有"手脚""爪"的含义。"巴"字的文化意义所反映和内蕴的正是南方自然与人文情况。"巴"字所表述的一方面不仅切合了南方自然地理情形，其居地山峻林茂，虫兽相杂；另一方面，它反映了民人劳作，从事淘洗、捕鱼、抓虫、驱兽、登山等情形，其势攀跪爬行，"这与南方山险地峭之状极相合，许多山爬山就手脚并用，或者半跪式攀援。今天的'爬'字就是将'爪'和'巴'字结合，强调用手的形式。"③只是许慎误将"巴"字的解释引向了另一层因素，而导致后来"巴"字语义的迁衍。但从《现代汉语词典》等所收"巴"字词条的情况来看，无论是其转化为副词、形容词、动词、名词等，还是和其他词缀相粘连，其中都始终内蕴了一种"紧、牢"的状态。

由此可见"巴"字语源本义与其衍生诸义间内含了词义本质特征爬、抓的动作所带来的"紧、牢"意义，与早期巴人在茂林峭壁、溪涧绝壑之间攀爬、捕狩渔猎的情形极相关系。今天在巴地出土了大量

---

① 郭璞著，邢昺疏，李传书整理：《尔雅注疏》卷七，北京大学出版社 1999 年版，第 199 页。

② 许慎著，段玉裁注：《说文解字注》卷十四下，第 741 页。

③ 何易展：《文化人类学视野下的早期巴文化探赜》，《四川文理学院学报》2015 年第 3 期。

早期的陶网坠、陶纺轮以及一些扁平、尖刃的骨器，考古学者判定为农耕、狩猎、捕鱼和缝织的工具，并认定该地区"远古的居民过的是以渔猎和农耕为主的定居生活"①。巴地由于其特殊的自然地理环境，山险水急，虎虫相倚，故在捕猎与生活劳作中就自然形成"紧缩""贴身"的劳动状态，"巴"字可谓对其毕肖的刻画，由此在这一地域上生活和劳作的人就以其情态而概称巴人，其地亦名之巴，故有巴山、巴河之称。后来流放或迁居、定国于此者皆概以"巴"，故西周初年的古巴子国，虽属姬姓，但以其居地之民的生活情状而概名以"巴国"。这恐怕是"巴"字诞创的历史情状，也是"巴"字最深远的文化意义的延伸。

至于"賨"字的语源生成，至今未有甲骨文字形的相应表述，较早的文献记载除西汉扬雄《蜀都赋》中"东有巴賨"之说外，就应是东汉许慎《说文解字》和见于其他文献所引的东汉应劭《风俗通》文字。

东汉许慎《说文》卷七释"幏"字云："南郡蛮夷賨布。从巾家声。"②《说文解字》卷六下释"賨"云："南蛮赋也。从贝宗声。"③据《文选》注引东汉应劭《风俗通》"巴有賨人，剽勇。高祖为汉王时，阆中人范目说高祖募取賨人定三秦，……阆中有渝水，賨人左右居，锐气喜舞，高祖乐其猛锐，数观其舞，后令乐府习之"④一段文字，在明清各版及今本应劭著《风俗通义》十卷中无⑤。无论此条是否最早从民系角度称及"賨人"或"賨民"，但从其文本来看，此賨民亦属于生活于渝水一带的巴渝人或巴人无疑。此后关于"賨民""賨人"之说，较早见于《华阳国志》，但依旧指属为巴人的一支。

五代徐锴撰《说文解字系传》通释卷十二云："賨，南蛮赋

① 马幸辛：《试论罗家坝遗存》，《四川文物》2002 年第 5 期。

② 许慎著，段玉裁注：《说文解字注》卷七，第 362 页上。

③ 许慎著，段玉裁注：《说文解字注》卷六，第 282 页上。

④ 萧统编，李善注：《文选》卷四，第 179—180 页。

⑤ 明万历两京遗编本东汉应劭《风俗通义》及中华书局 1981 年版王利器校注《风俗通义校注》中均未收此条文字。王利器《风俗通义校注》亦据《文选·蜀都赋注》引此载于"佚文"类。

也。从贝宗声。臣锴曰：'賨者，总率其所有而已，不切责之也。才冬反。'"①《古今韵会举要》卷一释"賨"："徂宗切，音与'丛'同。《说文》：'南蛮赋也，从贝宗声。'徐曰：'賨者，总率其所有，不切责之也。'《后汉书·南蛮传》：'岁令大人输布一匹，小口二丈，谓之賨布。'《集韵》或作，亦书作'賝'。"②元阴时夫辑，阴中夫注《韵府群玉》、清桂馥《说文解字义证》、清段玉裁注《说文解字》等亦多承其说，清段玉裁于"南蛮赋也"下注："《后汉书·南蛮西南夷传》曰：'槃瓠之传蛮夷，秦置黔中郡，汉改为武陵。岁令大人输布一匹，小口二丈，是谓賨布。'《魏都赋》曰：'賨幏积墆。''幏'见巾部。"③清朱骏声撰《说文通训定声》丰部第一释"賨"云："南蛮赋也，从贝宗声。《广雅·释诂二》：'賝税也。'按：汉武陵郡岁令槃瓠之后，大人输布一匹，小口二丈，谓之賨布。《晋书音义》云：'巴人呼赋为賨，因谓之賨人。'《魏都赋》：'賨幏积墆'。"④

首先考《后汉书·南蛮西南夷传》本文为："秦昭王使白起伐楚，略取蛮夷，始置黔中郡，汉兴改为武陵。岁令大人输布一匹，小口二丈，是谓賨布。"⑤此书同卷另有一条关于"賨"的记载："至高祖为汉王，发夷人还伐三秦。秦地既定，乃遣还巴中，复其渠帅罗、朴、督、鄂、度、夕、龚七姓不输租赋，余户乃岁入賨钱，口四十世，号为'板楯蛮夷'。阆中有渝水，其人多居水左右，天性劲勇，初为汉前锋，数陷陈，俗喜歌舞。"⑥与前面所述《文选》注引东汉应劭《风俗通义》意义略同，这是汉晋至南北朝主要文献中关于"賨"的记载，基本上可以看出"賨"是南方民族对赋税的称呼。"賨"在汉初

---

① 徐锴：《说文解字系传》通释卷十二，中华书局1987年版，第127页下。

② 黄公绍、熊忠：《古今韵会举要》卷一，中华书局2000年版，第33页。

③ 段玉裁：《说文解字注》卷六篇下，第282页。《说文解字句读》卷六下作"槃瓠之后蛮夷，秦置黔中郡。""传"作"后"。

④ 朱骏声：《说文通训定声》卷一，武汉市古籍书店影印1983年版，第58页。注：《晋书音义》所引句当出《晋书》卷一百二十载记第二十，非出《音义》。

⑤ 范晔著，李贤注：《后汉书》卷八十六，第2831页。

⑥ 范晔著，李贤注：《后汉书》卷八十六，第2842页。

并不是指民系和指陈民系的特征。《后汉书·南蛮西南夷列传》中称当时所输"賨布""賨钱"就是西南少数民族的一种贡赋形式，可能以"苎麻布"为其主要贡赋特点。

由赋税到民系是如何完成的呢？正如《晋书》所说"巴人呼赋为賨，因谓之賨人焉"[1]。实际上就是后来将这种代税之民概称"賨民"，也就是当时"岁入賨钱"的"板楯蛮夷"。当时这一支蛮夷由于汉初的功勋而享有特权，他们的赋税要远比其他人少，而且所供较为特别，为当时本地家庭所造的"賨布"，部分七姓渠帅甚至免税。可以看出"板楯蛮夷"之先并非只有七姓，那些未能全部免除赋税的"余户"构成了主要的板楯蛮夷。

由此，后来的文献或有概称这一地域范围之民为賨民，或有指称这些享有一定特权的夷民巴人为賨民，因此"賨"逐渐衍生为由赋到指称某特权阶层之民。后来由于朝代更替，南方这些板楯蛮夷也不再享有某特权，"賨民"已变成该地域南方之民的习惯性称呼，故"賨"从而具有与"巴"复指的意义，这从后来诸多文献可以印证。

"賨"字在宋以后皆重新被解释为"戎税也"或"蛮夷賨布"，如辽代《龙龛手鉴》、金代《五音集韵》所载[2]，实际这都是对"賨"的本义的追溯。虽然晋代常璩《华阳国志》中已有称"賨民"的情况，但其时左思《魏都赋》"賨幏积墆"，可以进一步印证"賨"与布、幏的关系。

实际上，我们在解释"巴""賨"的语源生成时，内蕴几点重要的信息需要注意：一是"巴""賨"语源及其文化意义的生成都与西南山地的自然地理状况和人文生存状况有密切的关系；二是"巴""賨"的语源生成暗示了其群落族邑的广泛性而非单一性，因而不能将"巴""賨"视为一支简单的民族。在此基础上，我们来理解

---

① 房玄龄：《晋书》卷一百二十载记第二十，中华书局 1974 年版，第 3022 页。

② 分别见《龙龛手鉴》卷一、卷三；金代《五音集韵》卷一、卷十一。

这个区域之民的来源、文化图腾、姓氏、风俗习惯等问题自然也就可以得到合理的解答了。唯有一点需要澄清，其中可能涉及文化图腾问题。图腾信仰的不同，并不是民族差异的绝对划分，世界上许多不同的民族有相同的图腾信仰或符号，也有同一民族由于迁移流徙和其它所处自然地理环境之变化，而产生不同的文化图腾信仰和符号。由此可以看出，图腾的不同更多地依旧是由于自然地理之不同从而引发的人文现象之不同。在巴、賨的图腾争论中，或有认为賨人宗蛇，巴人宗虎，故称史有賨人射杀白虎的传说。其实史料所载并非如人们所说的"传说"，也并非如某些学者理解的寓示图腾之别。在《后汉书》《华阳国志》中所载二则史料如下：

　　《后汉书》："板楯蛮夷者，秦昭襄王时有一白虎，常从群虎数游秦、蜀、巴、汉之境，伤害千余人。昭王乃重募国中有能杀虎者，赏邑万家，金百镒。时有巴郡阆中夷人，能作白竹之弩，乃登楼射杀白虎。（《华阳国志》曰：'巴夷廖仲等射杀之'也。）昭王嘉之，而以其夷人，不欲加封，乃刻石盟要，复夷人顷田不租，十妻不筭（优宠之，故一户免其一顷田之税，虽有十妻，不输口筭之钱。复音福），伤人者论，杀人者得以倓钱赎死（何承天《纂文》曰：'倓，蛮夷赎罪货也。'音徒滥反）。盟曰：'秦犯夷，输黄龙一双，夷犯秦，输清酒一钟。'夷人安之。"[1]

　　《华阳国志》卷一："秦昭襄王时，白虎为害，自秦、蜀、巴、汉患之。秦王乃重募国中：'有能杀虎者，邑万家，金帛称之。'于是夷朐忍廖仲药、何射虎、秦精等乃作白竹弩于高楼上，射虎，中头三节。白虎常从群虎，瞋恚，尽搏煞群虎，大呴而死。秦王嘉之曰：'虎历四郡，害千二百人，一朝患除，功莫大焉。'欲如要，王嫌其夷人；乃刻石为盟，要复夷人顷田不租、十妻不筭，伤人者论，杀人雇死倓钱。盟曰：'秦犯夷，输黄龙

----

　① 范晔：《后汉书》卷八十六，第2842页。其中括号内为李贤注。

一双；夷犯秦，输清酒一钟。'夷人安之。"①

从上述两则史料来看，关于賨人射杀白虎的史事并不是如一些人所谓巴賨图腾之不同而寓示的相互战争之事。这两则史料记述基本相同，并非传说，其中明显地含示了巴郡阆中夷人，其中一支为所谓板楯蛮夷者，但明显属巴人无疑，故《后汉书》李贤注引《华阳国志》为"巴夷廖仲等射杀之"语；从当时三地交界之自然境况来看，其地野兽出没，"白虎为害"当非妄诞，故二则材料中皆记白虎及所从群虎害千二百人之数。今天东北或有载野生东北虎出入、伤害人畜的事件，由此可证此并非出于图腾所谓巴人崇虎、賨人崇蛇的图腾信仰不同之下的战争。而且即便图腾之不同也不能证明二者必有争战，图腾之不同跟后来聚落历史、文化之发展、地理及生活情状等密切相关。《华阳国志》卷一载："汉兴，亦从高祖定秦有功。高祖因复之，专以射白虎为事，户岁出賨钱口四十，故世号'白虎复夷'。一曰'板楯蛮'，今所谓'弓头虎子'者也。"② 汉初西南山地未曾大力开发，其山高林密的自然山地环境给虎狼为患提供了条件，因而高祖免除（复）此地之民的役赋，"专以射白虎为事"就极合情理。这与中国历史上专灭蝗灾、鼠灾的情形极似。

此外，若要以此射杀白虎为寓示巴賨关系之战争③，恐怕有很多疑点难以解释清楚。一是认为賨人射杀白虎为"巴人作乱"，实谓无稽。从史料可以看出，秦昭襄王时本"重募国中能杀虎者"，非欲利用夷人，故当因夷人射杀白虎之后，"欲如要，王嫌其夷人，乃刻石

---

① 常璩著，刘琳校注：《华阳国志校注》卷一，第34—35页。

② 常璩著，刘琳校注：《华阳国志校注》卷一，第35页。

③ 《华西都市报》2014年4月5日曾刊登《古蜀賨人：东方的斯巴达人》一文。此文中引达州市文化发展研究会姓氏文化研究中心主任傅昌志的观点认为："事实上，白虎在老虎的种群中并不常见，秦灭巴蜀后突然出现白虎作乱的事情，是十分蹊跷的。再来看同期的巴人，他们的图腾正是白虎，他们崇拜的首领廪君传说中死后灵魂化成白虎。巴人每每祭祀白虎，过程都十分虔诚。白虎可以说是巴人最崇拜的图腾之一，甚至用活人的血祭祀白虎。"又称"在这里，可以大胆地想象一下，秦人所说的白虎作乱，可能指的就是巴人作乱。秦灭巴蜀后，巴人对秦的抵抗几乎没有间断。賨人和巴人可能有世仇，秦人正是利用这一点，用当地少数民族之间的矛盾打击土著政权。"

为盟。"①其变要约为盟誓，足见以此谓秦王利用西南少数民族之间的内部矛盾相攻为臆说狡词。二是认为"如果賨人是巴人的一支，射杀崇拜的图腾是万万不可能的"②，此实际并未能理解文化，包括图腾文化符号形成的诸种因素。如上所述，图腾之信仰受时、地和文化心理等多种因素之影响，并非绝对不变的。按《华阳国志》所载"巴人崇虎"或以虎为其图腾，当是巴人之一支，而且是其早期先民的文化信仰状况。在《十六国春秋·蜀录·李特传》中记载："是时廪君死，魂魄化而为白虎，故巴氏以虎饮人血，遂以人为祠。其后种繁盛，秦并天下，以为黔中郡，薄赋敛之，口岁出钱四十，巴人呼赋为賨，因谓之賨民焉。"③显然即便以虎为图腾，也是巴人一支的先祖廪君时代的事情，按《李特传》所记，廪君时代当极早，为巴人一支由早期穴处而变为水居的时代④，至汉时其图腾并未有确载。或许恰是因为秦末汉初战争频仍，西南地区与秦、汉广泛地进行政治文化交流，其图腾信仰或许在此期也发生了变化。今天依旧保存巴地的许多汉阙、汉砖、汉碑、汉井、汉城墙等可以为其时交流互往的明证。那么由此来看賨人射杀白虎，除开历史政治层面的解读外，文化性层面也可以得到合理的理解了。三是按史料所载，当时射杀白虎者也并非明确称为"賨人"。《后汉书》称为"巴郡阆中夷人"，《华阳国志》称为"夷胊忍廖仲药、何射虎、秦精等"，唐李贤注《后汉书》引《华

历史的记忆
巴文化的多维考察

---

① 常璩著，刘琳校注：《华阳国志校注》，第35页。

② 《古蜀賨人：东方的斯巴达人》，《华西都市报》副刊2014年4月5日《宽窄巷》栏目。

③ 崔鸿：《十六国春秋》卷七十六《蜀录》载《李特传》，《摛藻堂景印四库全书荟要》，世界书局影印版，史部第117册，第922页。注：《丛书集成初编》本《十六国春秋》及《十六国春秋纂录校本》中无此段文字。且《晋书》《华阳国志》等所载亦各异，均无"是时廪君死，魂魄化而为白虎，故巴氏以虎饮人血，遂以人为祠"此段文字。

④ 《十六国春秋·蜀录·李特传》载："廪君复乘土船，下及夷城，夷城石岸险曲，泉水亦曲，望如穴状，廪君疑之。叹曰：'我新从穴中出，今又入此，奈何？'岸即为崩，广三丈余，而阶陛相乘，廪君登之。岸上有平石方一丈五寸（一作长五尺），廪君休其上，投策计算，皆着石焉，因立城其旁，有而居之，四姓皆臣事之。"（《摛藻堂影印四库全书荟要》史部第117册，第922页）此既反映了部落民族的迁徙，也反映了其民人的生活状况。其先穴处，居于山林，故以猛兽白虎为其图腾极为自然，而至其后裔，渐沿江水居，其民或变其图腾，以蛇、以鱼凫等为其图腾，或继以虎为图腾，皆有可能。

阳国志》亦称"巴夷廖仲等射杀之"。而且按《李特传》所载，賨民亦是崇虎的巴人廪君蛮夷之后，故称李特"祖世本巴西宕渠賨氏，即廪君之苗裔。"[①] 显然将賨别出于巴，既不符合史料记载[②]，也不能由此证明賨与巴的图腾之不同。如果賨人如史料所载为廪君之后，其亦必以虎为其图腾，这从出土的代表巴賨文化特征的战国虎钮錞于可以得到证明[③]。今天全国各地出土的錞于至少有100多件，作为虎钮錞于，在湖北咸丰、湖南吉首、四川渠县等地都曾出土过[④]。而且作为最具有賨文化特征的賨王印，在清光绪十六年（1890年）前后在奉节县被农民垦地时发现，此賨王印为"汉归义賨邑侯金印"[⑤]，在《旧唐书》又记高宗封藏族弄赞为"賨王"[⑥]。由此可以推演"賨"的形成以及賨族的迁衍，既可印证"賨"的语源本义，也可进一步证明后来所谓賨人即巴人之形成。无论是蛇巴、虎巴、鱼凫巴人，也即无论是巴之崇虎、崇蛇或崇鱼凫，实际都不过是因地理之影响、时地之变迁，以其功勋、精神、人文等或为之附会。"巴賨"的文化意义除其语源生成之外，莫过于关于"巴""賨"的文化图腾和姓氏辨源，其中不仅牵涉到巴与各族属之间关系的争论，也牵涉到巴民俗文化的诸多问题。南方巴地之民确有崇蛇、虎或鱼凫的图腾文化之说，但考其个中原因，实际大都出于地理与生存状态相关系的缘故。

---

① 《华阳国志·李特志》载："李特字玄，略阳临渭人也。祖世本巴西宕渠賨民。"《十六国春秋·蜀录》载："李特，字玄休，巴西宕渠人，其先廪君之苗裔。"《晋书》卷一百二十《李特传》："李特字玄休，巴西宕渠人，其先廪君之苗裔也。"

② 这里的"巴"不应是将廪君五姓中的一姓理解为"巴人"，其实其部落之裔，如"出于黑穴者凡四姓：樊氏、晖氏、栢氏、郑氏"等（《十六国春秋·蜀录·李特传》卷七十六），包括巴氏务相之后，皆为巴人。

③ 在渠县城坝、湖南吉首等地考古出土有賨王印及虎钮錞于等。

④ 参见刘学良：《湖北咸丰县发现的青铜器》，《四川文物》1993年第6期。虽然作者将其定为东汉的形制，但此种虎钮錞于必在战国已有之。而且从其分布区域来看，今天渠县一带所谓的賨民亦当为巴人一支，也有崇虎的文化习俗和受先祖图腾信仰的影响。

⑤ 1935年编写的《云阳新县志》卷22记载了此事。任乃强《〈华阳国志〉校补图注》、邓少琴《巴蜀史迹探索》等书均记载了此印。任乃强认为，"汉归义賨邑侯金印"属"曹操所颁给三賨王印"。新中国成立后，此金印被重庆市博物馆收藏，现藏于中国国家博物馆。

⑥ 刘昫：《旧唐书》卷一百九十六上，第5222页。

综上考察，以賨人射虎，故与巴人（虎图腾）相别，实为虚构妄诞之说。那么由此立论的所谓"賨人和信仰虎图腾的巴人有世仇"[①]，就有较多的疑点不能解释。在《尚书》等典籍中记载助武王伐纣，并未特别明示为"賨人"，至晋常璩《华阳国志》所称此战"巴师勇锐"，也并未直接解其为賨人之助战。至于后来学者以其为賨人助之，实以巴賨"并指复举"为前提，即以巴为賨，或以賨代巴。今人论巴賨之别，又衍化出诸多奇谈怪思，如《古蜀賨人：东方的斯巴达人》一文认为賨人助武王伐纣为复仇之战，其云："这场战争，对賨人来说，显得非常奇怪。朝歌距渠县的距离是非常远的，一个在河南，一个在四川。史书记载，在武王伐纣中，賨人一直作为前锋冲杀在前，玩了命地打仗。賨人为了一块和自己毫不相干的土地如此拼命，理由在哪里？事实上，这场战役证明了賨人是夏人之后的可能性。賨人曾经是夏朝的联合部落之一，纣王先祖殷人集团把夏朝灭亡后，他们从中原被赶到了湖北，最后又被巴人赶到四川渠县的地界，这样的仇恨积累了很长时间。可以说，賨人之所以在川东北定居，都是被殷人的穷追猛打所赐。"[②] 当然，这或许在一定程度上能够解释"賨人"参战的原因，但武王伐纣，实率八百诸侯，有众多邑落部族参战，又当如何解释呢？而且若如其文所称賨人为居宕渠之民，巴人在东，况賨与巴又有世仇，则賨何以越巴人之居境而东助灭纣呢？此殊为难解。

"賨人""賨民"在晋以前文献皆无论及[③]，而"賨国"之说亦为《华阳国志》据当地长老之言推说，实无论证考说。《华阳国志》称："长老言，宕渠盖为故賨国，今有賨城，邻山重迭，险比相次，古之

---

① 《华西都市报》副刊 2014 年 4 月 5 日所载《古蜀賨人：东方的斯巴达人》一文认为"賨人和信仰虎图腾的巴人有世仇，秦灭巴蜀和浮江伐楚之间的这段时间，巴人仍在进入渠县一带賨人的领地，蚕食他们的生存空间。按秦人的说法，当时白虎危害天水、成都、阆中、汉中等地，指的就是被灭国后仍在活动的巴人'游击队'。"

② 《华西都市报》2014 年 4 月 5 日《古蜀賨人：东方的斯巴达人》一文，见华西新闻网：http://news.huaxi100.com/show-166-462361-1.html。

③ 见前文辨引东汉应劭《风俗通》"巴有賨人"文字一段。

賨国都也。"其一所谓"盖",明显为猜测之词；其二"故賨国""古之賨国都"并未标明古之何世，就晋常璩及当世长老之眼界，战国、秦及汉魏皆可视之为古。而且就今天在此地考古发现的宕渠车骑城来看，不过大多为东汉时代战争遗存，至晋已被视为古城。此外，若将"賨国"推源更古，似未有其他史料可证，唯有将其比附之周武伐纣之彭人，故有视彭人为賨人之说。但据后来之文献，此彭人无论地缘居所及流迁皆与"巴人"相关，亦不能脱证"賨人"为巴人一支之说，及"賨国"为巴国之附庸或聚落之说。

三、"賨"的古音通假

从前述已经可以见出"賨"的语源本义是指"赋税"，与南方蛮夷的贡布有关。因此《集韵》或有作"𢂂"者，义同《说文》"幏"字。《说文》释"幏"字谓："南郡蛮夷賨布。从巾家声。"[1]可见，"賨"与巾布等有较密切的关系，《后汉书·南蛮西南夷列传》亦称时输"賨布""賨钱"。今天云南纳西族等少数民族还有"化賨"的习俗，学者认为"化賨是纳西族通过货币或实物的媒介进行社会交往的方式"[2]，显然，"賨"被理解为一种可以作赋税形式的货币或实物，如称"交纳的货币叫'賨钱'，交纳的布匹等实物叫'賨布'，后来，'賨'字还被引申到地名、人名之中，称巴地为'巴賨'，称'巴人'为'賨人'，称巴之兵为'賨叟'。"[3]可以推测在汉时"賨布"应作为西南地区赋税的主要形态之一，而西南山地由于特殊的自然地理环境，其地适宜种植麻桑，又地近水源，便于苎麻的剥皮等。而且在巴地如宣汉罗家坝出土的夏商周及早期器物中可以看到大量的渔网陶坠、陶纺轮等器物，证明早在上古时期，巴地的纺织技术就已经较为发达，今天在川东许多地方都保留有种麻的习俗，甚至煮麻、剥皮、

---

① 许慎著，段玉裁注：《说文解字注》卷七，第362页上。
② 和颖：《丽江纳西族化賨的文化解释》，《西南民族大学学报》2008年第4期。
③ 和颖：《丽江纳西族化賨的文化解释》，《西南民族大学学报》2008年第4期。

晒制等还保留了传统的工艺。由此在川东一些地方称麻为"宗麻"，或应为"賨麻"的同音异字。

这种"宗麻"可能就是后来学名所谓的"苎麻"，"苎麻"的含义或指野麻，主要产于中国西南地区和长江中下游一带。在甲骨文中未有见到"苎"字，此可能是后起的字，在《说文解字》中也未见有"苎"字。有将"苎"作"苧"者，但从"苧"的篆文来看①，"𡩟"(苧)有敬示祭礼的意义在其中，因疑此"苧"或与"祡"形近而误，后进一步将"苧"简化为"苎"字，尚保留一部分"祡"的声母特征，而"祡"极有可能是当时记"宗"或"賨"音读的同音异体异形字。"宗"和"賨"之间不仅是一种同音的关系，而且是将一种物属所有关系向实物关系的转化，在人民对领主或封建主的依附关系逐渐减弱的社会进化过程中，此两字正反映了不同文化圈层在相互同化中的作用和影响，或许可以从中解读出更多超出文字本身的认知。

尽管"賨"的语源指赋税，但赋税与领主或宗主是有密切关系的，因此"賨"极有可能是"宗"的同音异字表现。五代徐锴《说文解字系传》在释"賨"时可以说就认为"賨"有通"宗"的意谓，其云："賨者，总率其所有而已。"②所谓"总率其所有"就有"宗领""宗率"之义。这在后来宋元明清的许多文献中可以看出巴楚之地"宗主"的一些记载，这些"宗主"实际就是领主或土司等。宗主的确立与周的分邦建国和氏族世袭制等有密切关系。汉初西南少数民族之地，包括今天川东一带的巴郡之地，实际早在西周初年就与周王朝有着密切的交往，这在许多文献中都有记载，如西周封姬姓之民于巴便是明证。因此这些地方在汉初实际上还保留了氏族封制的传统，对其部落的首领依旧可能视为宗主，而对其所纳之赋税就可能被称为"宗钱""宗赋"等，或在所供赋之物前名"宗"字，以示为领主所有。但因西南之地民族部落禀受风化自然的影响，语音可能带有地方口音

① 许慎著，段玉裁注：《说文解字注》卷一，第40页。

② 徐锴：《说文解字系传》通释卷十二，第127页下。

的特点，而汉时中原之民不太理解，这种情况在史书中载汉初时一些北人不懂南音即可证之。当时汉初宫廷好楚音，不但是因刘邦等为南楚之民，有好乡音的可能，还有一方面足以证明当时南北口音应有一些差异，在相互理解领会上可能存在困难。这就可能使汉初一些学者并不理解西南之民所呼"宗布""宗钱"或"宗某"为何意，但却将他们所呼的这些用于上交领主或国家邦主的东西命名为北人可以理解的"賨"，因为"贝"代表了赋税钱币等意义，而"宗"可能接近他们的口音。故《说文》称："賨，南蛮赋也，从贝宗声。"①

这种语音通假变化，就是口语与文献记载中的同音异字现象，"賨"字的这种演化情况可以从今天土家族文献中的一些记载得到进一步证明。

土家族是巴人后裔，他们的一些文献中还保留了早期巴人语音的一些方言和俚俗特征，如果要详细研究，从扬雄《方言》中也可以找到一些证据。同音异字是在不同文化圈层相互传播中最常见的现象，例如中国人在翻译西方佛教和其他宗教经典的时候，对其中人物和专名等就多存在同音异字的翻译现象，今天在文化译介中还是不可避免的。如古代印度称中国为"震旦""振旦"或"真丹"等②，史料文献记北方一支少数民族"獯狁"或作"猃狁""荤允""荤粥""薰育"等③。当然，产生这种情况的原因是多方面的，一方面是因为文化圈层的不同和文化差异的存在；二是与不同的历史时期或不同的译著者或陈述者有关。但从大多数文化翻译对专名的处理情况来看，音译是一条主要的原则。也就是说，无论字如何衍化，但它们之间可能都保留了一种音声相近的关系。

有学者认为土家族有语言而无文字，但也有学者据一些发现的巴地器物上的符号认为巴人或土家族人是有文字的。关于这个问题要分几个角度来认识。

---

① 许慎著，段玉裁注：《说文解字注》卷六，第282页上。

② 辞海编辑委员会编：《辞海》，上海辞书出版社1989年版，第5222页。

③ 辞海编辑委员会编：《辞海》，第2152页。

一是土家族人是巴人后裔，土家族的语言和文字系统肯定是与巴人的语言文字系统相关的，但巴人及其生活的地区在夏商周时期就与外来文化发生了密切的联系，这从史书中可以找到明证，特别是周初封姬姓于巴而建巴子国，以及关于周公迁楚巴之地，其文化必然相互播迁与影响。从巴地出土的早期器物上发现的类似于楔形文字或符号的东西，确实可以证明巴地较早就有了语言文字系统，但与中原或夏、商、周之民语言文字系统有何关系和区别，却并不是三言两语可以说清的问题。从楔形和符号形状来看，他们可能存在共同的文化起源或者说存在着共同的文化特质性影响因素，从而构成了极其近似的文字系统。

二是既然承认巴人是有语言和文字的，其语言文字系统的特殊性还有待进一步考证，但可以明确地认为晚周以后巴地的语言文字系统应该跟中原地区已经有密切的亲缘关系。不管（战国）六国的文书是如何的，只是不同地区或不同族落对一个字或音的不同写法而已。秦灭六国之后统一文字，因此后来汉唐巴人如扬雄、司马相如、李白等文人皆用汉字记文载事，至于说巴楚之地巫史中或土家祭司中所运用到类似于文字的符号①，不过是保留的早期记事的一种形式，既可能传承了早期大部分民族创字的象形传统，也可能纯粹是巫祝间通用而不便为外人道的符号，恐怕与湖南一些部落民族中留存的"女书"情况类似。屈原流放汉南，就因听当地祭歌鄙俗难懂，故而改创为《九歌》。其中可能就因当地巫祭所祷之文为符咒诅文，外人难懂，以示其神圣性。而屈原能据其改创，一是在于了解其民习，通近其祭礼，二则在于其祭歌或还是有与正统文字系统音近音通处，从而采用同音异字相记。

三是土家族虽是巴人后裔，但因受宋元以后土司制度影响，他们的语音可能存在一些地方特色，但其文字系统应主要还是沿袭汉文传统。可以说在一定程度上巴楚等地一些少数民族部落更多地保留了汉文化早期传统。今天巴楚等地部分符咒道篆或器物上可能保留了一些

① 向本林主编：《宣汉土家文化》，中国文史出版社 2013 年版，第 183—193 页。

较古老的象形文字符号或巫祝图语，但尚难证明其为自成一体的、完整的语言文字体系，它们既有可能是早期本土文化的遗存，也可能是汉文化与南方土著文化相融合的产物。如在南方巴楚交界的宜昌发现有最早的象形文字①，因此有学者说，"大家都知道，中国文字起源于殷商甲骨文，但都不知道甲骨文的首创是土家族的先民巴人"②。无论这是否是一个真命题，但至少可以证明在较早的时期巴地文化就与汉文化有着同源的因素了。汉人一般被视为炎黄后裔，或有据《诗经》："维天有汉，监亦有光。"认为"汉"原是指天河、宇宙银河。或有认为汉人乃因汉王朝而得名，汉朝以前称"华夏"或"诸夏"。而汉王朝的统治者及其族民与巴楚之地的族落及江汉流域的"汉"人有着密切关系。因此后来汉人的意义，有些学者认为它不是一个族群，而是一个文化群的意义③。由此可以进一步推证，巴裔土家族文化与大的汉文化圈层有着紧密的联系。因此从严格意义上讲，说今天的土家族有与汉字不同的独具特征的文字系统，或许并非科学之见。

既然讲到巴地文化与传统汉文化之间至少在文字系统上有着某种密切的关系，那么语音可能由于自然地理的影响，还保留了一些地方特征或传统语音，这在许多语言学论著中都有论述。如川东巴地一些地方依旧保存的俚语，如吃饭说成"喫饭"，"喫"尽管在今天的一些字书中或注成"chī"，同"吃"，但还应是"口形契声"，今天在粤语和一些客家话中还保留了这种音。这可能就是汉时"吃"的原读音，它与中原音系存在联系，这在西汉扬雄著的《方言》中可以找到理据，也可以从《唐韵》《集韵》《韵会》等对"吃"字的注音中找到依据，如《唐韵》《集韵》《韵会》注"吃"字"居乙切，音讫。"《康熙字典》中注"又与'喫'同。《新书·耳庳篇》：越王之穷，至乎吃

---

① 据《人民日报》1994 年 8 月 14 日转载《文汇报》8 月 3 日消息。

② 《宣汉土家人的方言与巴人文字》，见刘兴国：《宣汉土家族》，中国文史出版社 2012 年版，第 97 页。

③ 《中国人为何自称汉人而不称唐人》，见东方财富网：http://finance.eastmoney.com/news/1622,20150120469796910.html。

山草。又《集韵》'欺讫切，音乞。'吃吃，笑貌。"① 由此可见汉时巴人可能已经使用汉字系统，语音可能保留了一些方言特征或上古音。

"賨"字在《说文》中称为"从贝宗声"，可见在汉时当地巴人所称的这些贡赋或物布等音同或音近"宗某"的。按《永顺府志》记："土人呼官长曰冲，又曰送，又曰踵。"② 所谓土人是指巴地土著民或本地人，其所称之"冲""送""踵"等与"賨"语音极为相近，可能是对同一音读的异文记载。我们前面讲过，西南山地由于特殊的自然地理原因，交通相对来说不发达，宋元以来实行土司管理制度，形成了相对固定的传统，明清以来实行"改土归流"③，这些地方受到宣化的影响又较小，故而其语音中还保留了大量传统的中古音和上古音读。"賨""冲""送""踵"等基音都应是"宗"，可能这些都是汉文对巴地语音"宗"的异文记载，由于外来汉人对巴语"宗"所称物象不明，才产生对巴地语音"宗"译介过程中的音义讹衍。

《二十四史》《清史稿》及土家族分布地区的地方志等书记载，土家语中的地名、人名和专有名词，在这些书中都有种种异写。如对土家族的自称，或译作"贝锦"，或译作"比兹"，但还是能见出为音译巴语的结果④。《元史·石抹按只传》记"蛮酋向贵誓用"，而在故宫博物院藏嘉庆版《恩施县志·名宦十二》和道光版《施南府志·武备》中此段记作"向贵什用"⑤。"誓用"和"什用"明显是同音异文的结果，但二词意义对应的恐怕应是"宗"的音义。无论是"賨""冲""送""踵"，还是"什用"等，都有"宗"字的基音。袁

---

① 张玉书等编纂：《康熙字典》(标点整理本)，上海大辞典出版社 2002 年版，丑集上·口部，第 102 页。

② 见故宫博物院藏清同治修《来凤县志》卷三十二"杂缀志·缀拾"。

③ 当然，无论是土司管理和"改土归流"制，实际上不过是南方对汉唐以来传统文化的谨守与明清以来对汉文化改造之间的冲突问题。按清同治五年修《来凤县志》卷三十二《杂缀志·缀拾》就据《洪武本纪》载："洪武二十八年六月壬申诏诸土司皆立儒学。"又据《明史》载："弘治十四年诏土官应袭子弟，悉令入学，渐染风化，不入学者，不准承袭。"

④ 分别见北京图书馆藏《巴东县志·艺文》，载齐祖望《咨移明古制》及中央民族学院民族研究所编《民族研究论文集》第三集载潘光旦《湘西北的土家和古代巴人》。

⑤ 转引自袁德洪：《"賨"、"送"考》，《中央民族学院学报》1990 年第 3 期。

德洪《"賨"、"送"考》认为"汉文音译土家语'什用''冲''送''踵'和《元史》中汉文音译蒙古语'达鲁花赤'一样,辞性是相同的,'达鲁花赤'的意译为'总辖官'。'什用'、'达鲁花赤'和'帝、王、公、侯'都是带有官阶含意的专有称谓。……土家语只有大小土司才能称'什用'。"① 在《元史》和各方志中有对巴地土司的许多记载,如:"夔路忠信寨主阿其什用""桑植荒溪诸峒墨色什用""师壁峒土官田驴什用""盘顺府土官墨奴什用""摇把峒长官向麦答踵""保靖安抚彭万里弟彭麦谷踵""卯洞司向大踵""永顺司向迪踵""散毛司墨来送""腊壁司田大旺送""漫水司向麦铁送""龙山老蛮头吴著冲"等,在音译过程中,具体用字受译者因素的影响极为复杂,但其中"冲""送""踵""什用"等应是同一音读音译异文,"什用"应是"宗"的切音标注。

《来凤县志·土司志》载:"墨来送,覃姓……墨来送,其始官之祖,土人谓天曰墨,谓天来送也。"② 可见"墨来送",译音与"什用"相近,其意义都有与"宗"暗合处。《说文》称"賨,南蛮赋也,从贝宗声,祖红切。"《集韵》或作"徂宗切",《广韵》《切韵》均作"藏宗切"。崔鸿《蜀录》记:"巴人呼赋为賨。""賨"同样被视为汉人记巴语音的音读文字,它与上述"什用""冲""送""踵"反映的巴地土家语音完全相近,可能它们出自同一音域,或是对同一字的音译。而且"賨"无论所谓"賨钱""賨布",都是作贡赋之用,为交给领主或宗主的贡物,"賨人""賨叟"也内含了这一地域实行封建氏族宗法管理的部族之民的意义。唐玄宗时期曾封藏族部落之长为"賨王",可以证明至少在唐时"賨"并不是特指西南巴地民族的意义;或者唐时巴地賨民已有西迁之象,这与今天云南少数民族有化賨的习俗等可以印证③;或者"賨"同是对南方土音中宗主之"宗"音读的译记,它既可能在于强调"賨王"拥有享受当地赋税的权力,即享有获賨的

---

① 袁德洪:《"賨"、"送"考》,《中央民族学院学报》1990 年第 3 期。

② 《来凤县志》卷二十七《土司志·散毛司》,清同治丙寅刻本。

③ 另参见李若愚:《说賨》,《中国经济史研究》1987 年第 2 期。

特权，又为具有分封之义的邦主或宗主，因此称"賨王"。那么证明唐代时"賨"还是保留了原来赋税与宗主的双层含义，并不像现代人理解的为一方民系的代表。

从"宗"字本义及中国较早形成的宗法制度来看，这些土家巴语方音中的"什用""冲""送""踵"等及"賨"正是反映"宗"字的本义，所谓"什用"土司官长就是宗主，为一方的领主，这也反映了巴域土家文化中对"宗"的本来音义的保留。因此在今天巴地许多少数民族和土家部落中依旧极多地保留了周汉以来血缘制和氏族分封制的观念和传统。从这一层意义来看，所谓"賨人"不仅是"巴人"的复指代称，还寓含了在巴地生活的这支民系所保留的特有文化和社会制度方面的传统。

（本章主要部分发表在《扬雄〈蜀都赋〉"巴賨"考论》，《南京大学学报》2017 年第 1 期。主要观点亦见于《扬雄赋"东有巴賨"考辨》，《西华师范大学学报》2017 年第 2 期，文字略有改动）

历史的记忆
巴文化的多维考察

第九章

"廪君"传说与"务相"考

关于巴人起源之说,《路史》卷十载:"伏羲生咸鸟,咸鸟生乘厘,是司。水土生后炤,后炤生顾相,降处于巴,是生巴人。"[1]并引晋代郭璞注云:"巴之始祖,后武王封宗姬支庶于巴,曰子。循古之故,古者远国虽大,爵不过子。"[2]显然,此处"顾相"或为传说中的廪君"务相"的同音异词。从其"降处于巴"来看,其"巴"既非族群之名,也非姓氏,而是一地域之称。而且从氏族血脉关系来看,已经交代了巴地之民与中原姬姓(伏羲之后)的密切关系,但对务相降处的巴地具体地理位置却多有争论。

在纷纭的争论中,最主要的一个方面是对多个文献的来源缺乏比较认识,甚至产生断章取义和异解等。无论是《世本》,还是《风俗通》,这些文献都经汉人整理,对古

---

① 罗泌:《路史》卷十后纪一,《景印文渊阁四库全书》第 383 册,第 78 页。

② 罗泌:《路史》卷十后纪一,《景印文渊阁四库全书》第 383 册,第 78 页。

史及上古之说并不可能有确切的考证，即便当下我们也很难做到对一个历史问题的准确认知与定性，因此这些传说必定有当时学者如我辈今日的推测臆说之论。虽然这些记载多有附会，但从文化人类学的视野来看，又必然有其合理之一面。惜今日之解读者各呈异才，非做虚而实之、实而虚之的解读。譬如对赤、黑二穴的地理介属恐怕《太平御览》等就有可能承旧说而对《水经注》增作推衍。而文献互证所作的推论可能有合理的一面，但往往过之却又会反映出相互矛盾的一面，这也经常被用来印证文献和事理的正伪或真实性。因此在解读这些文献记载时，恐怕必须辅以理性的认知。

今结合对多种文献的阅读，以及对川东地理的实际勘查，对巴人发祥及《水经注》夷水重名情况略作补证。

一、"廪君"的古史叙述传统

在宋代罗泌之前，据说《世本》《风俗通》等有记载巴氏务相的传说，但这些文献原本多已失传，其文字主要从它本文献注引或转录情况可见一斑。南北朝崔鸿《十六国春秋》载："昔巴郡南部蛮，本行五姓，皆出于武落钟离山。时山崩，有石穴二所，一赤如丹，一黑如漆，有出于赤穴者，名曰务相，姓巴氏。有出于黑穴者，凡四姓：樊氏、曋氏、柏氏、郑氏。五姓俱出，迭相争焉，未有君长，俱事鬼神，乃相与掷剑于石穴，约能中者奉以为廪君。"[1] 明人注武落钟离山即今夷陵郡巴山县；曋氏或一作暲，一作媓，又音审[2]。《后汉书》卷八十六《南蛮西南夷列传》第七十六记载略同。其所谓"赤穴""黑穴"者当是两处山洞，这可能是附会早期民穴居洞处时的情况，大概皆承《世本》传说[3]。《晋书·李特载记》亦神其说，其追述李特之

---

① 崔鸿：《十六国春秋》卷七十六《蜀录》一，明万历刻本。

② 崔鸿：《十六国春秋》卷七十六《蜀录》一，明万历刻本。

③ 雷翔认为"廪君传说的最早记载，应是《风俗通》，而不是《世本》。"（见雷翔：《廪君传说考》，《鄂西大学学报》1989 年第 1 期）

先祖："昔武落钟离山崩，有石穴二所，其一赤如丹，一黑如漆，有人出于赤穴者，名曰务相，姓巴氏。有出于黑穴者，凡四姓：曰暳氏、樊氏、柏氏、郑氏。五姓俱出，皆争为神，于是相与以剑刺穴屋，能著者以为廪君。四姓莫着，而务相之剑悬焉。又以土为船，雕画之而浮水中，曰若其船浮存者以为廪君。务相船又独浮，于是遂称廪君。"①

由此"武落钟离山"成为巴人发祥地的重要争论。至于武落钟离山，其质疑及解说颇多，但大多认为在湖北长阳一带，其所引文献大多为魏晋至唐宋时期诸载记。《十六国春秋》明人注："即今夷陵郡巴山县"。北宋《太平寰宇记·峡州》记载："武落山，一名难留山，在（长阳）县西七十八里，本廪君所出处也。"《水经·夷水注》记载："（夷水）东径难留城南，城即山也，独立峻绝。……东北面又有石穴，可容数百人，每乱，民入室避贼，无可攻理，因名难留城也。昔巴蛮有五姓，未有君长，俱事鬼神，乃共掷剑于石穴。"《后汉书》《十六国春秋》及《晋书》等所记皆有赤、黑二穴。那么赤、黑二穴在何处呢？这成为证实"武落钟离山"和夷水的重要参考依据。《水经注·夷水》记载："西面上里余，得石穴，把火行百许步，得二大石碛，并立穴中，相去一丈，俗名阴阳石。"《太平御览·荆州图》记载："宜都（长阳曾隶属宜都）有穴，穴有二大石，相去一丈，俗云其一为阳石，一为阴石。水旱为灾，鞭阳石则雨，鞭阴石则晴，即廪君石是也。"②而有人认为赤、黑二穴就在阴阳石下面，其下有三个石穴，其一可容五十人，其二可容百人，石头含血色，被认为是"赤穴"，另一石穴可容二十人，终年无光线照射，被视为"黑穴"。

显然从文献引证来看，最早将武落钟离山（难留山）与夷水联系起来的当是北魏郦道元《水经注》，而涉及廪君记载的隋以前古籍大致有八处，先后有《世本》《风俗通》《后汉书》《荆州记》《晋中兴书》

---

① 房玄龄：《晋书》卷一百二十载记第二十，清乾隆武英殿刻本。

② 李昉等撰：《太平御览》卷五二，中华书局 1960 年版，第 252 页下。

《水经注》《十六国春秋》《魏书》，但《世本》散失已久，其记载多为唐宋以来人的注引转述，多有可疑之处，张舜徽先生认为"然则世本传至六朝，已大非汉时之旧本。"①而东汉应劭《风俗通》亦散失大半，现存十卷本亦无廪君之事的记载，所称《风俗通》载者，不过据《北堂书钞》和《文选》李善注的几条零星引注②。从晋、宋及明人注中已可看出明显的附会之意。

从上述诸书的引注来看，大部分地理类著录载此故事不过以神其说，其目的大多为其境地以增胜观谋其征实之噱头，正如今日各地打造旅游胜地的情况，凡略与相关之名人名物，往往尽搜罗于麾下，其牵强附会者、强为曲取者，往往有之。更何况古史叙述的传统往往是一种后起的追述，并不像当代史的记录可有多种文献相证。周汉以来，对夏商及之前的历史由于文献记录的缺失在战国时就已不太清楚，孔子便谓"夏礼吾能言之，杞不足征。殷礼吾能言之，宋不足征也。文献不足故也。"③因此对古史的追叙式记录中难免保留了大量的民间传说性质的东西。如果从文献学等角度排除汉代刘向等整理《世本》为最早记录"廪君"的文献④，那么东汉应劭《风俗通》或可视为始有关于"廪君"的记载。从此书书名及体例和其他所记相关内容来看，其对民间风俗和传说多有采取，因此本身并不是真正意义的史学著作，因此对其传说故事的史学真实性是大可置疑的。至于后人再加以附会解读，则至更神其说，甚至矛盾层出。如上述赤黑二穴的地理界属，后人多推断为宜都（长阳）阴阳石附近之三穴，然三穴实又出于一穴之中，故不免令人生疑。而且黑穴仄逼，而容其四姓之民，于理难明。如果这些传说者有意要将廪君的时代推及较远古的时代，以神其为巴人之始祖，量其神出穴处的情形，则至少当在新旧石器之

---

① 引自《史学三书评议》，第 107 页。

② 参见《北堂书钞》卷一五八"地部穴篇"；《文选·魏都赋注》，中华书局 1977 年版，第 103 页。

③ 孔子：《论语》卷二《八佾》，四部丛刊景日本正平本。

④ 雷翔：《廪君传说考》，《鄂西大学学报》1989 年第 1 期。

世，但据对早期古人猿的考古证明，南方可能受自然地理环境的影响，应较早就适应了在旷地和树枝上筑巢生活，故南方有"有巢氏"，北方则洞居穴处较多。若所述巴氏务相穴居为早期类人猿之状态或山顶洞人生活之情形，则又当无姓氏之可能，因此廪君务相的历史不可能为远古时代。即便《十六国春秋》这样的史著引述称廪君所居"石穴二所，其一赤如丹，一黑如漆"，又称山崩，人从其中出，又"皆为争神"，只能确证为神话附会之传说，并不能引以为确证性的史料依据。

此外，从语言学的角度看，廪君传说反映的本事只可能是西周以后之事，而传说的具体流传时代或在秦汉以后①。"君"一词可能并非始出春秋，如甲骨文中已有"君"对应的字形，基本上出于周代的簋或盘铭等②。从今存文献来看，"廪君"之称时代也较晚。《子夏易传》《诗序》等多有"君子"之称，但对首领性质的"君"的称呼，西周前并不多见。《子夏易传》释乾卦九二爻云："《易》曰：'见龙在田，利见大人。'君德也。"又释"坤"卦云："坤，顺也。承于乾而成乾之化也。臣禀命于君而致君之治也。"③《诗序·召南》："《鹊巢》，夫人之德也。国君积行累功，以致爵位，夫人起家而居有之德，如鸣鸠，乃可以配焉。"④这恐怕是纸本文献中关于"君"使用较早的周代文献。对于"廪君"，管维良认为是巴族各部对自己首领的独特称呼，"廪"可能是"灵"的借用，巴人无通俗的文字，后人用汉字记巴人之事，常用音近之字代替，"廪""灵"音近，故"廪君"应是"灵君"的误写，实际上廪君可能就是灵君⑤。如《楚辞》卷十四《哀时

---

① 雷翔《廪君传说考》一文认为"廪君传学的流传始于东汉"。此"传学"当为"传说"之误写。据廪君所掷之剑从考古学角度看不可能早于西周，且带巴式特征的柳叶剑更是春秋战国之世才开始在西南山地流行，故廪君不可能早于西周，见田敏：《廪君为巴人始祖质疑》，《民族研究》1996年第1期。

② 参见徐中舒：《甲骨文字典》，四川辞书出版社2014年版。

③ 卜商：《子夏易传》卷一，《景印文渊阁四库全书》第7册，第4页、第7页。

④ 卜商著，朱熹辨说：《诗序》卷上，明津逮秘书本。

⑤ 管维良：《巴族史》，天地出版社1996年版。

命》云："灵皇其不寤知兮，焉陈词而效忠。"在南方巴楚之地，确有将神主称为"灵君"、称巫为"灵巫"或"灵保"者①，如《九歌·东皇太一》注："灵，神所降也。楚人名巫为灵子，若曰神之子也。"②焦延寿撰《易林》卷二十载"执节无良，灵君以亡。"③《无上秘要》卷二十二载："右三元四极，玄上元灵君所居"④。《水经注》称"泠水东出泠君山"，然清沈炳巽注："泠水，《明一统志》作'灵水'，在乐昌县东北五十里，源出灵君山下，与武水合流，溉田百余顷，水味极甘，饮者多寿，乡人取以酿酒。"⑤可见为神化务相之能，称为"(廪)灵君"亦有可能。不过，目前尚未发现有"灵"对应的甲骨文字，从其金文大篆字形来看，"灵君"的称呼自然也不可能早于西周。

董其祥认为"'君'为部族酋长之号。'廪'有仓廪之意，表示农产品有了剩余，需要加以储存，故有'廪君'之号。"⑥邓辉认为廪君"应是一个农业民族的部落首领或尊崇农业的首领"⑦。这些推论也只能证明"廪君"应是西周农业社会发展起来以后出现的对领主的称谓。而且从现存文献来看，《子夏易传》《诗序》《左传》等书中更多使用"公"来称呼这种方侯或酋主，如《周易》乾卦九四爻传云："位上，公也，逼帝王也。可进而谦让恤患以勤百姓，将务时以进其道也。"⑧而"大有"卦九三爻释云："为下之长，富有其民，公之位也。为五所有，志达乎尊，以奉其主也，小人不可用也。"⑨另《诗序》以及传说庚桑楚所作《洞灵真经》和周代《老子》《尸子》《管子》《六韬》《左传》等文献皆有以"公"称方主之例。《诗经·臣工》传云："公，

① 见《楚辞章句》卷二《九歌章句》。《楚辞》云："思灵保兮贤姱"，王逸云："保，神巫也。"
② 朱熹：《楚辞集注》卷二，古逸丛书景元本。
③ 焦延寿：《易林》卷十二，士礼居丛书景刻陆校宋本。
④ 周武帝敕辑：《无上秘要》卷二十二，明正统道藏本。
⑤ 郦道元著、沈炳巽注：《水经注集释订讹》卷三十八，《景印文渊阁四库全书》第574册，第667页。
⑥ 董其祥：《〈山海经〉记载的巴史》，《巴史新考》，重庆出版社1983年版，第38页。
⑦ 邓辉：《廪君族系的缘起与发展》，《湖北民族学院学报》2008年第2期。
⑧ 卜商：《子夏易传》卷一，《景印文渊阁四库全书》第7册，第3—4页。
⑨ 卜商：《子夏易传》卷二，《景印文渊阁四库全书》第7册，第25页。

君也。"① 而且山西翼城大河口西周霸国墓地出土鸟形盉铭文中记述的"气（乞）"向"公"的誓命之辞就表现了领主与臣这种对应关系的称呼。今引大河口出土西周鸟形盉器上三段铭释如下：

> 气（乞）誓曰："余某弗再（称）公命。余自无则，□（鞭）身、第（笰）传出。"报氒（厥）誓曰："余既曰再（称）公命，□（倘）余亦改朕辞，出弃。"对公命，用乍（作）宝般（盘）、盉，孙子其迈（万）年用②。

由此可见，"公""君"应是周代对领主普遍的称呼，但何以不称巴氏务相为"君"而称"廪君"，恐怕一方面是与南方特殊风俗和山地等环境有关系。南方多有灵君、灵修、灵巫、灵氛之称，如《说文解字》曰："灵，巫也。"故巫山在文献中又或多称灵山。廪君可能实源巫山一带，疑其与南方巫文化有密切关系，故加此称，以神其能。另一方面可能巴氏务相所率五姓之支属开始摆脱山居穴处的生活，改而为水居渔猎和农耕生活方式，故如董其祥所推测而被称"廪君"。无论如何，这两种推测实际上已经暗示了"廪君"生活的时代和地域范围。

二、"巴"之原始并非姓氏

《后汉书》称廪君名曰务相，姓巴，为巴氏之子，此似乎足证廪君之先已有姓氏。"巴"是否是姓氏呢？廪君是否是巴氏的开姓之祖呢？《后汉书》等文献并无明称廪君为巴氏之祖③，而且《世本》亦云："巴氏，巴子国子孙，以国为氏。"④ 可见，巴氏一支的出现至少应在古巴子国建立之后。《通志·氏族略》亦称巴氏为子爵，并称

---

① 毛亨传，郑玄笺，孔颖达疏：《毛诗正义》卷十九，第1542页。

② 三条释文转引自胡宁：《从大河口鸟形盉铭文看先秦誓命规程》，《中国史研究》2016年第1期。

③ 此说亦见于田敏：《廪君为巴人始祖质疑》，《民族研究》1996年第1期；彭英明：《试论湘鄂西土家族"同源异支"——廪君蛮的起源及其发展述略》，《中南民族学院学报》1984年第3期。

④ 张澍：《蜀典》卷十一上，清道光武威张氏安怀堂刻本。

"《世本》云巴子国子孙以国为氏，其地杜预云巴郡江州县。"① 显然这并非巴子国建国之初的状况，巴建子国到底在何时呢？据《华阳国志·巴志》载："武王既克殷，以其宗姬于巴，爵之以子。古者远国虽大，爵不过子，故吴、楚及巴皆曰子。"② 其中不仅道明巴子国建国的历史，也交代清楚了巴子国与中原周王朝之间的关系。《史记·楚世家》载："当成王之时，举文、武勤劳之后嗣，而封熊绎于楚蛮，封以子男之田，姓芈氏，居丹阳。"③ 可见楚之建国又略晚于巴，这在后来文献中也多有印证。

那么周以前夏、商两朝有无建立巴子国呢？今从甲骨文中考证已有"巴"字，但其时"巴"尚指南方大片区域，并未专指以国④。如甲骨文中载"巴方"，实际上就是西南山地的大片区域，在这片区域上已经生活着早期"巴人"（早期土著居民）。如卜辞载："壬申卜，争贞：令妇好从沚，伐巴方，受有佑？"⑤"贞：王勿，妇好从沚，伐巴方，弗其受有佑？"⑥。从《尚书》记南方之民助周伐纣的历史来看，其被后人注疏解为"八国"之民，实为八个部落之民，而且其时《牧誓》中并未有"巴"之称，可以肯定南方巴地彼时确实并无统一的方国，也并未有封建子国的情况。"夏"虽被学者视为较早的真正意义的国家制形态，但推之夏代的历史，南方恐怕依旧是诸部落群治分割的状态，并没有真正意义的"子国"形态，不过可能是一种部落联盟形态。而且在《尚书》中就无称"巴国"的记载，《尚书》保存有《虞书》《夏书》《商书》《周书》等，《古文尚书》已佚，《今文尚书》中《周书》有《牧誓》及《吕刑》十六篇涉及西周真实史料，《文侯之命》《费誓》和《秦誓》为《春秋》史料，有认为所述内容较早的《尧典》《皋陶谟》《禹贡》是战国编写的古史资料。其中《牧

---

① 郑樵：《通志》卷二十六"氏族略第二"，《景印文渊阁四库全书》本。

② 常璩：《华阳国志》卷一，四部丛刊景明钞本。

③ 司马迁：《史记》卷四十，第1691—1692页。

④ 何易展：《文化人类学视野下的早期巴文化探赜》，《四川文理学院学报》2015年第3期。

⑤ 《甲骨文合集》6478正。

⑥ 《殷墟文字丙编》313正。

誓》中讲"庸、蜀、羌、髳、微、卢、彭、濮人"助武王伐纣却不言及"巴"，但后来史料又将其解读为"巴渝人助武王伐纣"①，尔后可能确曾因功而封建巴子国，但其分封的时间并不明确，一般学者认为可能封建于武王时期，这种推测或许可能是对史料的误读。当然并不排除分封于此期的可能，这还有待考古的重大突破。不过，可以明确战国时期的"巴国"应不同于商代甲骨文中的"巴方"。这应是两个不同的概念。而且印证了《牧誓》篇中称所谓"八国"之民应是诸部落之人，而不是称某地域之民。而且从逻辑上来推定，"巴"与"庸、蜀、羌、髳、微、卢、彭、濮"都不应构成一种并列的代称，其中的包属关系极为明显。当然反过来证明《牧誓》经文确应成于封"巴"之前，这也进一步肯定和印证了西周初年至武王伐纣及以前并无"巴国"或"巴子国"，但确有地域概念或形态的"巴方"存在，"庸蜀羌髳微卢彭濮人"诸部落皆为巴方之民，后来基本由姬姓的巴子国所统领，而由于各部族的军功不同而禀受不同的奖赏与待遇，从而形成《华阳国志》所载"其属有濮、賨、苴、共、奴、獽、夷、蜒之蛮"②的情形。如果由此来看廪君的时代，也只能证明作为巴氏之子的廪君必出西周或西周之后。

从巴氏之姓氏源流来看，《后汉书》载南蛮五姓中有巴氏，称"巴氏子务相"③，《十六国春秋》称"名曰务相，姓巴氏"④，《水经注》亦称"巴氏子务相"⑤，可能源自《风俗通》或《世本》之说，但今天整理的《世本》和《风俗通》条目皆无直接称"姓巴氏"的记载。这完全可能出于崔鸿等人对传说整理时的误解。既然西周初建巴子国时封姬姓之民于巴，其封民必已自有姓氏，所封于"巴"者不过其地名罢了，"巴"与西南山地族民的生活情状密切相关，对未有国家或族

---

① 曹学佺：《蜀中广记》卷一百一《诗话记》第一。

② 常璩：《华阳国志》卷一，第3页。

③ 范晔：《后汉书》卷八十六《南蛮西南夷列传》，第2840页。

④ 崔鸿：《十六国春秋》卷七十六，

⑤ 郦道元著，陈桥驿校证：《水经注校证》卷三十七，中华书局2007年版，第863页。

属概念之先的指称极可能以此代之，如古代文献中概称四方之夷为"北狄、西戎、南蛮、东夷"一样，以生活特征和情形而概括言之[①]。此外如雷翔所说，"姓巴者固然可称巴氏，巴人亦可称'巴氏'，如秦人之称'秦氏'，楚人之称'楚氏'。"[②]因此他认为是否有巴姓是十分可疑的。从文献记载来看，除廪君传说的此条记载外，确也未曾有"巴"姓之蛮民或蛮帅。"务相"可能才为其姓氏组成，而"务"可能为"巫"，因音同假用，故"相"为其姓，此与后来巴地"向"氏可能为同支。潘光旦先生、徐中舒先生等都曾疑巴地"向"氏即"相"，本出传说的廪君"务相"[③]。雷翔《廪君传说考》认为"务相亦为黑穴四姓之一，后因'相'为氏，并形成'向'姓巨族。南北朝以后廪君蛮中，渠帅往往为向姓，近代夷水（今清江）一带，仍有奉'向王天子'者。"[④]虽然按文献记载，"务相"不一定是黑穴四姓之一，但相氏可能本为巫地之姓氏，这也与史载"廪君之先，故出巫蜑"的记载相合。

此外，细校诸文献之记载，巴五姓之说也实出对文献之误解。《后汉书》载"巴郡南郡蛮，本有五姓：巴氏、樊氏、瞫（审）氏、相氏、郑氏，皆出于武落钟离山。"[⑤]此并非指巴人只有五姓，而是指武落钟离山一带当时有五姓，其中有巴氏一姓，后来学者将"巴"视为族姓，乃是将巴人中巴氏一姓混同于巴地、巴国乃至巴族等地域、国别或大族属概念。当然也许"巴氏"一支是与中原姬姓之民有着密切渊源的一支，可能如《路史》所载为伏羲之后，或者可能为西周分封于此地的周室同姓子民，这支族民可能以地或以国为氏。但这不是巴人之始，而是其中一支对"巴"的借用或者专权化的现象。由于

① 可详参何易展：《文化人类学视野下的早期巴文化探赜》，《四川文理学院学报》2015年第3期。

② 雷翔：《廪君传说考》，《鄂西大学学报》1989年第1期。

③ 参见潘光旦：《湘西北"土家"与古代巴人》，载《中国民族问题研究集刊》第四辑；徐中舒：《巴蜀文化初论》，载《四川大学学报》1959年第2期。

④ 雷翔：《廪君传说考》，《鄂西大学学报》1989年第1期。

⑤ 《后汉书》卷八十六《南蛮西南夷列传》，第2840页。

"巴"本义及其衍义生成的久远与复杂，"巴人"的范畴也明显呈现出丰富的含义和层次性。因此文献中未有将"黑穴四姓"排除于"巴人"范畴之外的，但如果认为巴人仅此五姓则大错。如《三国志》卷一称"九月巴七姓夷王朴胡、賨邑侯杜濩举巴夷賨民来附，于是分巴郡，以胡为巴东太守，濩为巴西太守，皆封列侯。"[1] 此即在东汉或汉末巴人有多姓之证，不然何以有"巴七姓夷王"？或有人认为此七姓为"賨人七姓"。据《后汉书》载获得减免赋税特权的賨人七姓为"罗、朴、督、鄂、度、夕、龚"[2]，但此七姓为当时获得"不输租赋"特权的渠帅七姓，并不是巴地所有的姓氏，一些文献或称之賨人七姓，乃因此七姓不输租赋，余户亦享受仅"岁入賨钱，口四十"[3] 的特殊优渥，故称此一群体为賨人。这便是为何在原始文献中并未显示"賨"与"巴"（非姓氏）的不同。如《三国志》等文献明显就将賨邑侯杜濩视为巴人，因称"举巴夷賨民来附"，《华阳国志》卷二亦载"魏武以巴夷王杜濩、朴胡、袁约为三巴太守。"[4] 即明确又称杜濩为"巴夷王"。显然所谓巴五姓、賨七姓之说既不足以成为巴、賨互别的证据，更不能将《后汉书》所记巴氏务相的传说性质的姓氏之说作为与地域、国属概念的"巴"相舛谬的佐言。《华阳国志》及《十六国春秋》所记李特为廪君蛮夷之后裔，又世本宕渠賨民，则"李"氏一姓亦为巴人之姓无疑，除此《华阳国志·巴志》巴西郡下载"阆中，郡治，有彭池大泽，名山灵台。……大姓有三狐、五马、蒲、赵、任、黄、严也。"[5] 在朐忍县（巴东固陵）有"大姓扶、先、徐氏。汉时有扶徐，荆州著名。"[6] 可见巴地并非仅此五姓或七姓，其或有外来之移民者。若廪君传说确始于东汉应劭《风俗通》[7]，则其时诸姓皆

① 陈寿：《三国志》卷一，中华书局 1971 年版，第 46 页。

② 《后汉书》卷八十六《南蛮西南夷列传》，第 2842 页。

③ 《后汉书》卷八十六《南蛮西南夷列传》，第 2842 页。

④ 常璩：《华阳国志》卷二，第 18 页。

⑤ 常璩：《华阳国志》卷一，第 13 页。

⑥ 常璩：《华阳国志》卷一，第 12 页。

⑦ 雷翔：《廪君传说考》，《鄂西大学学报》1989 年第 1 期。

可能为巴地诸蛮之姓氏。如果将黑穴之四姓亦归为巴属，则其内涵"巴"并非单一的巴氏务相所代表的"巴"这一姓氏概念，而上升或还原为一种族属或地域的含义。但据前面所述西周以来的历史文献记载，"巴"更应是一种带有某种特征的地域概念，这从"巴"的甲骨文字形衍变中可以推知其与南方整个自然山地有密切关系①，因此在文献中事实上"巴"常被作为当时南方广大地域来指称，这在先秦文献中多能得到证明②。

巴氏务相生活的地方被记载为"夷水"，或被视为"清夷水"或"清江"。但"夷水"之便在文献中有多种记叙，其地理位置不一。故巴文化研究必然涉及地理地名考，对相关的"夷水"地理位置考辨，详见下章。

---

① 何易展：《文化人类学视野下的早期巴文化探赜》，《四川文理学院学报》2015 年第 3 期。

② 何易展：《〈尚书传〉"前歌后舞"证疑》，《中国文学研究》（第 27 辑），复旦大学出版社 2016 年版。

第十章

"夷水"与"捍关"地理位置考

按《后汉书》等史载来看，传说的廪君务相一支是与"夷水"有着重要而密切关系的。从《水经注》及其他文献来看，历史上以"夷水"为名的地方实际上不止一二处。而"夷水"位置的确定对于考辨"捍关"的地理位置同样较为重要。今就"夷水"的名称、地理等情况略作探析。

一、《水经注》"夷水"重名情况

前述基本上已经阐明了人们对廪君传说的文献误读，但对于巴氏务相启迹于何处？大多数观点基本上依旧认同为湖北清江，但通过对此论所据《水经注》的梳理，我们发现在《水经注》中多次提到"夷水""祁夷水""清夷水"等。下面简引数条出现"夷水"的经注情况：

《水经注》卷六载"汾水出太原汾阳县北管涔山"条注："汾水又南迳汾阳县故城东，川土宽平峘山夷水。”

《水经注》卷十七载渭水“又东过冀县北”条下注：“又得宜都溪水，咸出左右，参差相入瓦亭水，……西北流历夷水川与东阳川，水会谓之取阳交，又西得何宕川水，又西得罗汉水，并自东北西南注夷水。夷水又西迳显亲县南，西注瓦亭水，瓦亭水又东南得大华谷水，又东南得折里溪水……”

《水经注》卷二十载“漾水出陇西氐道县嶓冢山东至武都沮县为汉水”条注：“汉水又西南迳平夷戍南，又西南夷水注之，水出北山，南迳其戍，西南入汉水。”

《水经注》卷二十载“至葭萌县东北与羌水合”条注：“北注夷水，又东北合羊洪水，水出东南羊溪，西北迳夷祝城东，又西北流，屈而东北，注于夷水，夷水又东北入白水。”

《水经注》卷二十八载沔水“又南过宜城县东，夷水出自房陵，东流注之”条，其后注：“夷水，蛮水也。桓温父名夷，改曰蛮水。夷水导源中庐县，界康狼山，山与荆山相邻，其水东南流，历宜城西山谓之夷溪，又东南迳罗川城，故罗国也，又谓之鄢水。《春秋》所谓‘楚人伐罗渡鄢’者也。夷水又东南流，与零水合，零水即沶水也。上通梁州没阳县之默城山，司马懿出沮之所由其水，东迳新城郡之沶乡县，县分，房陵立，谓之沶水。又东历軨乡，谓之軨水，晋武帝平吴，割临沮之北乡、中庐之南乡，立上黄县，治軨乡。沶水又东历宜城西山，谓之沶溪。东流合于夷水，谓之沶口也，与夷水乱流东出，谓之淇水，迳蛮城南城，在宜城南三十里。”

《水经注》卷三十八载“夷水出巴郡鱼复县江”条注：“夷水，即佷山清江也。”①

鉴于地名变迁和异地同名的情况，有学者也曾提出廪君巴人生活的夷水并不是后来的清江（夷水），而应是今重庆境内的长江支流

① 以上数条《水经注》引文皆参清武英殿聚珍版丛书本。

大宁河，甚至认为"武落钟离山"应是"落钟山"，即今巫溪县咸泉所在的宝山（宝源山），廪君立国的夷城便是大宁河入江口的巫县故城①。《水经》云："夷水出巴郡鱼复县江。"北魏郦道元注："昔廪君浮土舟于夷水，据捍关而王巴。是以法孝直有言，鱼复捍关临江据水。"②也即郦道元认为"廪君"是与"巴郡鱼复"境内的夷水相关的，而且此水域应有"鱼复捍关"。

捍（扞）关是战国时楚西境要塞。《史记·楚世家》载："肃王四年，蜀伐楚，取兹方。于是楚为扞关以距之。"③捍关的建置年代或被认为是在肃王时，肃王四年大概为公元前377年。《盐铁论·险固》："楚自巫山起方城，属巫、黔中，设捍关以拒秦。"④可见捍关筑有"方城"。然而关于捍关的关址却说法不一，童恩正以为在今湖北长阳县西的清江上。《辞海·历史地理》亦云："故址在今湖北长阳西。"据魏嵩山考证，捍关即汉时"江关"，应在今重庆市奉节县长江边。而且据北魏郦道元《水经注》亦直云"鱼复捍关"，显然他认为捍关是在奉节长江边的，而且所谓"据水"当是临据"夷水"，"临江"则是指临长江。清人胡渭《禹贡锥指》亦云："夷水首出鱼复江，尾入宜都江，行五百余里，是亦荆州之沱也。"⑤那么《禹贡锥指》与《水经注》所指"夷水"或许应是奉节至宜都这一段之长江水或被称为夷水，即东出之水。又《汉书》卷二十八上"夷道"注引应劭语"夷水出巫，东入江。"又同卷"巫"下注："夷水东至夷道，入江，过郡二，行五百四十里，有盐官。应劭曰'巫山在西南'。"如果将"夷水"解为今湖北清江，其当时所记过郡之数与之既不相符，且所记在巫山西南的地理位置亦不能与之相应。地名虽在历代或有变化，但"巫山"地望却无论如何不应记在今湖北清江西南。如《水经注》

① 周宏伟：《廪君巴人夷水应为今大宁河考——兼论廪君巴人的迁徙原因》，《历史地理》（第23辑），上海人民出版社2008年版，第380—399页。

② 郦道元著，陈桥驿校证：《水经注校证》卷三十七，第862—863页。

③ 司马迁：《史记》卷四十，第1720页。

④ 桓宽：《盐铁论》卷第九《险固第十五》。

⑤ 胡渭著，邹逸麟整理：《禹贡锥指》卷七，上海古籍出版社2006年版，第212—213页。

卷二十八记"（沔水）又南过宜城县东，夷水出自房陵，东流注之。"①
又《水经注》卷三十七记"沅水又东，夷水入焉。水南出夷山，北流
注沅。"②可见此所谓"夷水"则为湖南、广西境内的清水江，与其相
邻的资水上游亦被称为夷水。

除湖北清江和两广的清水江被称为夷水之外，尚有与重庆奉节
鱼复相近的几条可能被称为"夷水"的水域，即大宁河、梅溪、房
县境内的南河，或鱼复至宜都的长江段。但这几个河段与故房陵境
都极相近。据《汉书》与《水经注》或称"夷水出巫"③或"夷水出自
房陵"④，此"夷水"明显非今湖北清江可知。房陵即今湖北房县，秦
时属汉中郡。房陵，春秋时为麇国地，名防渚⑤。春秋时的庸国亦建
都在湖北竹山，与今房县紧邻。三国魏黄初元年（220 年）合房陵、
上庸两郡为新城郡，房陵为新城郡治台。《左传杜林合注》卷四"伐
绞之役楚师分涉于彭"条注："[杜]：彭水在新城昌魏县。[林]：楚
人分其师以涉于彭水。言涉者深厉浅揭，非以舟济也。"⑥又《春秋左
传正义》卷七"伐绞之役，楚师分涉于彭"条引晋杜预注"彭水在
新城昌魏县"，又引唐孔颖达疏"《正义》曰：'《释例》云：彭水出新
城昌魏县。东北至南乡筑阳县入汉。"⑦昌魏县即房县，《水经注·沔
水》载"（魏）黄初中分房陵立"⑧。按杜预《春秋释例》所解，"彭水"
或为今湖北房县东、保康西北的南河。《大清一统志》："昌魏故城，
在房县西南"⑨。房县水网湖区密布，曾有千湖之国之称，有人认为
"彭"通"澎"，即表示水多之意，而"房"又通"防"，即此地在古

① 郦道元著，陈桥驿校证：《水经注校证》卷二十八，第 667 页。

② 郦道元著，陈桥驿校证：《水经注校证》卷三十七，第 870 页。

③ 《汉书》卷二十八上注引应劭语，第 1567 页。

④ 郦道元著，陈桥驿校证：《水经注校证》卷二八，第 667 页。

⑤ 按："麇"与"廪"形近，疑后来所谓廪君蛮者或为"麇"蛮之讹，即为此地之巴人遗族，
亦巴地巫蜑之蛮。

⑥ 杜预、林尧叟注，王道焜、赵如源辑：《左传杜林合注》卷四，《景印文渊阁四库全书》本。

⑦ 杜预注，孔颖达疏：《春秋左传正义》卷七，第 228 页。

⑧ 见《水经注》卷二十八"沔水"条。

⑨ 穆彰阿：《大清一统志》卷三百四十九，四部丛刊续编景旧钞本。

代常水汛成灾，此暗示了古代房县境内可能有众多水网，如在房县就有东西纵贯的南河、马栏河、秦口河等，而南北纵贯的河流则不计其数，连通了紧邻的竹溪县、竹山县、房县、保康县、谷城县、巫县、巫溪、城口等。

从"房国"的历史来看，《诗经胡传》卷一载："高辛氏有犬，曰盘瓠，啮杀乱者房王，封犬为会稽侯，即犬戎之祖也。"① 有学者因此认为帝高辛氏时房曾为一个小小的方国，当然这个方国可能不是分封的，而是由土著产生的，史学界同时认为房国为产生于陶唐氏帝尧时代的古老国家，当然这里的国家并不是真正意义的国家概念。其先民为祁姓，子爵，属尧的一个后裔。《宰相世系》曰："房氏出自祁姓，舜封尧子丹朱于房，朱生陵，以国为氏。"②《古今姓氏书辨证》卷十三："清河房氏，出自祁姓房陵。"③《史记》卷一载："帝喾娶陈锋氏女，生放勋。"《史记正义》云："放音方往反。勋亦作'勋'，音许云反。言尧能放上代之功，故曰放勋。谥尧。姓伊祁氏。《帝王纪》

图 32　房县地形图

---

① 胡绍曾：《诗经胡传》卷一，明崇祯胡氏春昀堂刻本。
② 转引自韩愈著，文说注：《详注昌黎先生文集》卷二十五《兴元少尹房君墓志铭》，宋刻本。
③ 邓名世：《古今姓氏书辨证》卷十三，《景印文渊阁四库全书》本。《通志》卷二十六载："房氏，祁姓。"

云：'帝尧陶唐氏，祁姓也。母庆都，十四月生尧。'"① 尧本系黄帝之后，属姬姓，而"姬""祁"古音通转②。这与《华阳国志》载"（武王）以其宗姬于巴"③ 对读，则可理解为西周初年可能封与周同姓之裔于巴，也可能为封本旧居于此的姬姓后裔于巴地，实际也就是当时群居于此的彭、濮、庸、麇等人。《尚书》中所谓"庸、彭、濮"等八国之师助武王伐纣，大致皆为此域之人，故后概称"巴蜀之师"，当然庸、麇等人所居之地自然属巴方无疑，这也与房为祁姓相印证。从地理形势来看，这一带与中原可能极早就有交通，特别是与夏、周王权有着极密切的联系（具体地理因素参后所论）。因此豫西、陕东南、川东、鄂西、渝东北、湘西、黔贵等一带成为巴方姬姓之民的主要迁流或居住地，《左传》载："庸人率群蛮以叛楚，麇人率百濮聚于选，将伐楚。"④ 庸人、麇人所居之地大致即在今房县及其附近一带，童恩正便认为："庸的土地，在当时似有较大的区域，包括今湖北西部的竹山房县一带及四川东部巫山、奉节之地。"⑤ 然《太平寰宇记》卷一百二十"黔州"条下载"《左传》'庸人率群蛮叛楚'即其地，战国时为楚黔中地。"⑥ 宋王象之撰《舆地纪胜》卷一百七十六"黔州"条下已有驳正，其谓："谨按《左传》'文公十六年庸人叛楚'注云：庸，今上庸县，属楚之小国。楚又使庐戢黎侵庸及庸方城。注云：方城，庸地。上庸县东有方城亭，则庸人叛楚乃今之房州，非黔中也。黔州在岷江之南，房州在岷江之北，相去二千余里，强指以为上庸，非其实矣。今不取。"⑦ 当然此所指"岷江"应是岷江入长江之后的一段大江，其概称以岷江。那么巫山所筑的捍关方城或可能就是庸地方城，

---

① 司马迁：《史记》卷一，第 14—15 页。

② 按：《水经注》多处提及有"祁夷水"，虽其注"出故平舒县东"，但具体位置及是否有多条同名异河的情况尚待考证。

③ 常璩：《华阳国志》卷一，第 2 页。

④ 杜预注，孔颖达疏：《春秋左传正义》卷二十，第 649 页。

⑤ 童恩正：《古代的巴蜀》，重庆出版社 2004 年版，第 24 页。

⑥ 乐史：《太平寰宇记》卷一百二十，《景印文渊阁四库全书》补配古逸丛书景宋本。

⑦ 王象之：《舆地纪胜》卷一百七十六。

在今巫溪、房县一带。从其地理方位来看，巫山确也正处其西南，夷水过郡之数亦与载记相符。

二、"捍关"地理位置

虽然《水经注》中明显出现了几条同称"夷水"的水域，但无论是《水经注》所谓"夷水出巴郡鱼复县江""夷水出自房陵"[①]，还是东汉应劭所谓"夷水出巫"[②]，所指可能为同一条河流水系。由于学者对"鱼复捍关"的地理位置解读不一，一般认为此捍关即谭其骧《中国历史地图集》中所注的今重庆奉节鱼复江关，那么《水经注》所载过鱼复捍关的夷水则只可能为梅溪河或长江自夔峡至宜都段。但郦道元注《水经》，又称"夷水，即佷山清江"，人们将"佷山"又解读为湖北长阳一带的难留山，故湖北清江又称夷水。但明显此夷水并不过"鱼复捍关"或"鱼复江关"。

据谭其骧《中国历史地图集》，西周时夔的地界达到巴东以东秭归一带，甚至靠近丹阳，在东周时在丹阳东西标有两处"夔"地，而"鱼复"古属庸国，古代庸地包括今重庆奉节一带。此外，对于《水经》的成书历来颇有争议，其经注也或有舛乱，《隋书·经籍志》载"《水经》三卷，郭璞注"[③]，《旧唐书·经籍志》则改作"《水经》二卷，郭璞撰"[④]，"注"字改为"撰"字，即郭当为作者。但《新唐书·艺文志》称为桑钦撰[⑤]，宋以后的著作大多称为桑钦。桑钦为汉代地理学家。《四库全书总目提要》称："观其《涪水》条中，称广汉已为广魏，则决非汉时；《钟水》条中，称晋宁仍曰魏宁，则未及晋代。推文寻句，大概三国时。"[⑥]然按谭氏图注，三国时巴东郡治永

① 分别见《水经注》卷三十八和卷二十八。

② 见《汉书》卷二十八上注引应劭语，第1567页。

③ 魏徵：《隋书》卷三十三志第二十八，第982页。

④ 刘昫：《旧唐书》卷四十六志第二十六，第2014页。

⑤ 欧阳修：《新唐书》卷五十八艺文志第四十八，第1504页。

⑥ 见《四库全书总目提要》卷六十九史部二十五"《水经注》四十卷"提要。

安，与建平郡郡治巫县紧邻，大宁河水域基本都在巴东郡内。

除开《汉书》引应劭语"夷水出巫"，《水经注》卷三十八载"夷水出巴郡鱼复县江"，此处称"巴郡鱼复县江"，从字面意思来理解，即出巴郡鱼复县境的江水。三国时后来所指鱼复当为巴东郡的郡治永安，有观点认为即重庆奉节，但据明董说撰《七国考》卷三"江关、阳关"条引"《华阳国志》：巴楚相攻伐，故置江关、阳关。《括地志》云：江关，今夔州鱼复县南二十里，江南岸白帝城是。阳关今涪州永安县治关城也。"①《括地志》同称鱼复县和永安县，显然二县并非一地，但其鱼复县可能包括了巫县的一些地方。曹魏时期分新城之上庸、武陵、巫县为上庸郡，《华阳国志·巴志》载"（晋）元康六年（296年）广汉益州，更割雍州之武都、阴平，荆州之新城、上庸、魏兴以属焉。"②后来北魏巫县又置建平郡，亦基本归属南郡，其北部基本上属巴郡，因此称今巫山县境的大宁河（或盐水）为"出巴郡鱼复县江"的水系亦不误。三国时吴孙休永安三年（260年）分宜都郡置建平郡，晋、宋、齐、梁、陈因之，在南北朝时始辖巫县、秭归等。郦道元生活时期巫县已可能归入建平郡管辖，而不属巴郡，因此可能误注"夷水，即俍山清江也"③，但"俍山"是否为湖北清江流域的难留山（或所谓武落钟离山）尚有争议，不过大宁河亦名盐水，与廪君及盐水女神的神话传说亦相佐证。

那么，"据江临水"的捍关有可能在大宁河边，而不是在今奉节的梅溪河入江口。《水经注》卷三十四载"（江水）又东出江关入南郡界"，即江关可能紧邻南郡界。郦道元注："江水自关东迳弱关、捍关。捍关，廪君浮夷水所置也。弱关在建平秭归界。昔巴、楚数相攻伐，藉险置关，以相防捍。秦兼天下，置立南郡，自巫东上，皆其域也。"④由此可以看出，若由西向东，分别为弱关、捍关，而同称"弱

① 董说：《七国考》卷三，清守山阁丛书本。

② 常璩：《华阳国志》卷一，第1页。

③ 郦道元著，陈桥驿校证：《水经注校证》卷三十七，第862页。

④ 郦道元著，陈桥驿校证：《水经注校证》卷三十四，第789页。

关在建平秭归界"，弱关可能设在香溪河与长江的入口处，则捍关亦可能在北魏建平郡秭归界或其界以东。若自西向东为捍关、弱关，捍关的位置也只能在巫县境内，秭归属楚，秦兼天下置南郡，"自巫东上皆其域"，自然与巴相据的捍关不可能设在楚的后方，而应是靠近巫山的前方阵地。如《盐铁论》云："楚自巫山起方城，属巫黔中，设扞关以拒秦。一名捍关。"①

《荆川稗编》卷五十六载："江水又东迳右龙，又东迳羊肠虎臂滩，江水又东，彭水注之。江水又东，右迳朐忍县故城南……江水又东迳鱼复县故城南，江水又东迳广溪峡西，过邓县东，江水自关，东迳弱关、捍关，南入于沔。江水自关，东迳弱关、捍关。江水入东乌飞水注之，江水又东迳县故城南，江水又东，巫溪水从北注之。"②此"彭水"当为由北而南注江的澎溪水。而"乌飞水"或称为大溪水，即戴溪，疑"戴"音通"太"，而义同"大"。从全篇行文来看，将弱关、捍关的叙述放在过邓县东与江水过乌飞水之后迳县故城南（巫县南）之间，颇耐寻思，其所谓"江水自关"，即江水从奉节江关之后，历弱关、捍关。《四川盐法志》卷六转运一注："戴溪，即《水经》郦注乌飞水，夔峡至此尽。南岸曰门扇峡，五里。"③则捍关位置基本可以确定在奉节鱼复至巴东县之间。此从《四川盐法志》所载"长江运道图"亦基本可证。那么"捍关"和"弱关"者应在巫县境内，即可能分别设在大宁河和香溪河入江口。"弱关"的位置除《水经注》言及之外，其余多承其说，未有明辨者，甚至清顾炎武据《水经注》称"归州曰弱关"④。

"捍关"或谓"扞关"，"捍"通"扞"，"扞"与"扜"形近，在汉代或即称为"扜关"。西汉初年，鉴于"备山东诸侯"政治形势之

---

① 转引自明董说著《七国考》卷三"扞关以下附"条。

② 唐顺之：《荆川稗编》卷五十六，明万历九年刻本。按："广溪峡"或为墨溪河入江的峡谷，今入江口有上溪、江南岸有大溪村、大溪乡、大溪坎等地名。

③ 丁宝桢：《四川盐法志》卷六转运一，《续修四库全书》第842册，第146页。

④ 顾炎武：《天下郡国利病书》，《续修四库全书》第597册，第153页上。

需要，可能在先秦以来各地形成的关隘基础上，又进一步修建了以区别"关中""关外"的关、津、塞界域，而且这种地理分区是对《禹贡》以来确立的"九州制"和"五服制"政治方案的继承①。湖北江陵张家山汉墓出土的竹简《津关令》中就表现了汉初帝国对地域控制的实况，如《二年律令·津关令》记："议，禁民毋得私买马以出扞关、郧关、函谷（关）、武关及诸河塞津关。"②而且其中对民吏私出、私运马匹都有严厉的制度惩罚。《津关令》简五一八："相国上南郡守书言，云梦附窦园一所朐忍界中，佐（？）、徒治园者出人（入）扞关，故巫为传，今不得，请以园印为传，扞关听。"③可见汉时扞关或设在南郡，即巫山县境内，不然何以上书南郡守呢？

汉初关中地区不仅包括渭河谷地，实际也包括周围的巴、蜀、陇西、北地和上郡等地区，司马迁《史记·货殖列传》记载："关中自汧、雍以东至河、华，膏壤沃野千里……南则巴蜀……天水、陇西、北地、上郡与关中同俗……故关中之地，于天下三分之一，而人众不过什三。然量其富，什居其六。"④据《汉书》卷一四《诸侯王表》载："汉兴之初，海内新定，同姓寡少，惩戒亡秦孤立之败，于是剖裂疆土，立二等之爵。功臣侯者百有余邑，尊王子弟，大启九国。自雁门以东，尽辽阳，为燕、代。常山以南，太行左转，度河、济，渐于海，为齐、赵。谷、泗以往，奄有龟、蒙，为梁、楚。东带江、湖，薄会稽，为荆吴。北界淮濒，略庐、衡，为淮南。波汉之阳，亘九嶷，为长沙。诸侯比境，周匝三垂，外接胡越。天子自有三河、东郡、颍川、南阳，自江陵以西至巴蜀，北自云中至陇西，与京师内

---

① 参见周振鹤：《中国历史上两种基本政治地理格局的分析》，《历史地理》第 20 辑，上海人民出版社 2004 年版。

② 彭浩、陈伟、[日] 工藤元男主编：《二年律令与奏谳书：张家山二四七号汉墓出土法律文献释读》，上海古籍出版社 2007 年版，第 316—317 页。

③ 彭浩、陈伟、[日] 工藤元男主编：《二年律令与奏谳书：张家山二四七号汉墓出土法律文献释读》，第 321 页。

④ 司马迁：《史记》卷一二九，第 3261—3262 页。

史凡十五郡，公主、列侯颇邑其中。"[1]其中界址多以山水为界，而且据谭其骧、晏昌贵等学者考证，高祖末年，汉帝国直辖十五郡为内史、北地、上郡、陇西、汉中、巴郡、蜀郡、广汉、云中、上党、河东、河内、河南、南阳、南郡[2]。即汉初关中大体指十五郡中的内史、北地、上郡、陇西、汉中、巴郡、蜀郡、广汉、云中九郡之地，而关外则指除诸侯王国外，还有汉廷直辖的上党、河东、河内、河南、南阳、南郡等郡。而鱼复江关属巴郡，巫山大宁河入长江口位于故巫山县城，属南郡，但两地相隔较近，大宁河入江口基本上靠近西汉巴郡与南郡边界。

如果扞关的通行与否及其符信情况要上书南郡守，由此将扞关视为即《汉书·地理志》巴郡鱼腹县之江关，在今重庆奉节东的说法或许就并不准确[3]。扞关控制着由巴蜀进入江汉平原的通道，这也与楚建"捍关"（扞关）形势相合。从汉初五关地理位置来看，这些关隘都建在险关要道地方，南而北形成了一道天然的地理屏障。而这些关隘的修建多数承袭历代军事设置，大部分是在前代已建关隘基础上的加固和扩建。汉初扞关、郧关、武关、函谷关、临晋关就分布在由巫山、大巴山、秦岭东段、崤山等山脉形成的渝东北、鄂西、陕东南、豫西山地之间，大部分关址在战国时期就已经发挥了军事壁垒作用。"扞关"就可能是在楚建"捍关"的基础上筑成的，而且这种关址由于所承担的重要军事作用和政治意义，加上自然地理地势等因素，在地理位置的选择上往往具有唯一性和不可替代的意义，如函谷关为拱卫关中最主要的关隘，其筑关墙北与黄河相连，南与秦岭余脉相接，黄河成为函谷关以北屏障关中的重要天堑，而南边的秦岭亦为自然的屏障。从地势地形图来看，巫山为南边隔阻东西的一道自然屏障，但

---

① 班固：《汉书》卷一四，第393—394页。

② 参见梁万斌《〈津关令〉与汉初之政治地理建构》，《复旦学报》2016年第2期；晏昌贵《〈二年律令·秩律〉与汉初政区地理》，《历史地理》（第21辑），上海人民出版社2006年版。

③ 参见梁万斌《〈津关令〉与汉初之政治地理建构》，《复旦学报》2016年第2期。梁亦引《张家山汉墓竹简》（文物出版社2001年版）所确定的五关地理位置。

巫山又刚好由长江从中隔断并通连关中与关外。因此从地形来看关址的选择在巫山故城大宁河入口处较为合理，其北有大巴山及海拔三千多米的神农架阻隔，南有巫山，此为理想的军事地理位置。

那么"扞关"的位置到底在房县南河，或是在巫县故城大宁河入口处，还是长江边的鱼腹江关呢？无论如何，"扞关"的具体位置应是确定的，据汉初《津关令》的推行，必定设置具体的界域作为参考依据。梁万斌认为关中、关外的分野，"有时可能并没有明确的界线，但是《津关令》是朝廷的律令，那么从律令执行、落实的层面看，《津关令》中的'关中'和'关外'就必须要有明确的地域界线。"① 这种推测是合理的。而且《津关令》的文字中也明确表明了汉初帝国通过"关垣、离（篱）格（落）、堑、封、刊"等标明了"塞界"②。梁万斌则据出土法律文献释读解释"关垣"即指关墙，"离格"即指所筑篱笆墙一类，"堑"指掘地为限，"封"指积土为界，"刊"则指斫木为界③。而此与《汉书》所记大致相同，《汉书》卷九四下《匈奴传下》："起塞以来百有余年，非皆以土垣也，或因山岩石，木柴僵落，溪谷水门，稍稍平之，卒徒筑治，功费久远，不可胜计。"④ 因此"扞关"或为险山之关隘或为江关，而据《水经注》和其他文献载，"扞关"和"夷水"出巫，故"扞关"方城不可能在湖北清江流域。而且从汉初五关的设置来看（见图33⑤），其位置由北至南基本上分布在黄河、洛河、丹江、汉江、长江支流沿线两山夹隔的地带，这些地带往往有水系沟通关中或关外之地。而发源于房县一带的南河上游源自神农架，其源有神农顶、大巴山、巫山相隔，下游入于汉江口的上游地段尚有位于丹江和汉江的武关、郧关隔阻，故此条线路不可

---

① 梁万斌：《〈津关令〉与汉初之政治地理建构》，《复旦学报》2016 年第 2 期；邢义田：《张家山汉简〈二年律令〉读记》，《燕京学报》2003 年新 15 期。

② 彭浩、陈伟、[日]工藤元男主编：《二年律令与奏谳书：张家山二四七号汉墓出土法律文献释读》，第 310 页。

③ 梁万斌：《〈津关令〉与汉初之政治地理建构》，《复旦学报》2016 年第 2 期。

④ 班固：《汉书》卷九十四下，第 3804 页。

⑤ 此图参梁万斌《〈津关令〉与汉初之政治地理建构》一文所绘地形地势图。

能进入关内地区。而
再南的长江又自然形
成一道对关中的防线，
其关隘不可能设置于
长江以南的湖北清江
水域。那么汉初扜关
和《水经注》所记夷
水捍关亦当在渝东北
奉节、巫溪和湖北房
县一带，但考此域诸
水系，从今天的情况
来看，唯有巫山大宁
河水系经巫溪、城口、
宣汉等可以通达巴蜀

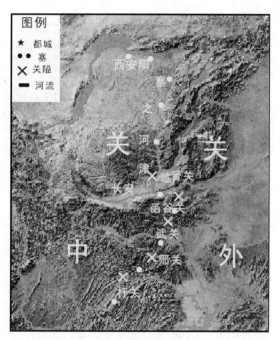

图 33 汉初"备山东诸侯"的关塞及关中、关外示意图

内地，是其主要扼守的关隘。而且从今天沿此线的考古情况来看，此
线沿江沿河出土的新旧石器的考古文物大致属于同一文化圈层，证明
沿此水域交通和文化交往的频繁。而且作为汉初帝国防范关外的首冲
之地，那么汉初的扜关极有可能设在更靠近奉节夔门前沿的巫山大宁
河入口处，这也与西汉桓宽《盐铁论·险固》篇所称"楚自巫山起方
城，属巫、黔中，设捍关以拒秦"的情况相合，如果楚为拒秦，亦不
必筑关于长江以南的湖北清江一带，以长江自然天堑为拒北方的秦国
更为合理。

按《史记·楚世家》载蜀取兹方，楚筑捍关以拒。唐代张守节
《史记正义》谓"《古今地名》云：荆州松滋县，古鸠兹地，即兹方
是也。"[1]然翻检历史地理著作，似别无记载，而且松滋一地也未有关
于蜀楚此战的记载。钱大昕《廿二史考异》卷四中对《史记正义》所
引也持不同意见，其案云："《左氏传》：楚子重伐吴，克鸠兹。杜预

———————

[1] 司马迁：《史记》卷四十，第 1720 页。

云：鸠兹在丹阳芜湖县东，今皋夷也。与兹方非一地。"①古鸠兹既然不在松滋，把兹方定在松滋亦为无据。而且与楚所建捍关位置，无论是鱼复江、大宁河口，还是所谓湖北清江长阳说，都不可能深入敌后设关以拒。因此"兹方"或许就是指蜀攻入楚地之域，割取前线之地，而并无地名要义。后来文献中以"兹方"来代"此域""此地"者就极为常见。

当然，由于民人迁徙、部族战争及河流变迁等诸多原因，各地亦修有关塞。而梅溪河之上源与大宁河的支流相靠极近，古或有相通之道亦未为可知。《行水金鉴》卷九十引《禹贡锥指》云："愚窃谓褒、斜二水，禹时必有相通之道。如《水经注》所云'衙岭之南溪水支灌于斜川'者，及夏殷之际，梁俗变为蛮夷，贡职不修，贡道遂废，周武王牧野之师，八国虽尝来会，其后巴蜀恃险，复不与中国通，逾沔入渭之道，其谁知之。尝观江河之枝流，日久亦多堙塞，如夷水首受鱼复江，战国时巴楚相攻，舟师常出此路，洎乎隋唐遂成断港。汴水引河为转运之通渠，宋南渡后废而不用，日就浅涩，今水道断续，几不可问，而况深山穷谷之中溪流一线裁得通舟。自禹至汉，多历年所，岂能长存而不变？褒斜二水相通之道，禹时自有，汉时自无，不得据汉史而疑圣经，亦不得据郦注而疑汉史也。"②

在今川东宣汉与重庆城口交界的地方，大宁河与渠江都起源于此，但却分别由西向东和由东向西，然后都同样最后折而流入长江，形成两条不同走势的河流。但若溯流，两河在源头处实相通贯。在宣汉罗家坝、云阳李家坝、巫山、奉节等这些地方都不断发现早期人类聚落遗址，如在重庆奉节鱼复浦还发现12个火塘遗迹和大量旧石器遗物，考古学者认为这是"一处古人类居住遗址，这里曾经是古人类一个群体的大本营，至少有两个比较长时间的稳定生活时期，人们可能在这里休息、肢解捕获的动物并且制作食物，同时修整工

---

① 钱大昕：《廿二史考异》卷四，第52页。

② 傅泽洪：《行水金鉴》卷九十，《景印文渊阁四库全书》第581册，第415—416页。

具，也许还有其他有关年龄、性别和特殊行为的常规活动。如果扩大面积发掘，在遗址附近发现当时人类祭祀和埋葬等活动遗迹也不是不可能的。"[1] 而在宣汉罗家坝遗址亦出土了大量早期人类活动遗物，从出土器物和木炭的测年来看，宣汉罗家坝早期遗存的年代约在距今 4500 年左右，并且"从总体上来看，罗家坝新石器时代遗存与三峡西部地区新石器时代晚期的出土的器物接近，属于一个大的文化系统。"[2] 结合人类漫长的文明发展史来看，川东、渝东北、鄂西、湘西等地区由于水网的发达，此地域之民可能极早就有着频繁的水陆交通，其地名之迁变、重复亦极其常见。

三、巴人生活与自然地理

人们将武落钟离山视为巴人之发源地，并非出于诸史本意，而实为后人对史料记载的多种误解。这可以从几个方面略加申论。首先，如果从上面的论述已可明证廪君实为后出之巴人一支，其时代至早都应是在西周中后期，而且从史书的叙事来看，所谓其地之民已有多支并出，不过以巴氏务相一支出众，而被尊为"廪君"，故后来一般执着于从民族种族学意义去谈论的"巴人"不过就是指这支巴氏所领之民，但这种指称是否就是后来诸多文献中所指的"巴人"或"賨人"，这恐怕是值得考究的，因为在晚清以前的这种指称更多可能缘于地域性或部落特征，其意义和层次要宽泛得多。其次，史称当时巴郡南部蛮本行五姓，而这五姓只不过是从武落钟离山沿河往东迁徙而至巴西宕渠一带，故至李特追溯其先祖时已称"祖世本巴西宕渠賨氏"，此"賨氏"或作"賨民"，疑"氏"为"民"之形近而误。然后溯其先祖历程，则为从武落钟离山迁移而来，这种追述亦可能是一种有姓氏

---

[1] 重庆市文物局、重庆市移民局编：《重庆库区考古报告集 1997 卷》，科学出版社 2001 年版，第 157 页。

[2] 参见四川省文物考古研究院、达州市文物管理所、宣汉县文物管理所编著：《宣汉罗家坝》，第 26 页。

渊源的推溯，因此即便称李氏为廪君之裔或廪君为李氏之先祖，但却绝不可能称廪君为巴人之始祖。因为史载已经明确说明巴氏之姓只是当时巴地其中一支少数民族姓氏，当时巴地实际存在多种姓氏。虽然一般人由此传说解读为巴人五姓，实际上这一支发展而来也并非只有五姓，因就文献来看，既有巴人五姓之说，也有巴人七姓之说。

巴、賨不具有族属的本质差别，它们的关系在汉以后逐渐衍申和变化，方起今日复杂之争论。有些学者认为，"巴、賨两族的族姓不同（巴五姓、賨七姓），发祥与居住区域各异，而所纳赋税、名称，又各自有别，以此，巴賨属于两个不同族姓。"[①]此说看似合理，但实有不合逻辑处，这种观点将"巴"作为一种族姓，下面却又分列五姓，不知其"巴"的含义和层次到底是指族、部落、姓、地域，还是国家概念？如果按廪君传说来看，巴氏务相的"巴氏"并不代表族，而只是将另四姓团聚凝合而成的族属中的其中一个姓。因此它不可能是指"族"概念，如果将其作为"族"概念，又与其下并有五姓相悖。即便后来由于巴氏务相一支作为廪君，其势胜而成为族属的代名词，但此时"巴"的层次与含义也必然发生了变化。但这种流变从历史的记录来看，恰好不是反映巴、賨的区别，相反却记载了二者的联系。因此即便近年一些学者反复申论"賨人不是巴人的一支"[②]之说，但明显对巴、賨两个概念和范畴缺乏历时性和共时性的比较和鉴别，而往往将其本义、衍义和概念在不同的时空记述中加以混淆。历史的记述总是以一定时空为基础的，因此对不同历史时期的记述必须有鉴别地对待，方能看清历史记叙的真实表象。

按董其祥考证，黑穴四姓中樊姓为中原杨樊之后，当为杨樊亡国后其族人徙夔、巫者，而瞫姓为蛮人，相姓为獽人，均为夔巫地区的土著族，郑姓则为郑桓公之后[③]。如果这种姓氏源流考证可信，则不但证明廪君为巴人始祖说之诬，亦可印证巴文化与中原文化之密切关

---

① 周集云：《论賨人为楚国芈姓之宗裔》，《安徽师大学报》1987 年第 3 期。

② 李同宗：《古賨人探索》，《四川文理学院学报》2015 年第 3 期。

③ 董其祥：《巴史新考》，第 66—77 页。

系。在《华阳国志》中明确巴属有"濮、賨、獽、蜑、共、奴"等蛮，既然黑穴四姓中有獽巫土著姓氏，则巴人不源于清江明矣。从今天考古情况并结合文献记载来看，獽巫至清江流域这些地方极早就有人类居住。如1956年在湖北长阳发现的约19.5万年前的"长阳人"化石，在湖北恩施一带发现的距今约200万年至250万年的"建始人"化石，1976年在云南元谋发现的距今约170万年的元谋人化石，1986年在古宣汉县境大宁河流域发现的古人类化石，经科学测定距今约201—204万年的"巫山人"。即便考虑古人类早期迁徙活动，但也足以证明在远古人类时期，大宁河、小宁河境内的巴山地区就已经有人类活动，而且随着对长江沿线云阳、巫山、奉节、城口、宣汉罗家坝等遗址的考古发掘，在这些遗址发现了大量新旧石器时期遗物，进一步证明这一广大地区早在夏商周之前就有人类居住。

值得注意的是，在川东一带有着极丰沛的水系，如分别发源于大巴山南麓的南江和通江在平昌县境内汇为巴河，巴河又在渠县三汇境内与州河汇而成为渠江，渠江一直西南流入嘉陵江而汇入长江，然而州河的上游一支为发源于万源北部的后江，另一支为贯通宣汉南坝上游的前江，此前江一直径天台、五宝、华景、土黄、樊哙、渡口、龙泉、鸡唱、蓼子（乡），此段基本上由东向西流向，然后又折而溯流向南，经明中、燕麦至光头山附近熊家函。光头山最高峰高2685米，百度地图及多种地图显示前河在此一直向东并折而向南，但卫星地图中在此处似略有中断，但似有暗流相通（待考），此处被认为是前江（或称前河）的源头，但此水在光头山以东继续转向东流，在李家坪折而向南流，一直径圈儿岩、鹰嘴岩、巴巴寨，过高楼、天元、中梁、下堡镇、沈家，此一段亦被称为前江（或前河），然后在巫溪县沈家两河口附近汇入大宁河，又经宁厂镇、前河乡、龙溪镇、大昌镇、双龙镇，在巫山县城附近汇入长江。

在这片区域，许多地点都有同名的现象，如罗家坝、罗家岭、罗家湾、罗家田坝、罗家坑、罗家河沟、罗家大坪、罗家大湾、罗家垠、罗家梁、罗家坟、罗家沟、罗家槽、罗家咀、罗家院子、罗家垭豁、罗家垭口、罗家祠堂、罗家河坝、罗家石窟、罗家老林、罗家滩湾等地名几乎随处可见。同样，除大宁河外，在川东和重庆多地还有大宁滩（巴中平昌县）、大宁沟（巫溪县）、大宁湖（巫峡县）、大宁沱（重庆彭水）等地名，在平昌也有小宁滩、小宁村、小宁山等地名。在今宣汉、城口、开县、云阳一带的水域，也有水名称为彭水、彭溪或清江者，如云阳境内有一条河名小江，而沪蓉高速横跨其上，其桥便名彭溪河大桥，当地人也称此江为彭溪、彭溪水或彭水，其上游开县境内又分为东河和南河。此古今地名由于部落迁徙等原因，常将旧地名移用至新迁地，以示对旧居的怀念。这种情况在中国以及海外历史中都有存在，由此足见巴人迁徙流居的广泛。

（本章主要部分发表在《巴文化研究》第 1 辑，文字略有改动）

第十一章

"二南"与巴楚文学传统

《诗经》《周易》《尚书》《楚辞》等开创了中国文学传统，在中国传统文学中从一开始就孕育和包蕴了宫廷文学和民间文学、地域文学和民族文学的诞因。虽然《风》《雅》《颂》《南》被视为按音乐来分类，但其中却明显隐含了宫廷文学和民间文学、地域文学和民族文学分野的诱因。特别是"二南"所表现的对南方民族文化的透视和描写，极好地体现了地域文学的抒写范式。《诗经》"二南"被列于"风"之始，在中国传统文学中具有突出而重要的地位，"二南"非以国为类，而是以地域性特征作为分类的依据，与南方各民族文学的发展有着密切关系，它不但是南方各民族文化的早期记录，更是中国地域文学和民族文学创作的开端。

在《诗经·国风》中，《周南》《召南》之诗列于其首。这种排序是颇有深意的，一般或许认为因周、召之地位而列于首篇，但这些作品并非周、召所作，而且在《颂》诗中有周公、成王等所作《敬之》等篇，显然这种排序另有含义。无论是从文学传统还是地理的角度审视，"二南"所反映的文学传统和文化地理都有着独特的意义和历史作用。地域文学和民族文学抒写可以说在《诗经》的时代就已经奠定了中国文学之大传统。虽然一般学者认为中国向以华夏正统文明自居，但从历史地理和《诗经》文学史的视野考察来看，恐怕在战国之前并未有文化优劣观，民族文学和地域文学在中国传统文学的大视野中并未分野而独立出来。但这一时代《诗》所开创的文学典范却为地域文学的兴盛和发达贯注了无尽的诱因。

一、"二南"与楚及南方各族之关系

"二南"的地域范畴有多种争论。有人认为"南"当指南国，即泛指殷商时期在长江流域所立之国。或认为"南"为方位名词，泛指南方地区。甚者有人据《吕氏春秋·音初篇》所记涂山氏之歌为南音之始，而认为"南"即南音，即本身就为一种音乐或文学体例。但《音初篇》同时记载了东音、北音和西音，实据地域方位而列其代表。或据《毛诗·关雎序》"南，言化自北而南也"① 将其解释为"南化"（教化）。显然这种将"南"的义指狭隘化、具体化，甚至作词性转化，有将文献语词的具体义项过度曲解的嫌疑。结合当时的历史地理状况，并辅以后人的解说，或许可以看出"南"的正确义指范畴为地域无疑。当然其中将"二南"定指河洛或江汉之域，并由此出发认为"二南"之诗即楚歌或楚风，又不免失之偏狭，与周初史实或有不合。

"二南"与楚有一定关系，但其反映的并非完全是楚风。"二南"之诗当为西周初年的作品较多，其时楚于成王时建国，封于丹阳，其国力尚弱，不足以影响和代表整个南方和南国。较楚国之前在武王时已经封姬姓之民于巴，建巴子国。而且巴国的势力一度极为强盛，笼络了南方大多数族裔。程千帆先生《先唐文学源流论略·诗三百篇

---

① 毛亨传，郑玄笺，孔颖达疏：《毛诗正义》卷一，第23页。

与楚词第一》称："二南之诗，则诗骚之骑驿，亦楚词之先驱也。"[1] 他说明了楚骚与"二南"的某种传承关系，但并没有明确肯定"二南"即楚歌。当然这其中隐含"二南"之诗可能包含有早期"楚歌"的情况。

《诗经·周南·汉广》毛传云："文王之道被于南国，美化行乎江、汉之域。"[2] 显然汉代大小毛公是将江汉之域视为南国范畴之内的，但他同样并没有明确将"南国"的范围具体到仅指江汉之地或楚国。元代祝尧《古赋辨体》云："江汉皆楚地，盖自王化行乎南国，《汉广》《江有汜》诸诗已列于'二南'，'十五国风'之先。"[3] 清人何天宠《楚风补序》云："楚何以无'风'？楚之风'江永汉广'，《周南》已载之。楚何以无'风'，后儒以为删诗不录'楚风'，非通论也。夫陕以东，周公主之；陕以西，召公主之。陕之东，自东而南也；陕之西，自西而南也；故曰'二南'。系之以'周南'，则是隐括乎东之南、西之南也。朱紫阳疏称，南国被化，化行及远，是江汉乃化所远及之地也。"[4] 显然此处既然称南国之地为周、召所主，显然"二南"不太可能为叙楚国风物之作。虽然在元及明清人的视野中可能将江汉之域视为楚地，但其强调南国即指"楚国"。其时南方尚有巴蜀等方国或子国，文献中称巴子国为姬姓而封于巴，然并未明确所封姓氏，此极合于周初由周、召共管南方，而封姬姓代领其事。因此周初周公及王子朝都曾避居于南方巴楚之地。

从文献考察看，楚建国之时尚未完全拥有江汉之地，其江北诸姬其初尚多属巴人。故西周初年采于南方诸部落族邑的诗作不可能明标"楚风"，《汉广》《江有汜》等篇虽被视为有楚风的特点，这恐怕与

---

① 程千帆：《先唐文学源流论略·诗三百篇与楚词第一》，《武汉师范学院学报》1981 年第 1 期。

② 毛亨传，郑玄笺，孔颖达疏：《毛诗正义》卷一，第 63 页。

③ 祝尧：《古赋辨体》，《文渊阁四库全书本》（第 1366 册），台北商务印书馆 1983 年版，卷一，第 718 页上。

④ 转引自雷莎：《〈诗经〉中"二南"即楚风论辩》，《理论月刊》2010 年第 4 期。清夏之蓉著《半舫斋古文》卷五亦收其作《楚风补序》，论发不同。

《汉广》《江有汜》等诗的创作和传承情况有密切关系。我们可以从几个方面略加考察，并辅以说明"二南"所反映的应是江汉流域早期部落民族文化并存的状态。

一是《诗经》命篇并非以"国"分疏，其诗篇归类虽有"十五国风"之称，然其"国"实际意义多为地域概念，而非国家政治概念。而且《诗经》所收风诗中的"国"名实际亦皆地名。在古代国以地命名的情况普遍存在。在中国早期社会中，多以地名为国号，或以封地爵邑为国号，但尚与地名有密切关系。如周人祖先古公亶父，率族人迁于岐山下的周原并开始定居下来，建造都邑，设官分职，于是周原成为周人发祥地，故以"周"为族名和国号。商的始祖契亦曾助禹治水，任为司徒而封于商，故亦以"商"为族名和国号。先秦鲁、齐、燕、卫、宋、晋等亦皆以封邑为国号。至于后来以封号为国号者，不过是封建社会形成以后的一种制度现象，但追溯这种封邑封号的源头，实际亦与所封居的地名相关。这种地名与土著和外迁民对这一地域的原始称呼是可能有着某种密切联系的。从这种角度看，正说明文化是伴随着人的活动一开始就产生的。文化的存在并不依赖国家而存在，而是依赖于地域，更多地具有地域性特征。这也正是"十五国风"所反映出来的特质。"国"的本义就是指古代诸侯所受封的地域。"国"从口从或。而"或"亦从口（人口）从一（疆界）从戈（守卫城池）。"或"和"国"是古今字，本义即指邦国、疆域。因此汉代人释"国风"为"邦风"，所谓"邦"者，地域概念的意味亦极其浓厚。如"邦"亦本为形声字，从邑从丰，丰亦声。"丰"意为"春季三月，庄稼遍地，蓬勃生长"的意思。"丰"与"邑"联合起来表示"靠种植庄稼自给自足的城邑"。这当然是封建农业国家形态形成后对国家的理解。东汉许慎《说文》称"邦，国也。"段玉裁注："邦之言封也。古邦封通用。书序云：'邦康叔，邦诸侯。'论语云：'在邦域之中'。皆封字也。"①《诗经》中的"豳风"便是以周早期活动的地

---

① 许慎著，段玉裁注：《说文解字注》卷十二，第283页上。

域分类采收的。可见《诗经》中《国风》的地域概念是极其明显的，但因为周初的政治状况和诸侯封建的先后与废替，可能并不能将"国风"中的地名与国名完全对应。由此来看西周初年乃至夏商时期南方的政治状况，自然也不可能以"楚"来代指整个"南国"或南方。

二是从地域角度来看，"巴"无论是建国还是地域性指代，其历史都要比"楚"早得多。早在商代商人就以"巴方"来代指包括江汉流域及其西南的广大部落聚居地，这明显要比以"楚"来代指南方的历史早。在夏、商时期，南方大多为聚族而居的部落。今从甲骨文中考证商周时期已有"巴"字，但其时"巴"尚指南方大片区域，并未专指以国①。如甲骨文中载"巴方"，实际上就是西南山地的大片区域，在这片区域上已经生活着早期"巴人"（早期土著居民）。如卜辞载："壬申卜，争，贞令妇好从沚𢧑，伐巴方，受业又。"②"贞：王勿佳妇好从沚戛伐巴方，弗其受业又？"③ 从后来南方之民助周伐纣的历史来看，南方巴地确实并无统一的方国，夏商可能也并未有封建子国的情况。"夏"虽被视为较早的、真正意义的国家制形态，但推之夏代的历史，南方恐怕依旧是诸部落群治分割的状态，并无真正意义的"国家"形态。在《尚书》中虽无"巴国"的记载，但《牧誓》中讲"庸蜀羌髳微卢彭濮人"助武王伐纣④，尔后又因功而封建巴子国。一方面说明《尚书》中《牧誓》经文应成于封巴之前；另一方面说明西周初年至武王伐纣及以前并无"巴国"或"巴子国"，但有地域概念或形态的"巴方"存在，"庸蜀羌髳微卢彭濮"诸部落皆为巴方之民，后来基本由姬姓的巴子国所统领，而由于各部族的军功不同而禀受不同的奖赏与待遇，从而形成《华阳国志》所载其属有"濮、賨、苴、

---

① 何易展：《文化人类学视野下的早期巴文化探赜》，《四川文理学院学报》2015 年第 3 期。

② 胡厚宣主编：《甲骨文合集释文》，中国社会科学出版社 1999 年版，06479 正。

③ 〔日〕高岛谦一：《殷虚文字丙编通检》，"中央研究院"历史语言研究所 1985 年版，第54 页。

④ 见《尚书正义》卷十一，第 336 页；又见曹学佺《蜀中广记》卷九十三载《蜀鉴》，《景印文渊阁四库全书》本。

共、奴、獽、夷、蜑之蛮”的情形①。这进一步说明在夏商周时期中国南方处于少数民族共存的社会形态。直至西周末、春秋初，楚国疆域仍“土不过周”，地望“不过江汉”②，因此以“楚”国之名称来代指整个西周初年的南方地域是不够准确的。自然认为《诗经》不录“楚风”的所谓楚君“僭王猾夏而为中原所敌视，故辑诗者删之”或以“大抵王朝贡之不入，是以乐府不传，孔子阙之”③的理由亦失之偏颇。

三是《诗经》中的诗篇大多经后人整理，其创作定型年代可能持续时间较长。目前对“二南”产生的时间尚有多种争论，如方玉润认为“二南”除《甘棠》《何彼禮矣》为周武王时所作外，其余皆周文王时所作④。郭晋稀《诗经蠡测》则认为“二《南》为厉幽以来之诗，无一篇可证为周初盛世之作。”而且认为“二南”应大多产生于西周末至春秋初年，“多与周定、召穆南征相关。”⑤这些说法都不一定完全正确。“二南”中的诗篇在西周至战国时期经历过多次整理，如从清华简《周公之琴舞》诗的整理来看，今本《诗经》中的《周颂·敬之》篇就明显是经孔子等人整理形成的单章状态。马银琴《两周诗史》也详细阐释了周人删定整理《诗》本的三次较大的过程。⑥而在这个漫长的《诗》本整理过程中，南方的政治形态分化突出，南方诸侯国和部落族邑林立，虽然较大的势力有巴、蜀、楚、越等，但期间由于战争等因素，疆域扩张与吞并现象严重。如时至今日我们对西周至春秋以来巴国的具体疆域尚无明确的界划。即便将“二南”大多视为西周末、春秋初作品，但这时也为楚文化逐渐形成的时间，尚无力

① 常璩著，任乃强校注：《华阳国志校补图注》卷一，第5页。

② 参见《左传·昭公二十三年》及《史记·楚世家》。杜预注：“方百里为一周，言未满一圻。”“方千里为圻”。

③ 参见《楚风补序》。转引自蔡靖泉《〈诗经〉“二南”中的楚歌》，《上海大学学报》1994年第3期。

④ 方玉润：《诗经原始》附《作诗时世图》，中华书局1986年版，第26—29页。

⑤ 郭晋稀：《诗经蠡测》，甘肃人民出版社1993年版，第8—11页。

⑥ 马银琴：《两周诗史》，社会科学文献出版社2006年版，第135—144、184—192、232—238页。

影响整个南方文化。而"二南"中所反映的南方文化的特点却并非前代学者所认为的（周王）王化的结果，虽然部分作品可能有与周文化相同的因素，但尚不足以证明文化的主次关系，只能说明北方周文化与南方文化在此期存在某种程度的融合。这从周公奔楚、孔子适楚等都可以证明这种文化相互传播的可能。但南方诸少数民族文化是自南人之存在就存在的，并不是因周文化的介入而存在。在夏商时期南方巴蜀及后来楚地等与所谓中原华夏部族就存在交流和联系。如《山海经·海内南经》载："夏后启之臣曰孟涂，是司神于巴，（巴）人请讼于孟涂之所，其衣有血者乃执之，是请生。居山上；在丹山西。丹山在丹阳南，丹阳居属也。"[1]《华阳国志·巴志》载："禹会诸侯于会稽，执玉帛者万国，巴蜀往焉。"[2]可见，夏代之世，南方诸部落已有自己的制度文化并与华夏部族有着密切的联系。

由于西南山地独特的地理地貌，在漫长的人类活动过程中也逐渐形成了独特的西南山地文化，反映在语言上，可能表达方式、语气、语音和语言结构都有着独特的地域性特征，这也是方言学说得以形成的人文理论基础。这种语言表达样态可能就是《吕氏春秋》所谓的"南音"。《吕氏春秋·音初》载："禹行功，巡省南土，见涂山之女，禹未之遇而巡省南土。涂山氏之女乃命其妾候禹于涂山之阳，女乃作歌，歌曰：'候人兮猗'，实始作为南音。周公、召公取风焉，以为《周南》《召南》。"[3]可见，在夏代，南方民族就已经有歌谣或诗体表达形态，这种文学样态一直在南土流行，至周代不过将这些前朝南方歌谣或当代南方歌谣整理编入《诗》本罢了。巴、蜀及楚都是在西南山地兴起的主要诸侯国和部族，他们之间的文化存在着许多联系和相似性特征，这从今天的田野考古依旧可以得到证实。当然由于各自具体地域不同和受外界影响程度等差异，也使其文化在不同时期呈现出一些异质性特征。甚至在各自统领下诸部族文化也由于受地理、习

---

① 袁珂校注：《山海经校注》，第 277 页。按：袁珂注谓"居属又巴属字之伪"。

② 常璩著，任乃强校注：《华阳国志校补图注》卷一，第 4 页。

③ 陈奇猷校释：《吕氏春秋校释》，学林出版社 1984 年版，第 334—335 页。

俗等影响而有所差别，但西南山地的主要地域性特征却是影响其文化的共同且主要的因素，由此也构成了南方文化的主要特征。

南方各部落文化的这种主要特征可以说在《诗经》及战国时代就基本上得到认可，故《诗经》概将其作品归为"二南"之作，《左传》亦将这类带有明显南方地域特征的风诗称为"南音"或"南风"。如《左传·成公九年》："晋侯观于军府，见钟仪……使与之琴，操南音。"① 又《左传·襄公十八年》："晋人闻有楚师，师况曰：'不害！吾骤歌北风，又歌南风，南风不竞，多死声，楚必无功。'"② 显然这些都突出地证明了先秦南方歌谣及音乐的鲜明性地域特征。今从"二南"所收诗中还是可以看出南方特殊的文化传承和地域特征。

二、"二南"所反映的南方礼俗与文化

《诗经》"二南"的分类已经证明了"南"的独特地域文化特征。东汉许慎《说文解字》云："南，草木至南方有枝任也。"段玉裁注："《汉律历志》曰：'太阳者南方，南任也。阳气任养物，于时为夏。'云草木至南方者，犹云草木至夏也。"③ 因此"南"被认为最初本义指草木繁盛，草木向南的一方，因多得阳光而尤其茂盛。从其本义推之，"南"一开始就带有极强的地域性特征。

在将"南"作为四诗之一的学说中，学者将"南"作为与《风》《雅》《颂》并列的一种诗体，这无疑证明学者认为"二南"之诗是一种独特的文学体例，或许与《风》《雅》《颂》有着区别。虽然今天对这种分类还有争议，因为纯从文学体例来看，似乎看不出其中的多大差别。但或许"南音"一开始就有着可能如后来楚辞类的用"兮""只""些""那"等语助的方言特征。因此如王逸所认为的屈

---

① 左丘明传，杜预注，孔颖达正义：《春秋左传正义》卷二十六，第847—848页。

② 左丘明传，杜预注，孔颖达正义：《春秋左传正义》卷二十六，第847—848页；卷三十三，第1094—1095页。

③ 许慎著，段玉裁注：《说文解字注》，中州古籍出版社2006年版，第274页。

原《九歌》采自当地祭祀民歌，虽有发明，但其传承有自。除开语音、语言结构外，其所表现的内容可能多与南方巫祭文化密切相关，这也可能是将"二南"作为独特分类的文学体例的原因，而这些也正反映了南方少数民族文学传统的文化内涵和独有的民族性特征。清人崔述《读风偶识·通论二南》云："且南者，诗之一体，……盖其体本起自南方，北人效之，故名以'南'。……故《小雅》云：'以雅以南'。自武王之世下逮东周，其诗而雅也则列之于雅，风也则列之于风，南也则列之于南，如是而已。"[①] 当然，古人的文体分类并不十分科学，但以上述语音、语言结构和表述内容等来分其体例不可谓毫无道理。如陆侃如、冯沅君云："'周南'、'召南'之称犹'邶风'、'鄘风'，下一字为诗体，上一字为地点，其例与近代'昆曲'、'京腔'正同。"[②] 可谓一语道出了"二南"的文学传统和地域文化特征。

显然，"二南"的文学样态和特征渊源可能起于夏初流行于南土的"南音"，而其题材和歌咏对象亦可能来自南方诸部落民族的生活。《吕氏春秋》所引夏初涂山氏之歌具有明显的南音"兮"字语气特征。而据《华阳国志·巴志》《水经·江水一》之说，涂山在今重庆市巴县境内。文献之间的互证不但印证了"南国""南土"之广，而且也说明后儒"王化自北而南"之说的附会。

前儒向称中原文化开化，实则可能最初"开化"一词并非褒义词，而只是一个中性色彩的词汇，他们只不过指出了北方中原文化由于地理环境、战争等因素，政治格局和文化环境经常发生改变或变易的实际状况。而南方文化由于受地理环境与交通的影响，大的战争较少，人们谨本守源，故特显出民风朴野，甚至又保守有"信鬼而好祠"的传统礼俗。从人文地理和文化人类学的视野来看，这完全合乎人类活动的历史规律。虽然刘师培《南北文学不同论》依据自然地理环境之不同而得出南北文学风格的不同，但却与南北民性和社会性规

---

① 崔述著，顾颉刚编：《崔东壁遗书》，上海古籍出版社 1983 年版，第 530 页。

② 陆侃如、冯沅君：《中国诗史》，作家出版社 1957 年版，第 83 页。

律差异同合于此理。刘师培云："大抵北方之地，土厚水深，民生其间，多尚实际；南方之地，水势浩洋，多尚虚无。民尚实际，故所著之文，不外记事、析理二端；民尚虚无，故所作之文，或为言志、抒情之体。"[①]北方之民尚实际，则追求实用，故往往因时而变革以求实用为尚，而南方之民因尚虚无，则往往追求精神的愉悦与超脱，故多行巫教、祀神之信仰活动。这与前所述"开化"与"朴野"的对照可谓合神而通髓。

"二南"中《江有汜》对南方巫祭文化有所表现。《召南·江有汜》云：

> 江有汜，之子归！不我以，不我以，其后也悔！
>
> 江有渚，之子归！不我与，不我与，其后也处！
>
> 江有沱，之子归！不我过，不我过，其啸也歌！

此篇主旨历来解说不一。《毛诗序》云："《江有汜》，美媵也。勤而无怨，嫡能悔过也。"[②]近人程俊英、高亨甚至将其视为弃妇怨歌[③]。"汜""渚""沱"实际形容江水分流的情形。《毛传》分释三词云："决复入为汜""水歧成渚""沱，江之别者。"[④]《尔雅·释水》邢昺疏云："水决之歧流复还本水者名汜。"[⑤]渚的形成与汜有关，如都江堰分水鱼嘴两侧分成内江与外江，鱼嘴之陆则形成了一块自然的"渚"，"渚"又被解释为小沙洲。内江则通过飞沙堰可重入外江，形成汜水。从全篇诗意看，似很难看出"汜""渚""沱"的比兴之义，将其解为"美媵"或弃妇怨歌，恐纯属汉儒及其后学们的道德臆测和因陈推衍。蔡靖泉将其视为同于原始祭歌《蜡辞》"土反其宅！水归其壑"的呵命之词，或许较为接近诗之本义。他认为此诗"当为先民在天降暴雨、洪水泛滥、江河溃决之时用于驱水仪式中的咒语型歌诀，故语句

---

① 劳舒编：《刘师培学术论著》，浙江人民出版社 1998 年版，第 162 页。

② 毛亨传，郑玄笺，孔颖达疏：《毛诗正义》卷一，第 114 页。

③ 参见程俊英《诗经译注》、高亨《诗经今注》。

④ 毛亨传，郑玄笺，孔颖达疏：《毛诗正义》卷一，第 115 页。

⑤ 郭璞注，邢昺疏：《尔雅疏》卷七，清嘉庆二十年南昌府学重刊宋本十三经注疏本。

短、节奏快、感情强烈。南方多雨，大水时至，处于生产力水平甚低条件下的先民无力与水灾相抗争，只好借助巫术，希冀通过歌诀咒语以驱水治洪、消灾免祸，此歌可能就是在驱水仪式中由扮神的巫觋所咏唱。歌辞的口吻，也似为天神的口吻。由于南方先民与洪水的斗争既频繁又艰苦，此歌便得以在长江流域长期而广泛地传唱。"[①]

此外，《弹歌》与《神北行》也是与宗教巫术有关的南方歌谣。南方由于自然山地的原因，河渠沟谷密布，丛林捕猎、捕鱼等与山水相关的活动极多。《弹歌》被认为是原始先民出猎前或狩猎后举行的祈祝仪式祭歌。载于《山海经·大荒北经》中的《神北行》也被视为歌谣体的祭咒文字。其辞云："神北行！先除水道，决通沟渎！"[②] 这可能为南方诸民族在驱除水妖旱魃的仪式中的祭歌。在西周之前，人类与自然灾害的斗争依旧为其主要的社会活动，由于南方水灾旱灾极为频繁，这从上古神话"鲧禹治水""夸父逐日""后羿射日""女娲补天"等神话故事中已可推知。因此"二南"中《江有汜》之类歌辞恐怕本源于南方祭祀唱词更合其本义[③]。

除此之外，《桃夭》篇向被视为描写婚姻和女子出嫁之歌。但张岩认为"这是一首以桃为图腾的群体的祭祀礼辞"[④]，蔡靖泉并进一步加以补论，认为《桃夭》三章表达了对桃的礼赞，先秦时期桃主要生长于南方，与南方先民生活十分密切，并引《山海经》对桃的多处记载，反映了"桃"与南方部族之间的关系。《左传》昭公十二年记载楚右尹子革语："昔我先王熊绎，辟在荆山，筚路蓝缕，以处草莽。跋涉山林，以事天子。唯是桃弧、棘矢，以共御王事。"[⑤] 桃弧（桃木弓）作为特殊的战备材料，在南方楚地受到极高的重视，当时楚国

---

① 蔡靖泉：《〈诗经〉"二南"中的楚歌》，《上海大学学报》1994 年第 3 期。

② 袁珂《山海经校注》标点略异，为"今曰：'神北行！'先除水道，决通沟渎。"蔡靖泉《〈诗经〉"二南"中的楚歌》将三句皆作为《神北行》之辞。见《山海经校注》第 430 页。

③ 参见蔡靖泉《〈诗经〉"二南"中的楚歌》，其所论甚详。

④ 张岩：《简论汉代以来〈诗经〉学中的失误》，《文艺研究》1991 年第 1 期。

⑤ 左丘明传，杜预注，孔颖达正义：《春秋左传正义》卷四十五，第 1502 页。

"累世盖以桃弓、棘矢而备邻国"①。在今天鄂西和川东一带端公（巫师）确有用桃木来制作法器的现象，这可能就缘于桃在传统巫祭文化中的驱邪神力。因此蔡靖泉等认为这首歌的原始意义和最初功能可能就是对桃的祭祀礼辞，至周代其诗辞的功能和意义发生了改变和衍伸，从而成为婚礼仪式歌辞②。

《汉广》篇被认为是明显的楚风情歌。其辞云：

> 南有乔木，不可休思。汉有游女，不可求思。汉之广矣，不可泳思！江之永矣，不可方思！
>
> 翘翘错薪，言刈其楚。之子于归，言秣其马。汉之广矣，不可泳思！江之永矣，不可方思！
>
> 翘翘错薪，言刈其姜。之子于归，言秣其驹。汉之广类，不可泳思！江之永矣，不可方思！

此诗比兴蕴藉，有楚歌的艺术魅力，而且"思""矣"等语助词与楚辞中"兮"字的功用毫无二致。这首诗被视为男女出游水滨、会聚于野的求偶情歌。以情歌、山歌互答互和定情的民俗传统在南方诸多少数民族部落中一直传承和存在。而且这种传统在南方流传较早，悉如刘师培所说南方文学重言志抒情，其情歌亦最为发达。而这种情感心理又是与早期人类生殖崇拜和南方巫术观念密切相关的。如《离骚》《天问》将"玄鸟生商"与"瑶台"相联系，隐示了瑶台野合等女性生殖关系。河上公本《老子》第二十章载"众人熙熙，如享太牢，如登春台"，便明显是将"登春台"与女性生殖相关联③。因此在中国传统文化特别是南方文化中，存在大量的关于神女、尸女、游女等意象表述。而无独有偶，这些遇神女、游女的地方或多是山高林密的高唐、阳台、瑶台，或水浦江渚。《墨子·明鬼》载："宋之有桑

---

① 赵晔：《吴越春秋·勾践阴谋外传》卷九，明古今逸史本。

② 蔡靖泉：《〈诗经〉"二南"中的楚歌》，《上海大学学报》1994 年第 3 期。

③ 江林昌认为"'登春台'则与男女性爱活动有关。"见江林昌《"桑林"意象的源起及其在〈诗经〉中的反映》，《文史哲》2013 年第 5 期。

林，楚之有云梦也，此男女之所属而观也。"①《周礼·地官》载："媒氏掌万民之判……中春之月，令会男女。于是时也，奔者不禁。若无故而不用令者，罚之。"②《礼记·月令》亦载："仲春之月，……玄鸟至。至之日，以太牢祀于高禖，天子亲往，后妃帅九嫔御。乃礼天子所御，带以弓韣，授以弓矢，于高禖之前。"③郭沫若、闻一多、江林昌等都认为天子、后妃都要在社祭时作男女欢爱的示范动作④。因此，在宋玉《神女赋》《高唐赋》中描写的楚王与"神女"（尸女）的相遇自然也就并非巧遇，也非梦遇。有学者将"奔"解释为指非婚姻关系的性爱活动⑤。既然庶民尚且"奔者不禁"，帝王与"神女"（尸女）的相遇也便是自然之事，如《淮南子》等所载禹与涂山氏野合而生启，《楚辞》《诗经》等所记商周始祖的神奇诞娠，都可能有这种野合通淫的早期人类巫祭文化的痕迹。既然宋玉所表现的楚先王"遇神女"即举行尸祭活动渊承有自⑥，那么南方这类行歌在本旨上极有可能反映了这类巫祭文化的遗迹。

由于南方特殊的自然山地和林莽，人们较早就从事采集和渔猎等活动，《周南》中《关雎》《葛覃》《卷耳》《汉广》《汝坟》，《召南》中的《采蘩》《草虫》《采苹》《甘棠》《摽有梅》等都涉及采集活动的描写。这些采摘的野菜和植物基本上可以食用和入药，在今天的南方还大多能见到这些植物和捕猎的动物。而且这些采摘和捕猎行为也被视为与祭神祀祖活动有关，如《采蘩》："于以用之？公侯之事。""于以用之？公侯之宫。"《采苹》云："于以奠之？宗室牖下。谁其尸之？有齐季女。"这些诗歌内容明显暗示了采摘活动与祭祀的联系。《召南·采苹》揭示的祭祀性场景在《左传》中也有较为明确的解说。《左

---

① 吴毓江撰，孙启治点校：《墨子校注》卷八，第338页。

② 孙诒让著，王文锦等点校：《周礼正义》卷二六，第1033—1045页。

③ 郑玄注，孔颖达疏：《礼记正义》卷十五，第550—555页。

④ 江林昌认为"御"便是特指天子与后妃宫女行房事的隐语。见江林昌：《"桑林"意象的源起及其在〈诗经〉中的反映》，《文史哲》2013年第5期。

⑤ 江林昌：《"桑林"意象的源起及其在〈诗经〉中的反映》，《文史哲》2013年第5期。

⑥ 参见第十二章《从"高唐"到"江渚"》相关叙述。

传·隐公三年》："苟有明信，涧溪沼沚之毛，苹蘩蕴藻之菜，筐筥錡釜之器，潢污行潦之水，可荐于鬼神，可羞于王公。"① 又《左传·襄公二十八年》载："济泽之阿，行潦之苹藻，置诸宗室，季兰尸之，敬也。"② 此外，"二南"中的《樛木》《螽斯》《兔罝》《鹊巢》《驺虞》等也反映了南方风情和民俗风貌。

三、"二南"在传统文学史中的地位

从历史的视野来看，中国在未有华夏中心之说以前恐怕并未有少数民族文学之分野。因此在中国文学发展史的初期，也尚未有华夏文学与少数民族文学之分，这从《诗经》将"二南"等置于《风》之始已可见之。至少在西周人的观念中，并没有将少数民族文学独置于所谓华夏正统文学之外，而且其地位之尊显非后世之可比。"二南"不仅列"诗"之首，而且影响极为深远，如《关雎》不但成为历代经学家、儒学家解说的政治道德典范，也成为后世文学所效仿彰显性灵的蓝本。

从文学史的角度来看，《诗经》时代可能更多的是保存各地乐本的样态，成为知礼观风的依据，另外作为王政统治的借鉴。当然，由于西周时代文学观念尚未明晰，彼时也绝无所谓少数民族文学之分野，但《诗经》"二南"对南方民族文学的传播和传统地位的确立具有无可替代的意义和作用。它不仅证明少数民族文学自古就有着独立不迁的传统，而且"二南"所代表的南方少数民族文学又成为影响楚辞及汉赋的源头，特别是楚辞、汉赋成为一代之文学，衣被词人，从而成为中国传统文学取之不尽的灵感和精神来源。

汉代虽秉承周秦文化，但汉文化受南方楚文化影响极深，不仅所开创的楚辞、汉赋一代之文学明显受南方民族文化的影响，同时汉代

---

① 左丘明传，杜预注，孔颖达正义：《春秋左传正义》卷三，第85—87页。

② 左丘明传，杜预注，孔颖达正义：《春秋左传正义》卷三十八，第1246页。

乐府歌辞也主要采自南国歌谣俗曲等，如汉代将南方巴渝舞纳入典乐，进入宫廷舞乐系统。而且司马相如、扬雄、王褒等大量辞赋作者和诗人都属南方人。这些对南方少数民族文学的发展与传播具有重要意义。由于周汉文学文本基本上由汉字记录，尚未有明确的少数民族文学概念。少数民族文学应是民族自觉意识形成之后的概念，但中国传统文学并不是狭隘的中原文学也不是将少数民族文学排斥于外的文学圈层和形态。因此在了解少数民族文学史的过程中，我们必须正确地认识中国传统文学以及中国古代部族文化之间密切交流的实况，从而明确从来就没有一种不受其他文化影响的文学形态的存在，这也正是"二南"所开创的民族地域文学所应取范的价值和意义。

在"二南"中虽然大部分诗歌反映了南方民俗和文化状况，但诗本同时也明显有受周边文化影响的因素。如楚辞的体例虽有其独特性，但其取鉴来源既与上古南方歌谣有关，也与华夏民族祭祀颂祖的"颂"体诗歌成篇有关，今清华简《周公之琴舞》篇制即可印证与"九歌"体例的关系。《诗经》的编撰虽足以说明"二南"所代表的少数民族文学历史地位，但却并不能印证民族文学的分野与优劣。经文献和考古学的印证，夏、商、周三代，西南诸民族部落与中原已有频繁的交往。在他们的意识中恐尚未形成所谓"中心"意识和"中心论"。特别是西周初年可能在南北民族中都尚存在游牧无定的生活方式。这从今天不断在各处考古发现的夏代文化遗址和商代不断迁徙的都邑遗址，以及《诗经》所载周人先祖自豳迁岐定于周原的历史亦可知之。而南人由于自然山地物产丰富，居所相对来说较为稳定，但其时亦因部落战争、气候等其他原因流徙，如《华阳国志·南中志》载："南中，在昔盖夷、越之地，滇濮、句町、夜郎、叶榆、桐师、嶲唐侯王国以十数。编发左衽，随畜迁徙，莫能相雄长。"① 可见这些部落也"随畜迁徙"，亦尚处于游牧部落阶段。如果南北有同属于游牧部落的阶段和过程，则此一阶段似无大一统和"中心论"意识的可

---

① 常璩著，任乃强校注：《华阳国志校补图注》卷四，第 229 页。

能。吉尔·德勒兹与费利克斯·瓜塔里就游牧民族的空间观认为他们不会产生大一统的观念，世界对他们来说只是一块一块有待征服的区域。他们"就在大地上，在向四面八方侵蚀扩张的平滑空间里。游牧民在这些空间里栖居……他们造就了荒漠，就如同荒漠造就了他们一样。他们是解域的向量。他们通过一系列局部运作、不断变换方向而造就了一片又一片荒漠，一片又一片草原。"[①]当然，中原说和"中心"论的形成或被视为源于《禹贡》"九州""五服"等畿服制的形成，但这一理论学说的起始时代尚不明确，而且最终形成演绎为明确的"中原"中心论意识似乎又经历了漫长的历史过程，至少在战国后期至汉代之后方才逐渐形成。

古代的"九州"分野为"五服制"的形成确立了基础，而"九州""五服"又逐渐成为华夏文明中心论的导源。当然，这些学说同样助推了地域文学的分野和文学地位中心说的形成。但是无论后代对民族文学界定如何，但从《诗经》及周代政治制度来看，"二南"开创的实际上是地域文学的典范，至后来"民族文学"的演绎可能更多地肯定政治的概念而模糊了地域的概念。无论何种民族，从中外文化史来看，其受地域的影响和决定至为重要。《礼记·王制》云："中国戎夷，五方之民，皆有性也，不可推移。东方曰夷，被发文身，有不火食者矣；南方曰蛮，雕题交趾，有不火食者矣；西方曰戎，被发衣皮，有不粒食者矣；北方曰狄，衣羽毛穴，有不粒食者矣。中国、夷、蛮、戎、狄，皆有安居、和味、宜服、利用、备器。五方之民，言语不通，嗜欲不同。达其志，通其欲。""凡居民材，必因天地寒暖燥湿。广谷大川异制，民生其间者异俗，刚柔轻重迟速异齐。五味异和，器械异制，衣服异宜。修其教不易其俗；齐其政不易其宜。"[②]这些"异"正是地域文学所表现的特点和优点，也正因如此，在战国时代北方趋同的时代变化中，人们才会更多地关注和喜爱文学中的新异

---

① [法]吉尔·德勒兹、费利克斯·瓜塔里：《游牧思想——吉尔·德勒兹、费利克斯·瓜塔里读本》，陈永国编译，吉林人民出版社2003年版，第317页。

② 郑玄注，孔颖达疏：《礼记正义》卷十五，第550—555页。

表现。

政治的求同和文学的求异并无本质的矛盾，也唯有政治观念上的求同求大，才能表现在文学中容忍求异的好奇和存在。在古代氏族血缘分封制的形态下，虽然可能形成以宗主为中心的意识，但为团结和巩固这种统治制度，他们在意识形态中只可能坚持华夷一体、九州一统的观念，正如孔子所谓"四海之内皆兄弟"，似无多数与少数的相对优越意识。因此在中国古代政治观念中历来强调"普天之下，莫非王土，率土之滨，莫非王臣"。《华阳国志·巴志》载"昔在唐尧，洪水滔天。鲧功无成，圣禹嗣兴，导江疏河，百川蠲修；封殖天下，因古九囿以置九州。"[1] 从古文献中所记大禹行功之迹与南方巴蜀有密切关系，其夏部族甚至被认为发祥于岷江流域。《史记·六国年表·序》云："夫作事者必于东南，收功实者常于西北。故禹兴于西羌……"[2]《吴越春秋·越王无余外传》载："禹家于西羌，地名石纽。"[3] 扬雄《蜀王本纪》进一步指实，其称"禹本汶山郡广柔县人也，生于石纽。"[4]《竹书纪年》及《史记》中都基本上认定夏禹为西南人，夏禹又被认为是黄帝后裔，如果黄帝被认为起源于河源的黄河流域的北人，而其子裔却成为南人，这也进一步证明了早期民人迁徙流动的广泛和地域幅度之大。那么，由此可见华夏族在最初也不可能形成排抵四夷的华夏"中心"论意识。即便在传说大禹所定"九州"中也并无高下优劣之论，与"九州"相配的"五服"（甸服、侯服、绥服、要服、荒服）制或学说在最初的文本叙述中也并无多少、优劣、高下等意识，而只是远近之分。胡渭云："古者以九州之内地制为五服。甸、侯、绥方三千里为中国，要、荒方二千里为四夷。五服之外，所有余地，亦属九州。九州之外，夷、狄、戎、蛮，是为

---

① 常璩著，任乃强校注：《华阳国志校补图注》卷一，第1页。

② 司马迁：《史记》卷十五，第686页。

③ 转引自清李元著《蜀水经》卷十五，清嘉庆传经堂刻本。

④ 见《史记》卷二《夏本纪》注，第49页。

四海。"[①] 古代巴蜀虽处梁州之域，川、滇、黔等大部虽属荒服之远，但与中原之关系和交往从未断绝。这不但从其他古文献中可以得到印证，而且从《诗经》文本的记录来看，"二南"对南方风土民俗的记载尤详，也并无实质的反映中原文化相对于"四夷"文化的优越意识。"二南"对南方楚辞、乐府等的发展具有重要的意义，这正是民族地域文学对中国传统文学的奠基。

（本章发表在《重庆师范大学学报》2016 年第 6 期，标题略有改动）

---

① 胡渭：《禹贡锥指》卷十八，第 657 页。

第十二章

从"高唐"到"江渚"

巴地由于特殊的自然山地原因，自古山高林密，关于高山与江渚神话尤多，如文学题材中的"高唐"与"神女""江妃"等尤为引人入胜，也是中国传统文学中经典的文学意象。

自屈原《离骚》中的佚女、《九歌》中的《湘君》《湘夫人》，特别是宋玉的《高唐赋》《神女赋》，几乎皆以南方巴楚文化为背景，既成功地塑造了巴楚文化中的女性经典形象，也为后世开启了神女故事或人神恋情为主的赋体文学题材。随着文学的演进，"高唐"逐渐被建构为一个丰富而独立的审美意象，其意义已远超脱于地域的局限。此外，后世基本依据高唐神女这一原型创作的《洛神赋》《水上神女赋》《江妃赋》等，在表现神女之"神"的基础上，又着力表现了神女之美艳。如王粲《神女赋》则基本上纯粹是对神女的美貌仪容进行描写，近于后来的美人赋。建安时期的陈琳、应玚、杨修及晋张敏的同题《神女赋》，也明显受宋玉《高唐赋》《神女赋》中的神女启发，或浓墨重彩于其光彩、气质、禀性与容饰。可以说这类赋作大都可以视为高唐神女原型的再创造，既重其神，更重其"美"，美尤其重于美色与性欲的心理期待，从而也引导"神女赋"题材向"美女赋"题材的置换。

宋玉《高唐赋》中的"高唐"与"神女"的结合，几乎成为一个固化的经典形象。这一形象与南方巴楚自然山地文化有着密切关系，"高唐"与"神女"的结合，以及后来"神女"趋于水浒江滨，恐怕与南方"神女"一般山居水处的自然地理情形有着不可分的文化关系，这也为诗赋等文学对"神女"塑造提供了文化学的视野观照。

一、"云梦"与"神女"关系

宋玉《高唐赋》称：

> 昔者楚襄王与宋玉游于云梦之台，望高唐之观。其上独有云气，崪兮直上，忽兮改容，须臾之间，变化无穷。……玉曰："昔者先王尝游高唐，怠而昼寝，梦见一妇人曰：'妾巫山之女也，为高唐之客。闻君游高唐，愿荐枕席。'王因幸之。去而辞曰：'妾在巫山之阳，高丘之阻，旦为朝云，暮为行雨。朝朝暮暮，阳台之下。'旦朝视之如言。故为立庙，号曰'朝云'。"①

宋玉《高唐赋》与《神女赋》或被视为姊妹篇，"高唐"不但具有极为久远的文化意涵，也是楚王梦"神女"之所在。宋玉《神女赋》谓"楚襄王与宋玉游于云梦之浦，使玉赋高唐之事"②。"高唐之事"显然当为有关"高唐"的旧典旧事，即有关"高唐"的神话传说之类。在两赋中分别写到了先王（楚怀王）和楚襄王（楚顷襄王）梦遇神女，而且都提到了"游于云梦之台""游于云梦之浦"。"高唐之事"与云梦地有密切的关系。云梦之地是什么场地，为何楚王要游于此呢？据《墨子·明鬼》篇载："燕之有祖，当齐之有社稷，宋之

---

① 萧统编，李善注：《文选》卷十九，第875—876页。

② 萧统编，李善注：《文选》卷十九，第886页。

有桑林，楚之有云梦，此男女之所属而观也。"显然，宋之"桑林"、燕之"祖"（神庙）、齐之社稷，与楚之"云梦"皆为宗庙社稷所在，一般郊祭多往在焉。《尚书·甘誓》云："用命赏于祖，弗用命戮于社。"《周礼·春官·大祝》："出师宜于社，造于祖。"古代"祖""社"同义，但各有层次。郭沫若谓："祖社同一物也，祀于内者为祖，祀于外者为社，在古未有宗庙之时，其祀殊无内外。此云燕之有祖，当齐之有社稷，正祖社为一之证。"[1] 江林昌引《吕氏春秋》《帝王世纪》《路史》《周礼》《说文》等证宋之"桑林"亦即"社"，即为社稷之所在。古代社稷场所旁植林木，江林昌认为与巫祭及原始生殖崇拜观念等有密切关系[2]。那么功用相同的云梦之地，亦当为楚之社稷所在。这种社稷场所应承担多种功能，因而其选址则极讲究。《墨子·明鬼》篇云："昔者虞夏商周，三代之圣王，其始建国营都日，必择国之正坛，置以为宗庙，必择木之修茂者，立以为菆位。"王念孙、孙诒让、刘师培等皆考"菆位"当作"丛社"[3]。《周礼·地官·大司徒》云："设其社稷之壝而树之田主，各以其野之所宜木，遂以名其社与其野。"显然，古代社稷之所多选择在丛林茂密之地。"云梦"之地正具有这样显著的特征，而且，云梦如宋之桑林，既是祭祀之所，亦是畋猎之场，还是淫奔之地。因此《墨子·明鬼》称燕之"祖"、齐之"社"、宋之"桑林"、楚之"云梦"，皆为"男女所属而观也"。显然这种"观社"具有特殊的意义。

那么，赋中所写楚怀王与楚襄王都曾游楚云梦之台，显然"云梦"之地确为"观社"之所，也即为楚国历代诸王郊祭、畋猎的场所[4]，此为楚王游云梦的动机。而且两代楚王都巧遇"神女"，《神女赋》记楚襄王遇神女云："楚襄王与宋玉游于云梦之浦，使玉赋高

---

① 郭沫若：《释祖妣》，《郭沫若全集·考古编》第一卷《甲骨文字研究》，科学出版社 2002 年版，第 56 页。

② 江林昌：《"桑林"意象的源起及其在〈诗经〉中的反映》，《文史哲》2013 年第 5 期。

③ 墨翟著，吴毓江、孙启治点校：《墨子校注》卷八，第 360 页。

④ 《吕氏春秋》卷二十三《直谏》谓："荆文王得茹黄之狗、宛路之矰，以畋于云梦。"汉高诱注："畋，猎也。云梦，楚泽，在南郡华容也。"（上海书店 1985 年版，第 299 页）

唐之事。其夜王寝，果梦与神女遇，其状甚丽。"《高唐赋》述楚怀王遇神女"昔者先王尝游高唐，怠而昼寝，梦见一妇人曰：'妾巫山之女也，为高唐之客。闻君游高唐，愿荐枕席。'王因幸之。""神女"的身份颇费猜测，实际上"神女"并不是梦中的假想人物，而是实实在在的献祭美人。"梦"只是一种情迷状态的写真，这也正是"云梦"之名的文化根源。因而楚襄王自述其情时谓"寐而梦之，寤不自识。罔兮不乐，怅然失志。于是抚心定气，复见所梦。"既能复见所梦，当非真梦。因此梦中的"神女"，也即"巫山之女""高唐之客"，实际上就可能是早期巫史文化祭祀活动中"尸女"的角色，因为"尸女"有时扮演了一种通灵通神的作用，在祭祀中往往用现实中的美女来扮演神女的角色，屈原《楚辞·九歌》篇章的内容实际上正是这种文化祭祀活动的反映。特别是《湘君》《湘夫人》，以女巫以招男神，以男巫以招女神，其中神主多以真人尸位而陈，这便是古代的"尸祭"。江林昌认为"男女所属而观"的"观社"实质"指的是男女在社祭之时进行集体亲昵性爱活动"①，并引《春秋·昭公二十三年》载"公如齐观社"史事及《春秋》三传"非礼"之说，认为非礼的原因正是公观尸女通淫之事。

当然，"尸祭"与古代神话和原始宗教中的万物有灵论及巫术互渗观念密切相关，而"尸祭"中的"尸女"与通淫相关实际也只是古代带有生殖崇拜的祭祀活动中呈现的要义的一个方面。如《说文·尸部》："尸，陈也，象卧之形。"这才是"尸"作为象征性扮演某种角色的本义。至于郭沫若据以认为"故尸女当即通淫之意"②，不过是据前代文献所载的某种文化学意义上的合理推测。《周礼·地官》载："媒氏掌万民之判，仲春之月，令会男女。于是时也，奔者不禁。若无故而不用命者罚之。"《礼记·月令》亦载："仲春之月，……是月也，玄鸟至。至之日，以太牢祀于高禖，天子亲往，后妃帅九嫔御，

---

① 江林昌：《"桑林"意象的源起及其在〈诗经〉中的反映》，《文史哲》2013年第5期。

② 郭沫若：《释祖妣》，《郭沫若全集·考古编》第一卷《甲骨文字研究》，第59页。

乃礼天子所御，带以弓韣，授以弓矢，于高禖之前。"①郭沫若、闻一多等都认为天子、后妃都要在社祭时作男女欢爱的示范动作②。因此，楚王与"神女"（尸女）的相遇并非巧遇，也非梦遇。有学者将"奔"解释为是指非婚姻关系的性爱活动③。既然庶民尚且"奔者不禁"，帝王与"神女"（尸女）的相遇也便是自然之事，如《淮南子》等所载禹与涂山氏野合而生启，《楚辞》《诗经》等所记商周始祖的神奇诞娠，都可能有这种野合通淫的早期人类巫祭文化的痕迹。

　　《墨子·明鬼》篇称"云梦"为楚之观社所在，但楚云梦之地极广，如《尸子》谓："火始起，易息也。及其焚云梦，孟诸虽以天下之役，抒江汉之水，弗能救也。"此比喻亦可见"云梦"之广也。又如汉司马相如《天子游猎赋》云："臣闻楚有七泽，……臣之所见，盖特其小小者尔，名曰云梦。云梦者，方九百里，其中有山焉……"云梦之地既然如此广阔，而《高唐赋》又明确称楚王"遇神女"在"云梦之台""云梦之浦"和"高唐之观"，显然高唐隶属于云梦之地。"云梦"恐怕是楚南珍禽林茂会聚、物产丰富的广大地域，这一区域常常成为帝王的游猎之地。因此将"云梦"局限于"南郡华容"之地的楚泽恐怕并不准确④。《尚书注疏》卷六"云土、梦作乂"条注云："云梦之泽，在江南。其中有平土丘，水去可为耕作畎亩之治。"孔颖达疏："昭三年《左传》楚子与郑伯田于江南之梦，是'云梦之泽在江南'也。《地理志》南郡华容县南有云梦泽，杜预云'南郡枝江县西有云梦城'，江夏安陆县亦有云梦，或曰南郡华容县东南有巴丘湖。江南之梦，云梦一泽，而每处有名者，司马相如《子虚赋》云'云梦者方八九百里'，则此泽跨江南北，每处名存焉。定四年《左传》称楚昭王寝于云中，则此泽亦得单称'云'，单称'梦'。"⑤

① 郑玄注，孔颖达疏：《礼记正义》卷十五，第550—555页。

② 江林昌认为"御"便是特指天子与后妃宫女行房事的隐语。见江林昌：《"桑林"意象的源起及其在〈诗经〉中的反映》，《文史哲》2013年第5期。

③ 江林昌：《"桑林"意象的源起及其在〈诗经〉中的反映》，《文史哲》2013年第5期。

④ 高诱注：《吕氏春秋》卷二十三，上海书店1985年版，第299页。

⑤ 孔安国传，孔颖达疏：《尚书正义》卷六，第178—179页。

按司马相如《子虚赋》所载"臣闻楚有七泽，尝见其一，未睹其余也。"而各注家皆称"云梦"为楚泽。或七泽皆称为"云梦"，而其小者可能亦称"云梦"。考《子虚赋》所叙最小的"云梦泽"情形，称"其中有山焉。其山则盘纡茀郁，隆崇嵂崒。岑崟参差，日月蔽亏。交错纠纷，上干青云。罢池陂陀，下属江河。"①显然，此处所叙"云梦"形势并非仅有平土丘，而是有高山蔽日，峰入青云，下连江河。而且详细地叙述了云梦之地的地理地质特征，其土如何，其石如何，特别是称"其石则赤玉玫瑰，琳瑉琨吾。瑊玏玄厉，碝石碔砆"，这跟川东鄂西的大理岩、石灰岩等地质特征极其相近。对云梦四境的描写，如其东、其南、其高、其埤、其西、其中、其北、其上、其下等方位描写，特别是称其南"则有平原广泽，登降陁靡，案衍坛曼。缘以大江，限以巫山。"②可以肯定，自周以来，巴楚先后建国，至东周楚强，渐并古巴的大部分地区，秦末至汉代所称楚之云梦实际上应包括鄂西川东，特别是三峡及巫山、奉节一带的大部分地区。

而文学作品中将"云梦"与性爱相关的"云雨"意象连属起来，恐怕主要就渊源于宋玉的《高唐赋》和《神女赋》，但最直接的原因就是"高唐之事"。"高唐之事"实际就是一则关于性爱的巫教神话故事，它既被后来人视为神话，也实际为一种现实的民风而存在，这也为后来美女赋题材对性心理期待埋下了伏笔。后来文学作品中取其意象者，或云"云梦"，或云"云雨"，或曰"高唐"，或曰"朝云暮雨"。"高唐"作为在南郡云梦地域内承载这一生殖祭祀及性爱意象的具体所在，故明"云梦"之意象，必明"高唐"的义指及文化内涵。《夔州都督府记》载巫山高唐之观所在，并称"西水行二百里，得县曰云安。"称境内"其人豪，其俗信鬼神"。③云安即今重庆云阳一带，县境有古云安镇。"云梦"之地的界属极可能衍及于此，而且古代巴人崇信鬼神的习俗和巫风也正是川东渝北鄂西高唐一带尸祭巫

---

① 萧统编，李善注：《文选》卷七，第349—350页。

② 萧统编，李善注：《文选》卷七，第350页。

③ 董诰等编：《全唐文》卷五四四，中华书局1983年版，第5515页。

教的文化根源。汉高祖亦曾伪游云梦而袭夺韩信兵权，其中何以选择"幸云梦"，恐正因其久在的巫俗和民风，才可能使韩信释然无疑。"高唐"古当属巴地，东周后并入楚，今属川东及重庆北部一带，如在四川出土的汉代高禖画像砖就可以证明在巴蜀生殖祭礼的现实存在的可能性。[①] 高文先生便认为图像的内容可能反映了远古人类残留至汉代的一种野合婚配形式，而且"可能起着一种'压胜'的作用"，是汉代人为了祈求吉祥幸福、繁衍后代、子孙昌盛的目的。[②]

二、《高唐赋》中之"高唐"非楼观

在《高唐赋》与《神女赋》中，"高唐"亦在云梦之地，其与"云梦"几乎一并成为"云雨"的又一隐语替代。"高唐"如果作为实指的话，其究竟何义，又指何处呢？

一般学者认为高唐为神女所居之地，因而高唐也被自然解构为一种神秘难测之所。就"神女"的神秘居遇之所来看，无非高山遐处、远方绝渚，至汉或有楼观之说。如汉武帝好仙，久求不至，方术之士以仙人好楼居为由，致武帝大兴土木，扩建楼观。《汉书》记："使卿持节设具而候神人。乃作通天台，置祠具其下，将招来神仙之属。"[③] 由此有学者认为楚王遇神女的高唐之所就是某处楼观。公孙卿所谓"仙人好楼居"[④] 可能并非出于一己之发明，而是早有传说。如《离骚》《天问》将"玄鸟生商"与"瑶台"相联系，隐示了台与女性生殖的关系。河上公本《老子》第二十章载"众人熙熙，如享太牢，如登春台"，亦是将"登春台"与女性生殖相关联。[⑤]"台"在北方可能为累筑的高台，也多为祭祀的场所，作为尸女受祭之所，如若上述

① 唐光孝：《四川汉代"高禖图"画像砖的再探讨》，《四川文物》2005 年第 2 期。

② 高文：《野合图考》，《四川文物》1995 年第 1 期。

③ 班固：《汉书》卷二十五下，第 1242 页。

④ 班固：《汉书》卷二十五下，第 1241 页。

⑤ 江林昌《"桑林"意象的源起及其在〈诗经〉中的反映》认为"'登春台'则与男女性爱活动有关。"

"神女"即为"尸女"之别称，则"遇神女"之处自然多在其祭所。汉代受南方楚文化影响极深，南方多山地林莽，郊祭虽偶有筑台，但也有建楼观者，此与南北建筑文化是相因承一致的。周汉以来，天人感应和阴阳灾异的学说思想渐浓，而且按天地绝通的原初观念，人、神既通而又有别，其居异而秘，这也是早期巫术、神话及宗教产生的人文基础。因此《山海经》《楚辞》等诸多典籍所载的神仙之属皆处远方殊域，音讯难求。按众多中外神话传说记载，诸神或居于山，或潜于渊，或处于殊方绝域，或出于彩云之端，或蠹高丘之巅，或隐九重之天。显然，神女不与庶人杂居，故人神之相通，又必借助于巫使，通诸昆仑高丘或通天之楼台。这既是楼观或高台祭神的理论基础，也是"尸女"（神女）存在的理论基础。

在《高唐赋》中"高唐"到底是指楼观、高台，还是高山，历来众说纷纭。有从文化人类学的角度立论，也有从神话学的角度着眼。闻一多、饶宗颐等皆认为"高唐"是指楚始祖"高阳"，唐为阳之音变。① 然从文本所系看，"高唐"当为神女之倚居所在。《文选》李善注："高唐，观名。"②《文选》吕延济注："高唐，观名。怀王时游云梦，梦见神女，自称巫山神女，乃于山下置此观焉。"③ 因而有学者便认为高唐应指高唐观。然"高唐"由其本义衍变为楼观之"观"④和"意志淫淫"⑤的意象所在，却当经历了一个赋体文本的阐释期。"高唐"在原赋中的较早本义并非指楼观。以汉俗来解释楚赋虽失之不远，楚王梦遇神女于高唐观也确实合乎汉代的巫俗方士之观，但从

---

① 闻一多：《高唐神女传说之分析》，《闻一多全集》第 3 册，湖北人民出版社 1994 年版，第 17—19 页。

② 萧统编，李善注：《文选》卷十七，第 795 页。

③ 萧统：《六臣注文选》卷十九，第 346 页。

④ 尹荣方：《〈高唐〉、〈神女〉赋的写作与实践》，《上海海关高等专科学校学报》2001 年第 1 期。其称"高唐两字，意谓高而广大甚明，高唐观也就是高而广大的楼观，意思非常清楚。这与《高唐赋》序文中'高矣，显矣，临望远矣；广矣，普矣，万物祖矣，'句中上下句第一字正好相应，可见作者所欲赋者乃高大之楼观。"

⑤ 俞樾《诸子平议·老子平议》曰："春阴阳交通，万物感动，登台观之，意志淫淫。"（中华书局 1956 年版，第 147 页）

文化人类学的角度考索，"楼观"召神与先民原初观念绝有关系。汉代之求食服仙也并非其代自创，当是源染巴楚之俗。将《高唐赋》《神女赋》二篇之主旨牵合于汉代求食服仙，甚至便大胆怀疑此二赋必出自汉武之世，① 这在逻辑上是讲不通的。汉初本承巴楚之俗，南方巴楚之俗好巫，祠鬼神。"楚淫祀"② 即是指这一风习之盛。楚地灵芝仙草亦众，如秦皇求长生不死之药类的事亦时有之，故楚王求仙或与神交通，并非与时相悖，而硬要将此牵合或隐喻于汉武之事则显然不当。汉武帝祭祀天地神鬼的活动大都主观上想据承古帝法或依据前代相传之礼统、祭统，对前代文献所记之祭祀礼制等必有借鉴，如其对明堂之礼的建制久议未下，便实可证其对传统礼法祭法的重视。③ 所以有认为《高唐赋》中"进纯牺，祷旋室，愁诸神，礼太一"出于《史记·孝武本纪》记武帝元鼎五年曾赴甘泉宫"置祭具以致天神"事，④ 实为本末倒置，非能以此发疑"《高唐》、《神女》两赋之作，其皆景正在汉武之世的造高楼礼神侯仙，以及服食灵芝求仙"⑤ 之论。

从宋玉本赋来看，遇高唐神女似乎看不出是指在某个楼观上相遇神女，从题名与全文写照来看，文章并不是停留在一处楼观的视野并

---

① 尹荣方：《〈高唐〉、〈神女〉赋的写作与实践》，《上海海关高等专科学校学报》2001 年第 1 期。其称："从〈高唐〉赋的祝词看，其有致神仙、求长生的旨意为无疑。武帝之建高楼原为侯仙致神、追求长生，然则《高唐赋》之意旨，其写作背景可能正在这里。"

② 陈暐：《吴中金石新编》，《景印文渊阁四库全书》本。又见《礼记·曲礼下》："非其所祭而祭之，名曰淫祀。淫祀无福。"唐人赵璘说："若妖神淫祀，无名而设，苟有识者，固当远之。虽岳海镇渎，名山大川，帝王先贤，不当所立之处，不在典籍，则淫祀也。"新旧《唐书》记韦景骏为房州刺史，"州带山谷，俗参蛮夷，好淫祀而不修学校。景骏始开贡举，悉除淫祀。"又记王湛为冀州刺史，"冀州境内，旧多淫祀，褰帷按部，申明法禁。"《新唐书·狄仁杰传》："吴楚俗多淫祠，仁杰一禁止，凡毁千七百房，止留夏禹、吴太伯、季札、伍员四祠而已。"又如唐代元稹《赛神》诗："楚俗不事事，巫风事妖神。"清代李必恒《谒浮山禹庙次昌黎石鼓韵作歌》："楚俗纷纷竞淫祀，蛇神牛鬼争婷婀。"

③ 《汉书》卷二十五上《郊祀志上》载："武帝初即位，尤敬鬼神之祀。汉兴已六十余岁矣，天下艾安，缙绅之属皆望天子封禅改正度也，而上乡儒术，招贤良。赵绾、王臧等以文学为公卿，欲议古立明堂城南，以朝诸侯，草巡狩封禅、改历、服色事，未就。"

④ 尹荣方：《〈高唐〉、〈神女〉赋的写作与实践》，《上海海关高等专科学校学报》2001 年第 1 期。

⑤ 尹荣方：《〈高唐〉、〈神女〉赋的写作与实践》，《上海海关高等专科学校学报》2001 年第 1 期。

以此为核心，高唐应是指神女的出入地。再看《高唐赋》与《神女赋》两处叙述：

> "昔者楚襄王与宋玉游于云梦之台，望高唐之观。"又云："玉曰：'昔者先王尝游高唐'"（《高唐赋》）

> "楚襄王与宋玉游于云梦之浦，使玉赋高唐之事。其夜王寝，果梦与神女遇，其状甚丽。"（《神女赋》）

显然，"望高唐之观"当为后起的追述之词，或为序中语言（从语义上推断，此序或为宋玉所自作，或为后人记）。而在赋中宋玉直陈时却并不曾称"高唐之观"，而皆直呼"高唐"，在楚先王（怀王）遇神女时亦只称"高唐"，不称"高唐之观"。在《神女赋》中称"使玉赋高唐之事"，即让宋玉讲高唐之观的命名或由来的典故。而且写楚先王（怀王）游高唐时是"倦而昼息"，即并无楼居之所，而至楚襄王游高唐时，则为"夜寝"，显然此地已建楼观居所。因此结合二赋全文来看，在楚怀王游云梦之前并无"高唐观"，而于此"遇神女"后，作为纪念，方建"朝云庙"，即后来楚襄王游云梦之时所见的"高唐之观"。因此"高唐"并非是观名，"高唐之观"（朝云庙）只是高唐其地一处曾用于祭祀通淫的楼观。在宋玉《高唐赋》中称为"高唐之观"，在《夔州都督府记》则云"高唐阳台之观"，[①] 可见高唐并非观名，而其另有阳台之观，高唐当为一大地域，阳台为一小地名，"观"则指楼观，此观或有它名，或因地理之所在而称阳台观或高唐阳台之观。此观即可能是楚王所建朝云庙。

从历代史料所记来看，"高唐"的地理位置确乎便于建立祀坛社所。《全唐文》卷五四四李贻孙《夔州都督府记》云：

> 峡中之郡夔为大，当春秋为楚之国。在秦曰鱼复，在汉称古陵，在蜀号巴东，皆郡也。梁为信州。逮我武德，复夔之号，州始都督黔巫上下之地十九城。是后或总七城，或为云安郡，或统峡中五郡，寻复为夔州都督之号，或加或去。今称夔州都督

---

① 董诰等编：《全唐文》卷五四四，中华书局 1983 年版，第 5515 页下。

府。……东水行一百七里，得县曰巫山。神女之庙，楚王之祠，高唐阳台之观，朝云暮雨之府，形势在焉。西水行二百里，得县曰云安。……其人豪，其俗信鬼神。①

唐代贞元时李贻孙《夔州都督府记》明确交代了"高唐阳台之观"在巫山境内，"神女之庙"（朝云庙）就是楚王的祠社之所；"高唐阳台之观"就是"朝云暮雨之府"（尸祭的场所和朝云庙之所在），而且在唐初时"阳台之观"其"形势在焉"。②这种实地考据证明，不但可以破解"高唐"的诸种纷纭之说，而且可以进一步说明高唐在云梦祭祀中的重要地位。前述"云梦"当为楚王郊祭、畋猎、观社之所，而具体的观社地址则就当在"高唐"一带。

从《高唐赋》文本叙述与游观的视野来看，亦是由眼前之山而及于完峦，由下而上，"道互折而曾累"；③移步换景，又由上而窥下。由此推之，高唐可能指整座显敞的大山，阳台实为高唐山上接近峰岭险要之处的一处平台，后于此平台之下立庙，号朝云庙，又或曰高唐观，或曰高唐阳台之观。此皆为"观"之所属地理位置定性而已，并非高唐就为楼观之本名。

三、"高唐"与楚祀社

"高唐"被选择为云梦一带祀社的社所，不但具备上述近古巴地有巫风民俗文化流行的人文基础，而且从地理条件来看，"高唐"也具有前述建社"木之修茂"和"正坛"（高台）的充足条件。

云安（云阳）与巫山、巫山至巴东之间，瞿塘峡、巫峡纵贯，群山秀耸，峰峦叠嶂，其中便有许多后世不知名的峻峰秀峦，这些地方都林木修茂，而且在《高唐赋》文本中称高唐一带，"中阪遥望，玄木冬荣。煌煌荧荧，夺人目精。烂兮若列星，曾不可殚形。""榛林郁

---

① 董诰等编：《全唐文》卷五四四，第5515页。

② 董诰等编：《全唐文》卷五四四，第5515页。

③ 萧统编，李善注：《文选》卷十九，第876页。

盛，葩华覆盖。双椅垂房，纠枝还会。"①可见高唐自有"必择木之修茂者，立以为丛社"②的建社条件。

条件之二便是高唐有建社坛高台的地势地形基础。在北方，社台（祭台）一般为高出地面数层的高台，在西方基督教的祭台亦是如此。这种高台实际上应起着两种文化功用，一是象征与天神的接近和相通；二是要保持其神秘，这是中西方所有宗教维持的秘诀。那么这种神秘性或神性在南方巫祭文化中，由于山势峰峦叠嶂，两山之间视距极短，则需要选择较高而又险要之地。首先符合这种条件的高台在高唐山是存在的，如《高唐赋》称"楚襄王与宋玉游于云梦之台"，其神女自叙亦称"朝朝暮暮，阳台之下"，《夔州都督府记》亦称"高唐阳台之观"，可见高唐之地确有"台"，此"台"极可能是祀神的祭台。结合其他一些诗赋文献和史料来看，高唐或被视为今巫山城北约二里的高邱山（一名高都山）。此山面江确有一高台，当地人称为古阳台。此阳台为巫山三台美景之一，台高约一百丈，面对浩浩长江。当地半山腰有"观"，名叫高唐观，古庙今已废（据称淹没前为巫山党校所在地）。其立庙位置正合于《高唐赋》中所称"朝朝暮暮，阳台之下"，③台的位置也极高而险。从赋题来看，高唐为山势险要而中部又比较平敞的临江大山。无论是高唐山，还是高都山，都体现了其山势特征。"唐"与"都"都有广大的含义，如扬雄《甘泉赋》："平原唐其坛曼兮。"④王充《论衡·正说篇》："唐之为言'荡荡'也。"⑤《吕氏春秋·察今》："军惊而坏都舍。"⑥《后汉书·张衡传》："中有都柱，傍行八道。"⑦"唐"又为传说中古帝尧政权的称号，周时把

① 萧统编，李善注：《文选》卷十九，第878页。

② 吴毓江撰，孙启治点校：《墨子校注》卷八，第340页。原文"丛社"作"蕆位"，其注引刘逢禄、王念孙、颜师古等证"蕆位"即"丛社"（第360页）。

③ 萧统编，李善注：《文选》卷十九，第876页。

④ 萧统编，李善注：《文选》卷七，第324页。

⑤ 黄晖：《论衡校释》卷二十八《正说篇》，第1144页。

⑥ 陈奇猷：《吕氏春秋新校释》卷十五，第945页。

⑦ 范晔：《后汉书》卷五九，第1909页。

有宗庙或先君神主的城称"都",如《左传·庄公二十八年》:"凡邑,有宗庙先君之主曰都,无曰邑。"①那么无论是义通,还是音近,或避讳,或祀神、君之本,高都山都极有可能是高唐山的后起之名。从赋文内容来看,楚王欲意游高唐,称"寡人方今可以游乎?"并问"其何如矣?"宋玉则描述:"高矣显矣,临望远矣!广矣普矣,万物祖矣!上属于天,下见于渊。"又称"惟高唐之大体兮,殊无物类之可仪比。巫山赫其无畴兮,道互折而曾累。"可见,高唐山山体大、险、敞等多个特征都具有,可以游猎、可以祭祀,而且是巫山一带无可比拟的最佳祀社场所。赋文首先对高唐一带形胜险要、物产珍禽等详细地进行了描述,并简要叙述了在此山可以祭祀和游猎的情形。

如写与神女相遇之地,《高唐赋》前后映衬,突出其地之险。如赋中神女自称"妾在巫山之阳,高丘之阻",②丘与邱同。阻为形声字,从阜声,且声。"阜"是土山,与高下险阻有关。故阻本义是指险要的地方。《说文》云:"阻,险也。"③《周礼·司险》:"司险掌九州之图,以周知其山林川泽之阻。"④此为赋文写相遇之地险要高嶒的伏笔。故其后赋文从多个层次来写这种险要高峻,其一写水势摩击,怒涛惊奔;其二写猛兽惊骇,"失气恐喙","股战胁息,安敢妄挚";其三写林木郁茂和"纤条悲鸣"引发的心理惊险阴影;其四写"登高远望,使人心瘁"的视觉威压;故而"仰视山巅,肃何千千""久而不去,足尽汗出""悠悠忽忽,惝恍自失""使人心动,无故自恐"。而上至观侧,地势则变得平敞,其谓:"上至观侧,地盖底平。箕踵漫衍,芳草罗生。秋兰茝蕙,江离载青。"⑤其后便写祭祀的情形:"有方之士,羡门高谿。上成郁林,公乐聚榖。进纯牺,祷璇室。醮诸神,礼太一。传祝已具,言辞已毕。"再写畋猎:"于是乃纵猎者,基趾如

---

① 左丘明传,杜预注,孔颖达正义:《春秋左传正义》卷十,第332页。

② 萧统编,李善注:《文选》卷十九,第875页。

③ 许慎著,段玉裁注:《说文解字注》卷二八,第732页。

④ 郑玄注,贾公彦疏:《周礼注疏》卷三十,第939页。

⑤ 萧统编,李善注:《文选》卷十九,第880页。

星。传言羽猎，衔枚无声。弓弩不发，罘罜不倾。涉漭漭，驰苹苹。飞鸟未及起，走兽未及发。何节奄忽，蹄足洒血？举功先得，获车已实。"①"高唐"作为云梦一带具体祀神游猎之地已无可厚非。

至于"高唐"之地何以修建祀神的楼观，不但与祭祀神女传说有关，实际也与古代祭祀及寝庙制度相关。如《礼记·月令》仲春之月载："是月也，耕者少舍，乃修阖扇，寝庙毕备，毋作大事，以妨农之事。是月也，毋竭川泽，毋漉陂池，毋焚山林。天子乃鲜（献）羔开冰，先荐寝庙。"②郑玄注："凡庙前曰庙，后曰寝。"③《山堂考索》别集卷十四礼乐门《宗庙》条据《诗传》云："前庙后寝之制，凡庙之制，前庙以奉神，后寝以藏衣冠。祭于庙而燕于寝，故于此将燕而祭时之乐皆入奏于寝也。"④按《吕氏春秋》卷二《仲春纪》及《礼记》所载，仲春之月，"择元日，命民社"⑤。社即祭祀后土，与农事及生殖皆相关系。而且"是月也，玄鸟至。至之日，以大牢祠于高禖，天子亲往。后妃帅九嫔御，乃礼天子所御，带以弓，授以弓矢，于高禖之前。"⑥郑玄注："玄鸟，燕也。燕以施生时来，巢人堂宇而孚乳，嫁娶之象也。媒氏之官以为候。高辛氏之出，玄鸟遗卵，娀简吞之而生契，后王以为媒官嘉祥，而立其祠焉。变媒言禖，神之也。"⑦"天子所御，谓今有娠者。于祠，大祝酌酒，饮于高禖之庭，以神惠显之也。带以弓韣，授以弓矢，求男之祥也。"⑧孔颖达疏曰："祭高禖既毕，祝官乃礼接天子所御幸有娠之人，谓酌酒以饮之。饮酒既毕，乃属带此所御之人以弓韣，又授之以弓矢，于高禖之前而北面也。"⑨郭沫若解释《月令》所载为："此上言耕者少舍，下言毋妨农事，则所

① 萧统编，李善注：《文选》卷十九，第881页。
② 郑玄注，孔颖达疏：《礼记正义》卷十五，第558页。
③ 郑玄注，孔颖达疏：《礼记正义》卷十五，第558页。
④ 章如愚：《山堂考索》别集卷十四，《景印文渊阁四库全书》第938册，第886页。
⑤ 郑玄注，孔颖达疏：《礼记正义》卷十五，第552页。
⑥ 郑玄注，孔颖达疏：《礼记正义》卷十五，第554—555页。
⑦ 郑玄注，孔颖达疏：《礼记正义》卷十五，第554页。
⑧ 郑玄注，孔颖达疏：《礼记正义》卷十五，第555页。
⑨ 郑玄注，孔颖达疏：《礼记正义》卷十五，第556页。

谓农事，即'仲春通淫'之事也。古人习于神前结婚，所谓寝庙，乃前庙后寝，寝所以备男女之燕私。……其在未有寝庙时之古代，或不能有寝庙者之庶人，在此通淫之仲春，则野合而已。"①

结合上载宋玉赋高唐本事，楚先王（怀王）"遇神女"极有可能为野合，至楚襄王"遇神女"，其时已修建"朝云庙"，故已为寝庙之娱。《高唐赋》中所谓"游于云梦之台，望高唐之观，其上独有云气"②，明云梦界属更广，高唐为云梦这一地域内的某处山脉或峰岭③，其山有"观"，故云"望高唐之观"，即眺望高唐山上的楼观（庙），唯独此观之上独有祥云之气。又按宋玉解朝云庙之由来，楚先王（怀王）虽游高唐而寝，但赋称"昔者先王尝游高唐，怠而昼寝，梦见一妇人曰：'妾巫山之女也。为高唐之客。闻君游高唐，愿荐枕席。'王因幸之。"④ 从字面意义看，显然乃白天游览疲倦，随兴和衣而寐，既未明确所寐之地为"高唐之观"，也未暗示此处已有殿宇楼观。况此女既为神女，其所谓"巫山之女""高唐之客"，一则可以理解为往来之山神，二则可视其神女（尸女）可能为云梦巫山一带被远送至高唐祭祀神所的"尸女"。显然，此神女并非楼观之神，所谓"高唐之客"，正显示了此神女自明其使臣自荐之义。《周礼》记："凡诸伯子男之臣，以其国之爵相为客而相礼。"⑤ 即诸侯委派出使他

---

① 郭沫若：《释祖妣》，《郭沫若全集·考古编》第一卷《甲骨文字研究》，第57—59页。

② 萧统编，李善注：《文选》卷十九，第875页。

③ 云梦之地可以参谭其骧《中国历史地图集》。按《文选》李善注引《汉书音义》张揖曰："云梦，楚薮也。在南郡华容县，其中有台馆。"《水经注·夏水》称："夏水又东，经监利县南。晋武帝太康五年立。县土卑下，泽多陂池，西南自州陵东界，经于云杜、沌阳，为云梦之薮矣。"刘刚《宋玉赋——〈高唐〉〈神女〉二三考》据此认为云梦泽的西南界在监利（今湖北监利东北）的西南长江沿岸，东南界在州陵（今湖北嘉鱼北）的东面长江沿岸，西北界在云杜（今湖北潜江、沔阳之间）汉水沿岸，东北界在沌阳（今湖北汉阳东）临近汉水入江口夏浦（今汉口）。近于战国云梦泽的范围。谭其骧认为"云梦"是地域广阔的楚王狩猎区，而非仅指川泽。那么后代学者对"云梦"之地的指认，基本上限于地域，考宋玉《高唐》《神女》二赋，其中"云梦"一词主要指楚王与宋玉游会之地。如果说神女的出现恰是在楚王的狩猎区，其中有无某种暗含的喻义在里面呢？

④ 萧统编，李善注：《文选》卷十九，第875—876页。

⑤ 郑玄注，贾公彦疏：《周礼注疏》卷三十八，第1209页。

国的使臣也可称"客"。《高唐赋》中神女自称为"巫山之女""为高唐之客"①，又云："妾在巫山之阳，高丘之阻，旦为朝云，暮为行雨。朝朝暮暮，阳台之下。"②由此等推之，高唐乃指巫山山脉群中的一处小山或峰峦名，其山有祀神之所，于楚怀王时当建有朝云庙，按《礼记·月令》等所记，楚王祀高禖时或御女亦于此所。

四、从赋体文本阐释到文学意象的过渡

显然，"高唐"在《高唐赋》文本中还只是一处实在的山地，尽管在这块地域内已经有所谓"高唐之事"的文化生成，但尚处于一种初成的阶段，而且"高唐"尚未进化为具有丰富内蕴的文学意象。

"高唐"在先秦文献中或指齐邑，如《孟子》谓："绵驹处于高唐，而齐右善歌。"汉赵岐注曰："绵驹，善歌者也。高唐，齐西邑。绵驹处之，故曰齐右善歌。"③又如《吕氏春秋》卷十九所谓"遇高唐之孤叔无孙当其马前"，汉高诱注其"高唐"亦是指齐邑④。至汉唐或代指平原，《汉书》颜师古注引晋灼语曰："齐西有平原，河水东北过高唐，高唐即平原也。"⑤但《汉书》卷五十七上颜师古注引孟康语曰："云梦中高唐之台，宋玉所赋者，言其高出云之阳也。"⑥在这些文献中明确提到了"高唐"不是指高观、高楼，但从宋玉赋文本开始使"高唐"的义指发生了微妙变化。从文本所叙意义来看，高唐已指高丘，即高陵，如昆仑之墟类。这种文本的转化可能源自屈原《离骚》，而其映射的文化义指却可能源自楚国的祭祀文化传统。如屈原《离骚》："忽反顾以流涕兮，哀高丘之无女。"⑦王逸《章句》谓："楚

---

① 萧统编，李善注：《文选》卷十九，第875页。

② 萧统编，李善注：《文选》卷十九，第875页。

③ 焦循：《孟子正义》卷二十四，中华书局1987年版，第831页。

④ 高诱注：《吕氏春秋》卷十九，上海书店1985年版，第238页。

⑤ 班固：《汉书》卷一下，第60页。

⑥ 班固：《汉书》卷五十七上，第2544页。

⑦ 朱熹著，蒋立甫校点：《楚辞集注》卷一，上海古籍出版社2001年版，第20页。

有高丘之山。女以喻臣，言己虽去意不能已，犹反复顾念，楚国无有贤臣，心为之悲而流涕也。或云高丘，阆风山上也。无女谕无与己同心也。"又引《文选》五臣注云："女，神女。喻忠臣。"①虽然洪兴祖补注"《离骚》多以女喻臣，不必指神女。"②但何以会哀叹高丘无女呢？恐怕此"女"又不能以简单的香草美人式的隐喻带过。"哀高丘之无女"确乎可以解作屈原哀叹未能在高丘上看见神女抑或隐喻在楚国已不再能见到"神女"那样的贤臣。屈原诗中出现的高丘之女，却不太可能是空穴来风，它极可能出自一个当时人们十分熟悉的神话传说③。因此此"神女"就应是巫祭文化仪礼中的"尸女"。观屈原一生，其忠君爱国，虽有称"露才扬己，显暴君过"，实为恻怛爱国之情，于礼实可谓谨守不违，这也可印证为何在屈原作品中有如此多的传统巫祭及礼仪文化的反映。而洪兴祖《楚辞补注》既明确称"楚有高丘之山"，又引"旧说高丘楚地名也"。刘不朽认为此"高丘"即"妾在巫山之阳，高丘之阻"中之高丘，"高丘之女"即是巫山神女④。屈、宋在他们的辞赋中都提到了"高丘"，显然，"高丘"这一意象绝非简单的土垄或小丘，因为即使要将屈赋中的"女"比兴为贤臣，与其相对举者也绝非无意义或无文化涵蕴的土丘。那么此"高丘"就极有可能指"高唐"，且说明在屈宋时期的楚国就已存在了有关"高唐"的文化意象。

汉代许慎《说文》云："唐，大言也。"⑤又王充《论衡》曰："唐之为言'荡荡'也。"⑥因此"唐"有指广大之义，扬雄《甘泉赋》

---

① 洪兴祖：《楚辞补注》卷一，第30页。

② 洪兴祖：《楚辞补注》卷一，第30页。

③ 习凿齿原著，舒焚、张林川校注：《襄阳耆旧记校注》卷三，荆楚书社1986年版，第302页。《襄阳耆旧记·山川·巫山》中记载了与《高唐赋》大致相同的故事，文字稍有不同。其称："赤帝女曰瑶姬，未行而卒，葬于巫山之阳，故曰巫山之女。楚怀王游于高唐，昼寝，梦见与神通，自称巫山之女……"李善注《文选》亦引用此文。

④ 刘不朽：《宋玉〈神女赋〉解读——巫山神女传说之原型与演变》，《中国三峡建设》2003年第11期。

⑤ 许慎著，段玉裁注：《说文解字注》卷二，第58页。

⑥ 黄晖：《论衡校释》卷二十八《正说篇》，第1144页。

云：“平原唐其坛曼兮。”① 而“丘”字在《说文》中释云：“土之高也，非人所为也。从北从一。一，地也，人居在丘南，故从北。中邦之居，在昆仑东南。一曰四方高，中央下为丘。”② 而“四方高，中央下”则为一块坦荡巨型的高敞平地。“丘”同样也可泛指“山”，如《汉书·司马相如传》云：“以登介丘。”③ 李白《梦游天姥吟留别》云：“列缺霹雳，丘峦崩摧。”④“丘”也可形容大、巨之义，如《管子·侈靡》云：“乡丘老不通。”⑤《汉书·楚元王传》云：“时时与宾客过其丘嫂食。”⑥“丘”也有指代区域、地域之义，《孟子·尽心下》云：“是故得乎丘民而为天子。”⑦《周礼·地官·小司徒》云：“四井为邑，四邑为丘，四丘为甸。”⑧ 那么，“高唐”与“高丘”的意义和所指都极其相近，由此也可以看出汉唐将“高唐”释为“平原”之间的因承联系。

汉宋以来，文学语言中亦可完全用“高丘”指代“高唐”义，这在语言及创作上毫无芥蒂。而且从屈赋“哀高丘之无女”⑨ 及宋玉《高唐赋》所描述的“高唐神女”情节来看，明显也存在共同的文化内涵，与屈宋时代已存在的“高唐”文化意象或某种神话或传说有着密切关系。宋玉《高唐赋》《神女赋》可以说进一步完善和丰富了“高唐”文化意象的构建，尽管那时还未发展为一种纯粹的文学意象，但其中所涉的自然地理、人文风俗、神话巫祭乃至政治与礼治等文化因素都是他着力描写的对象，也为后来唐宋文学中将“高唐”或“高丘”作为一种文学意象奠定了丰厚的文化要义和基础。而且唐诗中如果除去用典本身积聚的文化意象和内涵外，单从文化地理学的视野来

---

① 萧统编，李善注：《文选》卷七，第 324 页。

② 许慎著，段玉裁注：《说文解字注》卷八上，第 386 页下。

③ 班固：《汉书》卷五十七下，第 2602 页。

④ 彭定求等编：《全唐诗》卷一百七十四，第 1785 页。

⑤ 黎翔凤著，梁运华整理：《管子校注》卷十二，第 689 页。

⑥ 班固：《汉书》卷三十六，第 1922 页。

⑦ 焦循著，沈文倬点校：《孟子正义》卷二十八，第 973 页。

⑧ 孙诒让著，王文锦、陈玉霞点校：《周礼正义》卷二十，第 786 页。

⑨ 朱熹著，蒋立甫校点：《楚辞集注》卷一，第 20 页。

看，"高唐"与"高丘"的义指相近也是极合逻辑的。

尽管"高唐"在宋玉赋文本中最初是指一地域，但随着文学的演进，特别是屈宋以后，经过汉唐宋文人诗赋再度阐释，"高唐"逐渐被建构为一个丰涵而独立的审美意象。从字面来看，唐诗中的"高唐"基本上沿用了宋玉对"高唐"的本指，即指高丘或楚地某一高岭，但其中从诗歌意境美学的角度审视，其中所蕴含的文化经典意义却不无存在。如李白《宿巫山下》："昨夜巫山下，猿声梦里长。桃花飞绿水，三月下瞿塘。雨色风吹去，南行拂楚王。高丘怀宋玉，访古一沾裳。"[1] 所谓高丘便指巫山神女之峰，即宋玉赋中的"高唐"。《全唐诗》卷一二二卢象《峡中作》云："高唐几百里，树色接阳台。晚见江山雾，宵闻风雨来。云从三峡起，天向数峰开。灵境信难见，轻舟那可回。"[2] 又《全唐诗》卷二七三戴叔伦《南宾送蔡侍御游蜀》："巴江秋欲尽，远别更凄然。月照高唐峡，人随贾客船。积云藏险路，流水促行年。不料相逢日，空悲尊酒前。"[3] 李商隐《深宫》诗亦云："金殿销香闭绮栊，玉壶传点咽铜龙。狂飙不惜萝阴薄，清露偏知桂叶浓。斑竹岭边无限泪，景阳宫里及时钟。岂知为雨为云处，只有高唐十二峰。"[4] 其中"高唐几百里""月照高唐峡"，不仅进一步指明了高唐为巴楚之地一片开阔而高耸的山地，绝非所谓"楼观"，有峡谷峰峦映衬，故才可能写"月照高唐峡""只有高唐十二峰"，但这些诗文所表述的"高唐"，无疑在作者创作和读者的再度诠释中，已不可能弃绝宋玉《高唐赋》所带来的文化层积的影响。"高唐"所内蕴的神女传说、巫山云雨的美丽动人意象，那是斑竹岭边、景阳宫里都无法比照的内美，故李商隐称"岂知为雨为云处，只有高唐十二峰"，这不正是对宋玉"高唐"文本的美学意衍吗？

如果上述诗文还可以以地域意义来解读"高唐"，那么下面的诗

---

① 彭定求等编：《全唐诗》卷一八一，第 1849 页。

② 彭定求等编：《全唐诗》卷一二二，第 1219 页。

③ 彭定求等编：《全唐诗》卷二七三，第 3090 页。

④ 彭定求等编：《全唐诗》卷五四〇，第 6189 页。

赋文辞中"高唐"用典则应更为明显。如《全唐文》卷五九九刘禹锡《楚望赋》(并序):"湘沅之春,先令而行。腊月寒尽,温风发荣。……云归高唐,草蔽洞庭。目与天尽,神将化并。"[1]此处所指高唐也许并非实指其地,可能是代指寒尽春来的广大南方峰丘秀峦,其云遮雾绕、春草勃发的气象。其序所称:"予既谪于武陵,其地故郢之裔邑,与夜郎诸夷错杂。系乎天者,阴伏阳骄;系乎人者,风巫气痟。"[2]其所描写正是荆楚巴巫之地的气象。"云归高唐"一方面表现了"高唐"之高,方为云所依归;另一方面,高唐又为"云梦""云雨"之所,故其云归亦暗喻梦归,为期望之所也。又如《全唐文》卷四〇二胡嘉隐《绳伎赋》:

> 律南吕兮仲之秋,帝张乐兮秦之楼。鼓舞令节,铿锵神州。万国会,百工休。俳乐司咸戢,绳伎独留。……来有匹,去无侣。空中玉步,望云髻之峨峨;日下风趋,见罗衣之楚楚。足容捷,貌容恭;鸟斯企,云相从。煜煜兮映朱楼之花蕚,焕烂兮开甲帐之芙蓉。横竿却步,叠卵相重。缋人不能窥其影,谋士不能指其踪。既如阿阁之舞凤,又如天泉之跃龙。徘徊反覆,交观夺目。拥金骑,屯绣毂。高词论者族谈,多才艺者心服。既得擅场,其能未央。应鼓或跃,投绳或翔,婉娈兮弄玉之随萧史,仙妻之别刘纲,凌波不足奇其术,行雨未可比其方。然后知海之深则孤楂可泛,河之广则一苇能航。不奔明月,不赴高唐。食君之珍膳,衣君之褧裳。[3]

此赋比借嫦娥、楚王与神女遇之故事,极尽描摹绳伎之能与容态。在唐代诗文中"高唐"一词已超出地名含义,基本上成为一种事典,逐渐形成一种朦胧的美学审美意象。其朦胧之处正在于本赋中就开始存在的对美色与性欲欲盖弥彰式的表现。如《全唐文》卷六四七元稹《郊天日五色祥云赋》(以题为韵)有云:"今陛下德至天地,恩覃草

---

[1]　董诰等编:《全唐文》卷五九九,第6057页。

[2]　董诰等编:《全唐文》卷五九九,第6057页。

[3]　董诰等编:《全唐文》第四〇二,第4110页。

莽，当翠辇黄屋之方行，见金枝玉叶之可数。陋泰山之触石方出，鄙
高唐之举袂如舞。"① 此处"高唐"就并非纯指地名，其与"举袂如舞"
并用，则意在指高唐飘摇之神女，而非其地了。其"鄙高唐之举袂如
舞"，则又以此衬前"金枝玉叶"之美，超乎神仙佚女，这就使"高
唐"又成为美色的象征。《全唐文》载南唐后主李煜《昭惠周后诔》：
"外物交感，犹伤昔人。诡梦高唐，诞夸洛浦。"② 则"高唐"与"洛浦"
一样，都成为"遇神女"的象征，其所蕴含的与神女交会或美梦瑶仙
的内蕴不但昭然可见，而且由宋玉所凭构的"高唐"也逐渐凝聚成有
遗形之美而无露骨之伤的一种集体无意识的审美意象。

　　"高唐"的美学隐喻功能，正如李商隐《有感》所揭示的"一自
高唐赋成后，楚天云雨尽堪疑"③。那么是否宋玉之后诗赋文学中的
"高唐"都具有"云雨"或美色与性欲的义指呢？但李商隐所谓"尽
堪疑"，证明"高唐"意象可能还存在别样的义涵。如杜甫《晚晴》
诗云："高唐暮冬雪壮哉，旧瘴无复似尘埃。崖沉谷没白皑皑，江石
缺裂青枫摧。"④ 此处"高唐"仅指高险之岭，似别无他义。李端《巫
山高》："巫山十二峰，皆在碧虚中。回合云藏月，霏微雨带风。猿声
寒过涧，树色暮连空。愁向高唐望，清秋见楚宫。"⑤ 其亦在形容高唐
之高险，使人望而生愁，不过与下句"见楚宫"相连，则又自然联想
到宋玉赋本事，使其意象则更为朦胧和丰富。又杜甫《秋日寄题郑
监湖上亭三首》其一："碧草逢春意，沅湘万里秋。……高唐寒浪减，
仿佛识昭丘。"⑥《杜甫全集》评注此诗："首章，想秋日湖亭之胜，故

---

① 董诰等编：《全唐文》第六四七，第6548页。

② 董诰等编：《全唐文》第一二八，第1285页。

③ 彭定求等编：《全唐诗》卷五四〇，第6194页。

④ 彭定求等编：《全唐诗》卷二二二，第2365页。此诗亦收于杜甫著，仇兆鳌注，秦亮点
校《杜甫全集》（珠海出版社1996年版）卷二十一，第1511页。其题下云："鹤注：当是大历二
年夔州作。"

⑤ 彭定求等编：《全唐诗》卷二八五，第3242页。此诗一作《巫山高和皇甫拾遗》。

⑥ 彭定求等编：《全唐诗》卷二三一，第2545页。《杜甫全集》卷二十收录此诗，其题下注：
"此当是大历二年秋作。首章云'高唐寒浪减，仿佛识昭丘'，时盖将去夔矣。鹤注：郑监，即郑
审。湖在峡州，而公在夔州，故云寄题。"

题诗而神往也。上四景，下四情。草非春意，则楚地皆秋矣。山池切湖，庾楼切亭，用事工贴。篇翰犹存，能寄题也。钓舟素具，将往游也。……因其谪官，故托秋草以起兴，发端之妙，可比'西掖梧桐树'一起矣。吴论：亭在荆州，沅湘、山简、庾公、高唐、昭丘，皆引荆州事。"① 杜诗中多次提到"高唐"，大概泛指其旅居的夔州楚南之地，其诗中"高唐"更多的是与宋玉相联系，这可能与自己和宋玉相同的诗人身份密切相关。《全唐诗》卷二三二载杜甫《泊松滋江亭》："沙帽随鸥鸟，扁舟系此亭。……一柱全应近，高唐莫再经。"② 此时杜甫自夔州经归州入峡州，进入松滋，已离开夔州巫峡中的高唐，故称"高唐莫再经"，一是不太可能走回头之路，二则深寓年岁已迈，无复再有时光和经历游历此地的深沉喟叹。诗不道夔州其他风景而专及高唐，一见高唐之峻秀，有宋玉、楚王之遗典，早已名闻天下。二则作者借寓《高唐赋》中与神女遇合的美妙故事或梦想以比自己的理想或年轻时的美妙时光已不再来了，此极合乎老年的心态。那么"高唐"一词也就远超脱于地域和色欲的局限了。又如《全唐诗》卷二六二载郑锡《送客之江西》："乘轺奉紫泥，泽国渺天涯。九派春潮满，孤帆暮雨低。草深莺断续，花落水东西。更有高唐处，知君路不迷。"③ 李涉《遇湖州妓宋态宜二首》其一："曾识云仙至小时，芙蓉头上绾青丝。当时惊觉高唐梦，唯有如今宋玉知。"④ 杜牧《云》："东西那有碍，出处岂虚心。晓入洞庭阔，暮归巫峡深。渡江随鸟影，拥树隔猿吟。莫隐高唐去，枯苗待作霖。"⑤ 李商隐《岳阳楼》："如何一梦高唐雨，自此无心入武关。"⑥ 薛能《戏题》："思惟不是梦，此会胜

---

① 杜甫：《杜甫全集》卷二十，珠海出版社 1996 年版，第 1414 页。

② 彭定求等编：《全唐诗》卷二三二，第 2556 页。按：《杜甫全集》卷二十一，第 1535 页题下注："鹤注：当是大历三年三月作。《唐书》：松滋县属江陵府。《舆地纪胜》：江亭，在松滋县治后，杜子美、孟浩然俱有诗。"

③ 彭定求等编：《全唐诗》卷二六二，第 2912 页。

④ 彭定求等编：《全唐诗》卷四七七，第 5433 页。

⑤ 彭定求等编：《全唐诗》卷五二五，第 6012 页。

⑥ 彭定求等编：《全唐诗》卷五三九，第 6160 页。

高唐。”[1] 这些诗中出现的“高唐”隐喻讽谏，出其意表，地理与神话、现实与想象结合，其蕴含意义较广，这使“高唐”一词在诗赋文学中逐渐形成独立的美学意象。

五、从“高唐”到“江渚”

当然，上面所述的云梦、高唐等，皆为神女居所之一。从赋文和相关记载来看，这些地方大多接近江浦或高崖。而且无独有偶，后来所写的有关神女或美女辞赋篇章所表现其出入地亦大致不脱离这一地域基础。如《洛神赋》《水上神女赋》《江妃赋》等，多与水涯或渚岸相关。历代有关“神女”赋的作品除开偶有提及江渚高崖的地理特点外，还表现出神女题材赋有时要点明神女神秘的降临（出场）或退匿，即道其“神”，“神”的方面一般既包括“美”，也包括神秘性或来去之无踪。这在《高唐赋》中“朝云暮雨”实已有所暗示；而美女赋既要凸显美女之“美”，这种美就往往非俗世之美，成为无与伦比之美。既然无与伦比，就自然使其又被巧妙地披上了“神秘性”。如果要使美女与神女分道扬镳，美女赋只有更多地注重容貌服饰“美”的描述，但溯其源头，依旧可以从《高唐赋》和《神女赋》中发现端倪。

《高唐赋》在表现楚王所遇神女之美时，有一段较简略的描述，但已足够使人目眯神愰。其赋描写朝云（代指神女）始出之状：“其始楚也，𣊼兮若松榯。其少进也，晰兮若姣姬。扬袂鄣日，而望所思。忽兮改容，偈兮若驾驷马，建羽旗。湫兮如风，凄兮如雨。风止雨霁，云无所处。”这还属于借喻和《诗》所用的“比”的阶段，尚未更多地对神女进行直接的描写。至宋玉《神女赋》则大段写梦中神女的容态，既称“其状甚丽”，又称“状甚奇异”。有整体描写“茂矣美矣！诸好备矣！盛矣丽矣！难测究矣！上古既无，世所未见。

① 彭定求等编：《全唐诗》卷五五八，第 6477 页。

环姿玮态，不可胜赞。"又写其始来，其少进，其详视等，特别是
"其盛饰"一段及后来的三大段描写就开启了后来美女赋容貌仪态服
饰描写的先声①。这也是《高唐赋》后"神女赋"类题材表现的一个
转折点。另外，随着汉唐的统一，楚文化中所表现的山地文化特征也
有了更多的拓展，而且山与水总是相伴而生的，在《楚辞》中有祭祀
山神的《山鬼》，同样有祭祀河水之神的《河伯》，而《湘君》《湘夫
人》等篇也带有祭祀湘水神的特征。《渔父》《远游》等篇也基本以山
水为场景。在文化大一统的背景下，江河流溢既广，其文化孕育与影
响也更广为接受；另一方面，山所蕴含更多的神秘性，而水则蕴含更
多的阴性与柔美，以及后来理性的进一步发展，这都使"神女赋"类
题材在表现神女的居所也开始从"高唐"而移居"江渚"。

  《神女赋》虽未详细描写神女所处，但其梦所发生的地点却也是
承《高唐赋》故事中所述的云梦之浦。其后曹植《洛神赋》、江淹
《水上神女赋》标题则点明神女所居。曹植《洛神赋序》称黄初三年
（222年）作者朝京师还济洛川，受传说洛水之神宓妃的影响，又"感
宋玉对楚王说神女之事，遂作斯赋。"②可见曹植《洛神赋》明显受宋
玉《高唐赋》《神女赋》影响，所写神女也是居于江渚或水涯之边。"越
轘辕，经通谷，凌景山"，"容与乎阳林，流盼乎洛川"③，一路轻车慢
驾，于此之时，忽然沉入"精移神骇，忽焉思散。俯则未察，仰以
殊观"④的精神状态之中，于是"睹一丽人，于岩之畔"⑤，然后通过对
话大赞其美："其形也，翩若惊鸿，婉若游龙，荣曜秋菊，华茂春松，
仿佛兮若轻云之蔽月，飘飖兮若流风之回雪……"⑥江淹《水上神女
赋》与曹植《洛神赋》的铺叙过程基本近似，也先写江上丈人游宦荆

  ① 萧统编，李善注：《文选》卷十九，第886—889页。

  ② 赵幼文：《曹植集校注》卷二，人民文学出版社1998年版，第282页。

  ③ 赵幼文：《曹植集校注》卷二，第283页。《艺文类聚》《文选》及《历代赋汇》作"容
与乎杨林，流眄乎洛川"，《曹植集校注》卷二，第286页注释一七认为"作眄字是"。

  ④ 赵幼文：《曹植集校注》卷二，第283页。

  ⑤ 赵幼文：《曹植集校注》卷二，第283页。

  ⑥ 赵幼文：《曹植集校注》卷二，第283页。

吴，一路逶迤所经，在"忽而精飞视乱，意徙心移"①的精神状态下，忽"怅望蕙枝"，见"一丽女兮碧渚之崖"，其后便是"暧暧也""的的也"，一番"冶异绝俗"②的描写。显然这里神女的神秘性不再是某种现实的祭祀文化承载，而是依靠精思神移的迷惘想象来作寄托。

至于清代陈元龙《历代赋汇》所收谢灵运《江妃赋》二篇以及明俞安期《江妃赋》，则基本上就是写居于江渚之神女③。这些赋篇除开点到神女所居之外，内容基本上也写到神女的仪态容方，尽管"姿非定容，服无常度"④，但大多涉及作者的神思或主观审美构想。陈琳《神女赋》大段也是写作者的神想："感诗人之攸叹，想神女之来游。仪营魄于仿佛，托嘉梦以通精。"⑤而且虽未明确提到神女之所居，但"想神女之来游"的神思，无疑启于"赞皇师以南假，济汉川之清流"⑥的缘故。王粲《神女赋》则纯粹对神女的美貌仪容进行描写，近于后来的美人赋了。其赋只有"惟天地之普化，何产气之淑真，陶阴阳之休液，育天丽之神人。禀自然以绝俗，超希世而无群"⑦数句才隐约点明了此女的"神"性，其后大段皆是对此女美貌仪态和难以求遇心理感伤的描写。又如杨修《神女赋》："惟玄媛之逸女，育明曜乎皇庭，吸朝霞之芬液，澹浮游乎太清，余执义而潜厉，乃感梦而通灵。"⑧以此表现其"神"性，而后之"盛容饰之本艳，奂龙采而凤荣，翠羽翚裳，纤縠文袿，顺风揄扬，乍合乍离，飘若兴动……色欢怿而我从。"⑨都是表现对"美"的感受。晋张敏《神女赋（并序）》所写神女基本上是人间美女了，不过只是偶有一些神秘性或为常人

---

① 江淹著，胡之骥汇注：《江文通集汇注》卷一，中华书局1984年版，第24页。

② 江淹《水上神女赋》篇，见江淹著，胡之骥汇注：《江文通集汇注》卷一，第24页。

③ 其中《历代赋汇》中所收谢灵运《江妃赋》两篇有重句："出（升）月隐山，落日映屿，收霞敛色，回飙拂渚，每驰情于晨暮，矧良遇之莫叙，投明珠以申赠，觊色授而魂与。"

④ 陈元龙编：《历代赋汇》之《外集》卷一四，上海古籍出版社1987年版，第616页。

⑤ 陈元龙编：《历代赋汇》之《外集》卷一四，第615页。

⑥ 陈元龙编：《历代赋汇》之《外集》卷一四，第615页。

⑦ 王粲：《王粲集》卷二，中华书局1980年版，第22页。

⑧ 陈元龙编：《历代赋汇》之《外集》卷一四，第615页。

⑨ 陈元龙编：《历代赋汇》之《外集》卷一四，第615页。

所难解的某些方面，故将其神化或美化。如其序："世之言神仙者多矣，然未之或验也。至如弦氏之妇，则近信而有证者，夫鬼魅之下人也，无不赢病损瘦，乃平安无恙，而与神女饮宴寝处，纵情极意，岂不异哉！"①在赋中将其"神"化，则用"靡飞除而入秘殿，侍太极之穆清"，告辞时"乘云雾而变化"，但是其赋借用对话明确说明了此女既不同于褒姒、文姜之"孽妇淫鬼"，也不同于汉女、娥皇之"厌贞乐愆"，而是"敛袂正襟而对"的"我实贞淑，子何猜焉？"的美姿天挺之女，"且辩言知礼，恭为令则"②，可见所写神女虽有一定的"神"性或神秘性，但气质仪态已完全近于人间美女了。这些赋作又多渐渐摆脱了《高唐赋》《神女赋》巫祭文化礼仪的内涵，完全进衍于文学意象的再造了。

从高唐神女到后来赋中写到的江渚神女，再进而衍变为诸多美女赋中的各色佳丽，以及诗中将"高唐"由实名逐渐衍变为虚无之美学意境，实乃正取于两极，一趋于实，而一趋于虚。诗之含蓄极易表现那种长期形成的集体无意识下的美学蕴涵，因而诗歌中的"高唐"形象便从赋中的实指走向了诗境中的虚无。赋由于铺陈夸饰，不可能将一实地无限地描摹，从高唐、巫山、昆吾、云梦、洛浦、湘水，甚而系于完全虚无想象的九霄之峰、彩云之端，无非显其神性，但是这种神性却始终要依靠赋中的主人公来呈现，因为唯有与此相关的神女故事可以诞生和滋长出无数的想象，生发出无数的故事来。而且人类已经开始了逐渐摆脱自然神的时代，这也是神女赋中由虚到实的气质的描写，以及由神女赋到美女赋的取向的主要原因。一方面它反映了人类文化逐渐摆脱巫楚文化的神秘性，另一方面却更多缘于人类对自身价值和文化的认可，即由神性向美的过渡。诗歌中由实境衍而为虚境，也正是本于对美的追溯。

---

① 陈元龙编：《历代赋汇》之《外集》卷一四，第 615 页。
② 陈元龙编：《历代赋汇》之《外集》卷一四，第 615 页。

第 十 三 章

甲骨文"巴方"解读与巴蜀关系

—— 兼谈史料文献的叙述语境与地域文化建构

无论是记言还是记事的文献，都涉及叙述语境的问题，史料文献中的叙述语境对于文化建构有着极为重要的意义，它在时空演进上决定着我们文化建构的基础和逻辑。甲骨文中的"巴方"常被学者视为后来的巴子国，但甲骨文的语义系统与周秦汉时期《尚书》《左传》及晋代《华阳国志》等文献的叙述语境是怎样一种逻辑，它们之间存在何种联系？这对于我们建构巴蜀地域文化至关重要。对于这种叙事语境的差异性思考，也对我们解读文献尤其重要。从甲骨文"巴方"到《尚书》八国助武王伐纣，再到《华阳国志》"巴师勇锐"及"以其宗姬（封）于巴"的史叙，既内涵了叙述语境的差异，又暗示了内在逻辑的联系。综理其迹，则似乎可以构建出较清晰的巴蜀地域文化关系。

在巴蜀文化研究中，巴、蜀一直被视为两个分庭抗礼的诸侯国（方国），但是这种关系阐述必须明确其历史语境以及"巴""蜀"在各个历史时期本身的内涵和外延的变衍。巴、蜀之间的关系实际上是十分复杂的，它们既不能简单地用你中有我、我中有你来泛指，也不能用分庭之国来割裂。我们今天在参阅《汉书》《华阳国志》《后汉书》等记载的时候，也必须明确史家的史叙笔法和叙述语境，才可能对历史文献进行合理的解读和利用。任何叙事文献的语境总是在一定的地域或文化视野中展开的，因此史料文献的叙述语境与地域文化关系建构就自然形成了一种内在的逻辑关系。

古代巴、蜀到底是什么关系呢？从逻辑上来看，古代历史较为漫长，其关系史的演变也较为复杂。结合文献的具体叙事语境，从地域文化视野来审视，或许早期巴、蜀关系会呈现给人们一种新的生态。下面即以对"巴方"的具体解读来重新认识或建构巴蜀地域文化关系，同时借此阐释正确理解史料文献叙述语境的重要性。

一、"巴"与"巴方"释读

中国文献记载的早期历史应大致经历了结绳记事、图画文字、甲骨文辞到周汉古文字，《周易大传》云："上古结绳而治，后世圣人易之以书契，百官以治，万民以察。"[①]因此文字研究也是早期历史文化研究的途径。

在殷商甲骨文辞中已有"巴"字，《甲骨文编》中载有几种刻写体例，如"𠬟""𠬝""𠬜""𠬠""𠬞""𠬟"，其注为"方国名，唐兰释'巴'。"[②]虽郭沫若释其字为"儿"[③]，日本学者岛邦男释"夷"[④]，温少锋、袁庭栋释"卩"或"𠃌"[⑤]，日本赤塚忠释为"印"[⑥]，据杜勇教

---

① 孔颖达疏：《周易正义》卷八《系辞下》，第 356 页。

② 中国科学院考古研究所编：《甲骨文编》（附录上），第 791 页。

③ 郭沫若：《殷契粹编考》，东京文求堂书店石印本 1965 年版，第 159 页。

④ 见岛邦男《殷墟卜辞研究》一书。此处亦参见曹定云：《甲骨文"巴"字补释—— 兼论"巴"字的原始意义及相关问题》，《殷都学刊》2011 年第 1 期。

⑤ 温少锋、袁庭栋：《殷墟卜辞研究——科学技术篇》，四川省社会科学院出版社 1983 年版。

⑥ 见赤塚忠《武丁的征伐》（《二松学舍大学东洋学研究所集刊》第 14 集，1984 年）一文。此处参见曹定云：《甲骨文"巴"字补释—— 兼论"巴"字的原始意义及相关问题》，《殷都学刊》2011 年第 1 期。

授及曹定云先生等人的考证，释"巴"是基本可信的①。但是这里存在两个问题，一是"巴"本义是指什么？二是商代甲骨文中的"巴"和"巴方"是指什么？

首先，关于"巴"的本义并不是一个简单的文献学问题，而同样涉及文化学和人类学等问题。因为"巴"的本义定型到文献确载，同样经历了一个"发生"的过程，简而言之，也就是常说的集体无意识的社会性意识过程。关于"巴"的本义问题，我认为"巴"字的本义是与这一区域特殊的自然地理和人类早期劳动生活方式密切相关的，"'巴'所反映的劳动和生活情景，正体现了抓捕、攀爬、跪坐等特征，其中手、脚并用，跪、攀、抓等将后来词义中的'静、牢、紧、贴'等义可以说都隐含在其间了。"②也即是说"巴"字后来无论如何衍化，其中还是内含了其原初的本义。"巴"本义指什么呢？甲骨文中两种形体，其一为"𝄞"，其一作"𝄞"，曹定云先生认为"𝄞"表现的"是一个人用手护住自己的腹部（大肚子）。"③但笔者以为，结合"巴"字的其他甲骨文字形来看，恐怕指怀孕并不准确。如《合集》8411 中"𝄞"也并不能反映怀孕的状态，反而可能是反映人们跪坐从事采摘劳动时的状态，古人为采摘的方便，常在面前携带篮、罐或其他草竹编盛器，南方人常将上衣衣襟卷起盛放采摘之物，或叫"围兜"或"围腰"。如《诗经》中表现商周时期人们采摘情形的就极多，如《周南·芣苢》中"薄言采之""薄言掇之""薄言捋之""薄言袺之""薄言襭之"等，其中"袺""襭"就是指把衣襟兜起来的状态。而且这与《周南·芣苢》中所反映的地理区域也大体一致。因此"𝄞"和"𝄞"可能不是反映怀孕的情形，反而正是反映劳动采摘的情形。如果"𝄞"这一字形反映的是怀孕，那么为什么非要

---

① 杜勇：《说甲骨文中的巴方——兼论巴非姬姓》，《殷都学刊》2010 年第 3 期；曹定云：《甲骨文"巴"字补释——兼论"巴"字的原始意义及相关问题》，《殷都学刊》2011 年第 1 期。

② 何易展：《文化人类学视野下的早期巴文化探赜》，《四川文理学院学报》2015 年第 3 期。

③ 曹定云：《甲骨文"巴"字补释——兼论"巴"字的原始意义及相关问题》，《殷都学刊》2011 年第 1 期。

跪坐的形态？这与古代或原始社会妇女生产并不完全一致。此外，如果"巴"指妇女怀孕，何以用来特指巴地的物、事、人的情形，而不用于其他地方？因此笔者以为，曹定云先生所举的湖南衡山一带称妇女怀孕叫"巴肚"恐怕并不能作为此义的充分义证。"巴肚"恐怕是取"巴"鼓腹和母体紧联的象形意义，所以怀孕的情状比附应是"巴"字的衍生意义。曹先生另举"耙头""钯"确实与手或抓（齿）等动作有关，但另一方面这种造字还内含了把紧黏的土块抓松的含义，反过来印证了笔者对"巴"所反映的紧、牢的意义和劳动情状。而所谓"伤疤""泥巴""粑粑"或"鲃"，实际都是指紧致和粘连的意义，由此衍生出来的词汇都离不开这层本义。川东一带还有一种鱼儿叫"巴鱼儿"（或可能写作"鲃鱼儿"），就是指一种常黏附在河中卵石上的小鱼。

其次，"巴"的字形演化，经历了刻符文字、甲骨文、周以来的先秦古文字、籀文、篆文等，在这个过程中"巴"字本身的部分特征丢失，如籀文"𝌆"在早期甲骨文字形基础上省略了手形，或者被认为突出了孕妇鼓腹的形象，这实际上是人跪坐的一种简化形式。由于这种简化的形式极似"蛇"的形状，故至东汉或将"巴"释为"虫"，如《说文》云："巴，虫也。或曰食象它（蛇），象形。"① 东汉许慎所称"或曰"是指当时有人误释"巴"为"食象蛇"。将"巴"解释为虫或大蛇皆为附会之说。不过从自然地理来看，"巴"释虫可能与"巴"特殊的语用环境以及南方自然山地特征密切相关，这也反过来证明"巴"不是指普泛性的妇女怀孕情形，而是指特殊自然地理中出现的特殊劳动情态。如果"巴"确实是描述和记载西南山地人民劳动时的情形，那么以此特殊的指代来称"巴人"或其所居之地为"巴"就较合情理，对于重新理解甲骨文中的"巴方"也许可以重新发现新义。

第二个问题是关于"巴方"的文献释读。如果殷商甲骨卜辞中的

---

① 许慎著，段玉裁注：《说文解字注》卷十四，第 741 页下。

"⿰"等字形释为"巴"，那么在甲骨文辞中的"巴方"是否是指学者们认为的"巴子国"或巴所建的方国呢？

兹录与"巴方"相关的卜辞如下：

贞：我共人伐巴方。(《合集》6467)

贞：王从沚馘伐巴方。(《合集》93反)

贞：沚馘启巴，王惟之从。(《合集》6461正)

[贞]：沚馘启，王从伐巴方，受有佑。(《合集》6471正)

贞：王从沚馘伐巴。(《合集》6475正)

贞：令妇好其沚馘伐巴方，受有佑。(《合集》6479正)

贞：馘偶册，[勿]呼从伐巴。(《合集》6468)

贞：妇好其从沚馘伐巴方，王自东探伐(捍)，陷于妇好位。(《合集》6480)

贞：王从奚伐巴方。(《合集》811正)

贞：王从奚伐巴。(《合集》6477正)

从卜辞来看，如果能明确"沚"和"奚"的地理位置，便可以大致推出"巴"的地域范围和方位。杜勇教授认为"灵石往南、汾河以西的晋西南一带，很可能就是巴方的主要活动区域"[①]，这种推测有合理的一面。但是商代的"巴方"与周代的"巴国"却并不能等同视之。"巴方"是否可以视为商代的"巴国"或某一具体的部落，恐怕也有待商榷。如果视"巴方"为商代的某一具体部落或部落国，那么何以称"巴"为"巴方"，而称"沚""奚"等却极少见与"方"连称呢？

"方"在《说文》中释为象形字，表示"并船""并列"之义，即"方"内涵了非指单一的含义。尽管有学者认为商代有用"方"来指称外部族的情况，但明显相对于商来说外部族是众多的，作为方位方向义可能是后起的。那么"巴方"是否义指"巴等"，即"巴地"或"巴地部落等"呢？这从"巴"字的本义推论来看，特指这一自然地

---

① 杜勇：《说甲骨文中的巴方——兼论巴非姬姓》，《殷都学刊》2010年第3期。

理区域的"巴地部落等"义似乎较符合逻辑。

首先，最重要的一则证据是，在《尚书》所录《牧誓》篇中载武王战前誓师，所从之军"及庸、蜀、羌、髳、微、卢、彭、濮人"，却并未提及"巴"，而在《华阳国志》中却直接称"武王伐纣，实得巴蜀之师，著乎《尚书》。巴师勇锐，歌武以凌殷人。"① 显然常璩当据《尚书》称引，他将参与武王伐纣战争的"庸、蜀、羌、髳、微、卢、彭、濮"之人直接称为"巴蜀之师"或"巴师"，可见"巴"是内包了"庸、蜀、羌、髳、微、卢、彭、濮"诸部落或诸国的，《华阳国志》所内蕴的解读逻辑进一步证明了"巴方"当指一个地域性范畴，而非具指某一诸侯国。《牧誓》是武王伐纣前的誓师陈辞，此时"巴子国"尚未分封，故《牧誓》篇中不及"巴"是合理的。但若商代的"巴方"即为"巴子国"，或如学者所认为的"巴方"是商的敌对方国②，那么在商末周初武王伐纣时何以"巴方"不与蜀、庸等共同助武王伐纣呢？而且就其地理位置来考证，"巴方"是介于西方的周与东边的商之间的③，而远在西戎的羌等都参与的征伐之战，何以《牧誓》中不提"巴方"呢？这只可能有两种情况：一是此时所谓方国形态的"巴方"已被商灭亡；二是商代甲骨文中的"巴方"本来就不是指一个具体的方国，而是带有地域性的泛指。从现存材料来看，并没有商代末"巴方"或"巴国"灭亡的记载。反而无论是从自然地理还是当时商末之政治形态来看，商王讨伐"巴方"，乃可能因为西方周岐的渐趋强大和商王扩张势力所致，商王要征兵西岐，必假道邻近的巴地诸部落，故所谓"伐巴方"实际就是征讨庸、濮、卢、彭、蜀诸部落方国。

其次，在《华阳国志》叙述中可以多次印证"巴"是一个集巴地、

---

① 常璩著，任乃强校注：《华阳国志校补图注》卷一，第4页。

② 杜勇：《说甲骨文中的巴方——兼论巴非姬姓》，《殷都学刊》2010年第3期。

③ 按：杜勇教授推测的巴方在晋西南一带，就巴方所处的地理位置来看，正是位于中国第二阶梯，商处于东部第一阶梯，这一区域正好由北至南为太行山、中条山、伏牛山、秦岭、大巴山、武当山、巫山、武陵山、大娄山等群山地带。与第三章《文化人类学视野下的早期巴文化探赜》所叙"巴"的起源的地理因素相合。

巴国和巴郡的复杂概念，但必须区别对待其历史及叙事语境。在《华阳国志》中谓"周文为伯，西有九国"，而任乃强先生校注称："此云'九国'，指《牧誓》庸、蜀、羌、髳、微、卢、彭、濮，合巴国为九也。《泰誓》与《牧誓》俱首称'友邦冢君'。《史记·周本纪》谓：'会盟津者八百诸侯，诸侯皆曰纣可伐矣。'则巴国于《牧誓》当在'友邦冢君'之列。庸、蜀等八部落，在当时尚未得成为国家，国君未至，亦无司徒、司马、司空与千、百夫长等名称者为统帅，只有原始部落形式之武士从征，故于呼末称之为'人'也。"① 这一推测也还有待商榷，既然同为"九国"，又何以分述？当然如考虑到常璩为追叙的史叙语境，当然也可以将"巴"归为"九国"之列，但与任乃强先生所说的"《春秋》书法"相悖，而且反证了"巴"可能包属诸部落的可能②。《华阳国志》叙述此"九国"，也可能指豳（周）及庸、蜀、羌、髳、微、卢、彭、濮，在《诗经》中就有《豳风》。即使如任乃强先生所推测，但周初文王时"巴国"也不可能就是后来武王所封建的巴国。如果将"巴国"视为周初武王时所封，则前此文献中出现的"巴"都不可能是指国家或诸侯国组织形态的"巴国"，《尚书》中不出现"巴"以及将甲骨文"巴方"理解为地域性范畴就自然符合逻辑。

在《尚书》注疏中称"庸、蜀、羌、髳、微、卢、彭、濮"此"八国皆蛮夷戎狄属文王者国名。羌在西蜀叟，髳、微在巴蜀，卢、彭在西北，庸、濮在江汉之南。"③ 其中对巴、蜀的关系阐释看似比较

---

① 常璩著，任乃强校注：《华阳国志校补图注》卷一，第3页。

② 在《华阳国志·巴志》中载巴"其属有濮、賨、苴、共、奴、獽、夷、蜑之蛮"，无论此处"巴"是指巴郡还是巴国，但至少可以证明在这块土地上，濮人或濮部族是属于"巴"的。而"髳、微"亦在巴蜀，则可见《华阳国志》对《尚书》叙述的逻辑转换是比较合理的。

③ 孔安国传，孔颖达疏：《尚书正义》卷十一，第336页。按：此文标点或当为："八国皆蛮夷戎狄，属文王者，国名。羌在西蜀，叟、髳、微在巴蜀，卢、彭在西北，庸、濮在江汉之南。"如果按此，则正好符合唐代将巴蜀概以"蜀"称的习惯，但为分别，又以西蜀、巴蜀代称。其时乃大概因战国时巴国处于蜀国之东，汉、晋之后，在川东又有巴郡与蜀郡并置，故此叙述语境中的"巴蜀"实指东蜀或东川。而"羌在西蜀，叟、髳、微在巴蜀，卢、彭在西北"句或句读为："羌在西，蜀、叟、髳、微在巴蜀，卢、彭在西北，庸、濮在江汉之南。"此则八国皆有提及，且句式结构比较一致，在地理方位上"巴蜀"则变为一般性地域指称。

模糊，但若能明确史书的追叙语境与史叙笔法，自然可以清楚其中的端倪。如常璩是晋人，其时巴、蜀已历分国建郡的历史，因此在叙述中所谓"华阳之壤，梁岷之域，是其一囿；囿中之国，则巴蜀矣。"①这显然不太可能是原初社会的真实反映，只可能是一种追述和推测。如《尚书》注疏者已是唐人，巴蜀之地又经历了分合，而其时也基本以"蜀"来指代四川，因此其注既有"西蜀"，又有"巴蜀"，在唐诗中也多"西蜀""东蜀"或"西川""东川"之称。显然他们又将"巴"的地域缩小到了川东一带，不过任乃强先生考证："'髳'为羌之派分部落，殷末住居今之阿坝州地方，后汉时已南移，被称为牦牛种，魏晋时为牦牛王。住今康定木雅乡。历世以牦牛尾毛与中原地区市易。'微'，在庸之北，今湖北堵水下游黄龙滩附近。"②如果殷末周初"髳"尚居川西，而《尚书》注疏却称"髳、微在巴蜀"，那么只可能存在两种情况：一是"巴蜀"确实是一种地域性泛指，反过来也印证"巴"包属"蜀"的可能，但此时"巴"绝非指巴国。二是如果将唐人注疏理解为西蜀与巴蜀对举，则巴的地域范畴可能缩小，称"髳、微在巴蜀"，则与任先生考证的"髳"从殷至魏晋一直居川西相悖，即使有移民的现象，这种叙述都是不合理的。在进一步比对这些史料叙述的语境差异中，可以更为明确地证明"巴蜀"一词偏正联合结构的义指功能。

二、《华阳国志》的史叙逻辑

对史料文献叙述语境的考量，关乎对文献的正确理解与阐释。因为史料文献的书写是与史家的个人视野和时代集体意识、史学观念等密切相关的，它同样是对史家情感系统、史料文献阐释系统的综合呈现。所以，首先，对史料文献中出现的神话传说、方志、怪异等都必

---

① 常璩著，任乃强校注：《华阳国志校补图注》卷一，第 4 页。

② 常璩著，任乃强校注：《华阳国志校补图注》卷一，第 4 页。

须加以综合考量，而不能简单地局限于文献学的视野，我们才能理解其内在的叙事逻辑和叙事语境。其次，多种文献的对读与互证也是理解文献叙述语境和厘清文化关系的主要途径和方法。

虽然清代阎若璩《古文尚书疏证》考证今传《古文尚书》可能为伪书，并非孔安国所撰旧本，但就其中所记《牧誓》篇文本来看，却应是比较符合史实的。现存文献中《华阳国志·巴志》是对巴国和巴郡历史记载比较全面和系统的文献，但学界在对其解读中却存在明显的误读。我们如果将《华阳国志》《尚书》等大量文献对读，则明显会发现以往学者对文献误读的错谬。兹举《华阳国志》中一例为证。

《华阳国志》载："武王既克殷，以其宗姬（封）于巴，爵之以子。"① 大多数学者认为《华阳国志》表达了周武王封建巴国的史实。但事实上常璩所陈述的内涵恐怕并不是如此简单，他实际反映的是西周初年大量分封姬姓之民于南方巴地的史实，一是可能将参与征伐之役的"庸、蜀、羌、髳、微、卢、彭、濮"等从原来的部落形态分封为诸侯国，或者是在原来诸侯国的基础上进一步确认身份和地位。二是此次分封也可能同时封建了"巴国"。但结合《华阳国志》前称武王伐纣，曾得勇锐的巴师相助，那说明无论如何周武王也不可能以姬姓王族首领去取代巴族宗长，正如任乃强先生在注释中质疑云："巴既助伐纣有功，则何能更封宗姬夺其君位哉？抑或是巴冒姬姓往，武王以为宗姬也。"② 顾颉刚先生也说："而克商之后，巴之君乃遽易以周王之宗亲，何其赏罚之颠倒也？"③ 而杜勇教授亦认为："若武王以宗姬封于巴，则意味着原先的巴国之君及其王族被姬姓周人的一支所取代，整个巴族则沦为姬姓周人统治和奴役的对象。这似乎不是有功于周的巴人所该得到的结果。"④ 显然，这种矛盾源于他们的推测存在一种假设前提的错误，他们都认为武王分封的

① 常璩著，任乃强校注：《华阳国志校补图注》卷一，第4页。

② 常璩著，任乃强校注：《华阳国志校补图注》卷一，第4页。

③ 顾颉刚：《史林杂识初编》，中华书局1963年版，第28页。

④ 杜勇：《说甲骨文中的巴方——兼论巴非姬姓》，《殷都学刊》2010年第3期。

"巴"就是助其伐纣的"巴国",也就是说他们先念中已经存在一个"巴国",既然已有巴国,武王何需分封呢?学者所谓的"巴之君"或"原先的巴国之君"无疑都陷入了这种逻辑的矛盾。显然"巴国"(或者说诸侯国形态的巴国)在商末周初是不存在的,"巴"可能是同"戎""夷""狄""蛮"一样,是指一种更大的地域性范畴或族属形态,这与《尚书·牧誓》中所记的状况正相契合。因此《华阳国志》所述"以其宗姬(封)于巴"当是指分封宗姬于巴地。那么此句所反映的史实可能就是武王在巴地分封蜀、庸、羌、髳、微、卢、彭、濮等,也可能同时新封了一个"巴国"。

第二个问题是如何理解"宗姬",分封的"蜀、庸、羌、髳、微、卢、彭、濮"及"巴"是否为姬姓?结合周初助武王伐纣称有八百诸侯参与其役,其分封自然不可能只是分封"巴国"。那么在南方巴地分封的"宗姬"则当为众姬姓之民。如果蜀、庸、羌、髳、微、卢、彭、濮以及巴在商末都未曾建国,只是存在部落的形态,战后武王以姬姓之民率为首领,或改为姬姓也是存在可能性的。当然从考古学材料来看,巴地与商周应存在着密切的文化交流和联系,陈保亚在对南方茶马古道的考古研究中,就证明在新石器时代,南方云南地区就与其他地区有更多接触,并认为稻谷、肩石斧、肩石锛、段石锛在南方广大地区皆有分布,"这些文化因子从浙江、福建、江西、湖北、湖南、广西、广东、贵州延伸到云南横断山脚下。……因此这些文化特征主要应该是从东向西传播,沿着珠江水系和长江水系进入云南是最好的路径。可以把这些东西走向的路径成(称)为新石器古道南方走廊。"[1] 早期文化交流和民族迁徙,说明巴地部落部分为姬姓之民也是有可能的,如《华阳国志》载巴地"其君,上世未闻。五帝以来,黄帝、高阳之支庶,世为侯伯。"[2] 按世系远推,周与黄帝同为姬姓,《史记·五帝本纪》云:"黄帝居轩辕之丘,而娶于西陵之女,是

---

① 陈保亚:《论茶马古道的起源》,《思想战线》2004年第4期。

② 《华阳国志校补国注》卷一,第4页。并参任乃强先生注,可见巴族与周皆为华夏族黄帝后裔,任乃强先生亦认为"其子女随其师兵所至,留姓于其他氏族则有可能。"(第5页)

为嫘祖。嫘祖为黄帝正妃，生二子，其后皆有天下：其一曰玄嚣，是为青阳，青阳降居江水；其二曰昌意，降居若水。昌意娶蜀山氏女，曰昌仆，生高阳，……其孙昌意之子高阳立，是为帝颛顼也。"① 而《史记·周本纪》云："帝尧闻之，举弃为农师，天下得其利，有功。帝舜曰：'弃，黎民始饥，尔后稷播时百谷。'封弃于邰，号曰后稷，别姓姬氏。"② 此可见巴地之民与宗姬的关系。

另外，武王所封"宗姬"是否就是学者所认为的"汉阳诸姬"？有学者认为《左传》中载僖公二十八年（前632年）楚灭汉阳诸姬，但昭公十三年（前532年）却记有"巴姬"③，似乎颇有矛盾。此不但没有矛盾，反而可以证成前说。一是可以说明"汉阳诸姬"并非"巴姬"。至少"巴姬"如果只指代巴国之姬姓女子，从数量上不可能构成对应关系。二是如果按杜勇教授考证，"姬"并不一定仅指姓，其引《史记·楚世家》《左传》及《诗经·东门之池》为证，认为"姬"应是指美女。《史记·齐太公世家》索引亦云："妇人亦总称姬，姬亦未必尽是姓也。"④ 这确实可以解释《左传·僖公二十八年》记（前632年）"汉阳诸姬，楚实尽之"与昭公十三年（前532年）记仍有巴国女子出嫁楚国的矛盾。但从叙事语境来看显然"汉阳诸姬"之"姬"非指美女，应是指周分封的诸同宗，而昭公十三年所记的"巴姬"嫁楚，倒是指巴国或巴地之女。这种矛盾的内因在于认同"汉阳诸姬"即周武王所封建之"巴国"。但从逻辑上来看，既然为"诸姬"，不可能仅封一国，应存在分封多个诸侯国的情况。因此结合起来看，《华阳国志》所载"以其宗姬（封）于巴"，就可能是指以其姬姓的美女嫁给在伐纣战役中表现勇锐的巴地诸部落族长或首领，从而成为一种姻亲或宗主关系。这与"汉阳诸姬"之说也相吻合，当然无论巴国是否汉阳诸姬之一，后来"巴姬"嫁楚都是解说得清楚的。

---

① 司马迁：《史记》卷一，第10页。
② 司马迁：《史记》卷四，第112页。
③ 左丘明传，杜预注，孔颖达疏：《春秋左传正义》，第1518页。
④ 司马迁：《史记》卷三十二，第1494页。

再者，从阐释学和叙事学等理论来看，任何一个概念的具体含义都是有特定历史语境的。因此对文献中的"巴"字解读必须结合具体的叙述语境与历史语境。在《左传·昭公九年》中记周大夫詹伯说："及武王克商，蒲姑、商奄、吾东土也。巴、濮、楚、邓，吾南土也。肃慎、燕、亳，吾北土也。吾何近封之有？"① 詹伯所处的昭公九年为公元前533年，已是春秋中晚期，其时"巴"已非指商末周初时的状况和专名，因此《正义》引《土地名》云："巴，巴郡江州县也。楚，南郡江陵县也。"② 虽然可能也不一定如唐孔颖达正义所对应的郡县，但其时"巴"当为具体的一封建侯国或方国无疑，但它只是巴地之中一个具体意义的诸侯国，与杜勇教授所推证的主要活动在汾河以西的晋西南的"巴方"也相去甚远。另《逸周书·王会解》云："丘羌鸾鸟，巴人以比翼鸟，方扬以皇鸟，蜀人以文翰。文翰者，若皋鸡。方人以孔鸟，卜人以丹沙。"③ 此处所引之"巴"皆为春秋战国时期"巴子国"。《左传》中所记述的多为春秋之世的情况，因此所称"巴"并非指商末周初时的状况，因此"巴"是具体落实于指"巴国"或"巴子国"，如桓公九年（前703年）"巴子使韩服告于楚""巴师围鄾"④，庄公十八年（前676年）"及（楚）文王即位，与巴人伐申而惊其师"⑤，文公十六年（前611年）"秦人、巴人从楚师"⑥ 等，都是指春秋这一特殊历史语境中的"巴国"。

而常璩由于是陈述周初的历史，其所谓"以其宗姬（封）于巴"应是叙述周初分封诸侯于南方的情况，故所陈述的此次分封绝非仅指封建巴国，其时"巴"仍是强调地域形态。将此次封建简单地理解为封建"巴国"应是严重的文献误读，这从大量史料文献的对读中就可

① 左丘明传，杜预注，孔颖达正义：《春秋左传正义》，第1459—1460页。

② 左丘明传，杜预注，孔颖达正义：《春秋左传正义》，第1460页。

③ 黄怀信等：《逸周书汇校集注》，第917—923页。按：注云：丘羌指氐羌，方扬及方皆为戎之别名。卜人盖为濮人。

④ 左丘明传，杜预注，孔颖达正义：《春秋左传正义》，第216—217页。

⑤ 左丘明传，杜预注，孔颖达正义：《春秋左传正义》，第297页。

⑥ 左丘明传，杜预注，孔颖达正义：《春秋左传正义》，第651页。

以发现。如果联系《尚书》记录不载"巴"而指称其属参与征伐，再结合《华阳国志》封宗姬于巴，其"巴"的原始地域意义就得到明确彰显，而且前后逻辑及关于"巴"的各种记载和传说也就得到合理解读。如果以大多数学者理解的周初封建巴国，那么商代"巴方"自然也不可能指"巴子国"，它与西周的"巴子国"也应是两个不同的概念，其内涵有着差别。

显然，由于"巴"所内含的地、国、人三个层次的交缠与衍变，在文献中的叙述语境不同，对"巴"的理解必须区别待之。回头看晋代常璩《华阳国志》关于"巴师勇锐，助武王伐纣"[①]的历史叙事，正是出于对西周初年"巴"及"巴方"的准确理解，因此其所谓"巴师"绝非指"巴国"之师，而是指巴地的军队，即《尚书》所记的"庸、蜀、羌、髳、微、卢、彭、濮人"。这可以证明在晋代人们意识形态中的"巴"并不仅仅局限于指"巴国"或"巴郡"单一和狭隘的内涵，因此我们不仅要明确《华阳国志》《尚书》等的史叙笔法和"巴"字运用的具体语境，更要弄清楚"巴"的早期历史及其衍变历程。

《华阳国志》中有多处表述，如称巴"其属有濮、賨、苴、共、奴、獽、夷、蜑之蛮"[②]。既然濮人为巴之属，则《尚书》中所指参与征伐纣王的濮人也应属"巴"，只是在商末周初属巴地或巴方，而非"巴国"。《华阳国志》中所记巴郡的地望或许也真的超过春秋战国时期或巴国分封时期的实际地理范围，虽然《华阳国志·巴志》总体上是叙述汉晋以来巴郡的地望及其历史的，但也揭示了巴地民族和部落的多样性特征。

三、巴、蜀之间的关系

古代巴、蜀的关系是十分密切的，在《华阳国志》中载"仰禀

---

① 《华阳国志》载："武王伐纣，实得巴蜀之师，著乎《尚书》。巴师勇锐，歌武以凌殷人。"（《华阳国志校补图注》卷一，第4页）

② 任乃强：《华阳国志校补图注》卷一，第5页。

参伐，俯壤华阳，黑水、江、汉为梁州""及武王克商，并徐合青，省梁合雍"①，这无疑说明周初对西南地理确实存在政权和管辖权属划分。无论是周初分封史事还是《华阳国志》所记"以其宗姬（封）于巴"的上下文记叙来看，似乎都看不出此次所封仅为巴国的陈述。

首先，如果《华阳国志》具体叙述的是巴国的分封，那么巴国分封的具体位置在何处？为何不在文中加以叙述？如果如学者所推论的此次分封是在汉阳，则"巴国"居汉水之北，而其后所封楚居丹阳②，位于"巴国"之南，这在地理方位上与大多数历史文献对楚国与巴国的地理位置记述是相矛盾的。如顾颉刚先生《中国历史地图集》置巴于汉水、丹江之间，楚邓之南，榖城之北③。谭其骧先生《中国历史地图集》中也将商代时其巴置于楚、濮之西，与楚并不直接接壤，在西周时期全图中亦是将巴（国）置于楚、濮之西，秦之南，与楚、秦也并不直接接壤。董其祥先生认为："殷周之际，巴人活动中心应在江汉之间，与楚（今河南淅川县）邓（今河南邓县）接壤，故武丁用兵江汉，首及巴方。周武王伐纣，巴人参加战斗。'巴师勇锐，歌舞以凌殷人'，'武王既克殷，以其宗姬封于巴'，巴国实为江汉诸姬之一。乃至春秋之世，巴人活动在汉水流域。巴子聘邓、伐鄾，地在河南邓县附近。巴子伐申，在今河南南阳县，伐那处，在今湖北荆门县附近。秦楚巴联师灭庸，庸即上庸，在今湖北竹山县。古代交通困难，劳师远征，不会远越千里之外，故知春秋之世，巴子活动中心仍然不出河南、湖北之间。巴子入川，建都江州（今四川重庆市），当在春秋末年，即公元前五世纪左右。"④董其祥先生没有说明商周之际的巴方与周所建巴子国的关系，但他承认武王所封巴国为江汉诸姬之一。故汉阳诸姬的分封与巴国的分封可能都是此次"以其宗姬（封）于巴"的事件叙述，"巴国"既可能为姬姓宗主，也可能

---

① 任乃强：《华阳国志校补图注》卷一，第 1 页。

② 司马迁：《史记》卷四十，第 1689—1692 页。

③ 参见董其祥：《甲骨文中的巴与蜀》，《西南师范大学学报》1980 年第 3 期。

④ 董其祥：《甲骨文中的巴与蜀》，《西南师范大学学报》1980 年第 3 期。

为土著首领而娶周姬。

其次，如果从地域文化的视野来看，"巴"的地域性类指特征使其包属容受性较广，这也是在甲骨文中有巴方、工方、土方、羌方、人方、鬼方的记载，而少见蜀方之说①。而且在现存诸多文献中多以"巴蜀"联称，而很少见以国名并举含义的"蜀巴"之称，这从语言逻辑上来看，"巴""蜀"既可能是并列关系，但也可能暗含了一种包属关系②。无独有偶，在《华阳国志》中首列《巴志》，其次《蜀志》，这种先后有什么内在逻辑和意义呢？这似乎无从得知。

不过，在甲骨文中除开武丁时期有妇好伐巴方的记载外，也有伐蜀和羌的记载，如《铁云藏龟》（105·3）："贞：吴弗其戋羌、蜀。"董其祥解释此条为卜问吴不去讨伐羌蜀吗？他认为"'戋'的意义在卜辞中与伐同。'戋羌、蜀'即'伐羌和蜀'。……疑羌在北，而蜀地在南，考之地理，亦甚吻合。羌人故地应当在秦岭、渭水之间；而蜀人在秦岭以南，褒斜到四川西北部，古代蚕陵（今四川迭溪附近）湔山之间，就是蜀王，蚕丛、鱼凫、杜宇的活动、生息的场地。"③《殷虚书契后编》（2·27·7）："□寅卜，㱿，贞王收人，正蜀。"《甲骨文合集》（合6858）作"寅卜，㱿贞：登人征蜀。"《甲骨文合集》（合6859）载："寅卜，㱿贞：王登人征蜀。"《甲骨文合集》（合6860）载："丁卯卜，㱿贞：王敦岳于蜀。"董其祥解释"㱿（㱿）"是武丁时期的贞人④。如果伐羌、蜀同是发生在武丁时期，如果"巴方"被视为是在晋西南及秦岭以北的某一方国部落，则武丁伐羌、蜀则不必伐巴方，而且如果巴方、羌、蜀是由北向南的紧邻分布方国部落，则武丁亦不可能同时向如此纵深和狭长的领域展开战争。或许伐巴方就是对伐羌、蜀的另一种表述。如果巴方（国）位于羌、蜀之东邻，则商武

---

① "蜀"（𜵁）在甲骨文写作"𜵁""𜵂""𜵃""𜵄"（徐中舒：《甲骨文字典》卷十三，第1424页），"蜀"的甲骨文字被学者普遍释为地名或方国名。

② 参见何易展：《扬雄〈蜀都赋〉"巴賨"考论》，《南京大学学报》2017年第1期。

③ 董其祥：《甲骨文中的巴与蜀》，《西南师范大学学报》1980年第3期。

④ 董其祥：《甲骨文中的巴与蜀》，《西南师范大学学报》1980年第3期。

丁伐羌、蜀则必伐巴方（国），而巴方（国）则处于参与武王伐纣的羌、蜀、庸、濮之间，在此役中巴方（国）是无论如何也不可能不参与其役的，但在史叙中却唯独不提及。这只能证明前述巴方即指羌、蜀、庸、濮等地域性指义。

再者，一些文学史料似乎也可作有益的补证。在文学史料中除开"巴蜀"常联称并用外，还有两个语词与"巴"关涉紧密，其一是"巴賨"，其二是"巴戎"，它们的语义逻辑可以说与"巴蜀"有着极强的相似性。只不过由于"蜀"后来成为一个确立的方国，这使"巴蜀"一词在后世的使用语境中较"巴賨"和"巴戎"有着更为复杂的情况。

在扬雄《蜀都赋》中有"东有巴賨，绵亘百濮"，从语义逻辑和地理考察来看，巴賨并不是分指巴国和賨国，也不是指巴地和賨地，而"巴賨"应是一种包属关系，即巴地賨人或賨部，其与百濮相联，这在其他文献中也有印证賨地即百濮所居①。虽然扬雄时代"巴"已沦为郡国地域，但"巴"所从附的地域性类指意义依然存在并得以延伸。如在战国时期，巴国尚存在，但在此期文献记述中既有"巴国"的义指，但同样也有"巴地"的地域性类指意义。如《荀子》卷十一载："今秦南乃有沙羡与俱，是乃江南也。北与胡貉为邻，西有巴戎。东在楚者，乃界于齐；在韩者，逾常山，乃有临虑。"②从地理方位上看，似乎秦（国）位于巴（国）、楚（国）之间，这与荀子所处的战国时代巴、楚相邻的记载又颇不相合。如何解释这种矛盾呢？如果"巴"在秦之西，只能说明"巴"其时地域较广，这又与战国时期巴国可能地处川东或重庆等地的记载和考证不相吻合，那么只能说明"巴"在此处是指巴地，而非狭隘的"巴国"，而且在战国时代，巴国的疆域也不可能远涉秦西的羌戎地区。如此则"巴戎"乃指巴地西边的戎族，"巴戎"也同"巴蜀""巴賨"一样构成一种包属关系。至

---

① 参见何易展：《扬雄〈蜀都赋〉"巴賨"考论》，《南京大学学报》2017 年第 1 期。

② 王先谦：《荀子集解》卷十一，第 301 页。

唐代杨倞注《荀子》云："巴在西南，戎在西，皆隶属秦。"① 这显然与荀子的叙述语境是有着龃龉的。战国时巴国西边尚有蜀国，若论秦西地理，何不云"西有蜀戎"？虽有注者多将胡、貉和巴、戎分解，但从《荀子》此篇的叙述语境及上下文来看，"胡"和"巴"皆是地域性意义的类指。从其他文献关于巴、楚的方位以及考古文化中对峡江地区、汉水及陕南、成都等地的出土考古器物的文化特征比较来看，这些地方器物带有普遍相同的巴文化特征，这也可以反证"巴"有较广的地域范围，结合甲骨文"巴方"、《尚书》及《华阳国志》等记载，"巴方"当指蜀、庸、羌、髳、微、卢、彭、濮等所居之地。结合史叙语境及"巴方"的地域性语境叙述，则文献中所出现的关于巴蜀的地理及事理矛盾也自然可以得到通解。

当然，巴蜀地域文化的研究恐怕不能脱离三个维度：一是文献的基础，主要指传世的物态文献，也包括考古的印证；二是自然地理的考察，这是人类历史赖以存在的基础，也是文化特色和差异形成的本质存在；三是文化人类学的视野，这是研究具有合理性、科学性乃至具有人性化和理性化的保证。因此从这种方法和视野来看，任何一种地域文化研究都是一种庞大的文化体系研究。

---

① 王先谦：《荀子集解》卷十一，第 301 页。

第十四章
"薅草锣鼓"的民俗与文化性考察

　　南方民间流传的薅草锣鼓有着悠久的历史，目前主要在四川、湖北、湖南、广西、陕西、贵州、重庆、云南、甘肃等地流传。薅草锣鼓在表演程式及音乐艺术方面都具有独特意义，与南方竹枝词、巴渝民歌和南方山歌艺术有共通之处。从其仪式性表演程式和历史源流上看，与商周以来的祭礼和"田役"制度有密切关系，也与南方独特的自然山地和文化形态变衍密切相关。

　　薅草锣鼓是一种产生于田间劳作的娱乐性活动，也是一种民间艺术形式，具有一定程式和表演性。因为这一文化传统被较完整地保留于一些少数民族地区和少数民族群落中，因而被视为具有极强的少数民族特征的传统文化。唐宋以来南方竹枝词、巴渝民歌及南方傩戏等对薅草锣鼓曲词或表演都有所融渗，这使薅草锣鼓成为承载丰富的传统文化和民俗因子的民间综合艺术形式，有必要略作考察。

一、"薅草锣鼓"流布与南方自然人文的关系

首先，薅草锣鼓的流传主要集中在西南巴文化区域，这反映了薅草锣鼓与巴文化之间密切的自然人文关系。巴文化反映最突出的就是西南山地文化特征，这由"巴"的字源本义已能有所折射①，《诗经·周南》所载《芣苢》篇"薄言掇之""薄言捋之""薄言袺之""薄言襭之"的情形，正是对南方劳动民众采摘情形的精彩描写。它反映了西南山地农人由于采摘工具和装载工具的不便携带（由于山形地势决定），往往随机取便，因时利会，故以衣襟兜揽采摘之物。这在新中国成立后至改革开放前的川东巴地还可时常见到这种情形。这种劳动情形所反映的西南山地文化，自然含育了巴文化中的农耕文化特征。薅草锣鼓与巴文化的关系集中反映在三个方面：一是薅草锣鼓的流行区域主要是巴文化区域；二是从薅草锣鼓的起源来看，也主要与南方文化习俗密切相关；三是从薅草锣鼓的形式来看，也与南方社会生产形态和自然地理密切相关。

经过近几年学者的田野考察和调研，基本上可以发现"薅草锣鼓"的传流区域是十分广阔的，大致在四川、湖北、贵州、重庆、云南、广西、陕西、甘肃等地都有流传②。"薅草锣鼓"为什么有如此广的地域流播呢？这恐怕并不是哪一支少数民族的文化传统。试想，如果为某一少数民族固有文化的传统，其流传的区域和广泛度不可能有如此之大，无非就是在其迁徙流经之地可能有所保留或体现，但就目前传播地域来看，几乎遍及南方山地区域。而传播的族属范围也并不限于土家族，而是汉、土家、苗、瑶、壮、回、仫佬等少数民族聚居区皆有流布③。当然关于族属的划分既是一个历史问题，也是一个政治和社会问题。如川东自民国以后，一些区域的人在新中国人口普查中，既有原为少数民族而被划为汉族的，也有原为汉族而被划为少

---

① 参见第三章《文化人类学视野下的早期巴文化探赜》。

② 张琪：《薅草锣鼓历史渊源与现代传承考》，《中华文化论坛》2016年第3期。

③ 张琪：《薅草锣鼓历史渊源与现代传承考》，《中华文化论坛》2016年第3期。

数民族的。这其中有移民、民族同化及其他多种复杂因素，但就总体族属性的文化形态来看，每一个民族还是保留了他们各自的一些文化特征的。然就"薅草锣鼓"传播的广泛性来看，其所传布区域正是西南山地巴文化的主要辐射区，这也符合我们将巴文化视为一种区域文化的界定。有趣的是，"薅草锣鼓"这种文化形态也反证了巴文化区域的广泛性和自然山地等特征。因此，笔者这里讲的巴文化并不狭隘地局限于古代巴国的文化这层含义。笔者曾经从"巴"的本义探讨巴文化的山地特征和含义，从"巴"的字源学和文化学角度的考证，可以充分证明"巴"与当时西南山地居民（族群）的生活和生产形式极相关系，"巴"字所反映的早期巴地人民劳动和生活情景，"正体现了抓捕、攀爬、跪坐等特征，其中手、脚并用，跪、攀、抓等将后来词义中的'静、牢、紧、贴'等义可以说都隐含在其间了"①。这种社会形态也符合南方自然地理情状，这在另一方面也充分体现了"巴"与薅草锣鼓艺术流承的关系和必然性。

在南方文化习俗中，巫祭文化是比较突出的。有学者研究，巫术与宗教及早期人类文化都有密切的关系，甚至北京周口店山顶洞人旁发现的赤骨粉就被学者视为"可能是一种巫术"②。在陕西临潼姜寨村、宝鸡北首岭、汉中西乡何家湾等地半坡类型遗址出土的彩陶上描绘的"人面鱼纹"图案，也被视为"明显具有巫术礼仪的图腾性质"③。1982年，考古工作者在甘肃秦安大地湾仰韶文化第四期的一处房址发现了一幅四个人面对一个长方形框作舞蹈状的地画，张光直就认为这是"巫师舞蹈作法"④。巫术反映了早期人类的宇宙自然观，他们认为通过这种方式或仪式可以控制自然。因而巫术具有一定仪式性、舞乐性等特征，他们在施巫作法时，往往口中还吟唱咒语或祷

---

① 何易展：《文化人类学视野下的早期巴文化探赜》，《四川文理学院学报》2015 年第 3 期。

② 朱狄：《信仰时代的文明》，中国青年出版社 1999 年版，第 137 页。

③ 李泽厚：《美的历程》，中国社会科学出版社 1989 年版，第 15 页。

④ 张光直：《仰韶文化的巫觋资料》，《中国考古学论文选》，生活·读书·新知三联书店 1999 年版，第 141 页。

词。为了强化巫术咒语的魔力，原始初民在巫术仪式上反复吟诵咒语，自然也就产生了乐舞，这些咒语或祷词就成了各类祭礼仪式上乐歌的早期形态。《吕氏春秋·古乐》篇："投足以歌八阕。"其"投足以歌"正是乐舞的形式，而且所谓"八阕"反映了咒语、祷词反复吟诵的形态。从《吕氏春秋》中关于"八阕"的内容来看，其乐舞诗既有祈求农牧丰收的巫术咒语诗的特征，同时也具有原始的史诗性质，与先民的生产生活关系相密切。而薅草锣鼓的原初动机无论是娱神、驱兽，还是宗教祭祀，从其展示的形态来看，也是与巫术密切相关的。根据弗雷泽的理论，巫术有交感巫术和接触巫术，这都是建立在万物有灵论的基础上。正因为万物有灵，因此才用巫术来加以感染、控制和传达某种情绪和意念。薅草锣鼓在文化根因上是与先民巫祝时代的自然观念相一致的，早期人类无法以个人力量战胜自然，乃采取聚族而居，从而产生的集体役劳形式相近；另一方面又因早期巫文化观念，初民相信依靠娱神（娱田神）、交感巫术（薅除杂草）能使得农作物得以丰长。在《礼记·郊特牲》中就记载伊耆氏蜡祭施巫云："土反（返）其宅；水归其壑；昆虫毋作；草木归其泽！"江林昌就认为这首诗是反映先民时代洪水泛滥，"于是原始人在巫术观念支配下，试图通过吟唱巫术咒语，以控制自然，命令土神、水神、昆虫、草木各归其所。"[①]其他如《吴越春秋》所载《弹歌》、《大荒北经》所载《神北行》等实际皆可算是远古时期与农牧相关的巫祭仪式歌。而薅草的习俗在先秦就有文献记载，如《诗·周颂·良耜》："其镈斯赵，以薅荼蓼。"朱熹集传云："薅，去也。"《国语·晋语五》："曰季使，舍于冀野，冀缺薅，其妻馌之。"韦昭注："薅，耘也。"可见农耕在周代已经十分普遍。在周汉典籍记载中，帝王还往往亲耕，以劝课农桑，这一制度也一直保存至明清。在《汉书·王莽传中》载："予之南巡，必躬载耨，每县则薅，以劝南伪。"颜师古注："薅，耘去草也。"北魏贾思勰《齐民要术·水稻》："稻苗渐长，复须薅；拔草曰

---

① 江林昌：《诗的源起及其早期发展变化》，《中国社会科学》2010 年第 4 期。

薅。薅讫，决去水，曝根令坚。"可见在商周至秦汉以来薅草习俗就已广泛流传，虽然其时北方已有农业耕种，但还比较分散。这从《汉书·王莽传中》所称"南巡"所见，而且"每县则薅"，可见其普遍性。《齐民要术》所称的水稻种植情况，恐怕也应主要是在南方。

从田野调查结果来看，薅草锣鼓所流行的区域基本上是西南山地，也即大致的巴文化区域。据调研，薅草锣鼓这种田间劳动歌唱形式主要在农历四五月间薅包谷（玉米）、薅秧、薅麦、薅土豆、薅烟叶，或挖土、插秧时所歌唱的习俗。而这种农事主要在南方山地。从水稻的种植区域来看，水稻是喜温、湿生的植物，对温度和水分变化反应敏感[①]，因此在中国的西南山地分布较多，有学者利用科学的统计分析方法，对西南山地的气候、气象学特征，以及土壤、气温、降水和历史种植情况进行科学研究，并根据气候、水分、温度、积温及日照天数等对中国水稻种植适宜性区域曾做分布图描绘，也对这一区域的杂草生长情况及种类进行了统计调查研究。这些都有力地证明了西南山地的农耕自然条件。

同时学者对玉米、土豆、烟草等也都有气候适宜性区域分布研究，这些研究结果表明，西南山地可以说是这些作物的主要适产区。就玉米产区来看，有北方春播玉米区、黄淮平原春夏播玉米区、西南山地丘陵玉米区、南方丘陵玉米区、西北内陆玉米区、青藏高原玉米区等几个产区，土豆和烟草在西南都是优势产区，如长江上中游烟草区就包括陕西南部、湖北西部、甘肃东南部和四川盆地，地形包括秦岭大巴山山地、汉水谷地、四川盆地及川东、鄂西的中山山地，地貌类型多样。土壤多为紫色土、黄壤、黄棕壤、石灰岩土等，也是我国晒烟的主要产地，四川的"毛烟""柳烟"产量多、质量好，是我国优质的雪茄烟原料[②]。但从地形、气候以及种植历史等因素来看，西

[①] 段居琦：《我国水稻种植分布及其对气候变化的响应》，南京信息工程大学博士学位论文，2012年，第13页。

[②] 《中国烟草种植区划》协作组：《中国烟草种植区划》，见 http://wenku.todgo.com/jingguanyingxiao/15350743aa34_p3.html。

南山地为主要的丘陵山地特征，并不太适宜机械化垦种。这些地区田间杂草较多，生长也比较快，在中国传统的小农经济时代，在南方就常出现"换工"的劳作方式。这种在山区和丘陵地区由"换工"方式组合产生的集体劳动形式显然是由巴地的自然气候和山地特征决定的，张琪认为："这一方面在于单家独户难以应付初夏时节杂草的疯长，另一方面则是山区和丘陵的立体型气候使得山脚、山腰和山上的杂草生长速度很不一致，因此农民们才可能组织起来，按山下、山腰、山上的顺序分期除草。"[①] 这种分析是十分合理的，而且这一特殊的地形地势区域和集体劳作方式也是薅草锣鼓产生的条件。在复杂地形条件下对劳作强度和进度的要求必须要统一协调，在平原地区可以通过视域观察和控制，但在山地和丘陵地区则最好是通过音域协调和控制，因为在不同山间高度的劳作可能是互相看不见的，这种进度和强度控制就可以通过吆喝或锣鼓来加以控制。故而薅草锣鼓是与巴地农耕文化特色密切相关的。

二、薅草锣鼓的承传与社会化

无论薅草锣鼓源于北方还是南方，从前面薅草锣鼓的现状及与其衍生的自然人文的关系来看，它在南方的流播中至少逐渐形成了独特的南方民俗文化特色。薅草锣鼓从实用性和文化学的视野来看，其衍承似乎与南方巴地有着密切关系。关于"薅草锣鼓"的起源在土家族大致有三说，或为驱兽说，或为娱乐说，或为宗教祭祀说[②]。如袁炳昌认为薅草锣鼓"是土家人敲锣惊吓野兽，保持庄稼人畜不受侵害生活情景的描绘"[③]，从文献记载来看，铜锣最早在中国西南少数民族地区运用，至公元二世纪左右逐渐向中国内地流传。《旧唐书·音乐志》载："铜拔，亦谓之铜盘，出西戎及南蛮。……南蛮国大者圆

---

① 张琪：《薅草锣鼓历史渊源与现代传承考》，《中华文化论坛》2016 年第 3 期。

② 刘传清：《土家族薅草锣鼓的流变及其式微》，《中华文化论坛》2016 年第 6 期。

③ 袁炳昌：《论土家族音乐分类》，《黄钟（武汉音乐学院学报）》1993 年第 1—2 期。

数尺，……"① 此"铜拔"就是铜锣，这是目前锣见于文字的最早记载。1978年广西贵县（秦汉时称布山县）罗泊湾一号墓曾出土一面西汉初期的百越铜锣。可见铜锣的使用在中国有着悠久的历史。而鼓的历史也至为遥远，在《山海经·大荒东经》引《帝王世纪》载黄帝与蚩尤战，获夔而"以其皮为鼓，撅以雷兽之骨，声闻五百里，以威天下。"② 锣鼓被认为具有降魔伏兽的功效，在远古人类社会，西南山地可能山高林密，猛兽出没，薅草锣鼓可能具有一定的生产实用性。这在刘传清先生引湘西《挖土锣鼓歌》及清代《竹枝词》中都有描述，这正是其驱兽实用性的证明③。但从薅草锣鼓的程式和音乐性等特征来看，薅草锣鼓的起源和流变可能是十分复杂的。这可能与其娱乐和祭祀皆相关，而且这种关联也透视着南方巴文化与中原文化的交流和深层关系。

在周代，牛耕技术逐渐得到利用和推广，社会逐渐得到繁荣发展，社会生产力也进一步提高，依然保持集体生产劳动方式。在这种生产中，古代巫祭依旧被保留下来并被运用于生产生活中，周人敬神祀鬼的传统正是原始巫祭文化的另一种时代反映。只是到了周代，巫术通灵被少数贵族祭司所垄断，开始出现巫术与政治相结合，从而在巫术的基础上诞育出以巫术信仰为基础的原始宗教与政教的结合。其核心是成为一个宗派团体或族属的精神信仰，使其引领、团结或控制这一群属。因此周代的新贵便将原始的巫术从生活化形态进一步转变为仪式化、神圣化和政治化礼典形式。当然，这一演变实际早在三皇五帝的时代就已经兆萌。《国语·楚语下》载："及少昊之衰也，九黎乱德，民神杂糅，不可方物。夫人作享，家为巫史，无有要质。民匮于祀，而不知其福。烝享无度，民神同位。"而至瑞顼进行巫术改革，

---

① 刘昫等著：《旧唐书·音乐志》卷二十九，第1078页。

② 又见李昉：《太平御览》卷五八二，第2624页。

③ 刘传清引《挖土锣鼓歌》云："龙山县深林密箐，豺狼虎豹奔突其内。土家人为了防御野兽伤害，便结集而居，聚众耕耘。……有了锣鼓人们便敲锣打鼓籍以驱赶野兽。野兽闻之，惊慌逃窜。人们便为之舞之歌之，这便有了土家族挖土锣鼓歌的雏形。"又清代《竹枝词》云："溪州之地黄狼多，三十六岗尽岩窝；春种秋实都窃食，最怕土人鸣大锣。"

则民神"无相浸渎",乃"绝地天通"①。由此可见,在中国远古社会,天人相通与天人相分的意义不仅在于巫术的实用,还在于政治的利益和规范。

虽然薅草锣鼓在周代民间的流传情况,今天很难进行考证,但其与上层政治的结合,使其典礼仪式化,却又使其可能承载了早期史诗的某些功能。如果《吕氏春秋·古乐》篇反映的是早期先民祈祝丰收的巫祭诗乐,那么从其"投足以歌八阙"的内容来看,其云:"一曰《载民》,二曰《玄鸟》,三曰《遂草木》,四曰《奋五谷》,五曰《敬天常》,六曰《达帝功》,七曰《依地德》,八曰《总禽兽之极》。"②这些明显是对先民生产生活的历史反映,因而完全可以视为具有史诗性质的巫祝祷辞。承载典礼性功能的巫祭祷词与《诗经》中的颂诗一样具有一定的史诗性质,如甲骨卜辞中许多关于祈雨问卦的记载,如"帝令雨足年?帝令雨弗其足年?"(《卜辞通纂》363 片)"癸未贞,甲申□出入日,岁三牛"(《屯南》890 片)等,《山海经》中记载夏启"三嫔于天,得《九辩》与《九歌》"的巫祀记载,以及《吕氏春秋·顺民》中关于商汤克夏而正天下乃祷于桑林的记载,这些反映了其时巫祭咒语祷辞实际已经具有史述的功能和意义。而原始的与生产生活密切相关的巫祭仪式在周代上层的传承,就明显地与周代田祖祭祀相关。

按周礼记载,祭田祖的仪式显然是比较盛大的歌乐鼓舞之容,《周礼·春官》:"籥章,掌土鼓《豳》篇。""凡国祈年于田祖,吹《豳雅》,击土鼓,以乐田畯。"③显然这一仪式中既有鼓乐,也有管乐和歌乐。"田畯",郑司农注云:"田畯,古之先教田者。《尔雅》曰:'畯,农夫也。'"④显然这种祭仪表演性活动不但有祭祀的性质,也带有娱乐的功能。孙诒让认为这种祭仪自上而下皆有所效行,故称

① 徐元诰:《国语集解》,第 514—515 页。

② 吕不韦著,陈奇猷校释:《吕氏春秋新校释》,第 288 页。

③ 孙诒让:《周礼正义》卷四十六,第 1905、1911 页。

④ 孙诒让:《周礼正义》卷四十六,第 1911—1912 页。

"'凡国祈年于田祖'者，此祭通于王国及都邑"①，并引贾疏等证田祖与田畯虽连言及之，但却义别相殊。其称"凡诸经所云田畯，有指田神者，……有指当时司田之官者，《诗·七月》及《甫田》之田畯是也。"②或有称"农即田畯"或"田谓田畯，典农之官"③。显然，如果"田畯"如《尔雅》所注是指"农夫"，则这种带有民间性质的歌乐鼓舞自然不但有祭祀的仪礼性，更有娱乐性功能；而"田畯"如果是指农官或其他各家所注的"神农""后稷"或"司啬"等，这种祭祀的成分则更为明显。不过依历代学者的注疏和分析，既然"田祖"或"田畯"可能所指非一，如贾疏所云："此田祖与田畯，所祈当同日，但位别礼殊，乐则同，故连言之也。"④那么《周礼》所谓"凡国祈年于田祖，吹《豳雅》，击土鼓，以乐田畯"⑤之事则极有可能是指"郊后始耕"而祭的情形。而且这种祭仪又明确"中春昼击土鼓，吹《豳诗》以逆暑""中秋夜迎寒，亦如之。"⑥显然已经形成一定的社会习俗。如果考虑商周以来的"井田制"社会形态，那么以"击土鼓以乐田畯"或与商周以来的"田役"制度也有关系。

"田役"制度正是商周井田制社会形态的反映。而如何来实施这种田役制度呢？除开召民种播之外，在百亩方田中如何役使农夫，这正是田役制度如何管理和运作的具体内容。而"鼓乐"则是"正田役"的手段之一。《周礼·地官司徒》云："鼓人掌教六鼓四金之音声，以节声乐，以和军旅，以正田役。教为鼓而辩其声用，以雷鼓鼓神祀，以灵鼓鼓社祭，以路鼓鼓鬼享，以鼖鼓鼓军事，以鼛鼓鼓役事，以晋鼓鼓金奏，以金錞和鼓，以金镯节鼓，以金铙止鼓，以金铎通鼓。凡祭祀百物之神，鼓兵舞帗舞者。凡军旅，夜鼓鼜，军动，则鼓

① 孙诒让：《周礼正义》卷四十六，第 1912 页。
② 孙诒让：《周礼正义》卷四十六，第 1913 页。
③ 孙诒让：《周礼正义》卷四十六，第 1914 页。
④ 孙诒让：《周礼正义》卷四十六，第 1912 页。
⑤ 孙诒让：《周礼正义》卷四十六，第 1911 页。
⑥ 孙诒让：《周礼正义》卷四十六，第 1907、1911 页。

其众，田役亦如之。救日月，则诏王鼓，大丧，则诏大仆鼓。"① 显然
"六鼓"中用于役事之鼓不同，似为"鼖鼓"，"鼖鼓"按注当为大鼓，
"长丈二尺"。而且这种役事中还伴用金器（锣）。据周礼旧典，"国
之大事，在祀与戎"②，故"和军旅""正田役"正是其中的两件大事，
古代祭祀活动一方面表达了尊祖敬宗的意义，另一方面却体现了对生
命化育和繁衍的仪祷，包括祭天、祭地、祭四时和山川之神，更包括
祭社和对后稷、神农的祭祀都反映了对人的生命本我的重视，这就必
然反映出他们对延续生命的农业役事和相关神灵的敬畏和崇拜。因
此，击鼓锣以乐田畯的带有娱乐和祭祀性的表演当与商周以来的"田
役"制度相伴而生。

　　"田役"制度中运用鼓锣显然具有综合性功能因素，一是鼓锣的
节音声，可以用于召集号令集体劳动者，即"鼓其众"；二是鼓锣节
奏（以金器的和、节、止、通）不但是祭仪上的一种表演，更可以达
到娱神和娱民的双重目的。从古代祭歌祭词等内容和祭祀活动的程式
表演来看，祭祀神灵的过程或仪式实质正是娱神的一种仪式表演，这
在《楚辞》如屈原《九歌》等篇章中表现得极为明显，如《湘君》《湘
夫人》各以异性相思祭，"望夫君兮未来，吹参差兮谁思？"③"帝子降
兮北渚，目眇眇兮愁予。""沅有芷兮澧有兰，思公子兮未敢言。""闻
佳人兮召予，将腾驾兮偕逝。"④ 其中情致绵邈，恻隐生情毕露于文。
因此神人的交通虽有告祭、祷祭，但其方式仍以情以感，以乐以娱，
故古代祈丰年祭田祖等"击土鼓以乐田畯"的祭仪既带有祭祀的性
质，同时也带有娱乐的性质，这对我们理解"薅草锣鼓"的起源与性
质至为重要。当然，在祭祀活动中分工是具体的，各有专司。除开鼓
人外，还有呈祭的乐舞男女，即领祭的司祭。这与薅草锣鼓领唱、随
唱、击鼓伴舞的程式几近相同。三是巫祭的政治化，使祭田祖的仪式

---

　　① 孙诒让：《周礼正义》卷二十三，第898—910页。

　　② 左丘明传，杜预注，孔颖达疏：《春秋左传正义》卷二十七，第867页。

　　③ 洪兴祖：《楚辞补注》，中华书局1983年版，第60页。

　　④ 洪兴祖：《楚辞补注》，第64—66页。

也更具有权威性和神圣性，据文献所载，对天、地神灵的大型祭仪不可能是一般的商周民人所为，而"田役"制度除开具有将这种祭仪上升为国家行为或组织行为的意义，就使得这种原本具有民俗性特征的文化活动成为一种普泛性的文化政治活动，周汉以后，中国农业进一步得到发展，统治者不仅以亲耕为表率，而且逐步在民间放开对神灵膜拜祭祀的约束，唐宋以来各地广立土地庙、孔子庙、龙王庙等也印证了这一解禁所带来的民俗变化。自然薅草锣鼓也得以社会化推广。唐宋诗文中对当时薅草锣鼓流行盛况的描写就反映了这一传统习俗的社会化传承状况。另一方面周代祭田祖的典祀也使这种早期的娱乐（娱民娱神）性表演在后世的衍传中奠定了一种特殊的形态和性质。这种形态就是薅草锣鼓的传承中同时具有集体表演形态、歌师唱词和综合性的社会功能。

三、薅草锣鼓的文学艺术特征

薅草锣鼓从一开始就基本沿袭了诗、乐、舞合一的形态，这使这种民间祭仪表演具有较强艺术性。虽然我们今天很难找到古代薅草锣鼓的唱词，但从文献记载中祭田祖时击鼓"吹《豳诗》"，可见其唱词在先秦时已经具有一定诗乐性质。由于薅草锣鼓历代相承，几未中断，其中的鼓词、唱词多为民间艺人口耳相传，因此从今天一些地方整理的薅草锣鼓曲词犹可辨其大致。

首先，从薅草锣鼓的程式来看，它突出地表现在文学艺术层面上的程式性，即薅草词的文学范式，由"歌师"在锣鼓的伴奏下演唱一种近乎套曲的声乐，它由"歌头""请神""扬歌""送神"等程式构成，几与楚辞中的《九歌》祭歌程式相近，"尽管各地区各环节的简繁程度及名称不尽相同，但都有'请神、送神'的环节。"①这确实与南方巴楚之地的巫祭文化相关。如川东和贵州一带流传的

---

① 刘传清：《土家族薅草锣鼓的流变及其式微》，《中华文化论坛》2016年第6期。

薅草锣鼓词和民间打闹歌等，都有"请神""送神"或"歌头"（迎哥）、"送哥回"等程式和曲目，湖南古丈县一带薅草锣鼓《歌头》云：

> 早晨起来雾沉沉，红云绕绕下天庭。三炷保香拿在手，敬天敬地敬龙神。

> 烧香不为别的事，但愿山中弟兄得安宁，得安宁。

而贵州思南县打闹歌《请神》云：

> 迎请神来迎请神，迎请天神与地神。迎请天神下天台，迎请地神出庙门。

> 天神地神都请到，敲锣打鼓敬诸神。

再看湖北恩施市一带锣鼓歌《送神》曲云：

> 早晨有个请神到，黑哒有个送神回。请神到，送神回，把神送到哪里回？

> 把神送到一字街，遇着公媳杀牛卖。公公常卖牛肠子，媳妇她把牛肝卖。

> 公公说是折哒本，媳妇说是本还在。折哒本，本还在，明天还是现买卖。

而贵州道真县《送哥回》打闹歌：

> 早晨有个接哥来，黑来有个送哥回。请哥来，送哥回，把哥送到那一回。

> 把哥送到枕头边，手摸灯盏泼了油。手摸灯盏油泼了，打矔奴家花枕头。

> 高粱叶子青，造酒绿茵茵。劝郎三杯酒，圆满送哥回①。

这些在艺术结构布局上与巫祭仪式歌曲渊源颇深。薅草锣鼓由于时段和劳动过程的作用不一样，也呈现出不同的唱腔形式，如上午有"排场歌""请神号""上工号"；中午有"午时号""茶号"；下午有"收

---

① 以上引薅草锣鼓词和打闹歌词，见杨胜兴：《武陵山区薅草锣鼓唱词文本的互文性研究》，《教育文化论坛》2017 年第 3 期。

工号""送神号"等。有时还穿插"采花调""凉风号""催工号"等其他唱调，近于不同曲牌形式。

我们虽然无法确知较古的薅草锣鼓形态，但从薅草锣鼓的传承来看，主要以口耳相传为主，"薅草词"的内容往往根据具体劳动场景和情形即景生变的情况较多，因此其唱词的口语性或可塑性应是重要的特征，但从民间各地保留的一些"锣鼓词"来看，其语言有五言、七言、十言等规范句式特征，这也是一种文学性程式，其中艺术性和娱乐性的结合又是十分显明的。如川东一带流行的《请土地》薅草锣鼓词，表现出了对河神、谷神及土地神灵等的崇敬：

> 锣鼓惊得河水响，请河神歌山谷应。
>
> 百鸟惊得满天飞，野兽吓得避山林。
>
> 土司不敢抽歌税，三天不敢出衙门。
>
> 太阳听了热乎乎，谷神听了笑盈盈。
>
> 风伯雨师更欢喜，风调雨顺保丰登。

从文本内容来看，《请土地》当产生于宋元土司制形成之后。在艺术手法上与巴渝竹枝词、山歌等可以说相互融鉴，如宋冉居常《上元竹枝歌》："珍珠络结绣衣裳，家住江南山后乡。闻道使君重行乐，争携腰鼓趁年光。"元丁鹤年《竹枝词》："竹鸡啼处一声声，山雨来时郎欲行。蜀天恰似离人眼，十日都无一日晴。""水上摘莲青的的，泥中采藕白纤纤。却笑同根不同味，莲心清苦藕芽甜。"明高启《竹枝歌》曰："枫林树树有猿啼，若个听来不惨凄。今夜郎舟宿何处？巴东不在定巴西。"[①]虽然这些《竹枝词》明显带有文人的创造，但其中所呈现的口语化及清新朗丽的民歌特征还是十分明显的。从文献来看，薅草锣鼓与竹枝词一样，其吟唱有多种方式，有联唱、齐唱，也有独唱、对唱和接唱等形式。竹枝词虽以七言四句居多，但也有七言二句、五言四句、六言四句等小竹枝词体等。无论是形式、风格还是

---

① 以上所引"竹枝词"皆见雷梦水等编：《中华竹枝词全编》，北京古籍出版社 1996 年版，第 3155—3157 页。

吟唱的内容上，与薅草锣鼓词都有所互鉴。

如川东流传的一些薅草锣鼓词，内容丰富、形态多样，有对当地风土人情生动活泼的描写，如激人奋进劳作的鼓词：

> 男人化作杨家将，女人化作穆桂英。
>
> 杨家将，穆桂英，挖田犹如破天门。
>
> 锄头化作金刚钻，挖破石头化灰尘。
>
> 太阳露脸坡背黄，薅草锣鼓震天响。
>
> 锣鼓催得人勤快，薅草过了几道梁。

又如劳作一些调侃打趣的联唱：

> 众唱：山歌子来子山歌，
>
> 　　　你的莫得我的多，
>
> 　　　家中码了几十捆，
>
> 　　　开口就会淌成河。
>
> 众男：郎唱山歌把妹逗，
>
> 　　　情妹害羞不抬头，
>
> 　　　牛不抬头爱青草，
>
> 　　　妹不抬头爱风流。
>
> 众女：你莫唱来你莫逗，
>
> 　　　好比鲤鱼跳干沟，
>
> 　　　干沟里头莫得水，
>
> 　　　幺妹无意妄自逗。

又如近于盘歌的薅草唱词：

> 男：一山桃树几颗桃？一田稻谷几根草？
>
> 　　一枝芝麻好几颗？一头黄牛几多毛？
>
> 女：山上桃子只论挑，田里稻谷只论抱。
>
> 　　芝麻论枝不论颗，黄牛论只不论毛。

在黔渝等地流行的盘歌唱词，如：

> 甲：什么岩上盘脚坐，什么岩峡织灵锣？什么会打连天鼓，什么会唱午更歌？

乙：猴子岩上盘脚坐，蜘蛛岩峡织灵锣。啄木鸟会打连天鼓，鸡公会唱午更歌。

……

甲：什么出来高又高，什么结在半中腰？什么出来连盖打，什么出来棒棒敲？

乙：高粱出来高又高，包谷长在半中腰。豆子出来连盖打，芝麻出来棒棒敲。

……

甲：什么吃草不吃筋，什么吃草打捆吞？什么肚内有牙齿，什么肚内有眼睛？

乙：镰刀吃草不吃筋，背篼吃草打捆吞。磨子肚内有牙齿，椒子肚内有眼睛。

由此可见，薅草锣鼓词对其他艺术形式多有借鉴或互融互渗。除开在结构和语言上的艺术程式外，一般认为薅草锣鼓在剧情展开方面以及创作与表演方面也都具有程式性。如王瑞认为"就薅草锣鼓的剧情展开方式来看，演唱者将所唱内容分为早、中、晚三段，一般的程式是：上午唱历史，中午唱花名，下午唱爱情。"[1] 显然薅草锣鼓的程式性与其艺术表演与传承有密切关系，不过这种由流及源的反观、这种程式性或许更能展现出薅草锣鼓与娱乐及祭祀性活动的关系。

其次，薅草锣鼓艺术形式生动多样，表现张力丰富。其唱词有表现历史故事题材、民俗风情、婚姻爱情、伦理道德题材等。如贵州思南县一带流传的《周瑜放火过三湾》："张郎锣鼓早下田，曹操点兵下江南。人多好有八十万，孙权刘备来迎战。诸葛神坛行一拜，周瑜放火过三湾，过三湾。"又如川东一带以历史人物为题材的薅草锣鼓唱词云：

其一

张飞力气大，刘备说不怕。

---

[1] 王瑞：《试析四川薅草锣鼓的程式性》，《四川戏剧》2015 年第 5 期。

关羽眉清秀，文王会八卦。

　　　其二

　　好个董仲舒，爱玩大葫芦。

　　搁在公桌上，烧了万卷书。

　　这在某种程度上使传统历史文化借这种民俗形式得以普及和传承。又如一些展示民俗风情和爱情题材的贵州务川一带的《太阳起了望乡台》和川东薅草锣鼓《花歌》唱词：

　　太阳起了望乡台，叫你薅草你要捱，窝坨不起众人抬。

　　大人戏你得罪你，得罪朋友莫记怀。

　　太阳起了姣爱姣，朋蓝衫子花围腰，

　　青线锁过白线挑，挑一个花荷包送情姣。

（《太阳起了望乡台》）

　　墙内栽花墙外香，摘花大姐顺墙来。

　　大姐摘来头上戴，二姐摘来头上戴。

　　只有三姐人又矮，花高人矮摘不来。

　　只要三妹不嫌弃，我从浪中捧朵花儿你头上戴。

（《花歌》）

　　这些鼓词表现了人们对美好幸福生活的向往和追求，在艺术主题和形式上承袭了《诗经》风诗的传统。

　　此外，传统薅草锣鼓艺术中有两个要素值得关注，这与追溯薅草锣鼓的起源不无关系。一是薅草锣鼓融歌乐鼓舞的形式；二是薅草锣鼓是一种集体性表演。这也成为后来艺术表演的一种普遍形式。因此薅草锣鼓的生命力就在于其民俗文化的承载力和文学艺术的表现力，这才使它具有恒久不衰的生命张力。在薅草锣鼓的历代承传变迁中，其形态丰富、内容多样。通过调研，各地对薅草锣鼓的称名非一，如在湖南湘西一带有称"挖土锣鼓歌""田歌"等，而在湖北利川、五峰等或称"薅草歌""吹锣鼓"，在渝东则称"打闹歌"，在陕南汉中等地称"锣鼓草"，在川东则称"薅草锣鼓"等，不过表演形式和功能大致相同，基本上都是由"歌师"领唱，众人接腔和唱，并伴有锣鼓伴奏的一种民俗艺术表演。在各地方志记载中对薅草锣鼓艺术的起源年代都未有明确的记载，不过，从一些零星的文献记载来看，薅草锣鼓的历史非常悠久。据《宣汉县志》记载："土民自古有'薅草锣鼓'之习。夏日耘草，数家趋一家，彼此轮转，以次周而耘之，往往集数十人，其中二人击鼓鸣铌，迭应相和，耘者劳而忘疲，其功较倍。"① 所谓"自古"到底有多古呢？虽然目前没有明确的考证，但从"薅草锣鼓"的表现形态来看，应该是一种将礼乐文化与农业形态相结合的形式。而中国周代正是将这两种社会文明形态叠加和十分重视的时代。从三代历史来看，帝尧开始以后稷为农官，对农业耕种已经十分重视，自此帝王多有亲耕的记载，而且这种亲耕本身就蕴含了礼乐文化与农耕文化的结合，更多地表现出一种表演仪式意义。《周礼·春官》载，在祈求丰年祭祀田祖（神农）时便歌《豳风·七月》，并且"击土鼓以乐田畯"②。《诗经·小雅·甫田》亦载："琴瑟击鼓，以御田祖。"③ 显然这正是对周代"薅草锣鼓"流行的生动写照和文献记载。而今天南方民间"薅草锣鼓"可以说正是这种仪式形态的一种衍生和传承，由此可以说明薅草锣鼓的发展历史是极其悠久而漫长的，而其发生动机又是具有文化与实用的双重教益的。从文化人类学视野来看，上古人们从渔猎转为农耕，为驱赶野兽、祭祀山神而击鼓吆喝，后来逐渐演变成一种供劳动者娱乐以及鼓励劳动者的进行曲。

从《周礼》等文献的记载来看，商周"井田制"社会形态下，在中原地区的耕作劳动与今日南方"薅草锣鼓"习俗几乎相同，而且事实上"薅草锣鼓"这种民间艺术表演在四川、湖北、贵州、重庆、云南、广西、陕西、甘肃等地皆有传承，不唯少数民族地区，在一些

---

① 庞麟炳、汪承烈：《宣汉县志》，台北成文出版社 1976 年版。

② 郑玄注，陆德明音义：《周礼》卷六，四部丛刊翻宋岳氏本。《春官》："凡国祈年于田祖，吹《豳雅》，击土鼓，以乐田畯。"

③ 毛亨传，郑玄笺，孔颖达疏：《毛诗正义》卷五，第 404 页。

汉族居住区也有传承①，这说明了南北文化交流的密切关系。另一方面，从社会学和文化人类学研究的视野来看，战争、商贸、移民等多种因素，南方少数民族文化与古中原文化的关系应十分密切②。通过薅草锣鼓的源流传承，我们可以大致明确：一是薅草锣鼓从一开始就应是一种集体生产形式时的表演；二是薅草锣鼓表演从其源头来看具有祭祀、娱乐和实用的多种功能性融合；三是土鼓说明农人因利采便的祭祀娱乐方式，而且"土鼓"之"土"可能有"本地"之义。（当考察汉代"土"的音义，看《说文解字》，以及如何理解廪君乘"土船"）；四是在《周礼·春官》篇中已记有"击土鼓以乐田畯"的事，那么足以说明今日南方薅草锣鼓与中原文化之间的关系。

① 按：当然这些地区的汉族或少数民族身份认定是一个十分复杂的社会问题。如今天川东大部分地方由于社会变迁和人口迁移等多种原因，主要以汉族居住为主，但这些汉人群体中一部分来自本地人群（少数民族）的汉化，一部分则来自外来移民。不过在这些区域甚至依旧保留有土家民族或部落的一些传统习俗。土家族被视为巴人后裔。薅草锣鼓的传承分布在川东一带，主要有达州通川区、万源市、宣汉县、渠县、大竹、巴中市、平昌、通江、南江及广安市等。在历史上这一带主要是巴人核心居住区。

② 参见第五章《周代南夷移民考》。按：笔者曾看到一集电视纪录片讲新中国成立之初在广西、广东等地进行民族普查和调研时，当地大多数土家族、壮族人等（后来划定的）对他们的族属讳莫如深，但大多都说是汉人后裔。如果摒弃政治因素，实际上从文化人类学和民族学角度来看，这些群属在习俗上可能正是保留了古汉人传统，他们的前人完全可能是从北方移民迁徙于南方而逐渐定居下来的。

参 考 文 献

专著：(按书名音序排列)

管维良：《巴族史》，天地出版社 1996 年版。

曾超：《巴人尚武精神研究》，中国教育文化出版社 2006 年版。

董其祥：《巴史新考》，重庆出版社 1983 年版。

徐中舒主编：《巴蜀考古论文集》，文物出版社 1987 年版。

邓少琴：《巴蜀史迹探索》，四川人民出版社 1983 年版。

(汉) 班固：《白虎通德论》，上海古籍出版社 1990 年版。

(汉) 班固：《白虎通德论》，四部丛刊景元大德覆宋监本。

(清) 陈立撰，吴则虞点校：《白虎通疏证》，中华书局 1994 年版。

(唐) 白居易：《白氏六帖事类集》，民国景宋本。

(宋) 黄鹤注，(唐) 杜甫撰：《补注杜诗》，《景印文渊阁四库全书》
第 1069 册，台北商务印书馆 1983 年版。

赵幼文校注：《曹植集校注》，人民文学出版社 1998 年版。

施劲松：《长江流域青铜器研究》，文物出版社 2003 年版。

高崇文、安田喜宪主编：《长江流域青铜文化研究》，科学出版社
2002 年版。

四川省文物考古研究院、渠县博物馆编：《城坝遗址出土文物》，

上海古籍出版社 2014 年版。

（梁）顾野王撰，（宋）陈彭年重修：《重修玉篇》，《景印文渊阁四库全书》第 224 册，台北商务印书馆 1983 年版。

（汉）王逸章句，（宋）洪兴祖补注：《楚辞》，世界书局 1936 年版。

（宋）洪兴祖：《楚辞补注》，中华书局 1983 年版。

（宋）朱熹：《楚辞集注》，古逸丛书景元本。

（宋）朱熹撰，蒋立甫校点：《楚辞集注》，上海古籍出版社 2001 年版。

（汉）王逸：《楚辞章句》，《景印文渊阁四库全书》第 1062 册，台北商务印书馆 1983 年版。

（唐）徐坚：《初学记》，中华书局 1962 年版。

马幸辛：《川东北考古与巴文化研究》，西南交通大学出版社 2011 年版。

（汉）董仲舒：《春秋繁露》，清武英殿聚珍版丛书本。

钟肇鹏主编：《春秋繁露校释》（校补本），河北人民出版社 2005 年版。

（清）苏舆撰，钟哲点校：《春秋繁露义证》，中华书局 1992 年版。

（汉）何休：《春秋公羊经传解诂》，四部丛刊景宋建安余氏刊本。

（汉）公羊寿传，（汉）何休解诂，（唐）徐彦疏：《春秋公羊经传注疏》，北京大学出版社 2000 年版。

（宋）何休：《春秋公羊传注疏》，清嘉庆二十年南昌府学重刊宋本十三经注疏本。

（宋）叶梦得：《春秋考》，清武英殿聚珍版丛书本。

（清）洪亮吉：《春秋左传诂》卷十八，中华书局 1987 年版。

童书业：《春秋左传研究》，上海人民出版社 1980 年版。

（周）左丘明传，（晋）杜预注，（唐）孔颖达正义：《春秋左传正义》，北京大学出版社 2000 年版。

杨伯峻注：《春秋左传注》，中华书局 1981 年版。

辞海编辑委员会编：《辞海》，上海辞书出版社 1979 年版。

辞源编辑委员会编:《辞源》,商务印书馆 1980 年版。

重庆市文物局、重庆移民局编:《重庆库区考古报告集 1997 卷》,科学出版社 2001 年版。

(清)崔述撰,顾颉刚编订:《崔东壁遗书》,上海古籍出版社 1983 年版。

(清)王聘珍:《大戴礼记解诂》,中华书局 1983 年版。

(清)穆彰阿:《大清一统志》,四部丛刊续编景旧钞本。

(唐)王泾:《大唐郊祀录》,民国适园丛书刊旧钞本。

(宋)金履祥:《大学疏义》,《景印文渊阁四库全书》第 202 册。

(明)杨慎:《丹铅总录》,《景印文渊阁四库全书》第 855 册。

(明)谢肇淛:《滇略》,《景印文渊阁四库全书》第 494 册。

宣汉县地方志办公室点校:《东乡县志》,清光绪二十八年本衙藏版。

(汉)蔡邕:《独断》,四部丛刊三编景明弘治本。

(唐)杜甫撰,(清)仇兆鳌注,秦亮点校:《杜甫全集》,珠海出版社,1996 年。

(唐)杜甫著,(清)杨伦笺注:《杜诗镜铨》,上海古籍出版社 1980 年版。

(清)仇兆鳌注:《杜诗详注》,中华书局 1999 年版。

(清)钱大昕:《廿二史考异》,清乾隆四十五年刻本。

(晋)郭璞注,(宋)邢昺疏:《尔雅疏》,清嘉庆二十年南昌府学重刊宋本十三经注疏本。

(晋)郭璞撰,(宋)邢昺疏,李传书整理:《尔雅注疏》,北京大学出版社 1999 年版。

(汉)扬雄:《方言》,四部丛刊景宋本。

(汉)扬雄著,(清)戴震疏证:《方言疏证》,清乾隆孔继涵刻微波榭丛书本。

(汉)应劭:《风俗通义》,明万历两京遗编本。

(汉)应劭撰,王利器校注:《风俗通义校注》,中华书局 1981

年版。

古本戏曲丛刊编辑委员会编:《古本戏曲丛刊四集》,国家图书馆出版社 2016 年版。

童恩正:《古代的巴蜀》,重庆出版社 2004 年版。

(元) 祝尧:《古赋辨体》,《景印文渊阁四库全书》第 1366 册,台湾商务印书馆 1986 年版。

(宋) 邓名世:《古今姓氏书辨证》,《景印文渊阁四库全书》第 922 册。

(元) 黄公绍、熊忠著:《古今韵会举要》,中华书局 2000 年版。

(宋) 章樵:《古文苑》,《龙蹊精舍丛书》本。

(宋) 章樵:《古文苑》,《四部丛刊》景宋本。

(宋) 章樵:《古文苑》,王云五主编《丛书集成初编》本,商务印书馆 1937 年版。

(唐) 柳宗元撰,(宋) 韩醇音释:《诂训柳先生文集》,《景印文渊阁四库全书》本。

(齐) 管仲撰,(唐) 房玄龄注:《管子》,《四部丛刊》景宋本。

(清) 黎翔凤撰,梁运华整理:《管子校注》,中华书局 2004 年版。

(唐) 杜光庭:《广成集》,《四部丛刊·集部》,上海涵芬楼景印本。

(宋) 范成大:《桂海虞衡志》,清《知不足斋丛书》本。

郭沫若:《郭沫若全集·考古编》(第一卷),科学出版社 2002 年版。

徐元诰撰,王树民等点校:《国语集解》,中华书局 2002 年版。

(清) 董增龄:《国语正义》,清光绪章氏训堂刻本。

(周) 韩非:《韩非子》,《四部丛刊》景清景宋钞校本。

(清) 王先慎:《韩非子集解》,清光绪二十二年刻本。

(汉) 荀悦:《汉纪》,《四部丛刊》景明嘉靖刻本。

(汉) 荀悦:《汉纪》,中华书局 2002 年版。

(周) 韩婴撰,许维遹校释:《韩诗外传集释》,中华书局 1980

年版。

（汉）班固：《汉书》，中华书局1962年版。

（清）王先谦：《汉书补注》，中华书局1983年版。

（南朝）范晔：《后汉书》，中华书局1965年版。

（明）胡广：《胡文穆公文集》，清乾隆十五年胡张书刻本。

（晋）常璩：《华阳国志》，《二十五别史》本，齐鲁书社2000年版。

（晋）常璩著，刘琳校注：《华阳国志校注》，巴蜀书社1984年版。

（晋）常璩著，任乃强校注：《华阳国志校补图注》，上海古籍出版社1987年版。

（汉）许慎：《淮南鸿烈间诂》，清郎园先生全书本。

（晋）嵇康：《嵇中散集》，《四部丛刊·集部》，上海涵芬楼景印本。

中国科学院考古研究所编：《甲骨文编》，中华书局1965年版。

徐中舒主编：《甲骨文字典》，四川辞书出版社1989年版。

（梁）江淹撰，（明）胡之骥汇注：《江文通集汇注》，中华书局1984年版。

（唐）房玄龄：《晋书》，清乾隆武英殿刻本。

（唐）房玄龄：《晋书》，中华书局1974年版。

（唐）唐顺之：《荆川稗编》，明万历九年刻本。

（后晋）刘昫：《旧唐书》，中华书局1975年版。

（清）张玉书等编纂：《康熙字典》（标点整理本），上海大辞典出版社2002年版。

（唐）李泰撰，贺次君辑：《括地志辑校》，中华书局1980年版。

（清）何选鉴，（清）张钧编纂：《来凤县志》，清同治丙寅刻本。

（清）陈元龙编：《历代赋汇》，上海古籍出版社1987年版。

（汉）郑玄注，（唐）孔颖达疏：《礼记疏》，清嘉庆二十年南昌府学重刊宋本十三经注疏本。

（汉）郑玄注，（唐）孔颖达疏：《礼记正义》，北京大学出版社

2000 年版。

翦伯赞：《历史哲学教程》，北京大学出版社 1990 年版。

（宋）洪适：《隶释》，《四部丛刊》三编景明万历刻本。

（唐）李白著，（清）王琦注：《李太白全集》，中华书局 1977 年版。

范俊军编译：《联合国教科文组织关于保护语言与文化多样性文件汇编》，民族出版社 2006 年版。

杨伯峻：《列子集释》，中华书局 1979 年版。

劳舒编：《刘师培学术论著》，浙江人民出版社 1998 年版。

（梁）萧统编：《六臣注文选》，中华书局 1987 年版。

（周）吕望：《六韬》，清平津馆丛书本。

（辽）行均：《龙龛手鉴》，高丽大藏本。

（宋）罗泌：《路史》，《景印文渊阁四库全书》第 383 册。

（汉）高诱注：《吕氏春秋》，上海书店 1985 年版。

许维遹：《吕氏春秋集释》，中国书店 1985 年版。

陈奇猷校释：《吕氏春秋校释》，学林出版社 1984 年版。

陈奇猷校释：《吕氏春秋新校释》，上海古籍出版社 2002 年版。

徐中舒：《论巴蜀文化》，四川人民出版社 1982 年版。

（汉）王充：《论衡》，《四部丛刊》景通津草堂本。

（汉）王充撰，黄晖校释：《论衡校释》（新编诸子集成本），中华书局 1990 年版。

（魏）何晏注，（宋）邢昺疏：《论语注疏》，北京大学出版社 1999 年版。

（汉）毛亨传，（汉）郑玄笺，（唐）孔颖达疏：《毛诗正义》，北京大学出版社 2000 年版。

（汉）毛亨传，（汉）郑玄笺，（唐）孔颖达疏：《毛诗注疏》，清嘉庆二十年南昌府学重刊宋本十三经注疏本。

李泽厚：《美的历程》，中国社会科学出版社 1984 年版。

（清）焦循撰，沈文倬点校：《孟子正义》，中华书局 1987 年版。

（汉）赵岐注，（宋）孙奭疏：《孟子注疏》，北京大学出版社 2000

年版。

（清）傅维鳞：《明书》，清康熙三十四年本诚堂刻本。

（周）墨翟：《墨子》，明正统道藏本。

吴毓江撰，孙启治点校：《墨子校注》，中华书局 1993 年版。

（明）陈继儒：《妮古录》，明宝颜堂秘籍本。

（明）董说撰：《七国考》，清守山阁丛书本。

（唐）杜甫撰，（清）钱谦益注：《钱注杜诗》，清康熙刻本。

何兹全：《秦汉史略》，上海人民出版社 1955 年版。

马非百：《秦集史》，中华书局 1982 年版。

清官修：《清文献通考》，《景印文渊阁四库全书》本。

（清）董诰：《全唐文》，中华书局 1983 年版。

（清）彭定求等编：《全唐诗》，《景印文渊阁四库全书》本。

（清）彭定求等编：《全唐诗》，中华书局 1980 年版。

杨华：《三峡夏商时期考古文化》，科学出版社 2014 年版。

袁珂校注：《山海经校译》，上海古籍出版社 1985 年版。

袁珂校注：《山海经校注》，上海古籍出版社 1980 年版。

（宋）章如愚撰：《群书考索·别集》，《景印文渊阁四库全书》第
938 册。

（汉）伏胜撰，（汉）郑玄注，（清）陈寿祺辑校：《尚书大传》，《四
部丛刊》景清刻左海文集本。

（宋）史浩：《尚书讲义》，《景印文渊阁四库全书》第 56 册。

（清）孙星衍：《尚书今古文注疏》，中华书局 1986 年版。

（元）朱祖义：《尚书句解》，清通志堂经解本。

（宋）魏了翁：《尚书要义》，清嘉庆宛委别藏补配文渊阁四库全
书本。

（清）周用锡：《尚书证义》，清嘉庆友伏斋刻本。

（汉）孔安国传，（唐）孔颖达疏：《尚书正义》（简体标点本），
北京大学出版社 1999 年版。

（汉）孔安国传，（唐）孔颖达疏：《尚书正义》（繁体本），北京

大学出版社 2000 年版。

（汉）孔安国传，（唐）孔颖达疏：《尚书注疏》，清嘉庆二十年南昌府学重刊宋本十三经注疏本。

（明）胡应麟：《少室山房笔丛》，清光绪刻广雅书局丛书本。

（汉）东方朔：《神异经》，明汉魏丛书本。

（明）胡绍曾：《诗经胡传》，明崇祯胡氏春昀堂刻本。

（清）方玉润：《诗经原始》，中华书局 1986 年版。

郭晋稀：《诗经蠡测》，甘肃人民出版社 1993 年版。

（周）卜商撰，（宋）朱熹辨说：《诗序》，明津逮秘书本。

李守奎、李轶译注：《尸子译注》，黑龙江人民出版社 2003 年版。

（南北朝）崔鸿：《十六国春秋》，明万历刻本。

（汉）司马迁：《史记》，中华书局 1959 年版。

顾颉刚：《史林杂识初编》，中华书局 1963 年版。

（清）卞永誉：《式古堂书画汇考》，《景印文渊阁四库全书》本（827—829 册）。

（清）沈炳巽撰：《水经注集释订讹》，《景印文渊阁四库全书》第574 册。

（南北朝）郦道元：《水经注》，清武英殿聚珍版丛书本。

（明）顾起元：《说略》，《景印文渊阁四库全书》第 964 册。

（南唐）徐锴：《说文解字系传》，中华书局 1987 年版。

（清）王筠：《说文解字句读》，清同治刻本。

（清）桂馥：《说文解字义证》，清同治刻本。

（汉）许慎撰，（清）段玉裁注：《说文解字注》，上海古籍出版社1981 年版。

（汉）许慎撰，（清）段玉裁注：《说文解字注》，中州古籍出版社2006 年版。

（清）朱骏声：《说文通训定声》，武汉市古籍书店影印 1983 年版。

（明）曹学佺：《蜀中广记》，《景印文渊阁四库全书》本（591—592 册）。

（清）张澍：《蜀典》，清道光武威张氏安怀堂刻本。

（清）李元：《蜀水经》，清嘉庆传经堂刻本。

（清）黄廷桂：《（雍正）四川通志》，《景印文渊阁四库全书》本。

（清）丁宝桢：《四川盐法志》，清光绪刻本。

（清）阎若璩：《四书释地续》，上海书店 1988 年版。

（梁）沈约：《宋书》，中华书局 1974 年版。

（宋）吕祖谦：《宋文鉴》，《四部丛刊》景宋刊本。

（唐）魏徵：《隋书》，中华书局 1973 年版。

（宋）乐史：《太平寰宇记》，清文渊阁四库全书补配古逸丛书景宋本。

（宋）乐史撰，王文楚等点校：《太平寰宇记》，中华书局 2007 年版。

（宋）李昉：《太平御览》，《四部丛刊》三编景宋本。

（宋）李昉：《太平御览》，中华书局 1960 年版。

（宋）王溥：《唐会要》，中华书局 1955 年版。

（明）张四维：《条麓堂集》，明万历二十三年张泰征刻本。

（宋）郑樵：《通志》，中华书局 1987 年版。

邓辉：《土家族区域的考古文化》，中央民族大学出版社 1999 年版。

（唐）杜佑撰，王文锦等点校：《通典》，中华书局 1988 年版。

（清）沈涛：《铜熨斗斋随笔》，清光绪会稽章氏刻本。

（魏）王粲：《王粲集》，中华书局 1980 年版。

［日］安居香山、中村璋八辑：《纬书集成》，河北人民出版社 1994 年版。

（元）马端临：《文献通考》，清浙江书局本。

（梁）萧统编，（唐）李善注：《文选》，上海古籍出版社 1986 年版。

（梁）萧统编，（唐）李善注：《文选》，中华书局 1977 年版。

闻一多：《闻一多全集》，湖北人民出版社 1994 年版。

（汉）赵晔撰：《吴越春秋》，明古今逸史本。

（明）陈暐：《吴中金石新编》，《景印文渊阁四库全书》本。

（春秋战国）吴起：《吴子》，《续古逸丛书》景宋刻武经七书本。

（南北朝）周武帝敕辑：《无上秘要》，明正统道藏本。

（宋）曾公亮：《武经总要》，《景印文渊阁四库全书》第726册。

（金）韩道昭：《五音集韵》，《景印文渊阁四库全书》第238册。

庄锡昌主编：《西方文化史》，高等教育出版社2010年版。

（宋）叶适：《习学记言》，《景印文渊阁四库全书》本。

钱穆：《先秦诸子系年》，商务印书馆2005年版。

中国社会科学院语言研究所词典编辑室编：《现代汉语词典》，商务印书馆2002年版。

（晋）习凿齿：《襄阳耆旧记》，湖北人民出版社1986年版。

（唐）韩愈撰，（宋）文谠注：《详注昌黎先生文集》，宋刻本。

许结：《新编中国文化史》，江苏教育出版社2007年版。

（宋）欧阳修撰：《新唐书》，清乾隆武英殿刻本。

朱狄：《信仰时代的文明》，中国青年出版社1999年版。

（清）傅泽洪：《行水金鉴》，《景印文渊阁四库全书》第581册。

（明）王圻：《续文献通考》，明万历三十年松江府刻本。

四川省文物考古研究院、达州市文物管理所、宣汉县文物管理所编著：《宣汉罗家坝》，文物出版社2015年版。

刘兴国：《宣汉土家族》，中国文史出版社2012年版。

向本林主编：《宣汉土家文化》，中国文史出版社2013年版。

汪承烈修，庞麟炳纂：《宣汉县志》，台北成文出版社1976年版。

四川省宣汉县志编纂委员会编：《宣汉县志》，西南财经大学出版社1994年版。

四川省宣汉县地方志编纂委员会编：《宣汉县志》，中国文史出版社2005年版。

（清）王先谦撰，沈啸寰等点校：《荀子集解》，中华书局1988年版。

（汉）桓宽撰，王利器校注：《盐铁论校注》，中华书局1992年版。

（汉）扬雄撰：《扬子云集》，《景印文渊阁四库全书》第 1063 册。

（汉）焦延寿：《易林》，士礼居丛书景刻陆校宋本。

（汉）郑玄注：《易纬通卦验》，清武英殿聚珍版丛书本。

（唐）欧阳询撰，汪绍楹校：《艺文类聚》，上海古籍出版社 1965 年版。

（清）俞樾：《易学管窥》，清钞本。

（晋）孔晁注：《逸周书》，四部丛刊景明嘉靖二十二年本。

黄怀信、张懋镕、田旭东撰：《逸周书汇校集注》，上海古籍出版社 1995 年版。

黄怀信：《逸周书校补注译》，西北大学出版社 1996 年版。

郭沫若：《殷契粹编》，文求堂书店石印本 1965 年版。

温少峰、袁庭栋编著：《殷墟卜辞研究——科学技术篇》，四川省社会科学出版社 1983 年版。

吉尔·德勒兹、费利克斯·瓜塔里：《游牧思想—吉尔·德勒兹、费利克斯·瓜塔里读本》，陈永国编译，吉林人民出版社 2003 年版。

（宋）王象之：《舆地纪胜》，清影宋钞本。

（清）胡渭：《禹贡锥指》，《景印文渊阁四库全书》本。

（清）胡渭：《禹贡锥指》，上海古籍出版社 1996 年版。

（隋）杜台卿：《玉烛宝典》，古逸丛书景日本钞卷子本。

（宋）王应麟：《玉海》，《景印文渊阁四库全书》第 945 册。

（唐）李吉甫撰，贺次君点校：《元和郡县图志》，中华书局 1983 年版。

（宋）郭茂倩编：《乐府诗集》，中华书局 1979 年版。

（汉）袁康：《越绝书》，四部丛刊景明双柏堂本。

（宋）陈旸：《乐书》，清光绪丙子刻本。

（宋）陈旸：《乐书》，《景印文渊阁四库全书》本。

（宋）晁公武、赵希弁：《昭德先生郡斋读书志》，《四部丛刊三编·史部》，上海涵芬楼影印本。

（汉）刘向集录：《战国策》，上海古籍出版社 1985 年版。

（唐）张祜：《张承吉文集》，宋刻本。

段渝：《政治结构与文化模式：巴蜀古代文明研究》，学林出版社1999年版。

（宋）陈振孙：《直斋书录解题》，上海古籍出版社1987年版。

马承源：《中国古代青铜器》，上海人民出版社1982年版。

李建伟、牛瑞红编著：《中国青铜器图录》，中国商业出版社2000年版。

张光直：《中国青铜时代》（二集），生活·读书·新知三联书店1990年版。

陆侃如、冯沅君：《中国诗史》，作家出版社1957年版。

郭沫若：《中国史稿》（第一册），人民出版社1977年版。

（清）孙诒让撰，王文锦等点校：《周礼正义》，中华书局1987年版。

（汉）郑玄注，（唐）贾公彦疏：《周礼注疏》，北京大学出版社2000年版。

（清）黄宗炎：《周易象辞》，《景印文渊阁四库全书》本。

（魏）王弼注，（唐）孔颖达疏：《周易正义》，北京大学出版社2000年版。

（清）俞樾：《诸子平议》，中华书局1956年版。

（清）陈逢衡：《竹书纪年集证》，清嘉庆裛露轩刻本。

（明）杨慎：《转注古音略》，《景印文渊阁四库全书》本。

（周）卜商：《子夏易传》，清通志堂经解本。

（晋）杜预注，（宋）林尧叟注，（明）王道焜、赵如源辑：《春秋左传杜林合注》，《景印文渊阁四库全书》本。

论文：（按作者音序排列）

白相春：《浅谈贵州土家族摆手舞的传承与发展》，《北方音乐》2015年第7期。

蔡靖泉：《〈诗经〉"二南"中的楚歌》，《上海大学学报》1994年第 3 期。

　　曹定云：《甲骨文"巴"字补释——兼论"巴"字的原始意义及相关问题》，《殷都学刊》2011 年第 1 期。

　　蔡灵茜、孙汉明：《浅析龙山地区土家族摆手舞的传承》，《戏剧之家》2019 年第 27 期。

　　陈保亚：《论茶马古道的起源》，《思想战线》2004 年第 4 期。

　　陈卫东、何振华等：《四川宣汉罗家坝遗址 1999 年度发掘简报》，《四川文物》2009 年第 4 期。

　　陈宗祥：《巴蜀青铜器"手心纹"试解》，《贵州民族研究》1983 年第 1 期。

　　程千帆：《先唐文学源流论略·诗三百篇与楚词第一》，《武汉师范学院学报》1981 年第 1 期。

　　邓辉：《廪君族系的缘起与发展》，《湖北民族学院学报》2008 年第 2 期。

　　董其祥：《甲骨文中的巴与蜀》，《西南师范大学学报》1980 年第 3 期。

　　杜德斌、马亚华：《"一带一路"：中华民族复兴的地缘大战略》，《地理研究》2015 年第 6 期。

　　杜勇：《说甲骨文中的巴方——兼论巴非姬姓》，《殷都学刊》2010 年第 3 期。

　　段居琦：《我国水稻种植分布及其对气候变化的响应》，南京信息工程大学 2012 年博士学位论文。

　　段渝：《巴蜀青铜文化的演进》，《文物》1996 年第 3 期。

　　段渝：《先秦巴文化与巴楚文化的形成》，《华中师范大学学报》2004 年第 6 期。

　　段渝：《论巴蜀文字及图像中的"英雄擒兽"母题——从宣汉罗家坝出土巴蜀印章及图像谈起》，《巴文化研究》（第二辑），四川大学出版社 2018 年版。

　　范文澜：《试论中国自秦汉时成为统一国家的原因》，《历史研究》

1954 年第 3 期。

冯广宏：《巴蜀文字的期待》（九），《文史杂志》2005 年第 3 期。

冯艳冰：《以故乡的名义》，见覃瑞强主编：《重返故乡》，广西人民出版社 2011 年版。

高文：《野合图考》，《四川文物》1995 年第 1 期。

谷斌：《再论"巴"之本义为五步蛇——与曹定云先生再商榷》，《殷都学刊》2016 年第 1 期。

何奇瑾、周广胜：《我国玉米种植区分布的气候适宜性》，《科学通报》2012 年第 4 期。

和颖：《丽江纳西族化寶的文化解释》，《西南民族大学学报》2008 年第 4 期。

胡宁：《从大河口鸟形盉铭文看先秦誓命规程》，《中国史研究》2016 年第 1 期。

江林昌：《"桑林"意象的源起及其在〈诗经〉中的反映》，《文史哲》2013 年第 5 期。

雷莎：《〈诗经〉中"二南"即楚风论辩》，《理论月刊》2010 年第 4 期。

雷翔：《廪君传说考》，《鄂西大学学报》1989 年第 1 期。

李炳海：《孔子赴周学礼、老子由周入楚考辨——兼论孔、老之间的交往及传说》，《山西大学学报》2012 年第 3 期。

李大明：《〈九歌〉夜祭考》，《文史》第 30 辑，中华书局 1988 年版。

李若愚：《说寶》，《中国经济史研究》1987 年第 2 期。

李同宗：《古寶人探索》，《四川文理学院学报》2015 年第 3 期。

梁万斌：《〈津关令〉与汉初之政治地理建构》，《复旦学报》2016 年第 2 期。

刘保贞：《扬雄著作及其流传》，《山东大学学报》2003 年第 1 期。

刘不朽：《宋玉〈神女赋〉解读——巫山神女传说之原型与演变》，《中国三峡建设》2003 年第 11 期。

刘传清：《土家族薅草锣鼓的流变及其式微》，《中华文化论坛》2016 年第 6 期。

刘晞平：《文化创意产业人才的培育策略》，《人民论坛》2010 年第 35 期。

刘豫川：《巴蜀符号印章的初步研究》，《文物》1987 年第 10 期。

鲁西奇、董勤：《南方山区经济开发的历史进程与空间展布》，载《中国历史地理论丛》第 25 卷第 4 辑（2010 年 10 月）。

罗运环：《论楚国的客卿制度》，《武汉大学学报》1990 年第 3 期。

马幸辛：《试论罗家坝遗存》，《四川文物》2002 年第 5 期。

孟繁峰：《论客卿》，《史学集刊》1987 年第 3 期。

孟兆怀：《繁荣学术 以文化人——论巴文化研究院成立暨其对南方民族文化的传播》，《四川文理学院学报》2015 年第 3 期。

彭英明：《试论湘鄂西土家族"同源异支"——廪君蛮的起源及其发展述略》，《中南民族学院学报》1984 年第 3 期。

彭伊立、覃武陵：《"桃花源与武陵蛮"文化解读之四：从文化沉积破解巴文化和桃花源文化》，《民族论坛》2006 年第 4 期。

邱嫦娟：《巴人白虎图腾研究》，四川师范大学 2011 年硕士学位论文。

宋艳：《宣汉罗家坝出土部分青铜器的合金成分和金相组织》，《四川文物》2010 年第 6 期。

唐光孝：《四川汉代"高禖图"画像砖的再探讨》，《四川文物》2005 年第 2 期。

田敏：《廪君为巴人始祖质疑》，《民族研究》1996 年第 1 期。

王建纬：《〈牧誓〉之"彭"与賨人歌舞》，《四川文物》1998 年第 5 期。

王谨：《周代移民对政治制度的影响》，《山西师大学报》2000 年第 3 期。

王平、何易展：《巴蜀图语研究》，《巴文化研究》（第一辑），四川大学出版社 2017 年版。

王瑞：《试析四川薅草锣鼓的程式性》，《四川戏剧》2015 年第 5 期。

王思豪、许结：《圣域的图写：从〈上林赋〉到〈上林图〉》，《复旦学报》2015 年第 5 期。

王颖、周乐：《湘西土家族摆手舞的形态变迁与当代传承》，《艺海》2019 年第 4 期。

王玉喜：《早期客卿考论》，《东岳论丛》2014 年第 2 期。

卫聚贤：《巴蜀文化》，《说文月刊》第三卷（1941 年）第四期。

温宪元：《文化多样化发展的重要特征——兼论客家文化研究的三个向度》，《广东社会科学》2013 年第 5 期。

向轼：《竹枝歌与"啰儿调"之关系溯源》，《重庆文理学院学报》2009 年第 3 期。

邢义田：《张家山汉简〈二年律令〉读记》，《燕京学报》（2003 年）新 15 期。

徐中舒：《巴蜀文化初论》，《四川大学学报》1959 年第 2 期。

徐中舒：《巴蜀文化续论》《四川大学学报》1960 年第 1 期。

晏昌贵：《〈二年律令·秩律〉与汉初政区地理》，《历史地理》第 21 辑，上海人民出版社 2006 年版。

杨胜兴：《武陵山区薅草锣鼓唱词文本的互文性研究》，《教育文化论坛》2017 年第 3 期。

尹波：《浅议三峡区域土家族摆手舞风格特征》，《戏剧之家》2019 年第 16 期。

尹荣方：《〈高唐〉、〈神女〉赋的写作与实践》，《上海海关高等专科学校学报》2001 年第 1 期。

袁炳昌：《论土家族音乐分类》，《黄钟（武汉音乐学院学报)》1993 年第 1—2 期。

袁德洪：《"賨"、"送"考》，《中央民族学院学报》1990 年第 3 期。

张光直：《仰韶文化的巫觋资料》，《中国考古学论文选》，生活·读书·新知三联书店 1999 年版。

张琪：《薅草锣鼓历史渊源与现代传承考》，《中华文化论坛》

2016 年第 3 期。

张晓明：《扬雄著作存佚考及系年研究》，《青岛大学师范学院学报》2004 年第 4 期。

张雄：《"巴文化"与毗邻诸文化关系概说》，《中南民族学院学报》1993 年第 4 期。

张岩：《简论汉代以来〈诗经〉学中的误解》，《文艺研究》1991年第 1 期。

张越：《"五朵金花"问题再审视》，《中国史研究》2016 年第 2 期。

周宏伟：《廪君巴人夷水应为今大宁河考——兼论廪君巴人的迁徙原因》，《历史地理》（第 23 辑），上海人民出版社 2008 年版。

周集云：《论賨人为楚国芈姓之宗裔》，《安徽师大学报》1987 年第 3 期。

周书灿：《周公奔楚史事缕析》，《邢台师范高专学报》2001 年第2 期。

周振鹤：《中国历史上两种基本政治地理格局的分析》，《历史地理》（第 20 辑），上海人民出版社 2004 年版。

朱琳：《秦巴山区农业气候资源垂直分层及农业合理化布局》，《自然资源学报》1994 年第 4 期。

后　记

　　2019 年春，予申请国家社科结项，以此著为结项成果之一，幸得评审专家拔赏，获当年国家社科优秀结项成果。又因人民出版社编辑郭娜老师鼓励，竟生申报哲学社会科学成果文库的想法。孰料 2019 年冬新冠疫情暴发，成果文库的计划亦中辍两年，又加之其他琐事，此部书稿乃一直未曾付梓。在此期间，书稿亦先后获得重庆师范大学校级出版资助和重庆师范大学文学院"精是文库"出版资助，特别是在 2021 年此书稿由人民出版社推荐申报国家哲学社会科学成果文库，虽未获立项，然对人民出版社郭娜老师的帮助尤为感佩。

　　从己亥至壬寅，时历三秋。足未逾巴蜀之地，杜门绝行，本欲洗心溪月，寄情六经，然实未能。期间唯一幸者，乃于 2020 年在四川大学出版社出版了《初唐四杰辞赋研究》一书，这是我在辞赋学方面出版的第二本著作。期间又整理了部分先唐巴文化文献资料，这是当时国家社科基金项目《先唐巴文化文献集成与研究》提交的部分资料汇编成果，这部分成果亦获得四川省委宣传部及四川省新闻出版局重点出版项目资助，亦本想与此著同时付梓。然因担任文学院院长助理和副院长后，事务琐碎而繁细，劳心费神，以致心志索然而筋骸常惫。然吾常每于中夜警醒，而感时光流逝，学有未竟，故又凭旦夕之暇，乃三校阅其稿。

　　自从 20 世纪三四十年代，一批学人从考古学的视野提出"巴蜀文化"概念，这被很多人视为一种新学，实际从学术源流来看，这是一门极传统的旧学。只可惜随着西学的引入，虽然思想、方法和理论确实对中国学术有一些启发和碰撞，但在这个融合的过程中，也使一部分学者更多地关注外部的因素，而忽视了中国传统学术本身的体系与语境，反而更少从本源上去追溯，因而在此领域也产生了许多悖论。这其中最主要的一个原因就是在引入西方学科分类的机制下过度单一的学科视野和对中国传统学术研究方法的缺失。本书题名《历史的记忆：巴文化的多维考察》，旨在运用多学科视野来还原先秦文献的记录。虽然可能对于那些固守学科本分与界限的学者来说，会不以为然。那么，此著权且可以说是一位文学研究者试图用历史研究方法的一次尝试。文献往往是一种综合的文化载体，在尚未有明确分科的先秦文献研究中，无论我们是用今日所谓历史的、文学的还是社会学的、经济学的任何单一学科的研究方法，都是捉襟见肘的。我想任何一个学科可以独立成立，必须是建立在其有系统的、综合的理论支撑，正如"语文学"的含义，它本来就应是包含语言、历史、文学、哲学、物理、政治等综合的学问。中国古代传统的经学研究与当下"语文学"的研究方法颇相类似，只不过"语文学"研究的范畴更广。显然，新学与旧学的联系也可以看出从未中辍。

　　今幸蒙恩师廖可斌先生、段渝先生等不弃，往来交会，得其肯赞，并赐序延誉。虽自喜，亦自愧。吾治学始于辞赋，中延及于巴文化。二者看似不相关系，然其实辞赋与巴文化之关系实深，惜于此尚未有深论发覆。然吾以为《楚辞》一本，为巴文化与辞赋联系之最密切者。《离骚》之高妙，从结构、章法及事理，多有未解，如对《离骚》中高丘佚女的意象与隐喻，若欲得其深会，则必不能脱离巴文化之语境内涵。吾曾作《巫山高》二首致意，兹附于后：

其一

巫山唐唐道累增，欲诉灵氛日渐曛。

瑶台路远终难达，且将此情寄朝云。

昆丘迢迢玄璧重，无奈李杜识游春。

从来枉受阳台梦，不知王言罪禹鲧。

其二

中天路何遥，无由通贤妃。

关雎微深义，左右自合会。

被荔采秀实，无人识阿谁。

高台瞻无人，衷心自危危。

疫霾渐消，春明可待；三年瞬逝，日知无多。然旧学未敢稍忘于心，而欲意之所存或偶见于文字也。

壬寅虎年辛亥壬辰虎溪何易展记

责任编辑：郭　娜
装帧设计：周方亚
责任校对：周学军

图书在版编目（CIP）数据

历史的记忆：巴文化的多维考察 / 何易展　著 . —北京：人民出版社，2023.7

ISBN 978 - 7 - 01 - 025562 - 0

I.①历⋯　II.①何⋯　III.①地方文化 – 研究 – 西南地区　IV.① K297

中国国家版本馆 CIP 数据核字（2023）第 055041 号

历史的记忆：巴文化的多维考察

LISHI DE JIYI:BAWENHUA DE DUOWEI KAOCHA

何易展　著

人民出版社 出版发行

（100706　北京市东城区隆福寺街 99 号）

中煤（北京）印务有限公司印刷　新华书店经销

2023 年 7 月第 1 版　2023 年 7 月北京第 1 次印刷
开本：710 毫米 ×1000 毫米 1/16　印张：23
字数：341 千字

ISBN 978 - 7 - 01 - 025562 - 0　定价：87.00 元

邮购地址 100706　北京市东城区隆福寺街 99 号
人民东方图书销售中心　电话（010）65250042　65289539